提高就业能力，迈向制造强国

2017

中国劳动力市场发展报告

——迈向制造强国进程中的劳动力市场挑战

China Labor Market Development Report 2017:
The Challenges of Labor Market towards Manufacturing Power

赖德胜　李长安　孟大虎　陈建伟 等　著

北京师范大学出版集团
BEIJING NORMAL UNIVERSITY PUBLISHING GROUP
北京师范大学出版社

图书在版编目(CIP)数据

2017中国劳动力市场发展报告——迈向制造强国进程中的劳动力市场挑战/赖德胜，李长安，孟大虎，陈建伟等著. —北京：北京师范大学出版社，2018.1
ISBN 978-7-303-23164-5

Ⅰ. ①2… Ⅱ. ①赖…②李…③孟…④陈… Ⅲ. 劳动力市场—研究报告—中国—2017 Ⅳ. ①F249.212

中国版本图书馆CIP数据核字(2017)第291333号

营 销 中 心 电 话 010-58805072 58807651
北师大出版社高等教育与学术著作分社 http://xueda.bnup.com

2017 ZHONGGUO LAODONGLI SHICHANG FAZHAN BAOGAO
出版发行：北京师范大学出版社 www.bnup.com
北京市海淀区新街口外大街19号
邮政编码：100875
印 刷：中教科（保定）印刷股份有限公司
经 销：全国新华书店
开 本：787 mm×1092 mm 1/16
印 张：26.25
字 数：532千字
版 次：2018年1月第1版
印 次：2018年1月第1次印刷
定 价：118.00元

策划编辑：马洪立 责任编辑：李洪波
美术编辑：李向昕 装帧设计：李向昕
责任校对：陈 民 责任印制：马 洁

课题总顾问

赵人伟（中国社会科学院荣誉学部委员）

课题顾问（以姓氏音序排序）

刘燕斌（中国劳动保障科学研究院院长）

吕国泉（中华全国总工会政策研究室主任）

莫　荣（中国劳动保障科学研究院国际劳动保障研究所所长）

彭永涛（国家统计局人口与就业统计司副司长）

王亚栋（国际劳工组织中国就业政策高级官员）

杨宜勇（国家发展和改革委员会社会发展研究所所长）

余兴安（中国人事科学研究院院长）

张　莹（国家人力资源和社会保障部就业促进司副司长）

张车伟（中国社会科学院人口与劳动经济研究所所长）

课题负责人

赖德胜（北京师范大学经济与工商管理学院院长
北京师范大学劳动力市场研究中心主任）

报告撰稿人（以姓氏音序排序）

常欣扬（北京师范大学实习研究员）

陈建伟（对外经济贸易大学副研究员）

高春雷（北京市工会干部学院助理研究员）

高　曼（北京师范大学博士生）

龚　琳（对外经济贸易大学研究生）

纪雯雯（中国劳动关系学院讲师）

赖德胜（北京师范大学教授）

李　飚（郑州大学讲师）

李长安（对外经济贸易大学教授）

刘　娜（北京建筑大学副教授）

刘　齐（对外经济贸易大学研究生）

孟大虎（北京师范大学学报编审）
苏丽锋（对外经济贸易大学副研究员）
王　琦（北京联合大学讲师）
周建亮（北京师范大学研究生）
朱　敏（北京师范大学讲师）

摘　要

本年度中国劳动力市场发展报告的主题是“迈向制造强国进程中的劳动力市场挑战”。改革开放以来，随着我国制造业的快速发展，劳动力市场的结构也发生了重大变化。在迈向制造业强国的进程中，劳动力市场呈现出诸多的新特点，如中高端制造业成为拉动就业的新引擎，新经济成为就业结构转型升级的新动能，技术进步引致就业“极化”更凸显，制造业人工成本优势仍然存在，新经济对现有劳动关系形成新挑战，智能制造引燃人才战争，制造强国呼唤更多大国工匠，劳动力市场治理的新内涵不断丰富等。为此，本书提出了迈向制造强国的劳动力市场政策选择，包括综合协调实体经济与非实体经济的发展，着力为实体经济的健康可持续发展创造更有利的环境；着力打造更多的区域制造中心和区域就业中心，同时，避免一、二线城市过度的就业极化；充分释放人力资本红利，实施人力资本友好型劳动力市场政策，着力打造一批大国工匠；抓住高技术产业、装备制造业快速发展所带来的产业迈向中高端的有利局面，着力促进劳动力向制造业领域配置；高度重视工业机器人、人工智能等新技术对就业的影响，着力以最少的就业岗位破坏来实现新技术对就业岗位最大规模的创造。

Abstract

The theme of this year's China Labor Market Report is the challenges that the labor market is faced with towarding manufacturing power. Since the reform and opening-up policy, with the rapid development of China's manufacturing industry, the structure of the labor market has also undergone major changes. In the process of manufacturing power, the labor market has shown many new features. For example, the high-end manufacturing industry has become a new engine to stimulate employment, the new economy has helped with the upgrading of employment structure, technological progress led to employment "polarization" more prominent, the manufacturing cost advantage still exists, the new economy has brought up the new challenge to the existing labor relations, intelligent manufacturing has ignited the talent war, the process of manufacturing power calls more "big country artisans", the governance of labor market is facing more challenges, etc. To this end, this book puts forward the labor market policy choices in the process of manufacturing power. These choices include the comprehensive coordination of the real and non-real economy development, the creation of a more favorable environment for the healthy and sustainable development of the real economy, and the construction of more manufacturing centers as well as regional employment centers. At the same time, the policies should try to avoid over-employment polarization in the first-and second-line cities, to fully release of human capital dividends, to implement the human capital-friendly labor market policy, and to create a number of "Craftsmen of the Nation". Furthermore, we need promote the labor force to the manufacturing sector configuration and attach great importance to industrial robots, artificial intelligence and other new technologies on employment, with the aim to destruct the least jobs and to create jobs for the largest scale due to the new technologies.

目 录

Contents

第一篇

迈向制造强国进程中劳动力市场的演变

第一章

改革开放以来中国制造业的发展与劳动力市场的作用

改革开放三十多年来，中国制造业部门的发展具有三大显著特征：一是制造业实际产出增长速度非常显著，在中国 GDP 跃居世界第二之后，中国成为世界第一制造业大国；二是制造业贡献的就业份额在经历较长时期的增长后，开始缓慢下降；三是制造业劳动生产率一直保持稳定持续的增长。中国制造业发展在引领劳动力市场变革的同时，也受益于劳动力市场人力资本积累与配置功能的发挥。劳动力市场化改革极大地消除了劳动力市场的区域配置和行业配置障碍，并为人力资本积累提供了积极的市场信号，这使得制造业发展既能够充分地开发存量人力资本，又能够激励人力资本增量供给。

第一节　改革开放以来制造业的发展

改革开放以来，中国制造业发展取得了长足的进步，制造业增加值在全世界制造业版图中所占比重从不足 4%逐渐成长为全球制造业第一大国，并开始从“中国制造”向“中国创造”的制造业强国迈进。制造业发展扩张，带动了大量就业的同时，也推动了劳动力市场的变革。

>>一、第一阶段 1978—1993 年：制造业复兴<<

(一)改革开放极大激发了制造业的活力

中华人民共和国成立初期，我国工业基础薄弱，经济百废待兴。在重工业优先发展战略和有序的国民经济发展计划的主导下，我国逐渐建立起门类齐全的制造业，能够制造各类中间投入品和最终消费品。中共中央在制订第一个五年计划时，根据当时的国际环境与中国政治经济发展目标等多因素反复权衡后，明确提出了"重工业是我国建设的重点"，从而确立了重工业优先发展的战略；计划明确了我国"一五"期间国民经济发展的基本任务是，集中力量以苏联帮助我国设计的156个建设单位为中心的、由限额以上的694个建设单位组成的工业建设，建立我国社会主义工业化的初步基础。1952—1957年，工业总产值增长128.6%，工业产值所占比重从1949年的30%提高到56.55%，重工业的比重由26.4%提高到48.4%。尽管"一五"时期工业建设取得了重大成就，但是基本建设投资比重过大、农业生产跟不上工业生产的步伐，给社会经济的健康发展留下了隐患。在很长一段时间内，我国的工业中间品制造业发展超前，而消费品制造业发展相对滞后，国民实际生活水平的改善滞后于工业生产规模的扩张。到1982年，中国制造业增加值占世界的比重为3.94%。① 制造业增加值反映了制造业在一定时期内实际的净增长值，能够较为科学地衡量工业发展状态及其结构的变化。由于制造业的发展影响投资、就业和贸易等经济活动，因此制造业增加值成为经济学家们分析宏观经济形势的重要指标。

(二)消费品制造业快速发展

改革开放以后，传统高度集中的计划经济体制逐渐向市场经济体制转型，城乡经济活力逐渐得到了激发，城乡居民收入增长提高了居民购买力，由此推动生活消费品制造业快速成长。城乡收入分配体制改革激发了经济活力，城乡居民收入水平逐渐得到提高，城乡居民对生活消费品的需求不断提升。"三大件"——电视机、洗衣机、冰箱等耐用消费品的需求激发了产业生产力，制造业生产的消费品品种逐渐丰富。以电视机制造业为例，1958年我国制造出第一台电视机，1980年天津无线电厂建成了中国第一条彩色电视机生产线，1985年中国电视机产量达到了1 663万台，成为仅次于日本的世界第二大电视机生产国，1987年我国电视机市场销量就超过了日本，成为世界第一，一共经历了29年时间。此后，从1985年到1993年，中国的电视机开始经历大规模升级换代，城乡居民将黑白电视机替换成彩色电视机。随后的1996年，长虹、康佳等电视机生产企业先后降价，并推动电视机生产行业的重组与结构调整。

(三)私营经济激发制造业活力

私营经济不断进入制造业领域，以国有经济和集体经济为主的制造业结构开

① 黄剑平：《中国制造业增值约占世界的4%》，载《国际经济合作》，1986(6)。

始向市场化转型。改革开放初期，国有企业开始实行“政府放权让利，企业扩权增收”的改革，国务院发布《关于扩大国营工业企业经营管理自主权的若干规定》，不断扩大国有企业的自主权，并制定了配套的利改税政策，使得国有企业既扩大了经营自主权，又实质性地增加了企业收入，极大地激发了企业生产活力。随后政府开始推行“所有权与经营权分离”的改革，企业界积极探索各种形式的激励机制。

在这一阶段，我国涌现出一大批优秀的民营制造业企业。例如，于1987年注册成立的华为技术有限公司，历经改革开放的大潮，逐渐成长为全球领先的通信设备制造业企业，2010年以超过1 800亿元人民币的营业收入总额位列中国民营企业制造业500强的第一名。

(四)制造业劳动生产率与经济总体劳动生产率保持同步增长

在20世纪80年代，制造业劳动生产率与经济总体劳动生产率保持同步增长。根据有关研究的测算，1980—1992年，中国制造业总体的劳动生产率增长3.4%，工业总体的劳动生产率增长3.3%①。值得指出的是，同期纺织工业的劳动生产率降低1.5%，木制品和家具制造业的劳动生产率降低0.8%，炼油、煤炭制品、炼焦行业的劳动生产率降低4.0%。劳动生产率增长较快的行业包括机械和运输设备，增长率为6.6%，电器机械和设备行业劳动生产率增长5.6%。

二、第二阶段1994—2012年：迈向世界第一制造业大国

(一)社会主义市场经济转轨、加入世界贸易组织与制造业崛起

党的十四大确立了向社会主义市场经济体制转轨的目标，并且强调了深化企业产权制度和相应的配套制度改革，党的十五大进一步确立了现代企业制度的国企改革目标，国企股份制改造如火如荼，制造业内的企业出售、企业兼并等成为产业发展的源动力。2001年中国加入世界贸易组织，为中国制造业产品走向世界打开了新的窗口。经过数年的努力奋斗，2010年前后中国制造业产值超过美国，跃居世界第一，成为名副其实的制造业大国。

---

① Adam Szirmai、柏满迎、任若恩：《中国制造业劳动生产率：1980—1999》，载《经济学(季刊)》，2002(4)。

(二)制造业就业份额提升

在这一阶段，我国制造业的发展为经济贡献的就业岗位份额不断增长，区域就业再配置趋势明显。受到统计口径的变化与数据可得性的制约，20 世纪 90 年代制造业的详细统计数据无从得到。从 2000 年之后的统计数据来看(表 1-1)，全国制造业就业人口占总就业人口的比重从 2000 年的 12.46%上升到 2010 年的 16.85%，提高了 4 个百分点，显示出制造业为经济创造出越来越多的就业岗位，成为实施扩大就业战略的重要支撑力量。全国层面的制造业就业份额持续稳定增长，分区域的制造业就业份额却体现出不一样的发展趋势。东部是我国制造业的集聚区域，江苏、浙江、福建、山东、广东五省的制造业就业份额增长幅度超过了全国平均水平，其中浙江制造业的就业份额从 2000 年的 34.18%上升到 2010 年的 43.83%。北京、天津、上海的制造业就业份额有所下降。中部地区除山西外，制造业就业份额普遍上升，其中江西的制造业就业份额从 2000 年的 9.13%上升到 2010 年的 21.21%。东北地区的辽宁、吉林、黑龙江三省制造业就业份额持续萎缩，其中辽宁从 2000 年的 15.23%下降到 2010 年的 13.5%，吉林从 2000 年的 9.71%下降到 2010 年的 6.8%，黑龙江从 2000 年的 9.5%下降到 2010 年的 7.08%。西部地区的重庆、四川、贵州等地制造业就业份额有所增长，但增长幅度略低于全国平均水平。

表 1-1　各省制造业就业人口占全行业就业人口的比重　(%)

地区	2000 年	2010 年	地区	2000 年	2010 年
全国	12.46	16.85	江西	9.13	21.21
北京	21.40	15.61	辽宁	15.23	13.50
天津	28.74	26.97	吉林	9.71	6.80
河北	9.61	12.75	黑龙江	9.50	7.08
上海	38.33	35.41	内蒙古	7.74	6.36
江苏	21.55	34.05	广西	5.38	7.78
浙江	34.18	43.83	重庆	8.07	11.41
福建	20.43	28.62	四川	5.87	8.77
山东	11.76	16.24	贵州	4.28	5.61
广东	33.48	39.28	云南	4.32	5.63
海南	5.30	4.59	西藏	3.02	2.16
山西	10.13	8.70	陕西	7.78	8.20
河南	5.59	8.31	甘肃	4.80	4.06
湖北	9.36	13.00	青海	5.41	5.37
湖南	6.68	12.83	宁夏	8.55	7.43
安徽	6.83	11.75	新疆	7.50	5.08

资料来源：根据 2000 年、2010 年全国人口普查长表数据整理而得。

(三)制造业研发投入规模不断增长

在这一阶段，一个显著的趋势是制造业研发投入规模不断增长，研发投入时间占全行业比重最大。表1-2统计数据显示，2009年R&D人员全时当量投入总计超过229万人/年，其中制造业为135.5658万人/年，制造业所占比例达到了59.16%。全国全行业投入研发的人员总规模达到115万多人，其中制造业投入研发的人员总量为57万人，制造业占比达49.49%。与科学研究、教育、卫生等行业注重基础研究和应用研究的模式不同，制造业在试验发展方面的研发力量投入最大，2009年制造业试验发展投入134.4万人/年的全时当量，占当年试验发展投入量的74.2%。

表1-2 2009年分行业R&D人员全时当量 (人/年)

	R&D人员全时当量	研究人员	基础研究	应用研究	试验发展
总 计	2 291 252	1 152 311	164 556	315 348	1 811 405
农、林、牧、渔业	12 196	4 470	185	745	11 263
采矿业	75 624	43 891	190	3 652	71 781
制造业	1 355 658	570 294	696	10 855	1 344 126
电力、燃气及水的生产和供应业	15 544	12 243	4	980	14 561
建筑业	63 432	39 104	60	2 869	60 506
交通运输、仓储和邮政业	4 991	3 094	20	260	4 711
信息传输、计算机服务和软件业	73 188	17 163	70	1 376	71 741
金融业	397	180	1	9	387
租赁和商务服务业	19 659	5 152	14	514	19 128
科学研究、技术服务和地质勘查业	326 812	195 105	42 282	112 965	171 565
水利、环境和公共设施管理业	2 273	1 013	436	740	1 097
教育	241 350	200 774	100 814	119 957	20 577
卫生、社会保障和社会福利业	99 068	59 254	19 390	60 159	19 561
文化、体育和娱乐业	1 060	574	393	267	401

资料来源：国家统计局第二次R&D资源清查，R&D人员全时当量(2009年)，http://www.stats.gov.cn/tjsj/pcsj/rdzyqc/decrdzyqc/201011/t20101124_72823.html。

(四)外资大量进入

社会主义市场经济体制转轨方向确立以后，民营经济迅速崛起。外商投资进入中国，推动沿海地区制造业的快速发展。在 20 世纪 80 年代，中国吸收的外商直接投资主要来源于我国香港地区，日本和美国的企业也开始进入中国市场。90 年代以来，随着市场化改革和对外开放步伐的加快，新加坡和韩国的企业开始到中国投资设厂，欧美国家的跨国公司大规模进入中国，由此推动外商投资来源地多元化的发展趋势。尽管投资主体来源多元化，外资在中国市场投资的区域却呈现集中化的态势。研究显示，1995 年前后，欧洲主要国家在华制造业企业集中在长江三角洲地区(上海、江苏和浙江)，其次在北部沿海地区；韩国虽然进入中国市场较晚，但发展很快，大部分韩资企业集中在环渤海地区，在北部沿海及东北地区的韩国制造业企业达到 882 个，占韩国在华制造业企业总数的 84.7%，投资额占 76.2%；日资企业主要集中在长三角地区和环渤海地区。① 从投资战略来看，中国内部潜在的巨大市场是欧美国家来华投资的重要目标之一，这些来华制造业企业非常重视中国廉价的劳动力和丰富的经济资源。不同来源的企业对国内企业的影响也不同，来自西方国家的外商投资企业对国有企业具有正向的溢出效应，而日本、韩国和海外华人的投资企业对内资非国有企业绩效的影响更大。②

(五)制造业劳动生产率加速增长

20 世纪 90 年代，中国制造业的劳动生产率呈现出了加速增长趋势，平均增长速率超过了同期工业劳动生产率增速，也超过了 80 年代劳动生产率的增速。研究显示，1993 年至 1999 年中国制造业总体劳动生产率增长达到了 6.8%，超过了同期工业总体劳动生产率增长的 6.7%，其中木制品和家具、电器机械和设备的增长率分别达到了 11.6%、13.3%，这两个行业的增速非常显著。③ 与 80 年代相比，制造业各行业的劳动生产率普遍增长。与此相对应的是，1994 年我国开始向市场经济转轨，大量国企职工下岗分流，企业减员增效的直接效果是劳动生产率得到了极大提高。

---

① 魏后凯：《欧美日韩在华制造业投资的区位决定》，载《中国工业经济》，2000(11)。

② 王成岐、张建华、徐文忠：《谁从谁获益：中国制造业中的外商直接投资》，载《中国工业经济》，2006(10)。

③ Adam Szirmai、柏满迎、任若恩：《中国制造业劳动生产率：1980—1999》，载《经济学(季刊)》，2002(4)。

>>三、第三阶段 2013 年至今：迈向中国制造 2025<<

(一)工业 4.0 与《中国制造 2025》的出台

《中国制造 2025》的出台有着重要的历史与现实背景。

首先，国际历史经验表明，制造业是一国竞争力的重要体现和经济发展的支柱。制造业是经济发展和福利国家建设的基础，20 世纪的传统制造业强国——美国、德国、日本和英国的发展实践都证明了这一点。一个国家在制造业国际分工中的地位决定了国家经济的综合竞争力。强大的制造业不仅能够保障一国生产和消费活动的需求，还能够促进生产服务业的发展，带动经济整体转型升级。因此，抢占制造业发展的制高点成为国家经济战略的重要出发点和落脚点。

其次，发达国家推行工业 4.0 以及相关配套措施，试图再次引领制造业发展前沿。工业 4.0，主要是通过融合信息通信技术和生产制造流程，总体掌控从消费需求到生产制造的所有过程，由此实现更高效更贴近市场需求的生产管理。德国在 2013 年推出了"工业 4.0"计划，估计在未来 10 年内该计划将贡献德国 GDP 的 1%，创造 39 万个工作岗位，增加高达 2 500 亿欧元的投资额。预计在未来 10 年内"工业 4.0"计划将使德国制造业的生产率提升到制造总成本的 5%～8%。[①] 金融危机的历史经验让世界各主要发达国家均在采取多种措施使"制造业回流"，如美国在 2011 年出台了"重振制造业"计划，英国在 2013 年推出了"工业 2050"战略，法国在 2013 年推出了"新工业法国"计划，日本在 2015 年提出了"重振制造业"的战略目标。

最后，我国已经成为全球制造业第一大国。加入世界贸易组织之后，我国工业制造业产值规模、出口规模一直处于快速发展阶段。2003—2011 年，我国规模以上工业增加值年均增长 15.4%，其中，2003—2007 年年均增长 17%。工业占国内生产总值的比重保持在 40%左右，对国民经济增长的贡献率超过 45%。2011 年，规模以上工业主营业务收入达到 84.2 万亿元人民币，比 2002 年增长 6.7 倍。制造业大国地位初步确立，在 22 个大类中，我国在 7 个大类中名列第一，220 多种工业品产量居世界第一位。2010 年我国制造业产出占世界的比重为 19.8%，超过美国成为全球制造业第一大国。[②]

虽然我国已经成为世界第一制造业大国，但事实是中国制造一直存在"大而

---

① 波士顿咨询公司：《工业 4.0　未来生产力与制造业发展前景》，2016 年 5 月。

② 工信部装备工业司：《〈中国制造 2025〉解读之二：我国制造业发展进入新的阶段》，http://www.miit.gov.cn/n1146295/n1146562/n1146655/c3780661/content.html。

不强”的问题，还不是世界第一制造业强国。为了在世界制造业强国竞争中脱颖而出，2015年国务院印发了《中国制造2025》，提出了建设制造强国的宏伟目标，以及实现以上目标的五大基本方针——创新驱动、质量为先、绿色发展、结构优化、人才为本。《中国制造2025》是我国实现制造业强国战略目标三步走中的第一步行动纲领。工业是立国之本，只有工业强才能国家强。党中央提出了实现从工业大国向工业强国转变的三步走发展战略，《中国制造2025》实际上是从制造大国走向制造强国的第一步。为了加强政府引导，凝聚行业共识，汇集社会资源，围绕重点，破解难点，着力突破制造业发展的瓶颈短板，抢占未来制造业发展的竞争制高点，国家制造强国建设领导小组启动了“1＋X”规划体系的编制工作。“1”是指《中国制造2025》，“X”是指11个配套的实施指南、行动指南和发展规划指南，包括国家制造业创新中心建设、工业强基、智能制造、绿色制造、高端装备创新5大工程实施指南，发展服务型制造和装备制造业质量品牌2个专项行动指南，以及新材料、信息产业、医药工业和制造业人才4个发展规划指南。

(二)制造业产值稳步上升的同时制造业就业份额下降

2013年以来，我国经济进入下行阶段，经济增长率维持在6.5％～7％，制造业总体也与经济发展保持同步。统计数据显示，2015年3月到2016年12月，我国制造业当月同比增速维持在6％～7％。与季度经济增长速度相比，2015年制造业平均增速低于同期的经济增长速度，2015年第四季度以来制造业出现显著复苏的迹象。2016年第一季度和第二季度的制造业平均增速显著超过了同期经济增长速度。装备制造业和高技术产业支撑作用越来越明显。2017年1—2月，装备制造业和高技术产业增加值同比增长分别为11.9％和12.6％，增速分别高于规模以上工业5.6个和6.3个百分点，较上年12月分别增长1.8个和0.4个百分点。其中，光电子器件、锂离子电池、工业机器人、SUV、集成电路等新兴产品产量保持了较高的增速，工程机械、载货汽车等产品产量受益于基础设施建设继续保持快速增长。①

尽管我国制造业的发展为社会创造了大量工作岗位，但就业总量和就业份额逐年下降。统计数据显示，2013年制造业为我国创造了5 257.94万个城镇单位就业岗位，2014年为5 243.14万个，2015年为5 068.7万个。分地区来看，制造业城镇单位就业规模最大的地区是广东，2014年制造业就业规模达到了1 015.16万人，占全行业城镇1 973.28万人的51.45％。其次是江苏、山东和浙

① 国家统计局：《2017年工业生产开局平稳增速有所加快》，http://www.stats.gov.cn/tjsj/sjjd/201703/t20170314_1472617.html，2017-03-14。

江等地区，制造业创造的就业岗位主要集中在东部沿海地区。全国制造业就业占城镇单位就业人员的比重(制造业就业份额)从2013年的29.04%下降到2014年的28.69%。分省来看，大部分东部省区(北京、上海、浙江、广东等)都表现出制造业就业份额下降的趋势，如上海的制造业就业份额从2013年的34.22%下降到2014年的31.79%，而江苏的制造业就业份额从2013年的36.95%上升到2014年的38.21%。①

(三)智能制造业市场规模扩张但核心技术自主化率低

在政府政策大力支持下，我国智能制造业市场规模不断扩张，工业机器人市场发展趋势呈现如下特征。

一是中国已经成为全球最大的机器人消费国，但工厂使用机器人的密度远低于美国等国家。根据国际机器人联盟(International Federation of Robotics)公布的数据显示，2014年全球工业机器人销量约为22.5万台，同比增长27%。其中，亚洲贡献超过一半，约14万台。表现最为抢眼的当属中国，当年机器人销量高达5.6万台，同比猛增54%。② 这些机器人被集中应用在汽车和电子两大行业。此外，工业机器人近年来在橡胶塑料、金属和机械、军工、航空制造、食品工业、医药设备等领域的占比也在增加。国际机器人联盟的数据还显示，2015年中国市场销售6.86万台机器人，超过了欧盟市场上销售的机器人总和(5.01万台)。未来，中国市场的机器人销售将仍然保持两位数的增长。③

二是机器人市场规模大，但关键核心技术的自主化率不高。随着我国人口红利逐渐消失和“中国制造2025”战略的要求，机器人替代人工成为大势所趋，这也使得中国机器人连续四年蝉联世界销量第一，国内各地也纷纷把机器人产业放在优先发展的位置。据统计，国内重点发展机器人产业的省区达28个，机器人产业园区达40多个，机器人企业超过500家。但与机器人的“火热度”形成鲜明对比的是，在中国庞大的机器人消费市场中，本土品牌机器人仅占4%，国外机器人企业占据了我国机器人市场超过90%的份额。④

① 根据中国国家统计局、中国人力资源和社会保障部公布的统计数据整理而得。

② 《中国蝉联全球机器人最大消费国》，http://www.robot-china.com/news/201507/09/22635.html，2015-07-09。

③ 国际机器人联盟官方网站，http://ifr.org/ifr-press-releases/news/world-robotics-report-2016。

④ 中国传动网：《中国机器人大而不强　技术占优势方能领先》，http://www.chuandong.com/news/news.aspx?id=194593，2017-04-07。

（四）制造业服务化趋势开始显现

制造业服务化是指在现代信息技术的支撑下，制造业产品服务环节回归制造企业，推动制造业产业形态从产品型制造向服务型制造发展的过程。[①] 从发达国家制造业的发展过程来看，电气化和自动化技术的广泛引入、交通技术进步和运输能力的极大提升、信息技术与工业生产的深度融合，以及现代金融工具的大力发展极大地提高了工业生产的规模化和生产效率，进一步解放了制造业产业工人的生产约束，细化了劳动分工。产品制造全流程的许多服务环节开始从制造业企业中被分离出来，形成了独立于制造业企业但又为制造业企业服务的行业，标准化工业生产与基础性和多元化配套服务相互搭配，形成新的工业形态。

目前，中国制造业服务化产出比例不高，但是服务业务的利润率相对较高。中国机械工业联合会 2009 年的调查数据显示，我国制造业的服务化转型正在加速，8 家企业样本中有 64 家企业开展了至少一项业务活动。有学者分析 2014 年我国 15 家有代表性的制造业上市公司情况，我国制造业企业服务业务占比总体不高，很少有超过 30％的，大多处于 10％～30％；但是 15 家企业中有 10 家企业的服务业务毛利率水平高于制造业务的毛利率水平，如中联重科的服务业务毛利率高达 90％以上，而广西柳工机械股份有限公司的融资租赁业务的毛利率达到 72.32％，远远高于 22.04％的整体水平。[②]

第二节　制造业演变中的劳动力市场作用

本节将从人力资本积累和人力资本配置两个维度来理解劳动力市场的功能，从而为分析改革开放以来中国制造业的发展变迁与劳动力市场变革奠定理论基础。劳动力市场发育和制度化建设为制造业转型升级奠定了坚实的基础。

>>一、劳动力市场的人力资本积累与配置功能<<

（一）人力资本为什么重要

人力资本是解释现代经济增长与转型的关键性因素。从经典的统一增长理论

① 胡查平、汪涛：《制造业服务化战略转型升级：演进路径的理论模型——基于 3 家本土制造企业的案例研究》，载《科研管理》，2016(11)。

② 黄群慧、霍景东：《〈中国制造 2025〉战略下制造业服务化的发展思路》，载《中国工业评论》，2015(11)。

来看，人类经济发展全过程可以分为三个阶段①：第一阶段为马尔萨斯阶段，其显著特征是人口增长缓慢(甚至没有人口增长)，人均产出增长缓慢；第二阶段为后马尔萨斯阶段，其显著特征是技术进步推动产出增长快于人口增长，人口与人均收入同时保持稳定增长；第三阶段为现代化增长阶段，表现为人口增长速度非常低而人均收入持续增长。尽管理论界尚未对经济增长三阶段的时间划分做出严格的界定，但如何将这三个阶段纳入统一的理论框架来解释经济长期增长现象，则成为研究者们共同关心的话题。实现经济增长阶段的跨越关键在于技术进步和人力资本积累，而技术进步与人力资本积累是相伴而生的。尽管技术创新具有一定的偶然性，但是新技术的大规模开发与应用则是经济主体主动投资的结果。在工业化的前中期阶段，技术的发明和改良伴随着大规模的物质资本投资和积累，因此合适的产权制度安排则成为鼓励资本积累和经济增长的重要前提条件。新古典增长理论正是从物质资本积累的重要性出发，推演出了投资驱动型经济增长的条件与路径。但是，新古典增长模型的增长收敛结论，与现实世界中发达国家经济持续增长、不断拉大与发展中国家收入差距的事实不一致，需要新的增长理论来修正之前的理论。经济学家们适时提出了内生增长理论，将技术进步内生化，由经济主体有意识的研发活动所推动的创新和增长构成了持续增长的基础。

由于现代产业经济中技术与技能互补关系越来越密切，持续的技术进步也需要持续的人力资本投资和技能提升，从而实现持续的经济增长。也就是说，从物质资本积累向人力资本积累转变，是工业革命后西方经济世界向现代经济增长阶段转型的关键，经济学理论也将这一阶段模型化为人力资本积累是现代经济增长的首要引擎。② 人力资本积累与物质资本积累既有相同之处，也有不同之处。理解二者的不同之处，是理解经济增长引擎改变的关键。与物质资本不同，人力资本是天然地体现在劳动力身上的知识、技能、健康等要素的积累。物质资本可以无限度地进行积累，而劳动者的人力资本积累受到个体生理和心理特征等因素的影响，因此进行人力资本储备的边际回报递减。但是，如果社会中的人力资本积累活动能够被广泛地扩散到社会劳动力群体中，那么社会总量的人力资本储量就会成倍增加。

人力资本的三个主要性质构成了人力资本发挥作用的微观基础。一是人力资本的正外部性，一个人的人力资本投资能够给其他人带来收益。正外部性使得人

---

① Galor O, Weil D N. Population, "Technology, and Growth: From Malthusian Stagnation to the Demographic Transition and Beyond," *The American Economic Review*, 2000, 90(4), pp. 806-828.

② Galor O, Moav O. "From Physical to Human Capital Accumulation: Inequality and the Process of Development," *The Review of Economic Studies*, 2004, 71(4), pp. 1001-1026.

力资本具有社会回报递增的性质，对人力资本投资的回报率至少在某些地区是随着人力资本的存量水平提高而上升的。在参加工作之前，工人需要进行人力资本投资决策，这一决策往往决定了工人终身拥有的人力资本水平。对于劳动者个体而言，最优的人力资本投资水平取决于工人预期可得的工作岗位类型、岗位配置的物质资本类型和规模。而企业最优的物质资本投资和岗位创造决策，在一定程度上依赖于工人的教育水平和技能。如果工人整体的教育水平都得到了提升，预期到未来雇用工人的人力资本储备将会上升，企业会增加其物质资本投资和岗位创造。结果是，对于已经在工作岗位上的劳动者，都能够从社会整体的投资和机器设备更新中受益，这是人力资本收益外溢的一种机制。[①] 二是生产过程中的资本与技能互补性，即劳动者技能能够提高资本的边际产出，同理配置更高资本的工作，技能的边际生产率也更高。因此，全社会人力资本积累能够提高投资的回报率，从而激励投资和维持稳定的增长。三是人力资本天然地体现为个体的健康、劳动技能等方面，它的积累明显体现出边际回报递减的规律。如果全社会进行人力资本投资的劳动者越多，人力资本积累活动的范围越宽，人力资本积累的规模就越大。因此，政府提供公共教育提高全民的教育水平能够为社会的可持续发展创造更多收益。

(二)劳动力市场的人力资本积累功能

自罗默和卢卡斯等经济学家提出内生增长理论框架以来，经济学家们越来越重视人力资本积累在经济长期持续增长中的作用。沿着这一理论框架，一些研究关注了不同类型的税收、补贴、经济制度改革等因素对人力资本积累的影响，还有一些研究分析了不完善的劳动力市场对人力资本积累的影响。综合已有研究来看，劳动力市场主要通过以下几个因素影响人力资本积累。

一是劳动力市场搜寻和匹配因素。由于现实中的劳动力市场存在着大量信息障碍和制度障碍，拥有人力资本的劳动者总是需要花费一定的成本来搜寻工作岗位，而企业雇主也需要付出成本来创造空缺岗位和招聘员工。有研究指出，正是因为劳动力市场的信息不完全和搜寻成本，劳动力市场的短期变化都可能影响人力资本积累，从而影响长期的经济增长与社会福利水平。[②] 具体而言，如果劳动力市场就业稳定性更高(工作分离率降低)、岗位创造成本更低，将会极大地促进

---

① Acemoglu D. A, "Microfoundation for Social Increasing Returns in Human Capital Accumulation," *Quarterly Journal of Economics*, 1996, 111(3), pp. 779-804.

② Chen, Beenlon, Hungju Chen, and Ping Wang, "Labor-Market Frictions, Human Capital Accumulation, and Long-Run Growth: Positive Analysis and Policy Evaluation," *International Economic Review* 52.1(2011), pp. 131-160.

岗位创造和就业水平，能够有效激励劳动者积累更多的人力资本，促进长期经济增长。因此，从政策含义来看，尽管在职培训会有较高的成本，但是其促进人力资本积累和经济增长的效果非常显著。

二是劳动力市场粘性与灵活性因素。人力资本本身也可以进行分类，有些人力资本可以在雇用前被观察到，如通过正式学历教育所获得的分数和学历(知识型人力资本)；还有些人力资本只能在工作之后被观察到(创造型人力资本)。有研究表明，如果劳动力市场粘性较强，雇主在设定工资和终止雇用关系方面的自由裁量权非常有限，此时雇主将偏好那些更可靠的知识型人力资本信号，而代价是牺牲了劳动者的创造力。① 在劳动力市场粘性越强的经济体内，劳动者积累知识型人力资本的激励越强，这扭曲了人力资本积累的结构，从而损害了长期的经济增长。相反地，在劳动力市场灵活性越强的经济体内，个体积累创造型的人力资本激励也越强，因此越能够推动经济增长。

值得强调的是，个体层面人力资本投资的边际回报递减比物质资本更快。因此，若人力资本投资的集中度过高，人力资本投资的产出效率下降较快，这对经济增长产生显著的影响。物质资本与人力资本的分布不同，对经济增长的影响也各不相同。研究者们发现，在物质资本积累作为经济增长主要驱动力的模式下，财富不平等对经济增长的阻碍作用并不明显，但是在人力资本驱动的经济增长模式下，财富不平等对经济增长的阻碍作用非常明显。

(三)劳动力市场的人力资本配置功能

劳动力市场配置人力资本的功能体现在以下几个方面。

一是人力资本在空间区域的配置。区域之间的劳动投入、全要素生产率、创新和经济增长存在着普遍的差异，中外经济概莫能外。中国经济高速增长几十年后，有限数量的大中型城市生产了全国大部分的经济产出，而其余大部分国土仅仅生产了部分经济产出，其他发展中国家乃至发达国家表现出类似的特征。受多种因素的影响，区域间的全要素生产率并不是平衡分布的，往往表现出一些地方具有较高的生产率和实际工资，而另一些区域的生产率和工资相对较低。这造成了劳动力市场的空间不均衡，如果劳动力的空间再配置受到阻碍，劳动力要素无法从低生产率的区域配置到高生产率的区域，空间失衡将会导致潜在的经济产出损失，这就需要劳动力进行空间再配置以实现新的均衡。在一个劳动力和企业可自由流动的框架里，Moretti(2011)的研究表明，竞争性的劳动力市场机制能够

① Salehi-Isfahani D, Murphy R D., "Labor Market Flexibility and Investment in Human Capital," *Working Papers*, 2006.

实现长期一般均衡，并提高社会的福利水平。①

二是人力资本在不同时期的配置。将人力资本进行跨期的配置非常重要，因为它关系到如何在时间维度上优化资源配置，实现长期可持续增长。有研究表明，劳动力跨期配置的一个主要动力来自闲暇和消费之间的替代。如果当期闲暇和下期消费是可以相互替代的，经济可能存在多重均衡，高劳动投入和高增长与低就业和低增长的均衡可能同时存在。

三是人力资本在生产产品与搜寻改进生产率的新知识之间的配置。从 Lucas 和 Moll 构建的理论框架来分析，劳动者可以将其时间配置在使用现有的生产相关性知识来生产产品的活动；也可以将其时间配置在与其他人相互作用来发现能提高生产率的新知识。② 假定新知识产生于那些不同知识水平个体之间的相互学习，学习知识的技术包含了一个随机过程：每个人都以一定的速率与周围的人相遇并发生相互作用，而相遇和相互作用的程度依赖于劳动者的时间投入。如果每个人的生产率水平是他/她曾经相互学习的人之中生产率的最大值，那么所有劳动者的时间配置决策共同决定了经济体当前的生产水平、学习速率和实际增长率。劳动力市场配置功能能否充分发挥，关系到劳动者是否能够充分获取新知识所产生的回报，激励着劳动者进一步投入时间增长知识。由于个人获取知识的决策并没有考虑自己所具备的知识对周围人群的正外部性，为获取知识而投入时间的社会回报要高于私人回报，因此激励经济主体投入时间搜寻和发现新知识的劳动力市场政策能够促进经济增长和改进社会福利。

四是人力资本在不同行业职业的配置。具有高创造性人力资本的人才在不同行业之间配置，对经济增长具有非常重要的含义。如果能够将一个国家最聪明最具有天赋的人才配置到生产领域，将工人们组织起来生产，那么他们的能力优势将在很大范围内发挥出来，形成规模效应。当有非常才能的人开始创办企业、从事创新活动时，就能较好地推动经济增长，但是当这些人才开始从事寻租活动，他们起到的作用则仅仅是再分配财富和阻碍经济增长。在每一个部门内部，那些具有较高生产和资源配置能力的劳动者，选择职业所考虑的因素包括能力的回报率和规模报酬率等因素。在很多国家里，寻租活动为高能力的人带来的回报比创业活动更高，这导致经济增长停滞。研究显示，③ 那些具有更高比例工程类大学专业的国家经济增长较快，而那些具有更高比例法学专业的国家经济增长较慢。

---

① Enrico, M. Local Labor Markets. *Handbook of Labor Economics*. 2011, 4b: pp. 1237-1313.

② Lucas R. E. & Moll B., "Knowledge Growth and the Allocation of Time," *Journal of Political Economy*, 2014, 122(1), pp. 1-51.

③ Murphy, K. M., A. Shleifer and R. W. Vishny, "The Allocation of Talent: Implications for Growth," *The Quarterly Journal of Economics*, 1991, 106(2), pp. 503-530.

原因在于人力资本的不恰当配置，尤其是那些最有能力的年轻人变成了寻租者，而不是生产者。个人职业选择由个人所面临的不同激励所决定，但个人面临的最优激励与社会最优激励并不一致。对于全社会整体利益而言，一些职业可能比另一些职业更有利，尽管这些职业并不能得到良好的报酬。提高人力资本投资或者改善人力资本质量，会使工程师成为一个更具吸引力的职业，从而以这种方式促进经济增长。不同职业的相对回报结构是影响人才在不同职业之间配置的关键性因素，① 但是什么因素决定了一个社会的回报结构呢？这是一个重要问题。在一般均衡的模型框架下，如果劳动者个体需要在生产性行为和非生产性行为之间进行配置决策，那么已经存在的寻租行为会对生产性部门产生负外部性，这意味着社会不同职业回报结构是内生决定的。而外部性能够导致多重均衡的出现，每一个均衡都对应着一个不同的回报结构。在漫长的经济动态演化背景下，过去一代的职业选择和分布状况以及对未来职业分布的期望影响着当代的回报，社会可能陷于一个寻租型稳态均衡里。

>>二、劳动力市场变革历程<<

(一)改革开放初期城乡二元分割下的劳动力市场功能不健全

改革开放初期，受到体制机制的多重限制，劳动力市场功能不健全，事实上激励人力资本积累和引导人力资本配置的劳动力市场还没有发育起来，主要体现在以下几个方面。

一是城乡二元分割极大地限制了劳动力市场空间配置功能。改革开放以前，中国并不存在现代意义上的劳动力市场，计划经济时代的统购统销政策、人民公社制度和户籍制度，人为地制造了劳动力市场配置功能障碍。中华人民共和国成立以来，健康卫生条件的改善、国民经济的恢复，为人口增长创造了极为有利的条件，人口增长率开始逐渐提高。而在人口高增长背景下，计划经济时代的城乡户籍分割制度极大地限制了人口的城乡与区域流动。由此形成了计划经济条件下的劳动力相对过剩，城市大量的新增劳动力没有足够的就业机会，而农村大量劳动力在农业部门从事着劳动生产率较低的农林牧渔活动，也处于劳动要素低效配置的状态。为了限制人口的快速增长，中央出台了计划生育政策，并将此作为一项长期国策加以强调。20 世纪 80 年代开始启动的农业生产经营体制改革，释放

---

① Acemoglu, D., "Reward Structures and the Allocation of Talent," *European Economic Review*, 1995, 39(1), pp. 17-33.

了农业经济的生产活力并提升了农业全要素生产率，极大地解放了农村劳动力，这就需要创造新的就业机会来吸纳农村剩余劳动力。然而，城乡二元分割制度制约了劳动力市场的空间再配置功能，农村大量剩余劳动力无法在劳动力市场自由配置机制作用下进入城镇高生产率部门。而且，城市经济仍然受到计划经济较多的管制而无法发挥吸纳就业的作用。顺应经济社会形势的变化，党中央在1985年前后启动了城市经济体制改革，由此掀起了社会全面改革的新篇章。

二是城乡二元分割下的"脑体收入倒挂"现象极大地扭曲了人力资本积累的激励信号。改革开放初期，劳动力市场制度造成了体制内劳动力市场与体制外劳动力市场的分割，既造成城乡居民收入差距长期超常扩大，又导致受教育较多者的收入偏低。[①] 在体制内劳动力市场，由于劳动力市场自由配置功能不健全，人力资本无法被有效地配置到边际生产率高的岗位，导致人力资本无法实现最高的生产率和市场价值。其表现就是，受教育较多的劳动者得到的工资与其教育水平并不相称，这被称为"脑体收入倒挂"现象。较高的回报率是激励人力资本持续积累的前提，长期的"脑体收入倒挂"现象显然提高了人力资本投资风险，扭曲了人力资本投资激励，不利于提高劳动者进行人力资本投资的积极性。

(二)与户籍制度相关的改革促进了劳动力市场配置功能的发挥

市场化改革就是要打破制度的樊篱，发挥市场在资源配置中的关键作用。改革开放以后，制度的枷锁逐渐被打破，到加入世界贸易组织前后，劳动力市场化改革取得了较大进展。其中，计划经济时代的户籍制度、统购统销政策和人民公社制度是限制劳动力市场配置功能无法有效发挥的主要障碍，户籍制度改革也成为劳动力市场化改革的突破口。1984年出台的《国务院关于农民进入集镇落户问题的通知》规定农民可以自理口粮进集镇落户，并享有同集镇居民同样的权利；1985年出台的《公安部关于城镇暂住人口管理的暂行规定》规定居民身份证制度开始实施。这些改革措施逐渐放开了小城镇落户的限制，人口的小规模流动开始频繁起来。1997年国务院出台的《国务院批转公安部小城镇户籍管理制度改革试点方案和关于完善农村户籍管理制度意见的通知》明确提出，已在小城镇就业、居住并符合一定条件的农村人口，可在小城镇办理落户；1998年的《国务院批转公安部关于解决当前户口管理工作中几个突出问题意见的通知》，进一步规定新生婴儿随父落户、夫妻分居、老人投靠子女以及在城市经商和购买商品房等、有合法稳定职业和生活来源的居民，都准予在城市落户。从2001年开始，小城镇

① 赖德胜：《论劳动力市场的制度性分割》，载《经济科学》，1996(6)。

常住户口不再实行计划指标管理。与户籍制度改革相伴随的是统购统销政策和人民公社制度也发生了巨大的变化，这极大地放松了人口流动的限制并加速了劳动力市场化进程，市场化配置人力资本的目标接近实现。由此可见，我国户籍制度改革遵循的是一条从小城镇、中等规模城市到大城市的目标，改革的有序推进为城市劳动力市场发育创造了有利条件。

21世纪以来，中国劳动力市场的大规模人口流动反映出劳动力市场化配置的改革进展。到2010年第6次人口普查，大陆31个省(区、市)的流动人口(居住地与户口登记地不一致且离开户口登记地半年以上的人口)比2000年增加了116 995 327人，增长81.3%。伴随着人口流动的劳动力配置和再配置取得了显著成效，主要体现在三个方面：一是农村劳动人口从农村和农业部门广泛地再配置到城镇地区和非农部门各行各业就业，尤其是到第二产业中的工业、建筑业和第三产业，大量的劳动力为非农部门经济增长贡献了丰富的劳动力资源；二是城镇户籍就业人口再配置的障碍被打破，所谓铁饭碗不再有，劳动力市场刚性降低，灵活性增强，这极大地激发了城镇内部劳动力市场的再配置活力；三是行业和所有制之间的分割被逐渐打破，国有企业与非国有企业之间的差异逐渐被消除，非国有经济拉动就业的能力越来越强，劳动力在国有部门和非国有部门的再配置障碍开始被化解。

新一轮户籍制度改革进一步保障了劳动力市场配置功能的发挥。十八届三中全会后，党中央明确提出要加快户籍制度改革，全面放开建制镇和小城市落户限制，有序放开中等城市落户限制，合理确定大城市落户条件，严格控制特大城市人口规模，由此掀开了新一轮户籍制度改革。2014年出台的《国务院关于进一步推进户籍制度改革的意见》，明确提出要全面实施居住证制度，稳步推进义务教育、就业服务、住房保障等城镇基本公共服务覆盖所有常住人口。

(三)收入分配制度改革激励人力资本积累

收入分配不公平的问题一直是限制劳动力市场信号作用的关键。计划经济时代的“大锅饭”和“平均主义”，在很大程度上消除了人力资本的报酬差别，极大地阻碍了劳动力市场的激励功能。要发挥劳动力市场的激励作用，必须坚持按劳分配的基本原则，破除“大锅饭”和“平均主义”。因此建立健全收入分配制度贯穿于改革开放的全过程。总结来看，收入分配制度主要经历了以下三个阶段的演变。

第一阶段，以按劳分配为原则指导工资制度改革，提高经济效益。这一时期的主线是打破“大锅饭”和“平均主义”，搞好按劳分配制度。1982年党的十二大提出在经济和社会生活中坚持按劳分配制度和其他各项社会主义制度。在以国有企业为主导的经济体制里，“大锅饭”体制难以真正被打破，因为国有企业的工资制度非常僵化。国企内部的按劳分配无法真正实行开来，最终工资制度改革不彻底。为了贯彻按劳分配原则，中央政府开始推动国企工资制度改革，并着力使职工工资同企业经营效益和个人的劳动贡献密切联系起来。1984 年年底党的十二届三中全会通过的《中共中央关于经济体制改革的决定》明确指出，“平均主义思想是贯彻执行按劳分配原则的一个严重障碍，平均主义的泛滥必然破坏社会生产力。”1987 年党的十三大进一步提出，“实行按劳分配为主体的多种分配方式和正确的分配政策”。工资制度改革在原则上明确了政府与企业的分配关系，国家仅规定企业工资和奖金增长的限额、幅度或同效益挂钩的比例，具体的分配形式和办法由企业自主决定。1991 年党中央提出，“理顺国家、集体和个人以及中央和地方之间的分配关系，形成合理的国民收入分配格局。坚持以按劳分配为主体，其他分配方式为补充，逐步完善个人收入分配制度。”①在政府政策的鼓励和保护下，城乡合作经济、个体和私营经济开始迅速发展，中外合资企业、中外合作经营企业和外商独资企业逐渐兴起。非公有制经济的发展也促进了公有制经济的发展，各地区、各部门和各种企业相互参股等形式的公有制也开始大量出现。经济成分的多样化客观上要求分配方式的多样化，因为这些经济成分的发展除了有劳动的贡献以外，还有来自股份、债权、经营能力等要素的贡献，还需要按股分红、按债权付息以及根据经营能力支付利润。

第二阶段，以按劳分配为主与按要素分配相结合，坚持效率优先、兼顾公平。为了调动经济体制改革的积极性，必须坚持以按劳分配为主、按要素分配为辅的分配制度，保障资本、技术、管理等生产要素得到必要的回报。1992 年党的十四大明确提出，“经济体制改革的目标，是在坚持公有制和按劳分配为主体、其他经济成分和分配方式为补充的基础上，建立和完善社会主义市场经济体制。”从发展有计划的商品经济到建立社会主义市场经济体制，这是一个巨大的跨越。1993 年中央出台了《中共中央关于建立社会主义市场经济体制若干问题的决定》，进一步加快了改革步伐，并要求“建立以按劳分配为主体，效率优先、兼顾公平的收入分配制度，鼓励一部分地区一部分人先富起来，走共同富裕的道路”。建立合理的分配制度是经济体制改革的重要环节。1997 年党的十五大进一步提出要“完善分配结构和分配方式”。在社会主义市场经济的发展过程中，既存在通过诚实劳动和合法经营得到的合法收入，又存在通过偷逃税款、权钱交易和侵吞公有财产得到的非法收入，这使得国民收入分配结构变得复杂化。合法收入需要加以保护才能鼓励更多的人合法经营和勤劳致富。在市场转轨的过程中，灰色收入或非法收入的存在既不利于提高效率又不利于保障公平，需要依法加以取缔和惩处。凭借各种特殊垄断条件所获得的收入需要加以整顿和纠正，提高经济效率。

---

① 《关于国民经济和社会发展十年规划和第八个五年计划纲要的报告》，1991。

第三阶段，深化分配制度改革，统筹兼顾收入分配中的公平与效率，扭转和缩小收入差距。在经济迅速增长过程中，地区、行业和个人之间的收入差距不断扩大，并达到威胁社会和谐稳定的警戒线水平。收入差距扩大的主要原因在于农村居民和城镇低收入群体收入增长太慢，增收潜力不足。随着我国经济总体规模超越德国和日本而跃居世界第二，收入差距的扩大制约了扩内需战略的实施和经济的可持续增长。在新的时期里，深化收入分配制度改革，强化政府收入分配调节的职能，控制和缩小收入差距，显得非常重要。2002 年党的十六大提出要“深化分配制度改革”。2003 年通过的《中共中央关于完善社会主义市场经济体制若干问题的决定》提出，以共同富裕为目标，扩大中等收入者比重，提高低收入者水平，调节过高收入，取缔非法收入。加强对垄断行业收入分配的监管。健全个人收入监测办法，强化个人所得税监管。2007 年党的十七大进一步提出深化收入分配制度改革的要求，并且强调“初次分配和再分配都要处理好效率和公平的关系，再分配更加注重公平”，将社会公平放在了更重要的位置。中央强调，合理的收入分配制度是社会公平正义的重要体现。为了保障收入分配的公平，需要继续深化收入分配体制改革，并制定调整国民收入分配格局的政策措施，一方面逐步提高居民收入在国民收入分配中的比重，另一方面提高劳动报酬在初次分配中的比重。

改革开放初期确立的按劳分配、效率优先、兼顾公平，逐渐成为收入分配领域的基准。但是按劳分配原则没有解决收入分配不平等的问题，对缓解劳资纠纷也没有较好的解决办法。从工业化国家的发展历程来看，随着制造业机械化大生产时代的来临，劳资关系问题成为社会矛盾的重要来源。我国加入世界贸易组织以后，制造业加速扩张和转型，产业关系的主体及其利益诉求也越来越多元化，劳动争议案件数量连年上升，拖欠工资等损害职工利益的现象比较突出，构建和谐劳动关系的任务艰巨。产业的发展催生了劳资关系协调制度的需求，先后出台的《劳动法》《工会法》《劳动合同法》提出了建立工资协商机制的原则，2000 年出台的《工资集体协商试行办法》成为劳资双方就工资协议期限、工资标准和分配形式、工资水平及其调整幅度、协商程序、违约责任等内容进行协商的依据。《中华全国总工会 2011—2013 年深入推进工资集体协商工作规划》(总工发〔2011〕4 号)进一步强调了普遍开展工资集体协商的方针，目标是在已建工会组织企业集体协商建制率达到 80%以上。随着我国经济发展进入新常态，劳动关系也随之转型，需要统筹处理好促进企业发展和维护职工权益的关系。2015 年中共中央、国务院出台了《关于构建和谐劳动关系的意见》，对构建和谐劳动关系提出了新要求：一要健全劳动标准体系；二要健全劳动关系协调机制；三要加强劳动保障监察；四要加强争议调解仲裁，以此调动劳动关系双方的积极性、主动性，推动企业和职工协商共事、机制共建、效益共创和利益共享。

总体上，劳动、资本、技术和管理等生产要素按贡献参与分配原则的确立，理顺了生产收益的分配关系，调动了各要素参与生产建设的积极性，全社会普遍形成了尊重劳动、尊重知识、尊重人才、尊重创造的环境。保护合法的劳动和非劳动收入，是激励劳动者不断积累知识和技能的根本动力。

第三节　劳动力市场与制造业发展的相互影响

劳动力市场状况与制造业发展之间具有相互作用、相互影响的关系。一方面，制造业发展对劳动力市场变革起着引领作用；另一方面，劳动力市场人力资本积累与配置功能又对制造业转型起着支撑作用。

>>一、制造业发展对劳动力市场变革的引领作用<<

制造业发展对劳动力市场变革的引领作用，主要体现在如下两个方面。

一是对劳动力市场制度变革的引领作用。改革开放以后，中国制造业开始参与全球制造业产业链的分工。东部沿海地区的加工型制造业开始迅速发展起来。加工型制造业需要大量的劳动力，在这一阶段，劳动力市场需要发挥的主要功能和作用是，逐渐消除农村劳动力向城镇地区流动的成本和障碍，以工作机会和价格信号吸引农村劳动力流向城镇制造业，从而推动制造业的发展。而 1984 年前后启动的户籍制度改革以及相应的粮食统购统销制度改革，极大地放松了户籍制度对人口流动的限制。产业发展带来的巨大经济利益推动各地政府进一步放宽人口落户政策，形成增长与改革的良性循环。随着工业进程的逐步推进，尤其是我国加入世界贸易组织以来，制造业资本有机构成逐步提高，资本深化加速。劳动力市场变革的方向是维护稳定的劳动关系，调节劳资矛盾和纠纷，以适应大规模制造业生产。经济发展水平的提高带动了劳动力成本上升，逐渐降低了制造业平均利润水平，挤压低端制造业的生存空间，制造业必须进行结构调整和转型升级，高端制造业开始发展。劳动力就业份额逐渐下降，大量劳动力需要转移再就业。劳动力市场变革需要更好地适应需求，更好地发挥人力资本提升功能。

二是对劳动力市场就业的促进作用。研究中常用制造业的就业乘数来表示，即制造业(代表可贸易品生产部门)每创造一份新工作，将会显著地为服务业(不可贸易品生产部门)带来额外的工作。Moretti 于 2010 年基于工具变量的估计显示，可贸易品生产部门对不可贸易品生产部门的就业弹性为 0.335，就业乘数为 1.59，即可贸易品生产部门额外的一份新工作可以为不可贸易品生产部门带来 1.59 份工作；耐用品生产部门的就业乘数为 0.73；非耐用品生产部门的就业乘数为 1.89。[①] 此后，Moretti 和 Thulin 利用美国和瑞典的城市研究发现，那些人力资本存量水平高的产业或者高技术产业的就业乘数尤其高。[②] 在国内近年来有关制造业就业乘数的研究方面，张川川基于微观人口数据估计了 1990—2005 年及 2000—2005 年由对外贸易冲击带来的制造业就业乘数，发现制造业每增加 1 个就业岗位，大约能够创造 0.6 个和 0.4 个服务业就业岗位，就业乘数逐年下降；他也发现经济开放程度和市场化程度越高的城市，制造业地区就业乘数越大。[③] 袁志刚和高虹利用地级市 2003—2012 年的数据构造工具变量，估计发现城市制造业每增加 1%，带来服务业就业约 0.435%的上升，其中生活性服务业受益最大，且城镇化水平和城市规模会对乘数效应产生促进作用。[④]

>>二、劳动力市场人力资本积累与配置功能对制造业转型的支撑作用<<

劳动力市场对制造业转型的支撑作用，可以从劳动力市场的人力资本积累与配置功能两个维度来分析。

首先，劳动力市场积累丰富的人力资本要素有利于企业提高生产率，为制造业转型奠定基础。制造业生产率持续提高，是制造业转型的必经之路。而人力资本作为重要的生产要素投入，是制造业企业生产率提高的重要影响因素。丰富的人力资本积累，能够为制造业企业发展直接提供大量的高素质劳动力，改善制造业企业的生产管理和流程再造。不仅如此，高素质劳动力对其所在生产单位有促进作用，还能通过外溢效应提高其他生产单位的生产率，此即人力资本的外部性。马歇尔较早地认识到工人集聚的社会互动行为能够产生提高生产率的学习机会，这是外部经济的表现。经验研究表明，人力资本对生产率的外溢效应更多地发生在高技术产业和人力资本存量高的地区，那些在人力资本存量较高地区的企业比那些人力资本存量较低地区的企业具有更高的生产率。[⑤] 因此，劳动力市场人力资本积累信号传递功能突出的区域能够较好地形成人力资本积聚，促进制造

---

① Moretti E.，"Local Multipliers," *The American Economic Review*，2010，100(2)，pp. 373-377.

② Moretti E. and Thulin P.，"Local Multipliers and Human Capital in the United States and Sweden,"*Industrial and Corporate Change*，2013，22(1)，pp. 339-362.

③ 张川川：《地区就业乘数：制造业就业对服务业就业的影响》，载《世界经济》，2015(6)。

④ 袁志刚、高虹：《中国城市制造业就业对服务业就业的乘数效应》，载《经济研究》，2015(7)。

⑤ Moretti，Enrico. "Human Capital Spillovers in Manufacturing：Evidence from Plant-Level Production Functions,"*NBER Working Paper*，2002，No. 9316.

业企业生产率提高和产业转型。从我国制造业发展的现实路径来看，改革开放以来各级教育水平迅速改善，为我国制造业崛起奠定了丰富的劳动力要素基础。进一步地，从技术引进、消化和再创新的产业升级过程来看，人力资本积累和技术学习能力对我国引进和消化吸收技术的能力至关重要。人力资本积累不足将导致制造业企业技术创新低效率的突出问题，而国内多数企业的人力资本值低于临界值以下，企业无法充分利用外资企业的先进技术的状况造成了我国制造业企业自主创新能力提高的瓶颈。①

其次，劳动力市场人力资本配置功能的发挥，实现了高技能和低技能劳动力在不同地区、不同行业和不同企业间的自由配置，有助于制造业行业优胜劣汰和竞争力提升，推动制造业转型。改革开放以来，劳动力市场化改革极大地发挥了资源配置功能，引导劳动力流动和迁移，对中国经济增长的贡献非常大。② 更为重要的是，劳动要素配置效率的改善促进制造业企业全要素生产率的提高。劳动配置效率关系到企业的全要素生产率，在自由市场和完全竞争配置下，劳动要素总是配置到最高边际产出的企业，从而获得最大化的产出效益。如果劳动要素配置扭曲并产生资源错误配置，结果将导致潜在的产出损失。研究表明，如果资本和劳动力均得到有效配置，1998 年我国制造业全要素生产率将提高 57.1%，而 2007 年将提高 30.1%，其中 1998—2007 年劳动要素配置效率的改善促进企业全要素生产率提高了 7.3%。③

① 孙文杰、沈坤荣：《人力资本积累与中国制造业技术创新效率的差异性》，载《中国工业经济》，2009(3)。

② 郝大明：《1978—2014 年中国劳动配置效应的分离与实证》，载《经济研究》，2015(7)。

③ 龚关、胡关亮：《中国制造业资源配置效率与全要素生产率》，载《经济研究》，2013(4)。

第二章

迈向制造强国进程中劳动力市场的变化特征

第一节　中高端制造业成为拉动就业新引擎

制造业迈向中高端为就业提供更多机遇。一方面，政府层面的构想是宏伟科学的，党的第十二届全国人民代表大会第三次会议指出："推动产业结构迈向中高端，坚持创新驱动、智能转型、强化基础、绿色发展，要实施《中国制造2025》。"《中国制造 2025》全面开启了中国制造业由大变强之路，是实现产业迈向中高端的重要指导文件。另一方面，产业层面的基础是稳固扎实的，根据联合国工业发展组织报告，"中国是世界上唯一拥有联合国产业分类中全部工业门类的国家，拥有世界上最完整的供应链条。"①如此独立完整的产业体系框架为不同人力资本水平的劳动者群体提供了多样化的就业岗位。

>>一、产业迈向中高端的大幕已经拉开<<

近几年，我国创新型国家建设进入关键期、供给侧结构性改革进入攻关期、国民收入增长进入提速期、国际环境变化进入起伏期，面对国内繁重艰巨的改革发展稳定任务和复杂多变的国际环境，党中央坚定推进改革，妥善应对风险挑战，在多方共同努力下，产业迈向中高端的大幕已经拉开。

1. 政策设计步步为营

产业迈向中高端，是中国实现百年梦的子课题，是政府实现长期战略规划的阶段性目标，政策设计步步为营、环环相扣，目前，产业迈向中高端准备工作已

---

① 《纽约时报》，2015-01-04。

完成。2015 年 5 月，国务院印发《中国制造 2025》，提出通过“三步走”实现制造强国的战略目标：第一步，到 2025 年迈入制造强国行列；第二步，到 2035 年中国制造业整体达到世界制造强国阵营中等水平；第三步，到中华人民共和国成立一百年时，综合实力进入世界制造强国前列。事实上，该战略任务与其他发展战略是一脉相承、协调统一、互相呼应的。

一方面，大政方针导向和行业发展战略横向统一，产业政策设计和“制造强国目标”纵向一致。改革开放初期①，邓小平提出“三步走”战略：第一步，1990 年实现国民生产总值比 1980 年翻一番，解决人民温饱问题；第二步，到 20 世纪末期，国民生产总值再增长一倍，人民生活达到小康水平；第三步，到 21 世纪中叶，人均国民生产总值达到中等发达国家水平，基本实现现代化。显然，实现现代化包括制造业的现代化。在完成每一步的过程中，都会有新问题出现，尽管总方针不会发生变化，但是阶段性政策措施是与时俱进的。以煤炭产业为例，在第一步战略期，国务院印发了《国务院批转煤炭工业部关于加快发展小煤矿八项措施的报告的通知》(国发〔1983〕73 号)，旨在打破计划经济体制下工人积极性低、能源供给短缺问题，解决了工业和人民生活用煤困难。在第二步战略期，《国务院关于促进煤炭工业健康发展的若干意见》(国发〔2005〕18 号)提出“把煤矿安全生产始终放在各项工作的首位”的基本原则，很多小型煤矿再次被收为国有，统一管理，以保障生产安全。目前，前两步工作已经完成，在第三步战略期，供给侧改革、产业结构调整成为新阶段的新任务，煤炭行业改革是重点工作之一，《国务院关于煤炭行业化解过剩产能实现脱困发展的意见》(国发〔2016〕7 号)明确了安置职工、技术改造等一系列相关任务内容。在其他传统行业，如钢铁、化工等类似的工作也在步步推进，这些工作都为 2025 年中国实现迈入制造强国行列打下了基础。

另一方面，国家在战略设计过程中，充分考虑了政策之间的关联性和协调性，实现不同子目标配套统一。以中共中央、国务院印发的《国家创新驱动发展战略纲要》(以下简称《纲要》)为例，《纲要》提出“三阶段”目标。第一阶段，到 2020 年进入创新型国家行列，若干重点产业进入全球价值链中高端，成长起一批具有国际竞争力的创新型企业和产业集群；第二阶段，到 2030 年跻身创新型国家前列，主要产业进入全球价值链中高端，扭转科技创新以跟踪为主的局面，在若干战略领域由并行走向领跑；第三阶段，到 2050 年建成世界科技创新强国，成为世界主要科学中心和创新高地，成为全球高端人才创新创业的重要聚集地。该《纲要》中的阶段性目标规划年度比《中国制造 2025》早五年，创新驱动为制造强

① 在 1987 年 10 月党的十三大上，邓小平同志提出中国经济建设分的总体战略部署，即“三步走”战略。

国之梦插上了翅膀。

上述几个政策看似独立的，把它们放在时间轴上一并观察不难发现，“产业迈向中高端”的宏伟目标既被包含在邓小平提出的“三步走”战略之中，又体现了新阶段国家发展需求。一个现代化强国强在各个方面，现代化强国必然是制造业强国，制造业强国建设必然靠科技推动。因此，《中国制造 2025》是“三步走”战略的子课题，又与《国家创新驱动发展战略纲要》相互呼应(图 2-1)。

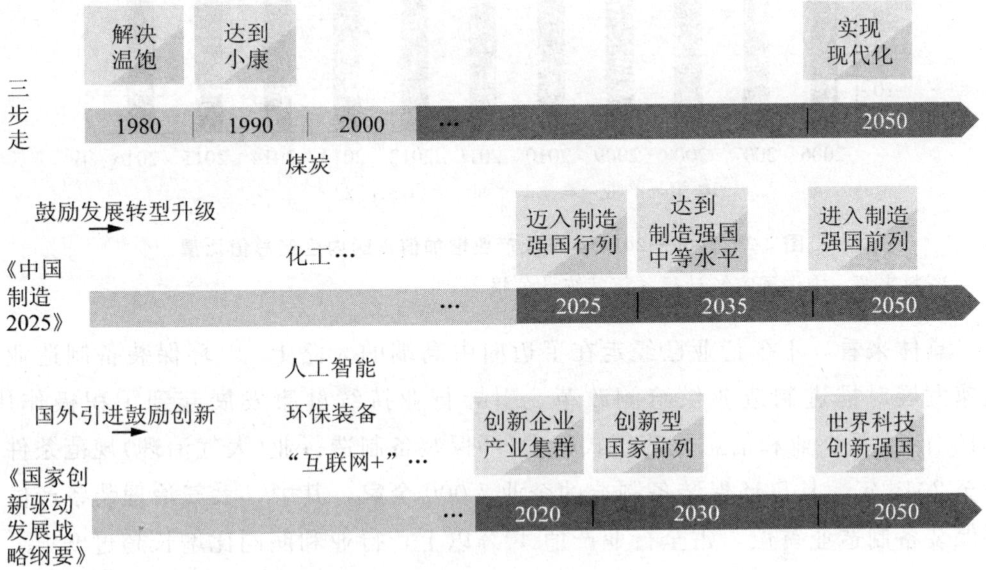

图 2-1　产业迈向中高端政策逻辑

2. 产业升级层层推进

产业升级是产业迈向中高端的先导步骤，第二、第三产业对 GDP 贡献大。2016 年国内生产总值(GDP)744 127 亿元，比 2015 年增长 6.7%，对全球经济增长的贡献率超过 30%。[①] 其中，第一产业增加值 63 671 亿元，增长 3.3%；第二产业增加值 296 236 亿元，增长 6.1%；第三产业增加值 384 221 亿元，增长 7.8%。第一产业增加值占国内生产总值的比重为 8.6%，第二产业增加值比重为 39.8%，第三产业增加值比重为 51.6%。其中，第二产业增加值比重较 2015 年下降 1.1 个百分点，这与去产能有直接关系，全年钢铁产能退出 6 500 万吨以上，煤炭产能退出 2.9 亿吨以上。第二、第三产业成为对 GDP 贡献最大的产业，自 2006 年以来，这两个产业对 GDP 的贡献率均高于 40%。

① 张高丽在中国发展高层论坛 2017 年会上的发言。

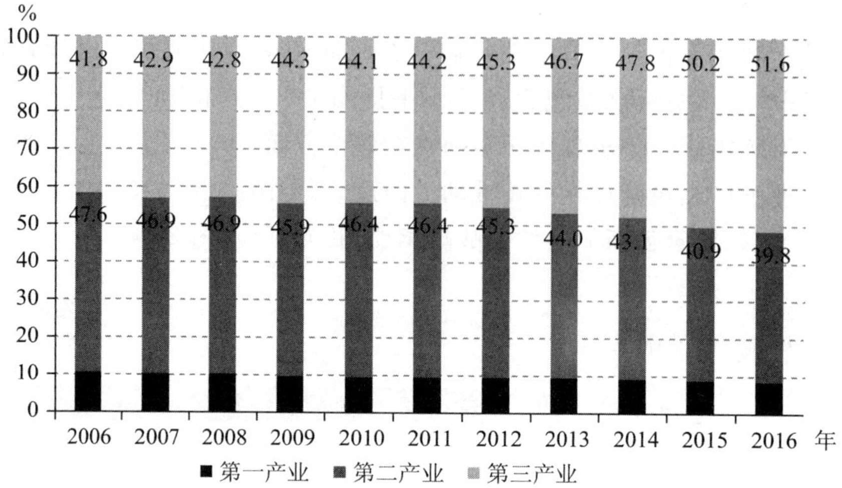

图 2-2 2006—2016 年三次产业增加值占国内生产总值比重

资料来源：中国国家统计局各年度统计公报。

具体来看，不少行业已经走在了迈向中高端的大路上。① 环保装备制造业的迅速发展对推进制造业供给侧改革、引导行业持续健康发展起到了积极作用。2016 年 12 月工业和信息化部正式印发《环保装备制造行业(大气治理)规范条件》。截至 2016 年，从事环保装备制造的企业 7 000 余家，其中，大气治理装备产值居环保装备制造业首位，占全行业产值 40%以上，行业利润同比增长超过 9%。

电子信息制造业是中国弯道超车的重点行业。2016 年，全国规模以上电子信息制造业增加值同比增长 10%，较全部规模以上工业企业增加值增长 4 个百分点，占规模以上工业增加值比重达到 7.5%。其中，通信设备行业发展较快。全年生产手机 21 亿部，比上年增长 13.6%，其中智能手机 15 亿部，增长 9.9%，占全部手机产量比重为 74.7%。

改革开放以来，汽车行业在中国制造业中起着举足轻重的地位，但是在过去的 30 年间，该行业发挥了更多“制造工厂”的功能。近年来，在新能源汽车制造方面，中国企业有所突破。据中国汽车工业协会数据，2016 年，新能源汽车产销 51.7 万辆和 50.7 万辆，比上年增长 51.7%和 53%。

工业机器人是人工智能发展的核心产品，中国工业机器人制造行业发展迅猛。2016 年，全年产量达到 72 426 台(套)，比上年增长 30.4%。随着技术的发展，工业机器人的作用和功能也在发生着变化，其作业范围从单调、频繁和重复的长时间工种以及危险工种扩展到金融、医疗等知识型、技术型工种，其适应产业从第一、第二产业扩展到第三产业。

① 本部分数据未标注的均来自国家统计局网站 http://data.stats.gov.cn/。

3. 产业链延伸节节增收

作为世界工厂的中国，制造业一直是优势产业，尽管煤炭、钢铁等行业面临结构调整，但是诸多新业态的出现催生了产业链的延伸，最终促进了行业增收。国家统计局发布的公报数据显示，2016 年中国全部工业增加值 22.8 万亿元，其中规模以上工业增加值增长 8.3%，全部工业增加值增幅 7%，工业出口占了 1/7，居世界第一位。其中，工业战略性新兴产业增加值增长 10.5%，高技术制造业增加值增长 10.8%，都是“增收大户”。这些产业往往具有以下特征：迅速挖掘用户需求，投资方大笔资金介入，在短期形成新的产业链条，市场价值随后逐步显现。

以共享单车为例，互联网的发展颠覆了产业链延伸模式。几个差异不大但又各具特色的垄断竞争性产品投入市场后，上游相关自行车制造业产能迅速增长，仅摩拜单车零配件供应商之一的深圳镁航科技公司，2016 年税收收入就增长 50 倍。另外，自行车属于半耐用品，产品的生命周期大概在 2～3 年，在这期间需要维修、维护，自行车零部件生产和整车生产的扩张拉动上游钢铁产业、塑料产业增长。共享单车除了满足人们出行“最后五公里”需求之外，其他需求也正在被创新人士挖掘，下游产业的扩展已经进入投资方的视野，有的已经开始实施，如适用单车骑行交友、健身等领域的 APP 正在研发。由此，与之相关的餐饮、旅游、电影等文化娱乐产业被打通。

在信息技术飞速发展的背景下，产业链延伸特征与以往不同，这种差异的出现意味着产业迈向中高端的步伐在加快。一是延伸时间缩短，从创意产生到投入生产，到撬动传统产业或新产业发展可能只有 1～2 年的时间。二是延伸半径扩大，过去一个产业链的延伸往往是单项、简单的，而互联网经济下的产业链延伸是双向、复杂的。三是延伸方式简单，上述共享单车的案例证实传统自行车增加一个二维码标识就可以扩展产业链条，这在传统制造业商业运营模式下是难以想象的。四是产业链上的客户群需求模式发生了变化，传统生产线满足的是模块化需求，如 T 型汽车使得很多小康之家能够买得起汽车；之后逐渐向定制化发展，如印有专属名片的笔记本、包、手表让奢侈品消费群体提升了满足感；现如今，汇总大众人群的某一需求点就可以成为新的制造模式。这些新特征都为企业带来了前所未有的商机，营业收入增长也是水到渠成。

>>二、中高端产业对就业正向影响见端倪<<

1. 高技术产业就业人口快速增长

中高端产业的迅速发展对就业的正向影响已经凸显。从整体来看，2006—2015 年，中国高技术产业①的从业人员数逐年增加，从 2006 年的 744 万人增加到 2015 年的 1 354 万人，年均环比增速达到 6.8%。分产业来看，2006—2015 年，三次产业就业人员年末人数环比增速分别为−4.1%、2.1%和 3.5%。高技术产业从业人员数增速显著高于各产业就业人员增长情况，可见，迈向中高端大幕的拉开对高技术产业就业的影响是显而易见的。

随着《中国制造 2025》计划的推进，高技术产业对就业的吸纳水平将会进一步提升。高技术产业就业情况的好转不仅体现在行业就业吸纳水平上，而且体现在从业劳动者的价值创造能力上。2015 年，单位高技术产业从业人员创造的年平均利润值为 6 637 元，是 2006 年的 2.8 倍，这表明，高技术产业劳动者的人力资本水平在提升，且提升速度要高于从业人员增加速度。

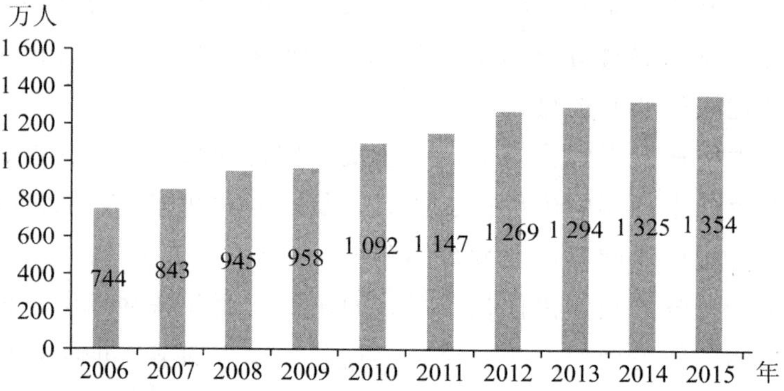

图 2-3　2006—2015 年高技术产业从业人员年平均人数

资料来源：《中国统计年鉴 2016》，北京师范大学劳动力市场研究中心整理。

从高技术产业细分行业②来看，2006—2015 年，不同行业从业人员都有显著增加。其中，以电子及通信设备制造业增加最快，年平均环比增速达到 8.42%，医药制造业为 6.15%，医疗仪器设备及仪器仪表制造业为 5.72%，航空、航天器及设备制造业为 2.95%，计算机及办公设备制造业为 2.11%。

---

① 这里的高技术产业统计口径与《国家统计局关于印发高技术产业统计分类目录的通知》(国统字〔2002〕33 号)一致。

② 按照国家统计局的分类方法，这里包括医药制造业，航空、航天器及设备制造业，电子及通信设备制造业，计算机及办公设备制造业，医疗仪器设备及仪器仪表制造业，信息化学品制造业。其中，信息化学品制造业在 2016 年的统计数据中才出现，所以这里仅对比其他五个行业的结果。

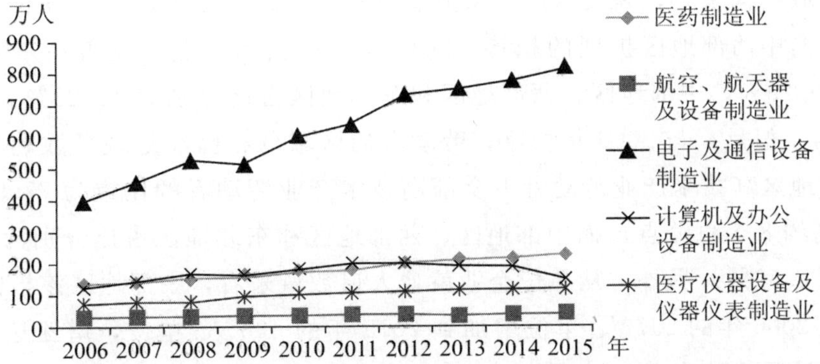

图 2-4　2006—2015 年高技术细分产业从业人员年平均人数

资料来源：《中国统计年鉴 2016》，北京师范大学劳动力市场研究中心整理。

2. 高技术产业就业结构稳步优化

高技术产业就业结构优化，研发人员在企业从业人员中的占比增加，一方面是产品和服务高端化的体现，另一方面说明高技术产业对高技能人才的吸纳能力提升，高技术产业就业结构优化。具体地，在高技术产业中，R&D 人员占从业人员的比重从 2011 年的 4.2%增加到 2015 年的 6.8%。分行业来看，在医疗仪器设备及仪器仪表制造业中，R&D 人员占从业人员的比重增幅最大，从 2011 年的 4.1%增加到 2015 年的 9.7%，净增 5.6 个百分点。另外，各个高技术产业就业结构也有明显改善。在航空、航天器及设备制造业中，R&D 人员占从业人员的比重从 2011 年的 10.5%增加到 2015 年的 14.5%，净增 4.0 个百分点，而医药制造业从 4.1%增加到 7.9%，净增 3.8 个百分点。电子及通信设备制造业、计算机及办公设备制造业均有增加，净增幅度分别为 2.1%和 0.5%。

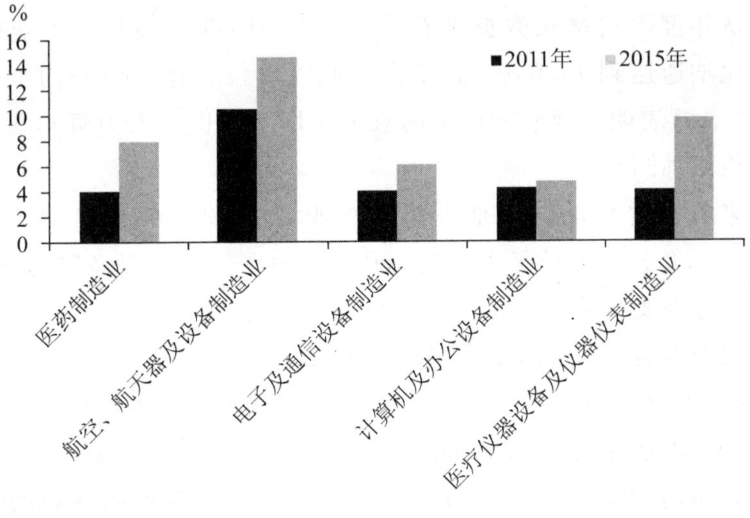

图 2-5　2011 年、2015 年 R&D 人员占高技术产业从业人员的比重对比

资料来源：《中国统计年鉴 2016》，北京师范大学劳动力市场研究中心整理。

从区域结构来看，高技术产业从业者分布地区较为集中，主要分布在东部地区，但有向中西部地区扩展的趋势。2015 年，高技术产业劳动者在东部地区占比达到 70.23%，中部地区、西部地区和东北地区占比分别为 16.23%、10.39% 和 3.15%。但是，与 2006 年相比，劳动者的区域分布已经呈现扩散趋势。2006 年，东部地区高技术产业劳动者占全部高技术产业劳动者的比重为 77.96%，比 2015 年高约 8 个百分点，而中部地区、西部地区和东北地区占比分别为 8.59%、8.87%和 4.59%。另外，从单位企业就业人口数量来看，中部地区该指标值增长最快，从 2006 年的 297 人/单位增加到 2015 年的 405 人/单位，增速达到 37%，高于东部地区 22%的增速水平。

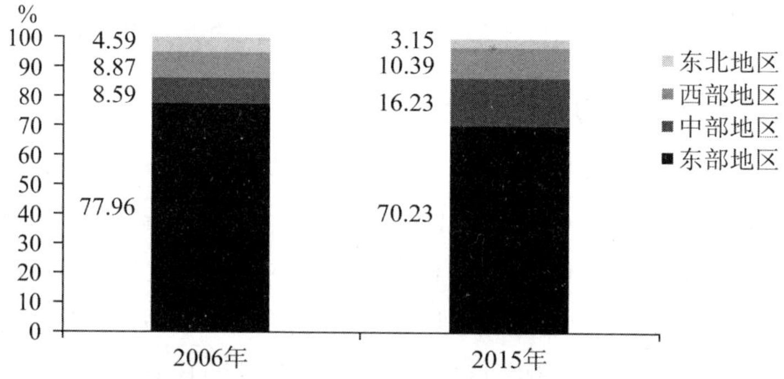

图 2-6　2006 年、2015 年分地区高技术产业劳动者比重对比

资料来源：《中国统计年鉴 2016》，北京师范大学劳动力市场研究中心整理。

3. 高技术产业劳动价值更加凸显

高技术产业的年人均劳务费支出从 2011 年的 4 125.9 元增加到 2015 年的 7 371.5 元，增速达 78.7%，高于全国城镇单位就业人员平均货币工资增速约 30 个百分点。从年度平均增长数据来看，2011—2015 年，高技术产业的年人均劳务费支出环比增速达到 15.6%，高于全国城镇单位就业人员平均工资环比增速 5.3 个百分点。这表明在政府和市场的双重作用下，优质人力资本在劳动力市场上的价值增值更加凸显。

分行业来看，增长最快的是医药制造业，从 2011 年的 2 405.6 元增加到 2015 年的 7 035.8 元，增长了 1.9 倍。其次是电子及通信设备制造业，2011 年，该行业人均劳务费支出为 3 708.0 元，2015 年增至 10 046.1 元，增长了 1.7 倍。再次是医疗仪器设备及仪器仪表制造业，从 2011 年的 3 907.6 元增加到 2015 年的 9 477.3 元，增加了 142.5%。在几个高技术产业行业中，航空、航天器及设备制造业是人均劳务支出最高的，2011 年和 2015 年分别为 6 004.3 元和 13 639.9 元，净增 127.17%。2015 年，计算机及办公设备制造业的年人均劳务支出最低，为 4 085.4 元，且增长最慢，比 2011 年增加 20.9%。

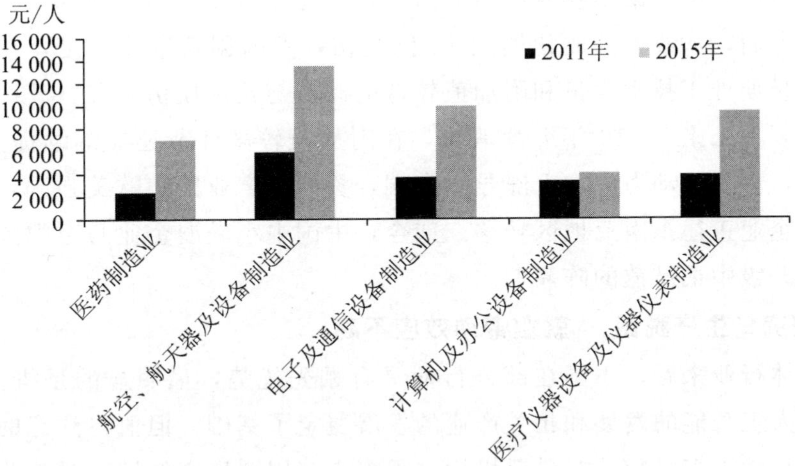

图 2-7　2011 年、2015 年分行业高技术产业从业者年人均劳务费支出额

资料来源：《中国统计年鉴 2016》，北京师范大学劳动力市场研究中心整理。

分地区来看，东、中部地区高技术产业从业者年人均劳务费支出额增速均超过了 80%，快于全国所有行业劳动者劳动报酬的增长速度。其中，增长最快的是中部地区，从 2011 年的 2 318.7 元增加到 2015 年的 4 673.6 元，增长了 1.1 倍。东部地区从 2011 年的 4 589.1 元增加到 2015 年的 8 704.3 元，增加了 89.7%，而西部地区从 2 640.3 元增加到 2015 年的 4 810.8 元，增加了 82.2%。

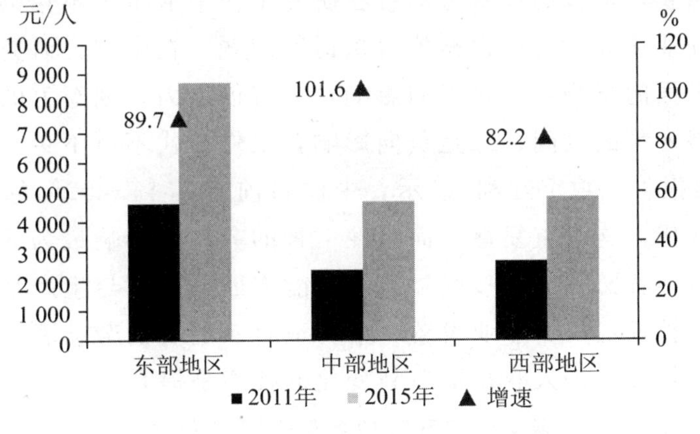

图 2-8　2011 年、2015 年分地区高技术产业从业者年人均劳务费支出额及增速

资料来源：《中国统计年鉴 2016》，北京师范大学劳动力市场研究中心整理。

>>三、抓机遇促就业任重而道远<<

虽然优势明显，但随着中国经济“新常态”的到来、供给侧改革不断推进、跨越中等收入陷阱进入“艰难期”，“中国制造”还有很多不足，就业的水平还有待进一步提升。中国中小微型企业创新能力不足，高端研发劳动者技术质量水平有待提升。一方面，从改革开放初期到 21 世纪初，中国创新禀赋不足，在国际分工中不得不长期处于技术含量和附加值较低的制造与技术模仿阶段，其产生的滞后负效应需要在未来 5～10 年继续消化，在附加值较高环节还要继续提升竞争力。另一方面，本土劳动力成本上涨导致高端合资制造产业回归欧美强国，低端的劳动密集型企业正往东南亚地区转移。如今，中国中小微型企业乃至中国制造业正迎来转型升级中最难熬的阵痛期。

1. 研究与生产脱钩，就业带动效应不高

就具体行业来看，中国在部分行业具有领先优势，最明显的是机器人行业，这为未来人工智能的发展和相关产业的发展奠定了基础。但值得注意的是，中国的机器人技术更多“库存”在科研机构，很多未应用到生产领域，对就业的带动效应还有待观察。在 20 世纪 80 年代后期，机器人技术专利数量猛增。一些以自动化为基础的工厂开始成长，与之相对应的是相关专利申请活动，在经历了 1980—2000 年的相对平稳期后，随着机器人技术向更先进方向的发展，也引发了新一轮机器人技术专利申请的高潮，而且一直持续至今。中国的大学和研究机构在这轮浪潮中抓住了时代的先机，全球前 10 家专利持有者中，6 家在中国。

然而令人遗憾的是，1995 年以来，并没有中国公司在前 10 名机器人专利申请榜上出现。这也是产业界专家关注的焦点：在大学中，年青一代机器人技术正在强劲增长，很多高技术劳动者在研究工作中取得了不错的学术成绩，然而新技术的商业化如何发展也是值得探讨的问题。在中国，研究与生产脱钩对就业具有两方面的影响：一是正向影响，为有创造力、创新力的高技术人才就业提供了施展才华的空间；二是负向影响，工作替代不可不免。根据世界银行《2016 年发展报告：数字红利》显示，中国目前有 55％～57％的就业岗位在未来易被技术取代，这对重复性、简单性工种的劳动者影响最为显著。无论不同技能水平的劳动者愿不愿意接受，人工智能方面的研究与生产结合是不可避免的。调整大学教育定位、专业设置，培养适合新趋势的劳动者；与此同时，加强培训，让一般技能工人获得适应新变化的技能是提升未来就业水平的关键。

表 2-1　全球前 10 名专利持有人(机构)

全球前 10 名专利持有人			全球前 10 名专利持有人(不包括中国)		
上海交通大学	811	中国	韩国科学技术研究所	290	韩国
中国科学院	738	中国	韩国电子电信研究所	289	韩国
浙江大学	300	中国	日本国家空间实验室	220	日本
韩国科技大学	290	韩国	韩国科学技术院	188	韩国

续表

全球前10名专利持有人			全球前10名专利持有人(不包括中国)		
韩国电子电信研究所	289	韩国	德国航空航天中心	141	德国
清华大学	258	中国	弗劳恩霍夫应用研究促进学会	91	德国
哈尔滨工程大学	245	中国	朝鲜大学	85	韩国
日本国家空间实验室	220	日本	汉阳大学	84	韩国
哈尔滨工业大学	215	中国	首尔大学	77	韩国
韩国科学技术院	188	韩国	国家高级工业科学技术研究所	69	日本

资料来源：世界知识产权组织(WIPO)，《2016年度全球知识产权报告》。

2. 高技术小微企业就业拉动能力不足

在中国，高技术小微企业就业拉动能力不足。2015年，大中型高技术产业吸纳从业人员平均人数为1 090万人，小微企业为264.3万人，是高技术产业从业人员平均人数的19.5%①。而2011年，大中型和小微企业高技术产业从业人员平均人数分别为953.7万人和193.3万人，其中，小微企业占比为16.9%。小微企业高技术产业从业人员2015年较2011年占比略有提高，但是变化不明显。西南财经大学中国家庭金融调查与研究中心发布的《小微企业税收政策研究报告》显示，截至2014年，全国小微企业约7 000万家，吸纳就业人口总数达到2.37亿人，占总就业人口的30.7%。另有数据显示，小微企业从业人员占第二次全国经济普查全部法人企业从业人员的38.7%②。通过数据对比我们不难发现，高技术小微企业的就业拉动能力不足。

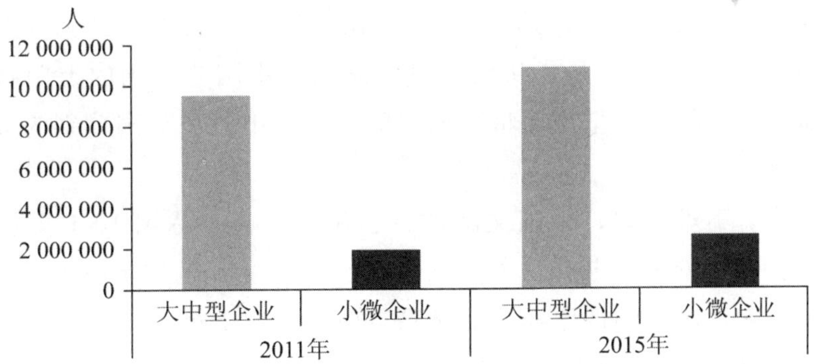

图2-9　2011年、2015年分企业规模高技术产业平均从业人数

资料来源：《中国统计年鉴2016》，北京师范大学劳动力市场研究中心整理。

---

① 计算方法：根据《中国高技术产业统计年鉴》数据，用从业人员平均人数减去大中型企业从业人员平均人数得到小微企业从业人员平均人数。

② 罗兰、李冲：《小微企业成吸纳就业主渠道》，载《人民日报(海外版)》，2014-03-31。

从高技术企业从事研发(R&D)工作的劳动者数据来看，也有类似特征，不过情况稍好于从业人员数据结果。2015 年，在大中型高技术企业从事研发(R&D)工作的劳动者人数从 2011 年的 50.1 万人增加到 73.1 万人，在小微企业从事研发(R&D)工作的劳动者人数从 2011 年的 11.7 万人增加到 19.2 万人。尽管从绝对量上来看，高技术产业对高端技术人才的需求量增加，但从结构上看，小微企业不占优势。具体的，2011 年和 2015 年，小微企业从事研发(R&D)工作的劳动者人数占所有高技术企业从事研发(R&D)工作劳动者人数的比重分别为 19.0%和 20.8%，变化不大，且占比较低。

上述两组数据表明，2015 年，尽管小微企业吸纳劳动者的占比较上年略有提升，但包括一般工作者和高端研发人员在内的大部分高技术企业工作者选择在大中型企业工作，而在小微企业工作的人数较少。原因在于制度垄断形成的壁垒导致小微企业在收入、工作环境、创业风险控制等各方面处于弱势，很多劳动者更愿意借助大中型企业的平台完成职业生涯。尽管一个技术能手在小微企业工作的预期可能是大中型企业的高层，但是不确定的隐性成本太高，他们宁愿选择在大中型企业做“螺丝钉”。

3. 高端研发劳动者技术质量亟待提升

尽管在某些领域，从事高端研发活动的劳动者已经取得了举世瞩目的成绩，但是综合来看，质量提升工作任重道远。以 2015 年公布的 SJR 发文情况来看[①]，中国发表的文献量达到 41.6 万篇，仅次于美国的 56.7 万篇，排名世界第二。中国发文量远高于位次较低的其他国家，是第三名英国的 2.5 倍。不仅如此，中国可引用文献量也是名列前茅，达到 40.2 万次，比第一名美国少 8.5 万次，比第三名英国多 25.9 万次。但是，从引用量上来看，中国与美国的差距拉大，与英国的差距缩小。文献引用量排名世界前三的美国、中国和英国分别为 34.6 万次、16.9 万次和 11.3 万次。

进一步分析不难发现，中国文献的自引量非常高，达到 10.6 万次，是英国的近 3 倍。从引用量占比来看，中国只有 40%，在文献量排名前 15 位的国家中，中国仅高于印度、巴西和俄罗斯，而剔除自引量占比指标更低，只有 15%。在文献量排名前 15 位的国家中中国排名最低，与俄罗斯持平。中国的 H 指数[②]也不高，只有 563，在文献量排名前 15 位的国家中排名第 11 位。

---

① 由西班牙格兰纳达大学运行的一个网站 SCImago Country &Journal Rank(SJR)发表了爱思唯尔的 Scopus 数据库中的一系列科学指标。

② H 指数用以刻画论文学术影响力评价，指数越高，影响力评价越高。计算方法：对发表的所有论文按被引次数从高到低排列，往下核对，直到某篇论文的序号大于该论文被引次数，那个序号减去 1 就是 H 指数。

表 2-2 2015 年分国家文献引用情况

国家	文献量（篇）	可引用文献量（篇）	引用量（次）	自引量（次）	引用量占比(%)	剔除自引量占比(%)	H 指数
美国	567 007	487 064	346 567	188 398	61	28	1 783
中国	416 409	401 945	168 552	105 917	40	15	563
英国	169 483	142 850	112 788	37 049	67	45	1 099
德国	149 773	133 962	98 755	34 123	66	43	961
印度	123 206	113 144	37 718	17 210	31	17	426
日本	109 305	100 143	47 654	15 993	44	29	797
法国	103 733	93 799	64 834	18 515	63	45	878
意大利	95 836	83 899	61 007	21 562	64	41	766
加拿大	89 312	79 115	57 616	15 257	65	47	862
澳大利亚	82 567	71 905	54 061	16 362	65	46	709
西班牙	79 209	70 620	45 739	13 221	58	41	648
韩国	73 433	69 469	32 490	9 668	44	31	476
巴西	61 122	57 033	20 004	6 339	33	22	412
俄罗斯	57 881	55 500	16 903	8 142	29	15	421
荷兰	51 434	45 227	41 441	10 074	81	61	752

资料来源：http://www.scimagojr.com/countryrank.php.

以高技术产业专利申请情况来看，《世界知识产权报告》显示，1995 年以来在 3D 打印、纳米技术领域专利申请量最多的前 10 名申请人来自美国、日本、德国、韩国，中国没有企业上榜。

表 2-3 1995 年以来在 3D 打印、纳米技术领域专利申请量最多的前 10 名申请人

3D 打印			纳米技术		
申请人	国家	首次申请量(项)	申请人	国家	首次申请量(项)
3D 系统公司	美国	200	三星电子	韩国	2 578
斯川塔斯	美国	164	新日铁	日本	1 490
西门子	德国	145	IBM	美国	1 360
通用电气	美国	131	东芝	日本	1 298
三菱	日本	127	佳能	日本	1 162
日立	日本	117	日立	日本	1 100
MTU 航空发动机公司	德国	104	加州大学	美国	1 055
东芝	日本	103	松下	日本	1 047
EOS	德国	102	惠普	美国	880
联合技术公司	美国	101	TDK	日本	839

资料来源：http://www.scimagojr.com/countryrank.php.

第二节 新经济成为就业结构转型升级新动能

在不同的历史时期，受产业结构变动影响，经济形态都会不同，我国目前正处于一个经济转型发展的关键时期，即“新经济”时期。新经济这一名词最早出现在美国，第二次世界大战后美国的经济出现了罕见的现象，在低通胀率的前提下美国的经济反而呈现出高增长和长期的繁荣，并且伴随着失业率的降低。1996年年底美国《商业周刊》中的一篇文章对这一现象做出了回应，并称之为新经济。在此之后，众多学者对新经济开始进行研究，发现新经济的标志是知识经济、网络经济和虚拟经济，新经济同时具有全球化这一特征，可以说新经济的出现是由于信息技术的发展和全球化进程的推动共同促成。我国的新经济与美国的新经济有着许多共性，却也存在不同的个性。

>>一、理论分析框架<<

(一)核心概念

1. 经济模式

经济模式是指在经济主体的运行中具有整体性的本质特征，它具有整体性、概括性以及联系性。伴随着经济的发展，经济模式并不是一直固定不变的，它会随着各国的经济发展、国情变化，以及很多因素的影响而产生出各种新兴的、符合时代规律的经济模式。在我国新经济的背景下无疑产生了这样的新经济模式，以下选取了具有典型特征且对就业结构有影响作用的共享经济模式和平台经济模式进行分析。

共享经济是由第三方建立的平台，通过这个平台人们可以共享资源，而这个第三方可以是商业机构、组织或政府，共享的资源可以是物品、资产或是技能。目前一提到共享两个字，大家首先想到的就是共享出行，如以摩拜和 OfO 为首的共享单车、嘀嘀打车和 Uber，但其实除了出行外，房屋、广告、资金等都可以被共享，如共享空间的代表 Airbnb 可提供民宿和家庭旅馆，适合旅行中的短租，颇受中外游客认可。人们无须购买而是通过租赁方式获得物品的使用权，使闲置的资源得以充分利用，对于提供资源和使用资源双方而言是双赢。共享经济促成了一种新的供给模式和交易关系的实现。

平台经济是服务业，其实现了制造业与服务业的融合，以信息技术的发展为支撑，为买卖双方提供一个交易的场所。最著名的平台经济莫过于淘宝、京东、阿里巴巴，这些企业的成功推动着许多创业者从事电商这一新兴行业，带动其蓬勃发展，引领新兴经济增长。平台经济的兴起与昌盛产生了许多新的经营方式和新业态，如团购、第三方支付等。中国建设银行作为国有四大行之一在2017年3月28日宣布与阿里巴巴、蚂蚁金服达成战略合作协议，这无疑是一个重大的创新，是中国传统金融业转型变革的标志，这证明了平台经济在不断推动产业结构的创新。平台经济也推动了制造业的变革，实现了从生产到运输再到销售的整合，降低了成本，拓宽了渠道，以此创造更大利润。

2. 就业结构

就业结构是指国民经济中的各个部门所占劳动力的数量和比重以及相互关系，或者是指不同就业人口之间的比重和在总的就业人口之中的比重。就业结构也可以称为社会劳动力分配结构，因为它所表明的是劳动力资源配置的情况或变化的特征。

就业结构按不同标准可以进行内部结构分析，通常其内部可以划分为：就业的产业结构，即第一、第二、第三产业就业；就业的地区结构，一般探讨我国不同经济发展地区或地理位置不同地区之间就业人口的分布，以及城乡就业分布问题；就业的部门结构与就业的产业结构变化趋势大体相同，按国民经济行业划分更加细致；就业的所有制结构，即在国有经济、城镇集体经济等不同经济类型下就业的人口。这些都影响着就业结构整体的变化，研究我国就业结构的转型升级现状，就需要结合各内部结构的演进及现状进行分析。

就业结构不是一成不变的，它会受到诸多因素的影响而随着时代的进程逐渐变化。对就业结构变化影响最大的因素就是经济的发展，经济的发展带动着产业发展和新动能的出现，从而促进就业结构的转型升级。此外，劳动力素质、就业政策、社会保障、就业观念等都会对就业结构的转型升级有着不可忽视的影响。

(二)理论基础

1. 配第-克拉克定理

该定理是克拉克以配第的研究作为基础进行深入研究并加以验证得出，它揭示了在经济发展的三次产业中劳动力分配结构的演进，指出了劳动力分配结构变动的原因是三次产业之间的相对收入差异。通过研究配第-克拉克定理，我们可以发现经济的发展以及国民收入的提高共同促使着劳动力在三次产业间流动，首先表现为第一产业的劳动力和国民收入减少，其次是第二产业的比重增加，最终第三产业的比重也会上升，这种演变规律已在多个国家和地区的计量、比较中得到证实。

无论是同一国家中不同时期不同经济发展状况之间劳动力的变化对比，还是同一时间点上不同经济发展水平的多个国家劳动力的对比，都可以通过配第-克拉克原理进行验证。这就对研究我国不同时期就业的产业结构变动，以及通过对比其他发达国家的劳动力分配结构与我国目前存在的差异有着指导性的作用。

2. 二元经济模型

这是由著名的经济学家刘易斯提出的，这一理论为研究发展经济学问题提供了重要的支撑。他认为，在二元经济体系中并存着两大经济部门，也就是传统部门和现代部门。传统部门的特点在于自给自足、劳动效率较低、劳动力多但收入普遍很低，反之现代部门的劳动生产率高、多运用先进技术、劳动收入高但所能容纳的劳动力较少。现代部门可以从传统部门中吸纳剩余的大量劳动力，从而创造出超额利润、扩大资本，对于发展中国家来说，可以通过发展经济不断扩大现代部门、缩小传统部门来解决就业的问题，以及作用于经济。

在刘易斯的发展经济模型中，我国的传统部门普遍分布在经济发展滞后的农村，而现代部门聚集在沿海发展较快的大中型城市。因此，从地域上来看，我国二元经济的劳动力供给也反映着农村剩余劳动力流向城市的过程。

3. 奥肯定律

该定律是以其提出者阿瑟·奥肯来命名的，它描述的是国民生产总值增长率与失业率之间的变化关系。当某个国家的实际 GDP 增长率比潜在 GDP(充分就业 GDP)增长率下降 2%时，那么失业率会上升约 1%；反之，当实际 GDP 增长率上升 2%时，失业率就会下降约 1%。这种失业率与国民生产总值增长率反向变化的关系，即高增长率促使失业率下降，低增长率导致失业率上升，就是奥肯定律的核心内容。

奥肯定律的发现对研究经济增长对就业的影响有着重要的作用，然而对于不同经济时期、不同国情，奥肯定律也会存在着一定变化的可能。在我国经济落后的时期，经济增长的确可以拉动就业的增加，减少失业率，GDP 与失业率呈相反变化趋势；然而近年来我国经济发展迅速，国民生产总值的增长不能再带来预期的失业率下降，对就业的拉动效果有较大程度的下降，这是由于我国的经济结构滞后、就业压力大等多种因素共同造成的。

4. 人力资本理论

该理论是在 18 世纪中叶由美国经济学家舒尔茨和贝克尔创立的，它突破了传统观念，将资本看作物质资本和人力资本的结合。曾有多位著名经济学家对人力资本理论进行过研究，使其逐渐完善，也让后人看到了它在经济学问题研究中的重要性。所谓人力资本是凝结在劳动者身上的知识、技能及其所表现出来的能力之和，也就是劳动者通过教育、培训等活动给自己进行投资，通过增加终身所得来增加未来收入。

人力资本理论认为人力资源是一切资源中最重要的一个，人力资本的研究是研究经济学的核心问题；为促进经济增长、GDP 提升，国家必须重视人力资本的发展，其作用大于物质资本的作用；可以将发展人力资本看作一种投资，通过教育培养高技术、高文化人才，推动技术的发展、经济的增长，产生更大的动能。

>>二、我国就业结构转型升级现状<<

就业结构可以根据其内部结构进行划分，本节主要是通过就业结构中的产业结构、区域结构、劳动者结构来综合分析我国新经济背景下的就业结构现状。

(一)就业的产业结构现状

通过对配第-克拉克定理的研究，我们可以发现在经济发展过程中劳动力的分配结构会发生改变，劳动力会在三次产业间进行流动，第一产业劳动力的减少伴随着第二、第三产业劳动力的增加，我国也基本符合这一规律的发展。

表 2-4　1990—2015 年我国三次产业就业人数及占比(年底数)　　(万人/%)

年份	就业人数合计	第一产业		第二产业		第三产业	
		人数	占比	人数	占比	人数	占比
1990	64 749	38 914	60.10	13 856	21.40	11 979	18.50
1991	65 491	39 098	59.70	14 015	21.40	12 378	18.90
1992	66 152	38 699	58.50	14 355	21.70	13 098	19.80
1993	66 808	37 680	56.40	14 965	22.40	14 163	21.20
1994	67 455	36 628	54.30	15 312	22.70	15 515	23.00
1995	68 065	35 530	52.20	15 655	23.00	16 880	24.80
1996	68 950	34 820	50.50	16 203	23.50	17 927	26.00
1997	69 820	34 840	49.90	16 547	23.70	18 432	26.40
1998	70 637	35 177	49.80	16 600	23.50	18 860	26.70
1999	71 394	35 768	50.10	16 421	23.00	19 205	26.90
2000	72 085	36 043	50.00	16 219	22.50	19 823	27.50
2001	72 797	36 399	50.00	16 234	22.30	20 165	27.70
2002	73 280	36 640	50.00	15 682	21.40	20 958	28.60
2003	73 736	36 204	49.10	15 927	21.60	21 605	29.30

续表

年份	就业人数合计	第一产业		第二产业		第三产业	
		人数	占比	人数	占比	人数	占比
2004	74 264	34 830	46.90	16 709	22.50	22 725	30.60
2005	74 647	33 442	44.80	17 766	23.80	23 439	31.40
2006	74 978	31 941	42.60	18 894	25.20	24 143	32.20
2007	75 321	30 731	40.80	20 186	26.80	24 404	32.40
2008	75 564	29 923	39.60	20 553	27.20	25 087	33.20
2009	75 828	28 890	38.10	21 080	27.80	25 857	34.10
2010	76 105	27 931	36.70	21 842	28.70	26 332	34.60
2011	76 420	26 594	34.80	22 544	29.50	27 282	35.70
2012	76 704	25 773	33.60	23 241	30.30	27 690	36.10
2013	76 977	24 171	31.40	23 170	30.10	29 636	38.50
2014	77 253	22 790	29.50	23 099	29.90	31 364	40.60
2015	77 451	21 919	28.30	22 693	29.30	32 839	42.40

资料来源：《中国统计年鉴 2016》。

从表 2-4 可以看到，我国就业的产业结构在 1994 年年底的统计中发生了改变，由保持了多年的“一二三”结构转而发展为“一三二”的结构，此时第一产业的就业人数虽然在下降，但占比仍多达一半以上；1994—2011 年，我国经济快速发展，截至 2011 年年底，第三产业的就业人数超过第一产业成为最多，三次产业间差值明显缩小，就业人数最少的第二产业也仅比第一产业就业人数少 6%，与 2002 年前一边倒的第一产业的情况相比已有了很大改善；伴随着新经济的出现，2011 年后就业产业结构迎来了新的变化，第三产业从业者人数提升明显，截至 2015 年年底达到了 32 839 万人，占比 42.4%，而第二产业的就业人数也在 2014 年超过了第一产业，转变为“三二一”的格局，自此就业的产业结构实现转型升级。

图 2-10 可以更加清晰地反映出三次产业各自的变化浮动情况以及相互之间的对照关系，两线相交的位置所对应的年份即就业的产业结构发生转型升级的时间点。

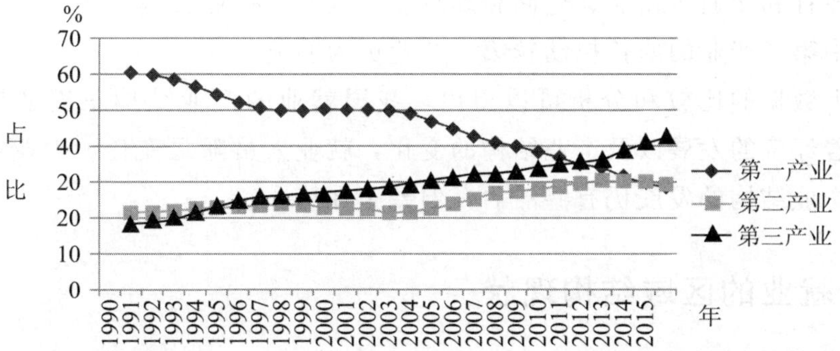

图 2-10　1990—2015 年我国三次产业就业人员占比变化(年底数)

资料来源：《中国统计年鉴 2016》。

此外，涂航标在对我国产业结构演进中的就业结构进行研究时，对 1978—2013 年三次产业间的年就业增长率做了对比，① 并绘制了图 2-11。我们可以清晰地看到第三产业的就业增速极快，而第一产业恰恰相反，所以第三产业吸纳了第一产业的众多劳动力，而第二产业虽然呈正增长，但增速缓慢，对于吸纳劳动力有一定作用。

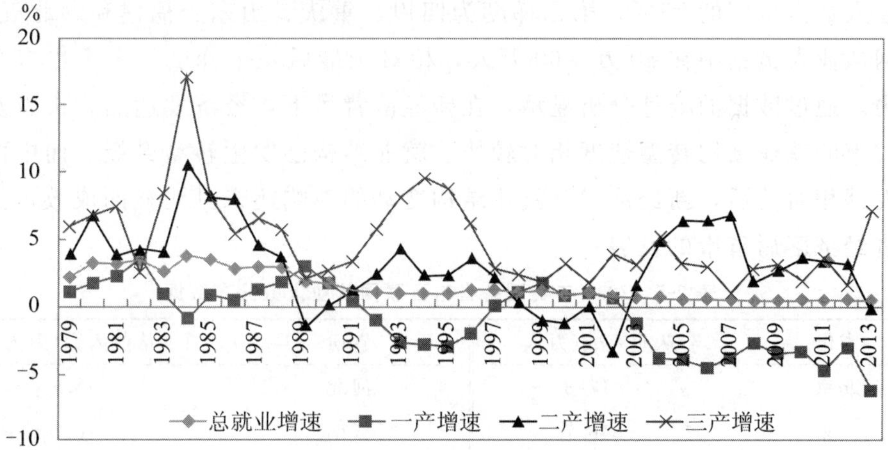

图 2-11　1978—2013 年我国三次产业年就业增长率变化

注：由于 1990 年为五普数据，统计口径不同，导致该年就业增速失真，已进行了调整。

资料来源：《中国统计年鉴 2014》。

铁楠对产业结构中各细分行业间的结构也进行了研究，② 他对比 2004—2014 年各行业间就业人数的变动，发现除农林牧渔和批发零售业的从业人员有下降外，其他各行业从业者皆有上升，上升前五位的行业分别是制造业、建筑业、房

① 涂航标：《我国产业结构演进中的就业结构研究》，西北师范大学硕士学位论文，2015。

② 铁楠：《中国就业结构的演化现状与调控机制研究》，南昌大学硕士学位论文，2016。

地产业、教育和交通运输业、仓储和邮政业，这五个行业皆属于第二产业和第三产业，其中第二产业的增长拉动较第三产业更为明显。

从以上数据的比较和分析可以得出，我国就业的产业结构正逐渐趋向合理化，伴随着经济的发展以及产业结构的变化，就业人员随之变化，就业结构的转型升级较产业结构的发展仍有些滞后，但差距在缩小。

(二)就业的区域结构现状

1. 就业的地域结构

互联网经济是新经济时期最重要的一种经济模式，我国 2016 年各省市的互联网从业人数如表 2-5 所示。据统计，在北京从事互联网工作的人有 417.8 万之多，约占全国的 25%，当然很大一部分原因在于全国知名的互联网公司，如百度、新浪、京东、搜狐、爱奇艺等总部大多聚集在了北京。除北京外，前五位还依次包括广东、浙江、上海和江苏，这些地区互联网从业人数都达到了 100 万人以上，与下一名次的四川省相差近 50 万人。由此可以看出，互联网从业人数在我国已经形成了一个梯度，其中第一梯度为超过百万以上的五个省市，总计互联网从业人数占全国的 73%；第二梯度为四川、重庆、山东、福建和湖北五个省，互联网从业人员集中在 40 万～60 万人，相对于最后一个梯度的省市也有着很大的差距。通过数据的统计分析显示，在新经济背景下，经济发达的省市以及东部沿海省市的就业结构转型速度相对较快，就业结构已发生转型升级，而中西部省市的发展相对落后，新经济对其就业结构变动的影响还未见明显的成效，需要继续推进经济落后省市的发展。

表 2-5　2016 年我国各省市互联网从业人数分布数据

省份	从业人数(万人)	省份	从业人数(万人)
北京	417.8	河北	15.3
广东	346.7	云南	10.0
浙江	193.3	江西	9.5
上海	132.1	广西	7.6
江苏	128.9	山西	6.5
四川	60.7	黑龙江	6.2
重庆	56.6	吉林	5.9
山东	47.3	贵州	3.1
福建	42.4	内蒙古	2.6
湖北	42.2	海南	2.5

续表

省份	从业人数(万人)	省份	从业人数(万人)
辽宁	25.9	新疆	2.3
湖南	24.1	甘肃	1.8
河南	22.1	青海	0.6
天津	21.5	宁夏	0.5
安徽	20.7	西藏	0.4
陕西	20.2		

资料来源：《中国统计年鉴 2016》、拉勾人才数据库。

表 2-6 的数据显示，1990—2005 年绝大多数省市城镇人口的失业人数在增加，而伴随着经济的快速发展，2005—2013 年失业率在不断下降，这一现象可以通过奥肯定律进行解释。2014 年新经济快速发展，北京、上海、重庆等经济发达省市失业人数反而开始增加，其原因可能在于新经济带动了科技的发展，这些地区从人口密集型转向技术集中型，故使得教育程度较低或技术落后的劳动力失业，这就要求我国的就业结构随着新经济时期的要求进行转型和升级，转移剩余劳动力，解决失业问题。

2. 就业的城乡结构

表 2-7 的统计数据显示，总体来看我国城镇就业人口数逐年提升，乡村就业人口数逐渐下降，且每年增幅或降幅均比较平稳。截至 2013 年年底，乡村就业人口数始终大于城镇就业人口数，但两者差距逐渐缩小，到 2014 年城镇就业人口数开始超过乡村，并有持续扩大的趋势。城镇的就业人口增加主要体现在有限责任公司、私营企业和个体经济的从业人员增加，这一改变与城镇经济的快速发展有着密不可分的关系，新经济的出现主要是对大中型城市的影响，这些新兴产业需要吸纳更多的劳动力，而这些产业的发展也吸引着年轻的劳动力从乡村流向城镇。

表 2-6　1990—2015 年我国各省市城镇失业人数及失业率

地区	失业人员(万人)							失业率(%)						
	1990 年	2005 年	2010 年	2012 年	2013 年	2014 年	2015 年	1990 年	2005 年	2010 年	2012 年	2013 年	2014 年	2015 年
北京	1.7	10.6	7.7	8.1	7.5	7.4	7.8	0.4	2.1	1.4	1.3	1.2	1.3	1.4
天津	8.1	11.7	16.1	20.4	21.7	22.5	25.1	2.7	3.7	3.6	3.6	3.6	3.5	3.5
河北	7.7	27.8	35.1	36.8	37.2	38.3	39.4	1.1	3.9	3.9	3.7	3.7	3.6	3.6
山西	5.5	14.3	20.4	21.0	21.1	24.5	25.6	1.2	3.0	3.6	3.3	3.1	3.4	3.5
内蒙古	15.2	17.7	20.8	23.1	23.8	24.8	25.9	3.8	4.3	3.9	3.7	3.7	3.6	3.7
辽宁	23.7	60.4	38.9	38.1	39.6	41.0	46.2	2.2	5.6	3.6	3.6	3.4	3.4	3.4
吉林	10.5	27.6	22.7	22.3	22.6	23.2	23.9	1.9	4.2	3.8	3.7	3.7	3.4	3.5
黑龙江	20.4	31.3	36.2	41.3	41.4	39.9	41.0	2.2	4.4	4.3	4.2	4.4	4.5	4.5
上海	7.7	27.5	27.6	26.7	25.3	25.6	24.8	1.5		4.4	3.1	4.0	4.1	4.0
江苏	22.5	41.6	40.6	40.5	37.6	36.6	36.0	2.4	3.6	3.2	3.1	3.0	3.0	3.0
浙江	11.2	29.0	31.1	33.4	33.4	33.1	33.7	2.2	3.7	3.2	3.0	3.0	3.0	2.9
安徽	15.2	27.8	26.9	31.3	32.4	31.5	30.9	2.8	4.4	3.7	3.7	3.4	3.2	3.1
福建	9.0	14.9	14.5	14.5	14.7	14.3	15.4	2.6	4.0	3.8	3.6	3.6	3.5	3.7
江西	10.3	22.8	26.3	25.7	27.4	29.4	29.9	2.4	3.5	3.3	3.0	3.2	3.3	3.4
山东	26.2	42.9	44.5	43.4	42.2	43.1	43.7	3.2	3.3	3.4	3.3	3.2	3.3	3.4
河南	25.1	33.0	38.2	38.3	40.2	40.0	42.5	3.3	3.5	3.4	3.1	3.1	3.0	3.0
湖北	12.7	52.6	55.7	42.3	40.2	37.9	33.4	1.7	4.3	4.2	3.8	3.5	3.1	2.6

续表

地区	失业人员(万人)							失业率(%)						
	1990年	2005年	2010年	2012年	2013年	2014年	2015年	1990年	2005年	2010年	2012年	2013年	2014年	2015年
湖南	15.9	41.9	43.2	44.1	45.6	47.3	45.1	2.7	4.3	4.2	4.2	4.2	4.1	4.1
广东	19.2	34.5	39.3	39.6	38.0	36.8	37.0	2.2	2.6	2.5	2.5	2.4	2.4	2.5
广西	13.9	18.5	19.1	18.9	18.0	18.7	18.1	3.9	4.2	3.7	3.4	3.3	3.2	2.9
海南	3.5	5.1	4.8	3.6	3.9	4.3	4.8	3.0	3.6	3.0	2.0	2.2	2.3	2.3
重庆		16.9	13.0	12.4	12.1	13.4	14.3		4.1	3.9	3.3	3.4	3.5	3.6
四川	38.0	34.3	34.6	40.7	42.9	54.4	54.6	3.7	4.6	4.1	4.0	4.1	4.2	4.1
贵州	10.7	12.1	12.2	12.6	13.7	14.1	14.5	4.1	4.2	3.6	3.3	3.3	3.3	3.3
云南	7.8	13.0	15.7	17.4	18.1	19.2	19.5	2.5	4.2	4.2	4.0	4.0	4.0	4.0
西藏			2.1	1.6	1.6	1.7	1.8			4.0	2.6	2.5	2.5	2.5
陕西	11.2	21.5	21.4	19.5	21.1	22.3	22.3	2.8	4.2	3.9	3.2	3.3	3.3	3.4
甘肃	12.5	9.3	10.7	9.8	9.3	9.7	9.5	4.9	3.3	3.2	2.7	2.3	2.2	2.1
青海	4.2	3.6	4.2	4.1	4.2	4.2	4.4	5.6	3.9	3.8	3.4	3.3	3.2	3.2
宁夏	4.0	4.4	4.8	4.6	4.7	5.0	4.9	5.4	4.5	4.4	4.2	4.1	4.0	4.0
新疆	9.6	11.1	11.0	11.8	11.9	11.2	10.3	3.0	3.9	3.2	3.4	3.4	3.2	2.9

表 2-7　1995—2015 年我国城镇与乡村就业人数(年底数)及比重

年份	就业人数总计(万人)	城镇		乡村	
		人数(万人)	比重(%)	人数(万人)	比重(%)
1995	68 065	19 040	27.97	49 025	72.03
1996	68 950	19 922	28.89	49 028	71.11
1997	69 820	20 781	29.76	49 039	70.24
1998	70 637	21 616	30.60	49 021	69.40
1999	71 394	22 412	31.39	48 982	68.61
2000	72 085	23 151	32.12	48 934	67.88
2001	72 797	24 123	33.14	48 674	66.86
2002	73 280	25 159	34.33	48 121	65.67
2003	73 736	26 230	35.57	47 506	64.43
2004	74 264	27 293	36.75	46 971	63.25
2005	74 647	28 389	38.03	46 258	61.97
2006	74 978	29 630	39.52	45 348	60.48
2007	75 321	30 953	41.09	44 368	58.91
2008	75 564	32 103	42.48	43 461	57.52
2009	75 828	33 322	43.94	42 506	56.06
2010	76 105	34 687	45.58	41 418	54.42
2011	76 420	35 914	47.00	40 506	53.00
2012	76 704	37 102	48.37	39 602	51.63
2013	76 977	38 240	49.68	38 737	50.32
2014	77 253	39 310	50.88	37 943	49.12
2015	77 451	40 410	52.17	37 041	47.83

资料来源:《中国统计年鉴 2016》。

将表 2-7 与表 2-8 的数据进行对比分析，结果显示城乡就业人口与城乡总人口的变化趋势基本相对应。其中城镇就业人口与总就业人口之比始终低于城镇人口与总人口之比，而乡村则相反。这就说明城镇一直存在岗位不足和失业情况，反之乡村存在着剩余劳动力，这就要求就业结构随着新经济的发展而转型升级，农村劳动力可以拓展就业方式，紧随时代的要求，而城镇的劳动力如果不能满足新经济对技术、知识水平的要求，则应从大中型城市转向小型城市，以此来优化就业结构。

表 2-8 1995—2015 年我国城镇与乡村人口数(年底数)及比重

年份	人口数总计（万人）	城镇		乡村	
		人数（万人）	比重（%）	人数（万人）	比重（%）
1995	121 121	35 174	29.04	85 947	70.96
1996	122 389	37 304	30.48	85 085	69.52
1997	123 626	39 449	31.91	84 177	68.09
1998	124 761	41 608	33.35	83 153	66.65
1999	125 786	43 748	34.78	82 038	65.22
2000	126 743	45 906	36.22	80 837	63.78
2001	127 627	48 064	37.66	79 563	62.34
2002	128 453	50 212	39.09	78 241	60.91
2003	129 227	52 376	40.53	76 851	59.47
2004	129 988	54 283	41.76	75 705	58.24
2005	130 756	56 212	42.99	74 544	57.01
2006	131 448	58 288	44.34	73 160	55.66
2007	132 129	60 633	45.89	71 496	54.11
2008	132 802	62 403	46.99	70 399	53.01
2009	133 450	64 512	48.34	68 938	51.66
2010	134 091	66 978	49.95	67 113	50.05
2011	134 735	69 079	51.27	65 656	48.73
2012	135 404	71 182	52.57	64 222	47.43
2013	136 072	73 111	53.73	62 961	46.27
2014	136 782	74 916	54.77	61 866	45.23
2015	137 462	77 116	56.10	60 346	43.90

资料来源：《中国统计年鉴 2016》。

(三)就业的劳动者结构现状

1. 劳动者的学历结构

在当前社会和经济的发展中，高学历、高技术人才越来越受到重视，科技的发展使电子机械设备逐渐先进和完善，机器生产和运算很大程度上已取代劳动力生产，质量比手工生产的水平高。

对比 2014 年和 2015 年我国不同受教育程度劳动者所从事不同职业的占比数，我们可以发现学历较低的劳动者聚集在农林牧渔、水利业等行业，该行业从业人数在 2014 年和 2015 年所有就业者中占比都是最高的；2015 年商业服务业人员快速增多，占比达 24.7%，超过了生产运输设备操作人员，排到了第二位。从事专业技术职业的人员占总从业人数的10%左右，而其中受教育程度越高的人越能够胜任这类职业。随着科技水平不断提升、第三产业快速发展，社会还需要吸纳更多知识技能型人才，而这些人才通常拥有较高的学历。

此外，往往技术人员与单位负责人这种具有高学历的工作岗位能获得更高的收入，对于促进新经济的发展也有着更加重要的作用，可见提高劳动者的人力资本对于新经济下的就业结构转型有着不可忽视的指导作用。

2. 劳动者的性别结构

就业的性别歧视问题一直存在，伴随着全面二孩政策的出台和落实，这一问题被广大女性所重视和担忧。而在新经济迅速发展的背景下，劳动者就业的性别结构中是否存在性别歧视现象，通过表2-9的统计数据可以得出初步的判断。

表2-9　2015年我国按受教育程度、分性别就业人员职业构成　（%）

受教育程度	单位负责人		专业技术人员		办事人员和有关人员		商业、服务业人员		农林牧渔、水利业生产人员		生产运输设备操作人员及有关人员		其他	
	男	女	男	女	男	女	男	女	男	女	男	女	男	女
总计	2.5	1.2	10.7	13.0	10.5	8.2	21.9	28.5	24	34.0	29.9	14.8	0.4	0.4
未上过学	0.5	0.1	3.9	2.6	2.1	0.8	10.5	10.5	66.3	79.2	16.3	6.6	0.3	0.2
小学	0.7	0.3	3.4	2.2	3.3	1.1	13.0	16.0	55.2	68.0	24.2	12.3	0.3	0.2
初中	1.6	0.8	5.5	4.7	5.3	3.2	22.3	33.1	27.2	36.4	37.6	21.3	0.4	0.4
高中	3.4	1.9	9.3	11.0	13.0	11.4	29.8	47.6	12.1	11.9	31.9	15.9	0.5	0.4
大学专科	5.7	2.4	24.2	36.8	25.7	24.6	24.6	28.2	1.7	1.0	17.8	6.6	0.4	0.4
大学本科	6.2	2.8	37.9	50.4	30.6	27.1	15.2	15.5	0.6	0.3	9.2	3.7	0.4	0.2
研究生	7.6	2.9	57.3	64.8	23.7	22.3	6.7	6.7	0.3	0.2	4.1	3.0	0.3	0.1

资料来源：《中国劳动统计年鉴2016》。

在男女学力相同的情况下，男性成为单位负责人和生产运输设备操作人员的比例明显高于女性，而女性通常成为商业、服务业人员，其他的职位对于男性和女性相同学力情况下的占比区别较小。以上分析表明，女性就业歧视问题依然存在，在同等学力下女性所从事的职业通常低于男性，高级管理者的职位任用男性更多，女性就业的“天花板”现象仍然存在。《劳动法》中虽然明确提出男女拥有平等就业权，并在其他法律规范中规定了合理维权措施等，但女性就业歧视现象并未得到缓解。

钱雪对公共政策视域下的女性平等就业问题进行了研究，指出我国法律法规的出台使我国女性就业人数不断增加，促进了就业结构转向第三产业，但仍然存在诸如法律法规不完善、检查管理不严格，以及生育给女性就业带来影响等问题。[①] 尤其是在全面实施二孩政策后，生育问题被更多女性所重视。陈友华、祝西冰在对全面二孩政策下女性就业歧视问题的共同研究中发现，虽然不能确定全面二孩政策会加重女性就业歧视，但一定会对女性就业产生影响，根本原因在于国家现在没有解决女性生育后带来的问题，也就是说，对于女性就业的保障和支持政策还有待完善。[②]

北京师范大学劳动力市场研究中心的研究团队进行的企业实地调研结果也显示，在二孩政策下，女性的就业歧视程度有愈加严重的趋势。产生这一现象的原因主要是国家对女性尤其是产后女性的扶持和保障制度及具体措施不够完善，社会公共财政支出尚不能解决女性因二次生育所带来的问题，造成就业歧视现象愈加明显。

>>三、新经济促进就业结构转型升级刻不容缓<<

(一)就业结构滞后产业结构

就业结构与产业结构之间存在着密切的联系，二者相互影响，相互作用，只有二者的结构相适应，才能促使经济良性发展，实现充分就业。

王云昊在研究产业结构调整的就业效应时以江苏省为例，[③] 王莎研究分析四川省的产业结构对劳动力就业结构的作用，两位学者选择的两个省各具特点，但得到的研究结论有着异曲同工之处。首先，他们肯定了产业结构转变对就业结构转变的正向作用，产业结构合理化可以推动人力资源配置合理化、增加就业，从而促进就业结构优化。其次，他们研究发现，第一产业多年来偏离度一直为负值，且绝对值大，这说明就业结构与产业结构不匹配，产生了剩余劳动力；第二、第三产业的结构偏离度虽然呈现正偏离，但是近年来有下降的趋势。涂航标在 2015 年对我国就业结构滞后产业结构的时间年限做出了研究，[④] 他通过灰色关联分析法与时间平移分析法共同推测出了我国就业结构滞后于产业结构的时间是 4～7 年，而最有可能的是 6 年。也就是说到 2021 年，就业结构将发展到与产业结构相适应的阶段。

---

① 钱雪：《公共政策视域下的女性平等就业问题研究》，吉林大学硕士学位论文，2016。

② 陈友华、祝西冰：《全面二孩政策下女性就业歧视问题辨析》，载《山东女子学院学报》，2017(2)。

③ 王云昊：《产业结构调整的就业效应研究》，南京财经大学硕士学位论文，2014。

④ 涂航标：《我国产业结构演进中的就业结构研究》，西北师范大学硕士学位论文，2015。

在新经济的背景下第一产业无法再对劳动力的就业产生强带动作用，新经济、新动能、新业态的出现使就业结构加快了转型升级的速度，就业结构的转型升级已刻不容缓。

(二)区域供求不平衡

前文中的数据显示了城乡之间的就业差距以及不同地理位置或不同经济状况的各省市之间的就业差距，这种差距代表着各区域间的就业结构性矛盾突出。无论是城乡还是省市，区域间的不平衡情况一直存在，新经济背景下就业结构转型升级中的问题依然存在，这也是历史遗留性问题。

根据刘易斯的发展经济模型，劳动力由传统部门流向现代部门，而我国的传统部门普遍分布在经济发展滞后的农村，现代部门多聚集在北京、上海、广州、长江三角洲和珠江三角洲一带。因此，由于城乡差距以及新型的城镇化建设，我国二元经济的劳动力供给反映出农村剩余劳动力从农村流向城市的过程。在经济快速发展的阶段，这一规律可以改善农村剩余劳动力问题，并且改善就业结构。然而，近年来，由于“刘易斯拐点”的出现，就业结构出现了一些新的变化，存在着企业很难找到合适的高技能劳动者，而劳动者也不愿牺牲个人的利益和权利，委曲求全地工作于自己不满意的企业中，使就业结构矛盾重重，促进就业结构的转型升级已势在必行。究其原因，我国第三代农民工已经成为新生代农民工的主体，他们的利益诉求和权利诉求愈加明显，不再满足于初级的生存需要。

此外，经济发展的红利涉及的相对落后的中西部地区以及农村地区有限，这些地区的劳动者所能从事的大部分行业依旧停留在第一产业和第二产业，第三产业发展缓慢，新经济所产生的新兴产业不足。以前文中互联网经济为例，新经济模式在我国各省市的发展存在着一个梯度，只有在发展落后地区，使当地的劳动者能够在本地就业于高新技术和新兴产业，才能带动新经济在该地区更好地发展，才能从根本上解决就业结构的区域性矛盾。

(三)人力资本质量偏低

目前我国仍然是人力资源的大国，正在向人力资源强国迈进。在新经济背景下，我国已不再是“制造大国”，而是成为以知识型人才和高新技术人才共同组成的“智造大国”“制造强国”。技术进步、人工智能、大数据、互联网经济是这一时代的标志，也意味着高效率高质量的人工智能正在代替大批量的人力资本质量低的劳动者，致使大量低质量的劳动者失业，这种技术性失业问题被众多经济学家关注和讨论，技术进步的确对就业产生了一定的消极影响，但就长远的形式来看，科技进步提高了劳动生产率，国民生产总值被拉动上升，带动新经济的发展和新兴产业的壮大，而这又会反作用于就业，为劳动者创造更多的就业岗位。

我国企业依旧存在“用工荒”的问题，实则不是缺乏劳动者，而是缺少高新技术人员，我国的人力资本质量仍然偏低。李长安在研究经济新常态下我国的就业形势与就业政策时提出了“用工荒”，并指出我国劳动力普遍存在平均素质较差，缺乏一技之长的特征。[①] 经济发展进入新时期后，正是因为我国大量的劳动者人力资本质量偏低，缺少高新技术人才，才导致“用工荒”现象的产生。

(四)人工智能的冲击

当今人工智能发展势头迅猛，未来有望在全球多个行业和场景下得到广泛运用，尤其是我们将会看到大量的人类工作被机器取代。麦肯锡全球研究院近期的一份报告对全球 800 多种职业所涵盖的 2 000 多项工作内容进行分析后发现，全球约 50% 的工作内容可以改进现有技术实现自动化。麦肯锡全球研究院的这份自动化研究报告指出，在现今所有工作内容之中，过半会在 2055 年左右实现自动化，但这个过程存在诸多变量。如果自动化推进速度快，达到该程度可能会提前 20 年；如果推进缓慢，则可能延后 20 年。在过去数十年，中国因人口红利受益良多，劳动力的扩张大大促进了经济增长，但老龄化正使中国逐渐失去这一推动力。中国的劳动年龄人口最早将在 2024 年达到峰值，并在之后的 50 年中减少 1/5。这一人口结构变化趋势意味着在当前生产力水平基础上，中国将缺乏足够的劳动力以维持经济增长。拉动经济增长唯一可行的方式就是大幅推动生产力增长，而人工智能有助于缩小这一差距。[②]

人工智能所替代的人类工作多是人力资本质量低的劳动者所从事的缺乏创造力的工作。因此，我国的就业结构必须随之转型升级以应对人工智能对劳动力市场的冲击，缓解因替代大量低水平劳动者所带来的诸多矛盾和问题。

>>四、促进我国就业结构转型升级的政策建议<<

(一)加快城镇化进程

根据中国社科院的统计，截至 2015 年我国城市化率达到 52.28%，超过半数；而未来 20 年有望达到 68%，可见我国一直致力于推进城镇化进程，也在不

① 李长安：《经济新常态下我国的就业形势与政策选择》，载《北京工商大学学报(社会科学版)》，2016(6)。

② 《麦肯锡：中国人工智能的未来之路》，2017-04-08。

断探索新的方法与道路。就北京而言，从推进京津冀一体化到确定设立雄安新区，这无疑是为推动城镇化进程做出巨大的尝试。数据表明，与长三角和珠三角相比，京津冀地区的城镇化率仍相对较低，其他偏远城市则更低，所以我国还应持续推进城镇化的进程，可以通过加大公共基础设施资金投入、鼓励开办中小型民营企业、发展现代物流业和信息产业、关注地区旅游资源开发等方式发展第三产业，推动地区城镇化水平的提升，改善就业结构，实现就业结构的转型升级。

(二)扶持大学生创业

在“大众创业、万众创新”的大背景下，创业问题尤其是大学生创业无疑是影响当今就业结构转型升级的重要因素之一，政府出台了许多扶持政策，然而阻碍大学生创业的主要因素在于创业风险和经验不足。潘明辉在研究大学生的创业问题时做出了 SWOT 分析①，如图 2-12 所示。

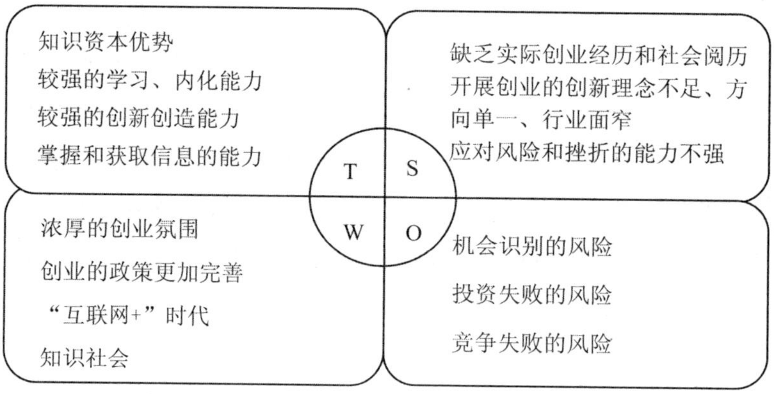

图 2-12　经济新常态下大学生创业的 SWOT 分析

大学生创业收益与风险同在，政府应通过一系列政策手段的扶持与保障，努力解决创业中存在的问题并且尽可能为大学生规避风险。例如政府和学校可以开展优秀大学生创业案例讲座，分享创业成功者的经验，使梦想创业的同学可以汲取前车之鉴，在创业的路上少走弯路；增设创业类比赛项目，使此类比赛更具学术性与权威性，使参与的同学能够真正学到知识、增加阅历等。我国目前的就业政策无论是在金融贷款方面，还是在税收缴纳和企业运营方面，已经为大学生创业提供了很多优惠与便利。

(三)鼓励新经济下灵活就业

如今灵活就业在人们的生活中已经非常普遍，这一现象得益于经济发展的必

① 潘明辉：《经济新常态下大学生创业模式研究》，吉林大学硕士学位论文，2016。

然趋势和政府的政策放宽。当从业者有了更灵活的就业选择时，就业结构就会随之发生转型升级，以符合新经济的发展规律。

分享经济与零工经济塑造了灵活的新型就业形态。发展分享经济和零工经济是实现我国就业优先战略的重要途径。2016 年滴滴出行平台为社会创造了 1 750 万个灵活的就业机会，其中 238.4 万人来自去产能行业，占比 14%；87.5 万人为退伍或转业军人，占比 5%；平台每天直接为 207.2 万名司机提供人均超过 160 元的收入。在房屋住宿领域，小猪、途家、住百家等几大平台带动直接和间接就业人数超过 200 万人。在生活服务领域，大型外卖平台注册配送员已超过百万人。① 具体数据如图 2-13 所示。

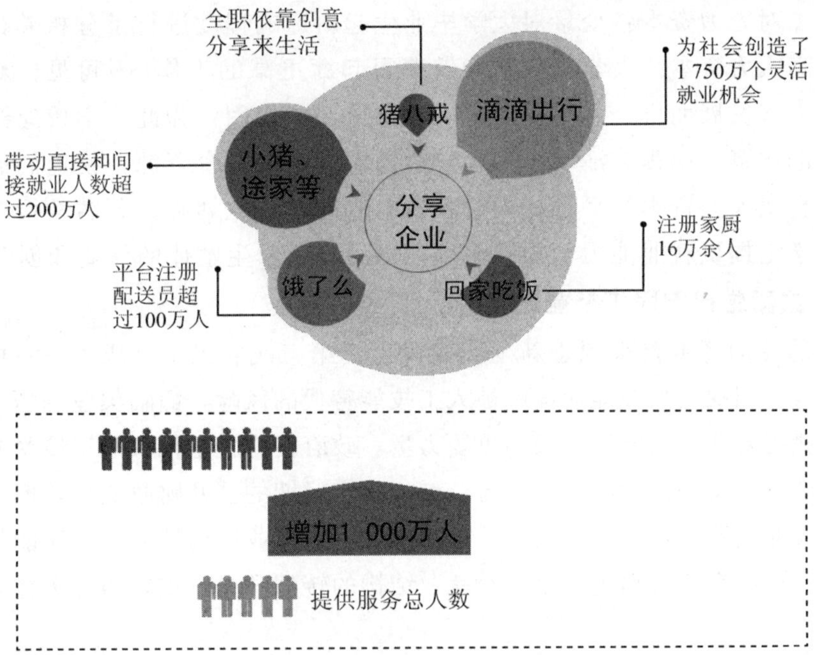

图 2-13　分享企业带动的就业机会

以上数据显示，分享经济创造了大量的就业岗位，但此报告数据多数是为人力资本质量较低的劳动者提供的就业机会。高新技术产业的就业岗位人数未进行统计，如分享经济平台的技术人员、管理人员等就业人数，需要进一步统计和补充。

零工经济则为高新技术人员等人力资本质量较高的劳动者提供了大量的就业机会，尤其是教师、医生、律师、设计师等灵活就业岗位，分享经济为其从事兼职工作提供了平台，从而实现了零工经济。为推动零工经济的发展，政府需要不断完善医生的“多点执业”制度、科研工作者停薪留职创业的鼓励政策，给予高新

① 国家信息中心分享经济研究中心、中国互联网协会分享经济工作委员会：《中国分享将经济发展报告 2017》，2017-02-28。

技术人员获取更多劳动回报率的机会，同时又要严格界定执行范围和政策规范，以保证政策的有效实施。

（四）加强劳动者教育培训

在新经济背景下，企业最重要的财富就是人力资本和技术进步，劳动者只有拥有较高的知识水平和技能才能避免失业，免受人工智能的冲击。国家应加大对劳动者的教育培训力度，提高教育培训水平，增强教育培训指导，以提高我国人力资本的质量，解决新经济带来的技术性失业问题，促进就业结构转型升级。

1. 加强大学生就业和创业能力培训

赵恩杰对人力资本各变量对大学毕业生起薪影响程度进行了分析并得出，通常拥有更高人力资本的大学毕业生能够获得起薪更高的工作。① 可见，对于大学毕业生的未来发展而言，人力资本起了非常重要的作用，为此，学校应开展更多科技创新的比赛、课程或活动，为大学生提供良好的教育资源，使他们能够拥有一个提升自我人力资本的平台。同时聘请专业的职业规划师、著名教授或邀请优秀校友为学生提供就业能力辅导和培训，以提升大学生整体的就业和创业能力。

2. 加强新生代农民工技能培训

我国的劳动者主要来源于新生代农民工，第三代农民工已成为其主体。他们中的部分人会因缺乏高技能而面临被人工技能替代的风险，面临失业的压力，他们也是促进我国就业结构转型升级的重要力量。政府应为新生代农民工接受专业技能培训提供政策支持和保障，虽然政府会增加一定时期的公共财政支出，但能够解决农民工的失业问题，从长远发展来看，不仅能解决就业结构性矛盾，还能加速技术创新发展，提高企业劳动生产率，对就业结构的转型升级有重要的现实意义。

第三节　技术进步引致就业“极化”更凸显

随着新经济的发展，就业极化现象开始出现。所谓极化，可以理解为事物向极端发展变化，可能是向高端发展变化或者向低端发展变化；也可能是事物发展变化过程中分化，一部分向高端发展，一部分向低端发展，而处于中间层次的减少，出现两极分化，它既表示事件或事物的动态过程，也表示其发展结果。伊斯特班等②认为极化是一种“中间阶层消失”或者向“两极周围聚集”的区域经济发展

---

① 赵恩杰：《经济新常态下人力资本对大学毕业生起薪的影响研究》，兰州大学硕士学位论文，2016。

② Esteban J. M.，RayD. C.，“On the Measurement of Polarization,” *Econometrica*，1994，(62)，pp. 819-851.

现象。就业“极化”体现为技术极化和空间极化，技术极化在中国还不显著，但世界银行预测这只是暂时的，空间极化已经在东、中部地区出现，劳动力呈现向东部地区集聚的特征。

>>一、劳动力技术极化现象即将出现<<

(一)技术极化将成为趋势

劳动力市场技术两极化，也被称为“劳动力市场技术空心化”，即高技能与低技能岗位的就业比例提高，而中等技能岗位的就业比例下降。这一现象在发达国家已经凸显，《2016世界发展报告》数据显示：很多新兴国家和发展中国家，如南非、印度、马来西亚、菲律宾等国的中等技能劳动者就业率呈现了负增长。不过报告也指出，尽管中国是“背离全球趋势的一个显著例外，由于农业机械化程度提高，该国常规性、中等技能岗位有所增加”，但这是“暂时的”。

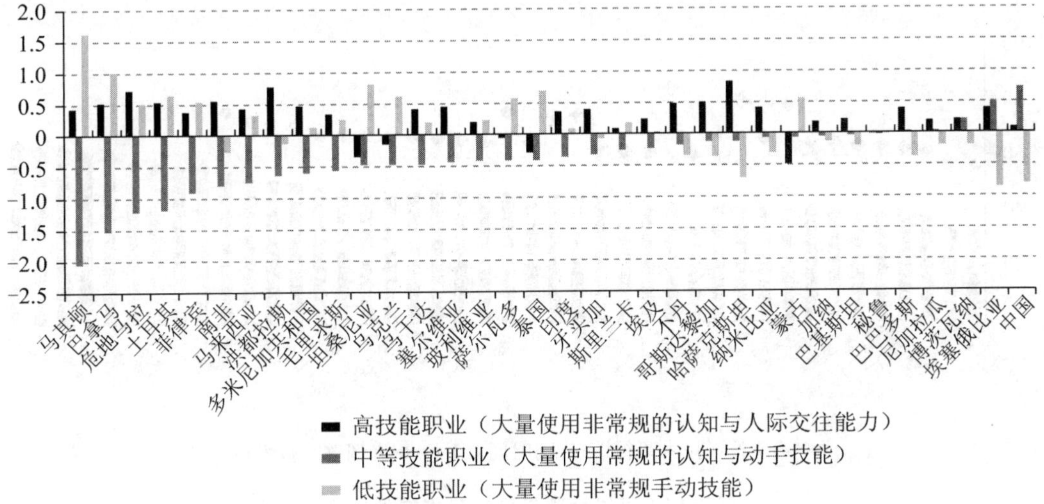

图 2-14 技术极化指数

资料来源：世界银行《2016世界发展报告》。

这样的现象归因于新技术和新经济，“机器人＋物联网”的完整生产线可以完成越来越多的常规工作，效率高、成本低、危险系数小。“智能制造”催生了大批数字化车间、智能工厂、智能化装备产品，使得重复性强、劳动强度大、危险性高的诸多岗位实现了“机器换人”，如包裹分装、机械装配、高温或高空作业等。在未来，“机器换人”的领域将会扩大，如财务核算、翻译、办理保险、医疗诊断、律师咨询等工作计算机都能完成。

(二)技术极化的政策信号已经释放

事实上，中央的政策布局在五年前已经开始，2012 年科技部印发《智能制造科技发展“十二五”专项规划》和《服务机器人科技发展“十二五”专项规划》，2014 年工信部发布《关于推进工业机器人产业发展的指导意见》。地方政策随之跟进，2013 年浙江省发布《杭州市开展“机器换人”工作三年行动计划(2013—2015)》，2014 年广东省发布《大力发展智能制造推进“两化”深度融合加快产业转型升级专项行动计划(2014—2015 年)》。

就宏观而言，迅速老龄化、人口下降以及高技能劳动者短缺的国家会从劳动者分流趋势中获益。一方面，国家有了新技术可以解决高技能劳动者短缺的问题，比如借助远程医疗和自动化诊断，医生可以在短时间内诊疗更多患者，甚至为短缺医生的地区提供远程服务。另一方面，国家可以节约培养中等技能劳动者的成本，而低技能劳动者的培训交给市场即可，然后投入有限资金到高技能岗位中去。在中国，容易被自动化技术取代的工作岗位达到 50%以上(图 2-15)。

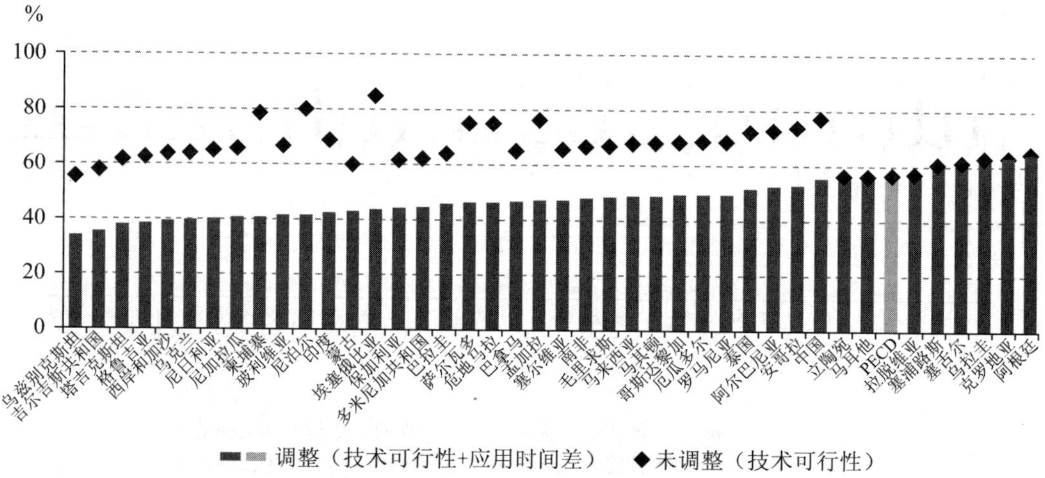

图 2-15　可以计算机化的工作岗位占比

资料来源：世界银行《2016 世界发展报告》。

(三)中国的部分行业已经出现技术极化现象的前兆

尽管世界银行的数据显示，中国还没有出现明显的“技术极化”现象，但是从国内统计数据来看，该现象已经初露端倪。《中国高技术产业统计年鉴》显示，2011—2015 年，虽然几个高技术制造行业的产值均有大幅增长，[①] 但是互联网及

---

① 行业定义同第一节。

人工智能等相关产业的迅速发展使得电子及通信设备制造业的产值占比从2011年的52%增长到2015年的60%。该产业扩张意味着未来机器对劳动力的挤出效应将会出现，更进一步，技术极化也不再遥远。

除了制造业之外，服务业的技术替代步伐并不缓慢，银行业是“机器换人”现象最为突出的行业之一。2014年离柜业务替代率超过50%的银行仅有33家，而在2016年，离柜业务替代率超过70%的银行就有34家。[①] 目前，已经有15家银行的离柜业务率超过了90%，其中民生银行离柜业务率为99.27%，排名第一。广发银行、建设银行、中信银行、招商银行、浙商银行、农业银行、广大银行的离柜业务率均超过了95%。银行业协会数据显示，截至2016年年末，工商银行共减少柜员14 090人，农业银行减少10 843人，建设银行减少30 007人。

(四)技术极化带来劳动者分流

技术极化可能导致劳动者分流。第一，一些中等岗位的劳动者结合自身专业优势，借助教育或培训体系将掌握更多技能，转向薪水更为优厚的岗位，而新知识和新技术通常会强化这些劳动者的人力资本水平，使其具有更强的生产力，这些劳动者最终将从这种技术冲击中获益。总之，技术冲击可能督促劳动者进步，找到新的职业模式。第二，学习能力差或者原来掌握的专业技术被新技术淘汰的劳动者不得不寻求低技能、不容易被机器人取代的工作，如接待或个人护理岗位。尽管随着社会的发展，这些服务的需求量会增加，但是大量被机器替代的劳动者也面临激烈竞争，收入下降的压力依然存在。总之，与以前的科学技术革命相比，一般白领工作受互联网影响甚至超过蓝领岗位。第三，还没有接受正规教育的青年人可能更倾向于学习高级认知、社会情感技能，因为这些技能在短期内很难被技术模拟，且相比低技能岗位，这些岗位的收入水平较高。

技术对劳动者的影响还包括心理恐慌，麻省理工和波士顿大学的研究报告《机器人和工作：来自劳工市场的证据》显示，每千名工人拥有的机器人数量增加1个，美国就业率就会下降18～35个百分点，工人薪资也会降低25～50个百分点。事实上，技术发展对劳动者的影响并非在本次互联网革命中有所体现。以美国为例，农业机械化就造成了农业劳动人口的大幅度减少。在1910年，美国有农民1 200万人，100年后，虽然全国人口增加了两倍，但农业人口只有70万人。同样，我们现在很难预测未来几十年技术变革的全部影响。但是，与以往变革相比，此次变革可能速度更快，范围更广，影响更深远。

---

① 《机器人会引发大批失业吗》，载《解放日报》，2015-11-20。

>>二、就业分布的“空间极化”现象已经凸显<<

吕拉昌[①]认为极化是指迅速增长的支柱产业，在引起了其他活动集中于这一产业的同时也集中于某一地理位置，相关产业被吸引到这里而形成的产业集中和地理集中的过程。因此，空间极化是各种经济和社会要素在空间上的分化与集聚，通过经济资源配置在一定地理区域中形成增长中心的过程，它是一种动态演变，是区域发展的重要推动力。就业分布的“空间极化”现象是产业集聚的表现和结果，具体指部分地区某一产业或行业就业密度和就业占比不断提高，而其他部分地区相应产业和行业的就业密度和就业占比不断下降，最终形成某一产业或行业的区域就业中心。

就业空间结构主要反映城市与区域的经济发展特征，是由就业人口对不同经济活动区位进行选择的结果，因此衡量就业分布的“空间极化”要与产业的空间集聚相联系。计算产业集聚度时，可以选用工业总产值、工业增加值或就业等经济指标，我们这里讨论就业分布的“空间极化”现象，因此以就业这一指标进行衡量。具体来说，用就业密度(某一地区就业人数/土地面积)和就业占比(某一地区就业人数/全国总就业人数)来反映全国各地区的就业分布情况，用产业空间分布的变异系数(分别用产值和就业人数衡量)来反映全国产业集聚和扩散的总体趋势。除非特别说明，本文研究对象为中国内地的 31 个省市区。此外，按照传统区域划分，并结合“西部大开发”“振兴东北老工业基地”“中部崛起”等国家重大发展战略，将 31 个省市区分为东部地区、中部地区、东北地区和西部地区，[②] 从而在不同空间层面分析产业集聚和就业分布的变化情况。另外要说明的是，基于数据的可获得性和统计口径的一致性，这里采用的就业人数为包括城镇单位就业人数以及私营和个体就业人数之和，且第一产业就业包括农村就业人口。在此基础上，本节就三大产业就业的空间分布特征进行分析，得出以下结论。

(一)东部地区是就业人口的主要吸纳地

东部地区吸纳了全国一半的就业，第一产业就业主要分布在中部地区，第二产业和第三产业就业主要分布在东部地区。

---

① 吕拉昌：《极化效应、新极化效应与珠江三角洲的经济持续发展》，载《地理科学》，2000(4)。

② 其中，东部地区包括北京、天津、河北、上海、江苏、浙江、福建、山东、广东和海南 10 个省、市；中部地区包括山西、安徽、江西、河南、湖北、湖南 6 个省；东北地区包括辽宁、吉林和黑龙江 3 个省；西部地区包括贵州、云南、西藏、陕西、甘肃、青海、宁夏、新疆、广西、重庆、四川和内蒙古 12 个省、市、区。

整体而言，全国51%的就业人口集中于东部地区，中部和西部地区就业人口各占21%，东北地区就业人口仅占全国总就业人口的7%。从不同地区不同产业就业占比情况来看，第一产业就业有40%分布于中部地区，22%分布于西部地区，20%分布于东部地区，18%分布于东北地区；第二产业就业有47%分布于东部地区，26%分布于中部地区，16%分布于东北地区，11%分布于西部地区；第三产业就业有36%分布于东部地区，29%分布于中部地区，19%分布于东北地区，16%分布于西部地区。第一产业就业主要分布在中部地区，第二产业和第三产业就业主要分布在东部地区。

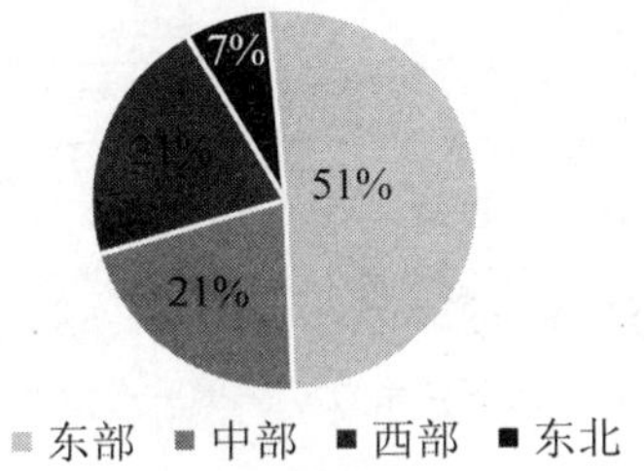

图 2-16　2015 年各地区就业人数占比[1]

资料来源：中国国家统计局，北京师范大学劳动力市场研究中心整理。

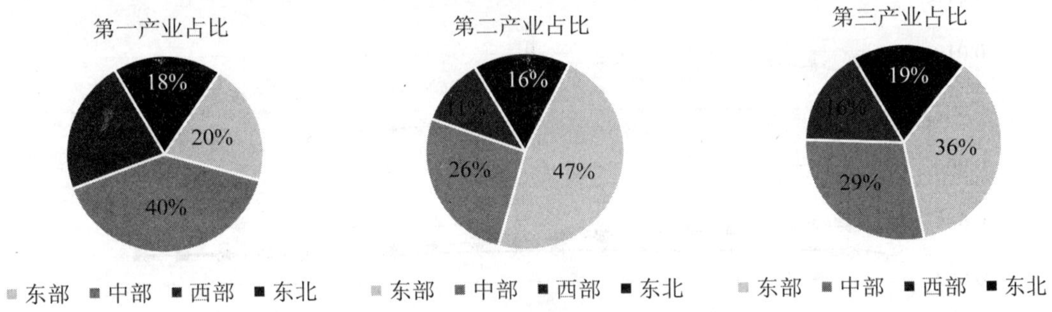

图 2-17　2015 年三大产业就业的空间分布

资料来源：中国国家统计局，北京师范大学劳动力市场研究中心整理。

(二)第一产业就业比重不断下降，空间分布格局稳定

1996—2014 年[3]，以产值变异系数和就业变异系数衡量的第一产业集中度基本维持稳定。具体而言，从就业密度来看，中部和东部地区第一产业就业密度相对较高但呈现下降趋势，西部地区略有下降，东北地区保持不变。从就业占比来

① 这里的三大产业就业人口计算口径保持一致，为城镇就业人口。

② 由于 2015 年各省统计年鉴公布数据不全，这里的第一产业占比为 2014 年数据计算所得，包括农村就业人口。

③ 第一产业就业人口包括农村和城镇全部就业人口，2015 年各省统计年鉴数据不全，因此仅计算到 2014 年最新数据。

看，各区域第一产业就业占比不断下降，这与产业发展规律相一致，随着经济发展，第一产业所占比重降低，第二、第三产业比重增加。

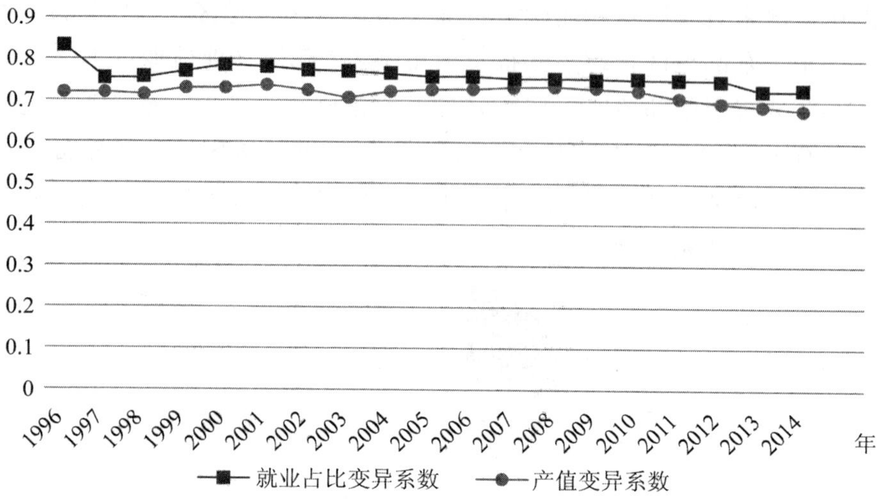

图 2-18　1996—2014 年第一产业空间分布变异系数

资料来源：中国国家统计局，北京师范大学劳动力市场研究中心整理。

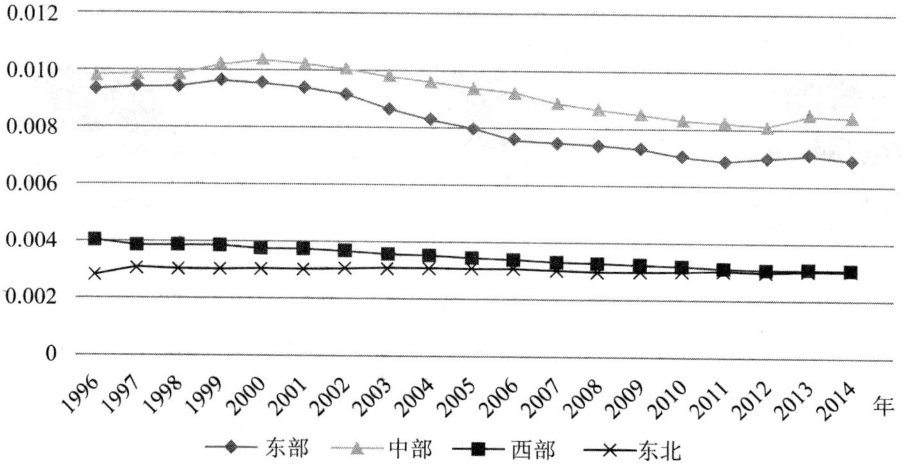

图 2-19　1996—2014 年各区域第一产业就业密度变化

资料来源：中国国家统计局，北京师范大学劳动力市场研究中心整理。

(三)第二产业就业分布的“空间极化”现象加剧，沿海就业带形成

第二产业就业分布的“空间极化”现象加剧，形成以长三角、珠三角、环渤海地区为主的沿海就业带。

以产业增加值的省际变异系数衡量的产业集中度在 1997—2006 年不断提高，2006 年之后出现下降趋势，说明全国范围内的第二产业先集聚后扩散。但以第

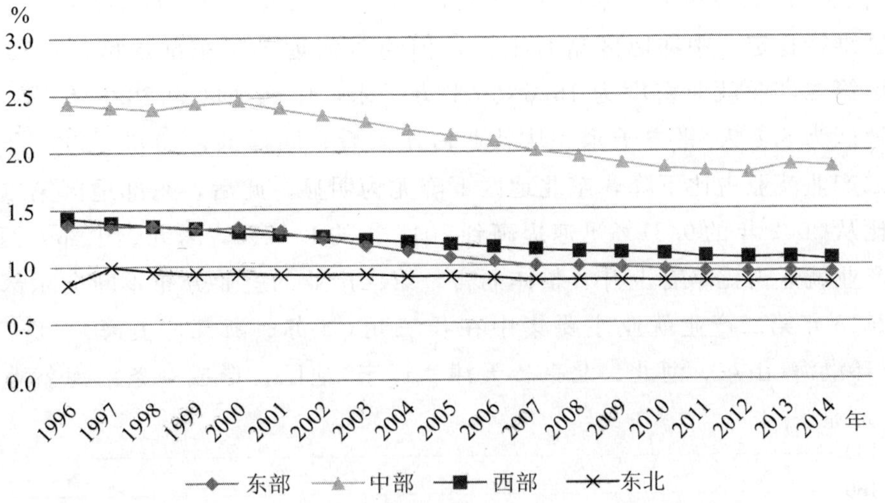

图 2-20　1996—2014 年各区域第一产业就业占比变化

资料来源：中国国家统计局，北京师范大学劳动力市场研究中心整理。

二产业就业人数的省际变异系数衡量的就业集中度从 1996 年的 0.63 上升到 2015 年的 1.08，就业分布的"空间极化"现象加剧。这种不一致可能是由于部分地区的产值增加以投资拉动为主，而没有创造出更多的就业岗位。内陆地区国有和集体企业比重相对较高，大部分都是传统的资本密集型重工业，这些缺乏效率的国有企业正在进行全面改革，尤其是在传统的老工业基地，如东北地区正在进行经济结构调整，这种改革提高了经济效率但造成了就业数量的急剧下降。

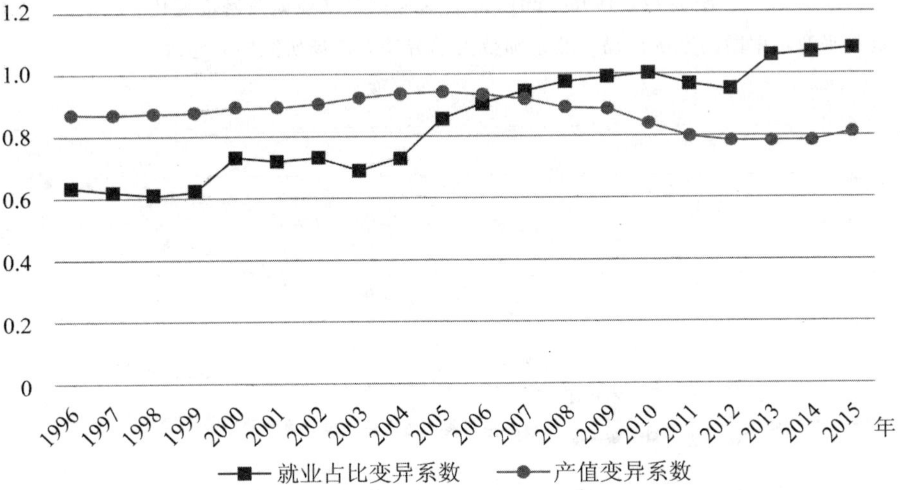

图 2-21　1996—2015 年第二产业空间分布变异系数

资料来源：中国国家统计局，北京师范大学劳动力市场研究中心整理。

从就业密度来看，受国企改革的影响，1996—2002 年，各地区的第二产业就业密度是下降的，而后东部地区第二产业就业密度迅速上升并遥遥领先，从

2002 年的 48.9 人/平方千米快速上升到 2015 年的 168.5 人/平方千米，东北和西部地区维持稳定，中部地区略有上升，但绝对值远小于东部地区。2015 年，东北地区第二产业就业密度为 16.5 人/平方千米，中部地区为 29.6 人/平方千米，西部地区为 8.8 人/平方千米。从就业占比来看，同样的，1996—2002 年，各地区第二产业就业占比下降，东北地区下降尤为明显。此后，东部地区第二产业就业占比从 2002 年的 0.31%迅速提高到 2015 年的 1.17%，东北、中部、西部地区第二产业就业占比略有上升。整体而言，第二产业的就业分布不断向东部地区集聚。2015 年第二产业就业主要集中在长三角(江苏、浙江、上海)、珠三角(广东)、环渤海(山东、河北、北京、天津、辽宁)地区，形成一条沿海就业带，就

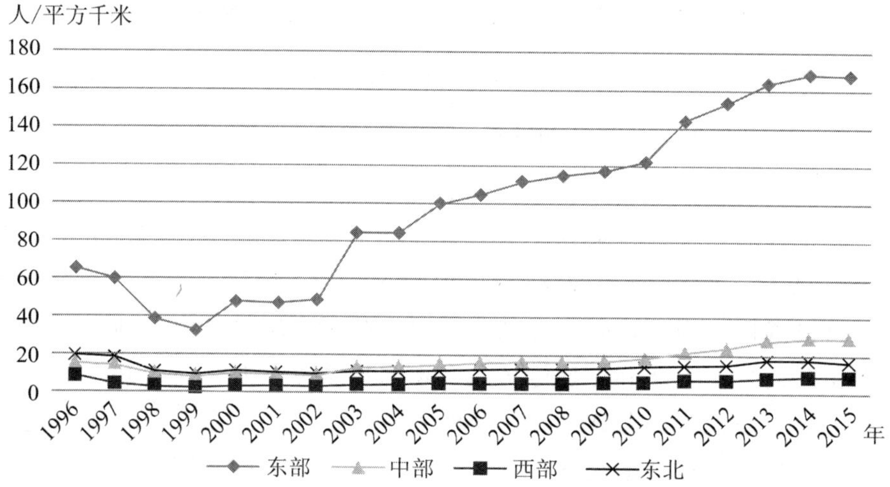

图 2-22　1996—2015 年各区域第二产业就业密度变化

资料来源：中国国家统计局，北京师范大学劳动力市场研究中心整理。

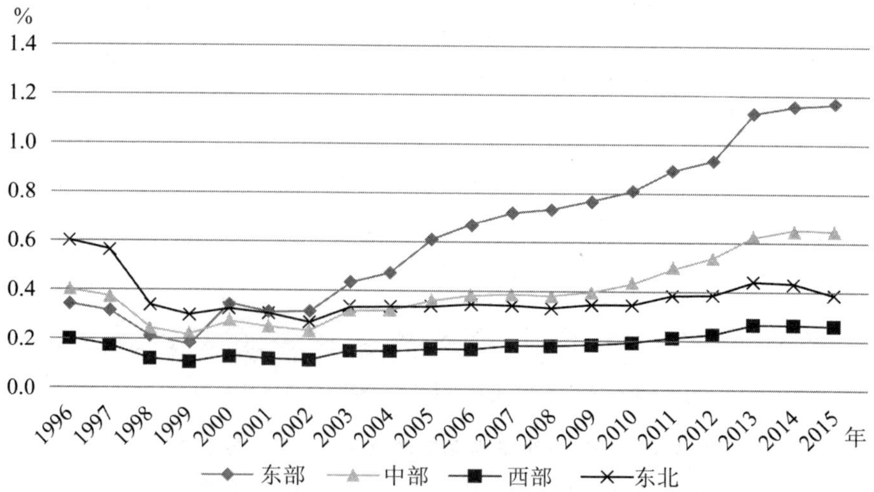

图 2-23　1996—2015 年各区域第二产业就业占比变化

资料来源：中国国家统计局，北京师范大学劳动力市场研究中心整理。

业密度呈现出从东南沿海地区向西北内陆地区不断递减的趋势。随着第二产业向内陆地区扩散，带动了周边省市如河南、安徽、江西、湖北、重庆地区的就业。

(四)第三产业就业向东部地区集聚，就业“极化”现象明显

以第三产业增加值的省际变异系数衡量的产业集中度在1996—2007年不断提高，2007年之后出现下降趋势，这说明全国范围内第三产业先集聚后扩散。但以第三产业就业人数的省际变异系数衡量的就业集中度从1996年的0.55上升到2015年的0.68，同样出现就业分布的“空间极化”现象。

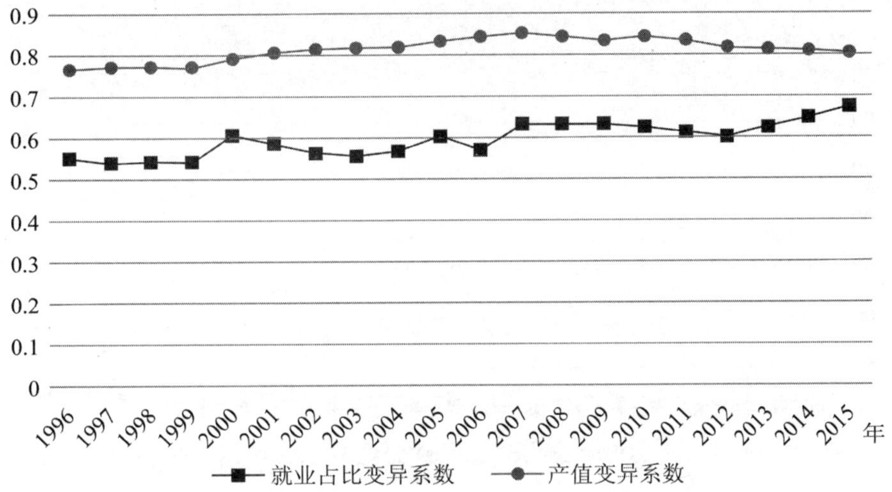

图2-24　1996—2015年第三产业空间分布变异系数

资料来源：中国国家统计局，北京师范大学劳动力市场研究中心整理。

从就业密度来看，1996—2004年，各地区的第三产业就业密度在波动中略有上升，2004年之后东部地区第三产业就业密度迅速上升，从2004年的84.6人/平方千米上升到2015年的333人/平方千米，上升幅度超过第二产业，说明第三产业就业分布的“空间极化”现象更为明显。相比第二产业，第三产业能够吸纳更多就业，且服务业生产和消费在时间和空间上具有不可分性、不可储存性和非物化性等特点，因此有很强的空间集聚效应。[①] 东北、中部和西部地区第三产业就业密度上升幅度较小。2015年，东北地区第三产业就业密度为33.3人/平方千米，中部地区为56.7人/平方千米，西部地区为22.7人/平方千米。从就业占比来看，东部地区第三产业就业占比从2004年的0.36%迅速提高到2015年的1.58%，东北、中部、西部地区第三产业就业占比也有所上升，中部地区从0.34%上升到1.26%，东北地区从0.29%上升到0.83%，西部地区从0.17%上

① 洪银兴：《城市功能意义的城市化及其产业支持》，载《经济学家》，2003(2)。

升到0.69%，伴随着产业结构转型，第三产业在整个国民经济中的重要性不断提高。整体而言，第三产业的就业分布也不断向东部地区集聚。2015 年第三产业就业主要集中在北京、天津、山东、江苏、浙江、上海、广东、重庆，除了重庆成为新崛起的西部就业中心外，其他省市和第二产业就业带高度重合，体现出第二、第三产业的共同集聚效应。一方面，生产性服务业(如房地产业、金融业)可以提高第二产业的生产率；另一方面，第二产业的发展会刺激当地消费，带动低技能服务业(如批发零售业、住宿餐饮业)的发展。因此，第二产业和第三产业会向相同方向集聚，在地理上互相接近从而构成互补，这进一步加剧了就业分布的“空间极化”现象。

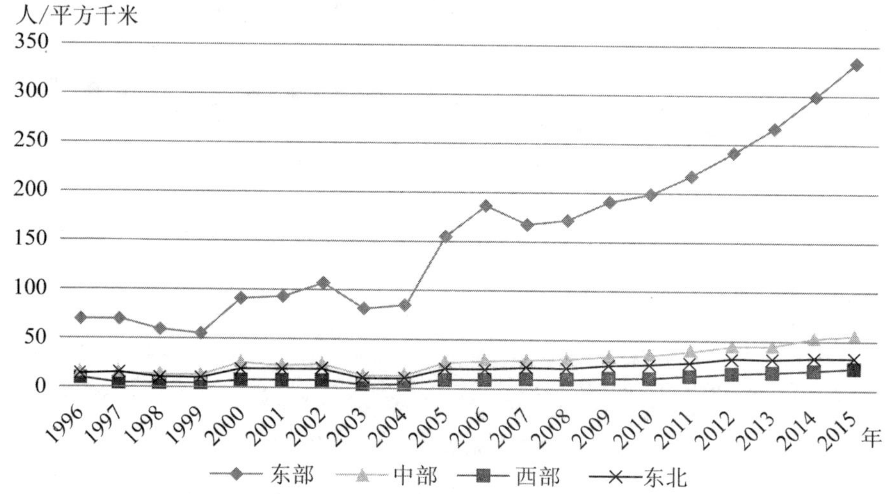

图 2-25 1996—2015 年各区域第三产业就业密度变化

资料来源：中国国家统计局，北京师范大学劳动力市场研究中心整理。

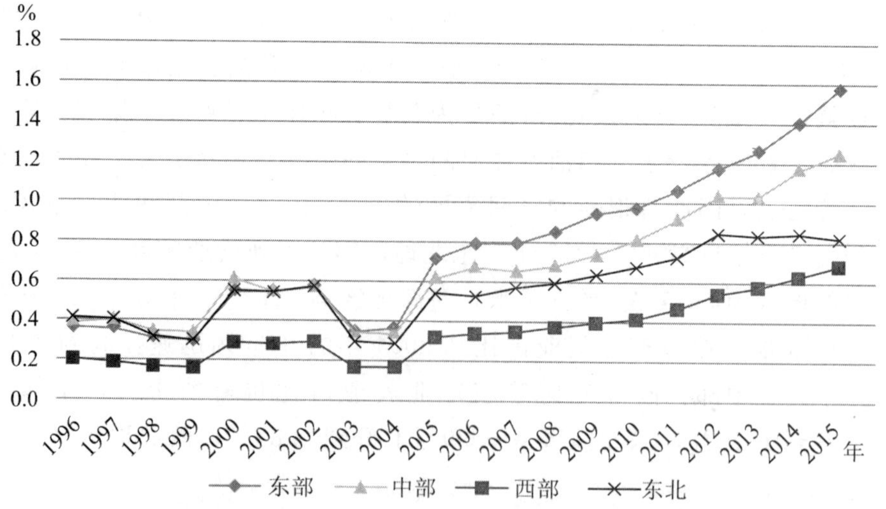

图 2-26 1996—2015 年各区域第三产业就业占比变化

资料来源：中国国家统计局，北京师范大学劳动力市场研究中心整理。

就业的空间分布取决于产业的空间布局，而产业集聚是当今世界普遍存在的经济现象，由此带来就业分布的“空间极化”现象。从上面的分析我们可以发现，中国的第二产业和第三产业就业都在向东部地区加速集中，说明东部地区相对于其他地区的产业集聚力较大。中国目前第一产业分布情况较为稳定，所占比重不断下降；第二产业出现先集聚后扩散的趋势，但第二产业创造的就业岗位依然集中于东南沿海地区；第三产业在国民经济中的重要性不断提高，集聚趋势明显，第三产业就业分布的“空间极化”现象加剧。产业是趋于集聚还是分散取决于集聚力和分散力的相对大小。其中，集聚力一般表现为外部经济，如共享的劳动力市场、产业之间的投入产出关联以及技术知识溢出。分散力表现为外部不经济，如不可流动要素的价格上升、本地竞争加剧、交通成本和环境污染治理等带来的生产成本上升。

>>三、应对极化现象需从多角度引导与发力<<

中国的技术极化现象还不突出，但是未来趋势可预期，需要提早设计应对方案。就空间极化来看，影响产业集聚力的因素可以分为地理因素、新经济地理因素和政策因素。① 因此，应对极化现象需从多角度引导与发力。

一方面，应对技术极化需要变革与调整教育培训体系。尽管技术极化会对目前的就业造成冲击，很多劳动者面临转岗甚至失业，但是有一点很明确，就是决策者面临着技术与教育的竞赛，能够在新经济环境下生存的最主要途径就是教育培训，让劳动者具备更强的人力资本水平。另外，教育和培训规划的设计是有时间效应的，新一轮的科技革命最重要的特征就是迅速，而这些领域的改革需要多年才能见到成效，所以前瞻性的教育培训改革是必要的。劳动力市场对劳动力需求的变化与教育体系人力资本积累任务是协调统一的。首先，市场对中等技能劳动者需求量减少，教育培训系统的人才培养定位有待进一步调整。产生原始创新的大学与科研机构需要培养精通专业技能、有创新精神、能紧跟科技前沿的“匠人”；职业技术院校与培训机构则需要培养有一定文化基础、具备基本职业素养、能把简单工作做到极致的“工人”。其次，劳动力市场对具备交叉领域专业知识的复合型劳动者需求量增加，教育培训系统的专业设置有待进一步整合。再次，市场对劳动者的技能调整和技能转换能力提出了新要求，教育培训系统的人才培养模式有待进一步优化。最后，市场对劳动者创新能力、诚信度等软性指标的要求更高，教育培训过程中的道德伦理教育有待进一步加强。

---

① 金煜、陈钊、陆铭：《中国的地区工业集聚：经济地理、新经济地理与经济政策》，载《经济研究》，2006(4)。

另一方面，应对空间极化，需要充分考虑新经济地理因素。地理特征包括一个地区的自然资源禀赋状况和区位特征。新古典主义贸易理论指出，资源禀赋的差异带来不同地区之间的比较优势，而区位特征决定了参加贸易的成本，如中国的东部沿海地区，由于离大港口较近，区位优势明显，使得东部沿海地区容易发展成为中国的工业中心。新经济地理特征是指超越简单的地理因素，由地理因素或者其他历史偶然事件引起的某一地区产生收益递增的经济力量。根据新贸易理论，收益递增带来产业集聚，主要包括市场规模、人力资本和基础设施。市场规模表现为某一地区居民的购买力水平，规模大的市场更容易吸引企业进入该区域，这又促进了该地区市场的扩大，进而增强产业集聚。① 人力资本水平越高的地区，企业越容易招到所需的人才，研发成本相对更低且容易维持创新优势，这对于第二产业中高端制造业的发展和第三产业中专业技术服务业的发展至关重要。有研究显示，初始人力资本水平越高的地区经济增长速度越快，经济快速增长创造了更多优质工作机会，吸引人才进一步流动到这些地区，提高当地的劳动生产率，带来工资的上涨和消费能力的提高，这又进一步吸引更多企业向该地区集聚，也带动了更多就业，形成良性循环。② 基础设施的完善程度也决定了企业进入当地生产的成本，基础设施越完善，如通信网络覆盖率较高，交通运输条件便利，越容易吸引企业进入该地区，同时带来就业的集聚。

另外，政策因素是影响劳动力市场的外围条件。新经济地理因素是引起产业集聚和就业分布"空间极化"的直接原因，但大部分是内生原因，东部沿海地区市场规模大、人力资本水平高、基础设施完善的背后既受优越的地理特征引致，也要归功于经济政策的影响。中国在 1980 年确立了深圳、珠海、汕头、厦门为第一批经济特区，并先后开辟了长江三角洲、珠江三角洲、闽南三角地区、辽东半岛、山东半岛、环渤海地区等沿海经济开放区，这为如今的产业空间布局和就业分布奠定了基础。受贸易开放政策的影响，沿海经济开放区吸引了大量外资，通过与新经济地理因素相互作用，带来产业集聚。开放程度高的地区市场化改革也更为彻底，如浙江省的经济市场化程度较高，民营经济活跃，这反过来又促进政府进一步实施市场化、放松管制和保护民营经济，从而加强产业集聚和就业极化。

---

① Krugman, P. "Scale Economics, Product Differentiation, and the Pattern of Trade," *American Economic Review*, 1980(70).

② Moretti, E. "The New Geography of Jobs," *Houghton Mifflin Harcourt*, 2012.

第四节　新经济对现有劳动关系形成新挑战

目前我国经济发展已经进入新常态，以互联网产业、新业态、数字经济为主要表现特征的新经济异军突起并迅猛发展，2016 年《政府工作报告》首次提出“新经济”的概念，并指出其在稳定就业、释放动能、缓解经济下行压力、满足人民多样化需求方面发挥着巨大作用。特别是在“互联网＋”等新经济引擎的助推下，我国的经济格局正在发生前所未有的新变化，电子商务等新经济代表行业的大发展有效激发了经济活力，创造了新型的就业岗位。与此同时，劳动力市场结构也发生了巨大变化，就业领域和用工方式都发生了改变，形成新的就业形态，挑战并重塑我国现有劳动关系。

>>一、新经济上行与传统经济下行<<

欧盟委员会(European Commission)将分享经济定义为一种信息商业模式，这种新型的商业模式主要基于个体与个体之间的交易活动，以分享平台作为临时使用产品或者服务的市场，以促进不涉及所有权转移的交易活动。

数字经济的概念最早可以追溯到 1995 年，加拿大商业策略大师唐・泰普斯科特从互联网角度研究了信息技术对经济社会的影响。随后一系列与“数字经济”概念相关的著作问世，数字经济的理念也迅速流行。1998 年美国商务部发布《浮现中的数字经济》报告，报告研究了与互联网技术密切相关的“新经济”现象。2008 年国际金融危机以来，各国政府纷纷制定数字经济战略，将数字经济作为推动新一轮经济增长的重要手段。2016 年 G20 杭州峰会发布的《二十国集团数字经济发展与合作倡议》认为，数字经济是指以使用数字化的知识和信息作为关键生产要素、以现代信息网络作为重要载体、以信息通信技术(ICT)的有效使用作为效率提升和经济结构优化的重要推动力的一系列经济活动。2017 年我国《政府工作报告》提出要推动“互联网＋”深入发展，促进数字经济加快成长。

表 2-10　数字经济与传统经济的特征对比

	数字经济	传统经济
驱动力	数据和算法	生产要素和技术进步
基础建设	互联网等信息设施	铁路、公路及机场等物理基础设施
劳动力	数字素养、一般性人力资本和专用性人力资本	一般性人力资本和专用性人力资本
供求边界	供求不断融合	供给侧和需求侧明确

资料来源：北京师范大学劳动力市场研究中心整理。

(一)数字经济上行与新就业形态涌现

1. 我国数字经济发展的“赶超效应”

世界经济论坛分析表明，数字化程度每提高 10%，人均 GDP 将增长0.5%～0.62%。根据牛津经济研究院和埃森哲的预测，以 2014 年的价格水平计算，数字化密度①在未来 5 年内将增加 10%，使发达经济体的 GDP 年均增长率提升 0.25%，使新兴经济体的增长率提升 0.5%，到 2020 年中国将从数字经济中获得 4 180 亿美元的新增产值。我国数字经济起步较晚，数据显示，1996 年我国数字经济规模为 430 亿美元，仅为美国的 1/63，日本的 1/23，英国的 1/6。② 近十年来，我国数字经济上行速度加快，“赶超效应”十分明显，具体体现在两个方面：一是我国数字经济总量增长迅猛，不断缩小与发达国家的差距。2016 年我国数字经济总体量大约 3.9 万亿美元，成为仅次于美国的世界第二大数字经济体。③二是我国数字经济增速加快，显著高于 GDP 的增速。2016 年我国数字经济增速达到 16.6%，显著高于同期 GDP 6.7%的增速近 10 个百分点，而美国数字经济增速与 GDP 增速差距为 5.2%，英国为 3.4%，日本为 4.6%(图 2-27)。

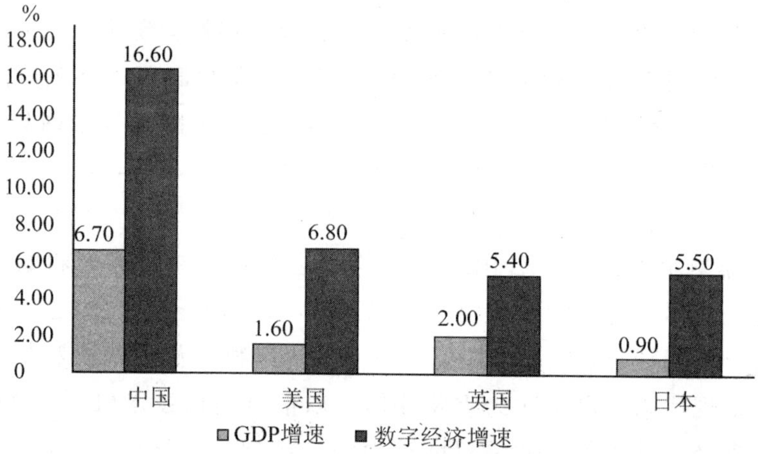

图 2-27　2016 年四国 GDP 增速和数字经济增速情况

资料来源：北京师范大学劳动力市场研究中心根据中国信息化百人会数据整理而得。

2016 年美国数字经济占 GDP 比重为 59.2%，接近 60%，英国占比为 54.5%，日本占比为 45.9%，而我国数字经济占 GDP 比重仅为 30.61%。然而按照我国互联网基础设施建设完善速度，我国数字经济未来仍有较大的发展空

---

① 数字化密度指数，是衡量数字技术在各国企业和经济中的渗透程度。

② 中国信息化百人会网站数据。

③ 腾讯研究院：《2017 中国“互联网＋”数字经济指数》，2017-04-21。

间。根据《2016 年国民经济和社会发展统计公报》数据，2016 年我国固定互联网宽带①接入用户 29 721 万户，比上年增加 3 774 万户，其中固定互联网光纤宽带②接入用户 22 766 万户，比上年增加 7 941 万户；移动宽带用户 94 075 万户，增加 23 464 万户。移动互联网③接入流量 93.6 亿 G，比上年增长 123.7%。互联网上网人数 7.31 亿人，增加 4 299 万人，其中手机上网④人数 6.95 亿人，增加 7 550万人。互联网普及率达到 53.2%，其中农村地区互联网普及率达到 33.1%。软件和信息技术服务业完成软件⑤业务收入 48 511 亿元，比上年增长 14.9%。

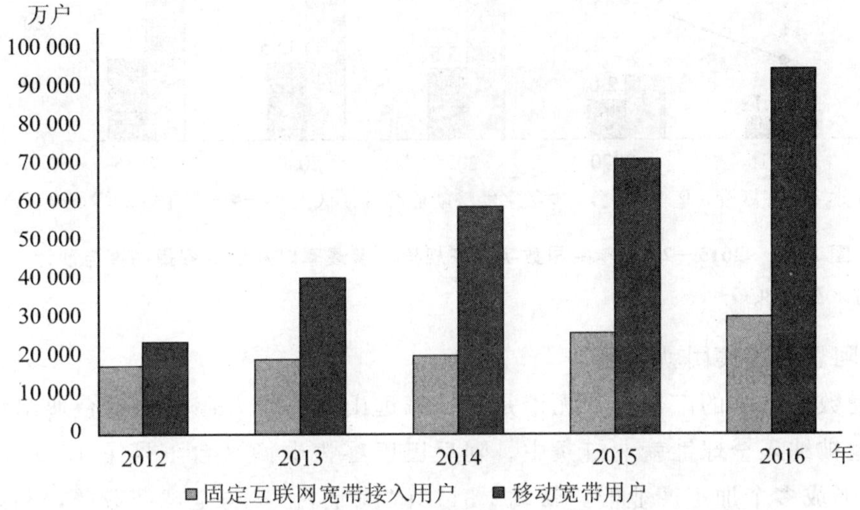

图 2-28　2012—2016 年年末固定互联网宽带接入用户和移动宽带用户数

资料来源：《2016 年国民经济和社会发展统计公报》。

2. 数字经济的就业创造

根据国际咨询公司测算与预计，2015 年中国整体数字经济规模接近 1.4 万亿美元，数字经济渗透率为 13%，总就业容量达 1.13 亿人。并在随后 20 年，数字经济继续蓬勃发展，预计到 2035 年中国整体数字经济规模接近 16 万亿美元，数字经济渗透率为 48%，总就业容量达 4.15 亿人。其中，如果阿里巴巴 2035 年创

---

① 固定互联网宽带接入用户是指报告期末在电信企业登记注册，通过 xDSL、FTTx＋LAN、FTTH/O 以及其他宽带接入方式和普通专线接入公众互联网的用户。

② 固定互联网光纤宽带接入用户是指报告期末在电信企业登记注册，通过 FTTH 或 FTTO 方式接入公众互联网的用户。

③ 移动宽带用户是指报告期末在计费系统拥有使用信息，占用 3G 或 4G 网络资源的在网用户。

④ 手机上网人数是指过去半年通过手机接入并使用互联网的 6 周岁及以上中国居民数量。

⑤ 软件和信息技术服务业包括软件开发、信息系统集成服务、信息技术咨询服务、数据处理和存储服务、集成电路设计服务和其他信息技术服务等。

造就业占中国数字经济整体就业比例与 2015 年保持一致，那么 2035 年就业创造数量有望达到 1.12 亿人，以阿里巴巴集团和网约车平台为例。

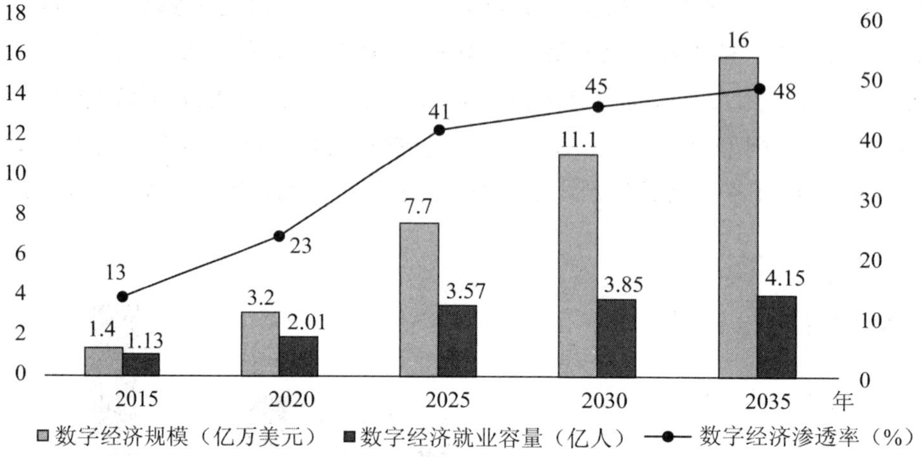

图 2-29　2015—2035 年中国数字经济规模、渗透率以及就业容量测算与预计

资料来源：BCG。

(1)阿里巴巴集团就业链。

借助数字技术的广覆盖，无论是身处偏远山区的个人还是小微企业组织均将无差别地被纳入全球性就业链条中。阿里巴巴零售电商平台汇聚了 15 000 家"淘工厂"，形成多个加工产业群，带动 1 311 个"淘宝村"参与全球产业链，利用投入产出法估算结果表明，2015 年阿里平台总体为社会创造 3 083 万个就业机会，其中包括 1 176 万个交易型就业机会、1 907 万个带动型就业机会，就业带动系数为 1.62。① 与此同时，阿里巴巴集团未来与数字经济强相关的新业务，比如云计算、数字娱乐等，以及相关业务链条整体带动数字经济就业规模将超过 1 亿人。

(2)网约车平台就业链。

网约车平台就业效应体现产业链的三个阶段(图 2-30)：上游阶段，扩大了汽车制造、租赁和维修服务行业的就业；中游阶段，降低了传统出租车的空乘率，提高了职业司机的劳动报酬；下游阶段，创造了更多用户的就业体验，带来更加灵活、高效和低成本的工作岗位。北京大学新媒体研究院一项专项调研显示，若将与滴滴开展合作的 4 000 多家租赁公司、汽车线下门店、汽车维修保养等服务带动的行业也考虑在内，滴滴平台至少已经撬动了 300 万个直接就业机会。②

① 中国就业研究所：新经济行业发展助力，就业市场企稳回升——2016 年第 3 季度中国就业季度分析会，http://www.cier.org.cn/ShowNews.asp? ID=877&Catid=451。

② 中国新闻网，http://www.chinanews.com/it/2016/02-01/7742672.shtml，2016-02-01。

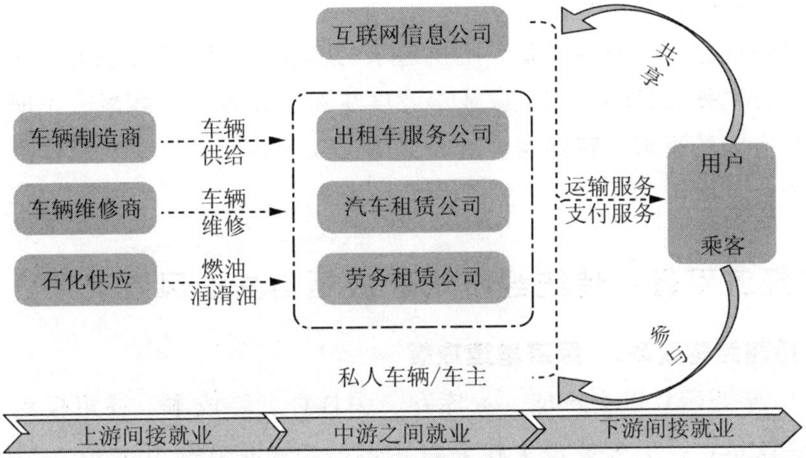

图 2-30　数字经济岗位创造的就业链

资料来源：纪雯雯、赖德胜：《大众创业对劳动关系协调机制的挑战》，见《中国劳动保障发展报告(2016)》，367—382 页，北京，社会科学文献出版社，2016。

3. 新就业形态涌现

数字经济就业生态与传统就业生态互动发展，以互联网平台为依托，使我国劳动力市场新就业形态不断涌现，2016 年我国通过互联网平台提供服务者约为 6 000万人，这意味着有 6 000 多万人以新就业形态的方式参与到经济中。新就业形态主要表现为“四新”：

一是就业领域新，就业形态大量出现在互联网和数字技术渗透的创新企业和新创行业。例如新零售领域的淘女郎、体验师；泛娱乐领域的网络文学作家、网络视频主播，新金融领域的互联网金融岗位，新制造领域中数字工厂内的机器人操作员等。

二是匹配方式新，新就业形态依托技术进步和数据共享，迅速提高了就业配置效率，实现劳动供需快速对接。数字技术与传统经济的融合加速就业匹配，降低摩擦失业。智联招聘平台的数据显示，2016 年第四季度 IT 和互联网行业在线职位招聘需求同比增长 56%，其中，计算机软件取代电子商务成为互联网行业中对人才需求量最为旺盛的领域，需求同比增加 88%。2017 年第一季度，互联网行业求人倍率为 9.21，即该行业 9.21 个岗位竞争一个求职者，此外，随着互联网行业中网络游戏业市场规模不断扩大，该行业用工需求也大幅攀升，2017 年第一季度二、三线城市网络游戏用工需求分别达到 151%和 336%。

三是就业方式新，新就业形态的就业方式更灵活、多元，许多劳动者通过信息技术直接与一个或若干个工作任务对接。许多个体是在外部第三方共享平台上寻求多元化“零工”的“斜杠青年”和自主创业者，同时，传统组织也会内生出类似外部平台的灵活就业市场，借助任务平台外包、外部专家库、竞赛等方式匹配，产生合同工、兼职、外部专家等。

四是就业观念新，许多就业者不再追求“铁饭碗”式稳定的职业，而更愿意从事灵活性与自主程度高的工作，就业满意度从对工作场所、薪酬、工时、福利以及职业上升空间的祈求，转移到对就业灵活、收入多元、自我实现以及平衡工作与生活的价值诉求上。

(二)经济下行：传统经济增速放缓与失业风险

1. 供给侧结构改革， 经济增速放缓

从 2015 年开始，以去产能、去库存、去杠杆、降成本、补短板为重点的供给侧结构性改革，经中央经济工作会议定调后，已正式拉开大幕。2016 年我国全年 GDP 超 74 万亿元，增速为 6.7%，较 2015 年下降 0.2%。

2016 年我国供给侧结构性改革的一个重要任务就是化解钢铁、煤炭行业的过剩和落后产能，所以中央财政拿出 1 000 亿元专项资金用于员工转岗安置，并且要求地方政府出台配套措施。数据显示，目前有 72 万人在去过剩产能过程中得到了妥善安置，然而，还有一些职工因为多种因素没有获得新的就业岗位。我国 2017 年去产能的重点在煤电领域，加上 2016 年一些还没安置的职工，累计可能会有近百万人需要安置。如何利用新经济力量和“大众创业、万众创新”的政策红利创造新的岗位，是防范传统产业职工群体安置风险的关键。

2016 年人力资源和社会保障部下发了《化解过剩产能企业职工特别职业培训计划》，从 2016 年至 2020 年，利用 5 年左右时间，组织化解过剩产能中企业失业人员和转岗职工参加培训，主要包括对失业人员重点开展就业技能培训，对企业转岗职工重点开展岗位技能提升培训，对有创业意愿的失业人员和转岗职工重点开展创业培训。

2. 岗位需求萎缩与失业风险

从就业层面来看，2017 年第一季度求人倍率略有下降，CIER 指数下降 0.5。其中，东部地区 CIER 指数从 2.07 下降至 1.6，下降 0.47；西部地区从 1.77 下降至 1.33，下降 0.44；东北地区从 1.4 下降至 1.17；中部地区下降最多，小型企业从 1.05 下降至 0.85，下降 0.2，微型企业从 1.18 下降至 0.92，下降 0.26。

2017 年中小型企业的 CIER 指数略小于 1，表明中小型企业劳动力需求小于供给，而大型和微型企业 CIER 指数明显大于 1，说明劳动力需求大于供给。从时间趋势看，与 2016 年第四季度相比，大型、中型和小型企业的 CIER 指数均有所下降，其中，大型企业 CIER 指数从 1.81 下降至 1.65，下降 0.16；中型企业从 1.94 下降至 1.35，下降 0.07；小、微企业就业需求下降最多，小型企业从 1.05 下降至 0.85，下降 0.2；微型企业从 1.18 下降至 0.92，下降 0.26。小型、

微型企业劳动力需求同比下降，这可能由于大多数创业企业均为小型、微型企业，2015年在“大众创业、万众创新”政策推动下，大量创业企业如雨后春笋般涌现，然而这些创业企业存活率较低，生存周期较短，因此小型、微型企业劳动力需求较之前有所下降。

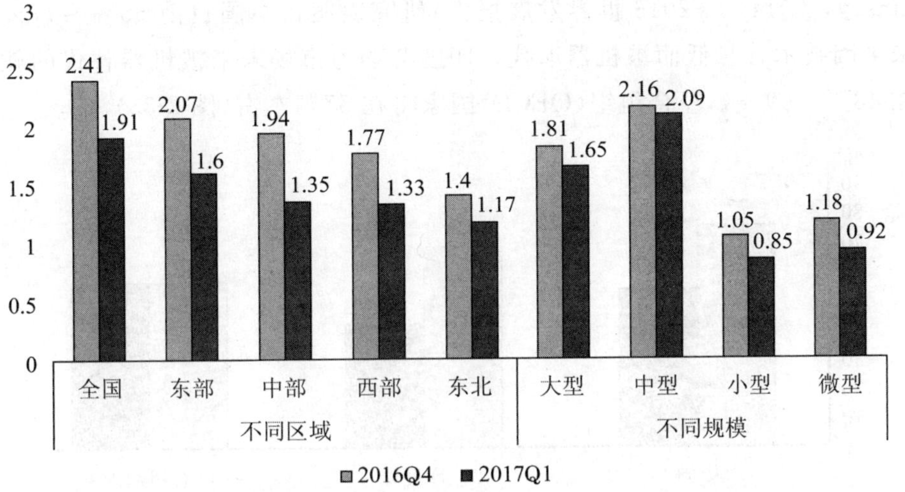

图 2-31　2016Q4—2017Q1 分区域、分企业规模 CIER 指数

资料来源：智联招聘，中国就业研究所。

另外，数据显示，就业景气较差的行业集中在供给侧改革集中行业，能源、矿产、采掘和冶金业，印刷、包装、制造业以及石油、石化和化工等行业的CIER指数仍然偏低，这些多属于传统制造业、能源行业。这些行业对内受到当前供给侧结构性改革的影响，对外受到全球制造业争夺和逆全球化趋势影响，就业形式较为紧张。

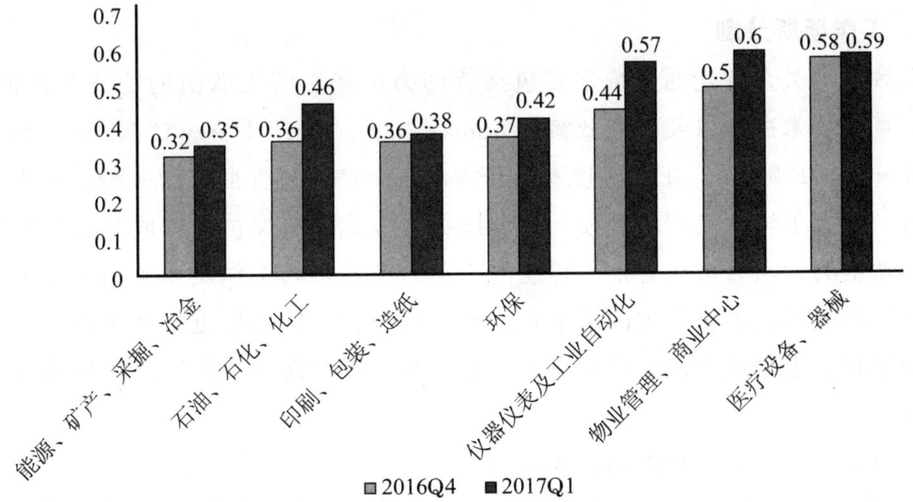

图 2-32　2016Q4—2017Q1 就业形势较差行业的 CIER 指数

资料来源：智联招聘，中国就业研究所。

3. 技术对岗位的摧毁

岗位的毁灭主要是指被数字技术替代的工作。据麦肯锡研究院统计，到 2025 年互联网新应用最多可以创造 4 600 万个新的工作机会，但是带来的生产力提升将减少 1.3%～4.0% 的用人需求，相当于减少 1 000 万～3 100 万个岗位(McKinsey，2014)。《2016 世界发展报告》研究表明，中国目前 55%～77%的就业在未来因技术含量低而被机器取代，印度劳动力市场未来被机器替代的就业比例将在 43%～69%，经合组织(OECD)国家将在 57%左右(图 2-33)。

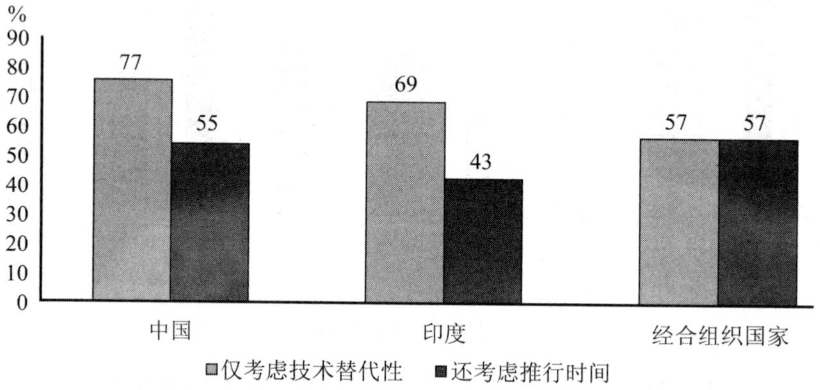

图 2-33　被机器替代的就业比例

资料来源：World Bank，World Development Report，Digital Dividends.

以德国工业 4.0 为例，由于机器人辅助生产、无人驾驶物流工具的应用，预计到 2025 年，德国将削减约 61 万个组装、包装和生产类岗位。[①]

(三)经济由虚实之争到数字融合

1. 工作场所分割

引致劳动关系变化的力量主要包括劳动力市场、劳工队伍的特征和价值观、产品市场、技术进步以及公共政策(Thomas A. Kochan，Harry C. Katz & Robert B. Mckersie，1984)[②]。互联网技术创新推动了生产可能性曲线的外沿，产生新业态模式，扩大了经济生产的规模，企业以灵活方式创造岗位，构成全新的劳动力市场。新生的劳动力市场有别于传统的劳动力市场，其工作实现于网络平台，雇用模式灵活多样。由于产生网络平台劳动力市场的引致力量更多来自技术创新和新经济形态，进而对工作岗位有一种无限创造效应，弥补了传统工作场所劳动力

① BCG：《工业 4.0 时代的人机关系》，2016-04-27。

② Thomas A. Kochan，Harry C. Katz & Robert B. Mckersie，*U. S. Industrial Relations in Transition Summary*，*Cambridge*，Mass Massachusetts Institute of Technology，1984.

市场固定、工作岗位供给不足的缺陷。当新型的工作场所分割由互联网技术和新经济形态带来时，线上线下两个劳动力市场反而具有非常明显的互补性。

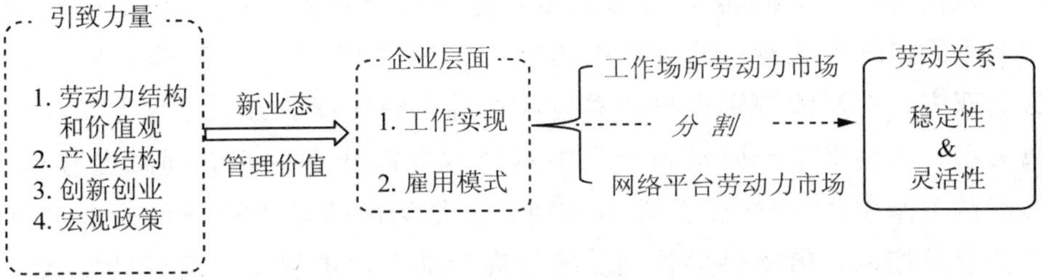

图 2-34 工作场所分割理论形成框架

工作场所分割理论包括以下几方面的内容：第一，网络平台劳动力市场具有新生性，是生产可能性曲线的扩展，新业态模式出现所创造的产物，补充了工作场所劳动力市场的岗位创造不足。第二，网络平台劳动力市场岗位创造的数量、种类以及结构由数字信息共享的范围、成本和充分性所决定，以灵活性为诉求目标，以契约虚拟化、时间灵活化、雇用关系多重化、职业生涯碎片化为特征。第三，工作场所劳动力市场以稳定的诉求目标，岗位以任务指派实现，以契约法治化、时间固定化、雇用关系唯一化、职业生涯标准化为特征。第四，两类劳动力市场工资决定机制不同，工作场所就业工资建立在职位特征和个人特征之上，而网络平台就业工资建立在共享信息的获取和用户信息反馈上。第五，两类劳动力市场双向流动性不足，以工作场所稳定就业为主的个体很容易进入互联网平台实现灵活就业，而以互联网平台灵活就业为主的个体则较难进入工作场所实现稳定就业。虽然工作场所分割理论传承了劳动力市场分割理论的特性，在岗位决定、工资收入等方面具有差异，且存在流动壁垒，但是工作场所分割理论更加强调两类劳动力市场的互补性而非差异性，即由于互联网技术带来的新业态模式，网络平台劳动力市场对工作场所劳动力市场在岗位创造方面具有较强的互补性。

2. 两类劳动力市场特征

劳动力市场和相应的工作制度是随产品生产的标准化应运而生的(Michael J. Piore and Charles F. Sabei，1984)①。工作场所劳动力市场是在工业化时代背景下产生的，兴起于 20 世纪 50 年代美国制造行业，岗位创造依赖于产业资本化、场所隔离化，以及工作规则机械化；而网络平台劳动力市场则在互联网时代产生，兴起于分享经济的理念，岗位创造依赖于产业信息化、资源共享化，以及工作规则灵活化。不同的时代条件，劳动力市场特征也不同。如表 2-11 所示：

---

① Michael J. Piore and Charles F. Sabei，*The Second Indutrial Divide：Possibilities for Prosperity*，New York，Basic Books，1984.

(1)在岗位创造方面，工作场所劳动力市场供求信息非充分，结构性失衡和摩擦性存在限制了正规就业的数量；而网络平台劳动力市场信息是充分的，供求及时对接、有效配置，大大降低了交易成本，包括搜寻成本、联系成本和签约成本等，创造了无限的非正规①灵活就业岗位。(2)在契约方面，工作场所劳动力市场的劳资双方，在法律规则下单一对应，通过合同管理的方式维系了长期、稳定的权属关系；而网络平台劳动力市场的劳资双方以分享的理念同时参与到多重、灵活的契约关系中。(3)在企业业态方面，工作场所劳动力市场的企业强调对劳动力的拥有及控制，借助科学管理手段管理劳动者，重视工作流程的完成；而网络平台劳动力市场的企业对劳动力"不求所有，但求所用"，重视劳动者的专业性在任务中的作用。(4)在劳动者方面，工作场所劳动力市场中的劳动者被企业雇用，按照标准化工作流程完成企业指派的任务；而网络平台劳动力市场中的劳动者则以自主方式参与企业产品与服务的设计、生产和销售流程。(5)在政府治理方面，工作场所劳动力市场在较为成熟的法律体系下，政府建立三方协商、集体谈判等协调机制进行治理；而对于网络平台劳动力市场，法律体系尚未建立，也成为探索与争论的所在。

表 2-11　两类劳动力市场特征对比

	工作场所劳动力市场	网络平台劳动力市场
时代条件	工业化时代，资本化、隔离化、机械化	互联网时代，信息化、分享化、灵活化
岗位	信息非充分； 有限的正规固定的就业岗位	信息是充分的； 无限的非正规灵活就业岗位
契约	一一对应的劳动关系；合同管理方式； 长期稳定的权属关系	多重劳动关系；分享参与型； 短期灵活的权属关系
企业	强调对劳动力的拥有及控制； 科学管理和标准化工作流程	"不求所有，但求所用""轻雇用"； 强调利用参与者的专业性
劳动者	被雇用去完成企业指派的任务	参与企业产品与服务的设计、生产和销售
政府	较为成熟的法律框架及协调机制	探索与争议
劳动关系	劳资合作分利 强调契约性规则和一致性 薪酬、工时、福利方面的规范以及职业上升空间	劳资共赢共享利润 强调参与主体的灵活性和分享性 收入、时间方面灵活自由，平衡工作与生活

资料来源：纪雯雯、赖德胜：《网络平台就业对劳动关系的影响机制与实践分析》，载《中国劳动关系学院学报》，2016(4)。

① 这种非正规是相对于正规就业而言的。

3. 数字融合

新型的网络平台劳动力市场在岗位创造、工作时间、收入报酬等方面有别于传统的工作场所劳动力市场，两类劳动力市场在岗位创造、契约实现、劳资双方和政府治理方面都处于动态变化和相互融合中。数字融合效应体现在两个方面：一是网络平台劳动力市场借助大数据信息，为传统的弱势群体提供了就业机会，对工作场所劳动力市场的岗位供给产生了互补效应。二是在数字技术引领产业转型方面，线上平台带动就业和线下实体就业增长的协同效应。

(1)互补效应。

网络平台在吸纳青年群体、消除就业歧视、增加劳动者就业收入方面与劳动力市场的不足有所互补，以移动出行网络平台为例，如表 2-12 所示。

从就业群体年龄结构看，网络平台(Uber)上平均就业年龄为 35.97 岁，青壮年司机(25～44 岁)比例占 80%，无论是专职司机还是兼职司机，这一数据均远高于全国就业人口相应的比例。从就业吸纳群体看，网络平台的灵活性和无限细分化服务具有极大的包容性，为已婚女性、流动人口等就业困难群体提供了公平、灵活的就业机会和获得更高收入的机会，缓冲了失业风险，维护了社会稳定。网络平台(Uber)上，64.10%的就业人群属于流动人口，80%以上的劳动群体样本属于下岗再就业，根据该比例推算，该平台解决再就业群体规模高达百万，由此可见，在消除就业歧视方面，网络平台劳动力市场起到重要作用。在网络平台(Uber)上，80%以上的就业群体属于已婚人士，90%为有子女群体，这说明网络平台劳动力市场已成为千万家庭增收的来源。

表 2-12 中国网络平台(Uber)的就业群体情况 (%)

中国			
	兼职	专职	全体劳动力
年龄			
24 岁及以下	3.80	5	11.40
25～34 岁	42.50	44.90	23.90
35～44 岁	39	33.30	26.30
45～54 岁	13	21.40	14.90
55～64 岁	1.70	1.90	12.80
吸纳群体			
流动人口	64.10		
失业再就业	26.7		
已婚	85.50	83.60	
有子女		93.90	

资料来源：纪雯雯、赖德胜：《网络平台就业对劳动关系的影响机制与实践分析》，载《中国劳动关系学报》，2016(4)。

(2)协同效应。

在数字技术引领产业转型方面，线上平台和线下实体融合增长。根据 58 集团蓝领数据研究院数据，尽管零售业线上平台正在冲击线下实体，但是线下实体店的营业员需求仍在增长，2015 年第二季度的需求基数从 3 上升至 2016 年第三季度的 3.5。这正是由于线上线下协同效应共同推动消费升级带来的融合性增长。同时，线下服务业一改往日的常规性报价、销售模式，升级到个性化产品推荐、提供非标准服务、与客户互动、对产品使用效果进行反馈、共同设计定制化产品和产品更新升级。

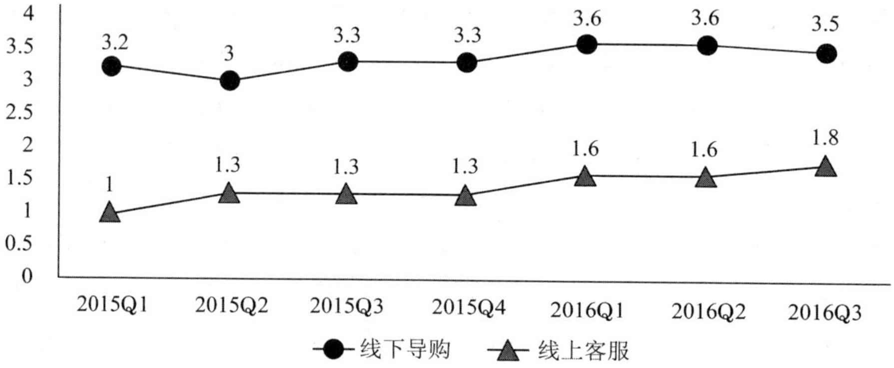

图 2-35 线下导购与线上客服就业数量协同增长

资料来源：58 集团蓝领数据研究院。

二、劳动关系灵活多元加大协调难度

(一)劳动关系灵活化与多元化并存

在我国当前新经济形态下，劳动力市场中用工模式呈现出多层次、多类型并存的状态。就劳动需求而言，企业不再采用单一的劳动合同用工；就劳动供给而言，个体也采用多样的就业方式。自我雇用、独立承包、众包等一系列新形灵活就业方式的出现挑战了劳动关系的单一性。灵活多元的用工方式不断扩大，增加了整体劳动关系协调的难度。如表 2-13 所示，我国目前灵活就业的形态分为传统的灵活就业和新型的灵活就业：

表 2-13　我国目前劳动关系灵活就业形式

灵活雇用类型	定义	特点	典型行业
传统灵活用工			
劳务派遣	由劳务派遣机构与派遣劳工订立劳动合同，把劳动者派向其他用工单位，再由用工单位向派遣机构支付服务费的一种用工形式	简化管理程序，减少劳动争议，分担风险和责任，降低成本费用，自主灵活用工，规范用工行为	服务业，如电信、银行、饭店、医院、邮政、家政、电力、铁路运输等以及建筑业和制造业的一些部门
人力资源外包	指企业根据需要将某一项或几项人力资源管理工作或职能外包，交由其他企业或组织进行管理	企业保留核心用工，创造核心利润；将非核心用工外包，降低人工成本。使社会分工进一步细化，有利于社会整体运作效率	跨国外资企业(IBM、Microsoft、GE、西门子、西安杨森)和外事服务单位(FESCO 和上海外服)
新型的灵活用工			
自我雇用	所有年龄介于 18 岁至 65 岁，并且不是以雇员身份提供服务或货品以赚取利息的人士	注重随意的生活状态、无组织纪律的工作方式，虽然可以逃避个人所得税，但也无法享受社会福利，自付保险	SOHO、小型承包商、小贩
众包	公司或机构把过去由员工执行的工作任务以自由自愿的形式外包给非特定的大众网络	劳动力来自哪里不重要，只要可以上网就行。众包的任务通常是由个人来承担，众包能够帮助企业节约大量的人力成本	人人猎头、微差事、拍拍赚
自由职业者	根据《韦氏大词典》，自由职业者是脑力劳动者或服务提供者，不隶属于任何组织的人，不向任何雇主作长期承诺而从事某种职业的人	他们在自己的指导下自己找工作，经常但不是一律在家里工作	SOHO，MORE，MO
共享经济	整合线下的闲散物品或服务者，他们以较低的价格提供产品或服务	对于供给方而言，在特定时间内让渡物品的使用权或提供服务来获得回报；对于需求方而言，不直接拥有物品的所有权，而是通过租借等共享方式使用物品	服务行业(住宿、交通)、教育服务、生活服务及旅游领域

续表

灵活雇用类型	定义	特点	典型行业
新型的灵活用工			
京东到家	只要参与者年满 18 岁，拥有一部智能手机和 3G 网络，就可以成为京东众包兼职配送员	全民快递服务可以帮助人们在赚外快的同时锻炼身体，实现有闲有钱有精彩的生活状态	快递行业

资料来源：北京师范大学根据相关资料整理。

传统的灵活就业并非主流的就业方式。就人力资源外包而言，主要包括人事服务外包、人力(劳务)外包和人力资源专业管理外包三种。Mckinsey 公司调查研究表明，全球财富 500 强企业通过人事外包使劳工成本削减了 25%～30%。目前，国外人力资源管理人员与员工的比例通常是 1∶100，而在国内这个比例却在 1∶30 左右。就劳务派遣占总就业人口的比例而言，美国为 0.9%，日本为 3.4%，英国为 2.6%，德国为 1.2%，法国为 2.1%。从总体上看，即便在市场经济发达国家，劳务派遣比例平均为 3%左右，一般不会超过 5%。而全国总工会的调查显示，在我国一些具有垄断性质的大型央企和事业单位，有 2/3 的员工属于劳务派遣。金融、邮政、电信、电力、石油等大型国有企业劳务派遣用工比例占职工总数的 1/3 以上。①

新型的灵活就业，主要是随着分享经济理念、互联网设施以及数字技术在各行各业渗透而产生的新就业形态。就自我雇用而言，2012 年，我国 13.3%的就业人员选择自我雇用，其中城镇就业人员有 17.6%是自我雇用，农村的比重为 10.2%，城镇自我雇用的比重高于农村。② 其他基于网络平台的新型灵活就业形式，由于缺乏翔实的数据，难以统计其规模大小。借助灵活用工服务商科锐国际人力资源有限公司(以下简称“科锐国际”)③业务规模，可以看出灵活用工规模不断扩大。公司数据显示，灵活用工业务已经占科锐国际营业收入的 50%以上。截至 2016 年末，科锐国际招聘流程外包业务收入为11 241.93 万元，占业务收入比重 12.95%，比 2014 年扩大了 3.76%；灵活用工业务收入为46 132.54万元，占业务收入比重 53.14%，比 2014 年扩大了 7.46%；传统劳务派遣业务收入为 1 331.36 万元，占业务收入比重 1.53%，比 2014 年扩大了 1.51%。

① 南昌市人力资源和社会保障局：《还劳务派遣一片洁净天空》，http://rsj.nc.gov.cn/1170rlzyfwzxzcjd/20683.jsp，2012-12-12。

② 谢宇、张晓波、李建新等：《中国民生发展报告 2014》，北京，北京大学出版社，2014。基于中国家庭追踪调查(China Family Panel Studies，CFPS)2012 年的数据研究结论。

③ 科锐国际人力资源有限公司。

表 2-14　2014—2016 年科锐国际业务数据

项目	2016 年		2015 年		2014 年	
	金额(万元)	占比(%)	金额(万元)	占比(%)	金额(万元)	占比(%)
中高端人才寻访	26 002.63	29.95	24 590.62	33.58	22 927.48	36.60
招聘流程外包	11 241.93	12.95	12 332.22	16.84	10 468.97	16.71
灵活用工	46 132.54	53.14	35 289.86	48.19	28 609.38	45.68
传统劳务派遣	1 331.36	1.53	210.63	0.29	14.57	0.02
其他业务	2 105.22	2.42	813.61	1.11	615.18	0.98
合计	86 813.67	100	73.236.94	100	62.635.59	100

资料来源：科锐国际人力资源有限公司。

(二)新就业形态加大劳动关系协调难度

新就业形态的出现在一定程度上反映了劳动力市场的灵活性，在互联网时代创业企业和企业创新过程中根据技术需求和经营状况创造的新就业形态，表现为灵活用工、网络用工等，有别于正规用工方式，从以下几个方面挑战了劳动力市场的稳定性。

1. 统计缺失

数字经济的发展对原来的经济理论和组织管理制度都提出了挑战。按照现有的国民经济核算方法，非市场性、非营利性活动都无法计入 GDP。在劳动力市场上，数字经济中的各类新就业形态均出现在劳动合同法颁布之后，均无法被合法合规地纳入就业统计当中。

2. 损害稳定

灵活就业成为企业在新时期降低成本、提高管理与运营灵活性的战略选择，但相比稳定的劳动关系，灵活就业劳动者对企业的稳定性、忠诚度以及责任心较差，进而有损企业的稳定性(魏翔，2008)。“第四次创业浪潮”以互联网创业为依托(赖德胜，2015)，互联网对传统产业的渗透产生新业态，带来就业岗位的多样化，诸如滴滴打车、优步(Uber)等互联网平台带来更多工作岗位和兼职机会，也打破了以往劳资双方需要建立固定劳动关系、签订劳动合同、履行社会保障合约的用工方式(徐偲骕等，2014)，挑战了企业用工的稳定性。

3. 缺乏保障

对于灵活用工和网络用工等，企业考虑到节约劳动成本，忽略了变化中的劳动者，劳动者考虑工资变动随时变换岗位，因此双方都缺乏社会保险的激励，影响了就业的保障性。张小建和马永堂(2013)统计表明，早在 2011 年中国互联网创造的直接和间接就业已超过 1 000 万人，成为新的就业增长点，但是截至 2013

年年底网络就业人员尚未被纳入国家统计和社会保障范围。

4. 难以协调

我国劳动力市场中的用工模式呈现出多层次、多类型并存的状态。如图 2-36 所示，由于存在制度性分割，我国劳动力市场的用工模式分为以政府部门和国有企业为主的正规用工和以私营企业为主的非正规用工。随着市场化改革的深入，正规用工模式又演变为体制内的编制用工和市场化的合同用工。在私营企业中，在劳动成本约束和灵活用工的优势下，主要存在劳动派遣式用工和无书面合同、无有效书面合同和口头协议达成的事实劳动形成的用工模式。而基于互联网的创业创新规模化发展，“众创、众包、众扶、众筹”模式的兴起孕育了企业新业态，深刻改变了社会的生产方式和企业的用工方式，创造了互联网平台的用工模式。多种类型并存的用工模式带来的另外一个突出问题是劳动关系难以协调。与发达国家相比，正规就业部门就业者任期过长，劳动关系过度僵化；而非正规就业部门就业者任期过短，劳动关系过度灵活(洪芳、李岩等，2015)。多种类型并存的用工模式造成我国劳动力市场过度僵化和过度灵活并存，增加了整体劳动关系的协调难度。

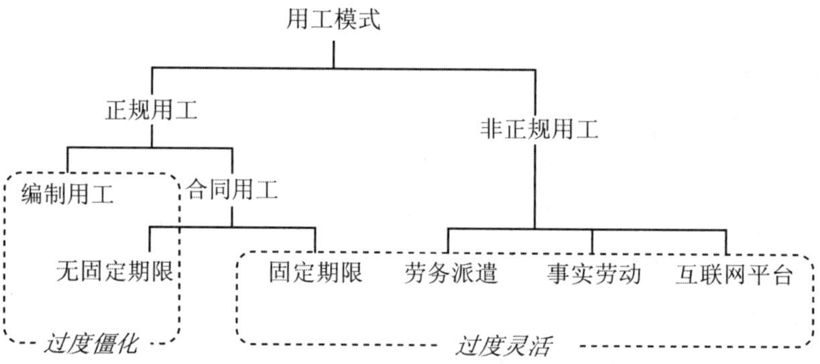

图 2-36　我国劳动力市场中多样化用工模式

资料来源：北京师范大学劳动力市场研究中心。

>>三、劳动关系界定引发新型劳动争议<<

(一)劳动关系的界定

目前，我国劳动力市场主要存在三种劳动关系：法律劳动关系、事实劳动关系和劳务关系。法律劳动关系，也是我们通常说的劳动关系，一方面指劳资双方在工作场所中形成的用工关系，其中劳资双方基于劳动合同而形成的用工关系属于个别劳动关系，劳资双方基于集体合同而形成的劳动关系是集体劳动关系；另一方面，劳动关系是劳资双方在劳动过程中的一种社会关系，包括权利关系和利益关系两个方面。事实劳动关系，指用人单位与劳动者之间既无劳动合同又存在劳动关系的一种状态。法律认定条件主要包括：①实际付出劳动并从用人单位取得劳动报酬；②用人单位对劳动者实施了管理、指挥、监督的职能；③劳动者必须接受用人单位劳动纪律和规章制度的约束。劳务关系，指两个或两个以上的平等主体之间在就劳务事项进行等价交换过程中形成的一种经济关系。一方提供劳动活动，另一方支付约定报酬，双方是完全平等的民事法律关系。这三种劳动关系产生的背景、特征与区别如表 2-15 所示。

表 2-15　我国实践中三种劳动实践关系产生背景、特征与区别

	产生背景	特征与区别
法律劳动关系	劳动过程的实现必须以劳动力和生产资料两个要素相结合为前提。在劳动力和生产资料分别归属不同主体的社会条件下，只有这两种主体之间形成劳动力与生产资料相结合的社会关系，劳动过程才能够实现	①法律依据，由《劳动法》《合同法》进行调整和规范。②关系主体，一方是符合法定条件的用人单位；另一方只能是自然人。③存在关系，劳动关系主体之间不仅存在财产的经济关系，还存在人身的隶属关系。④待遇原则，“按劳分配”“同工同酬”，符合当地最低工资标准，以及获得用人单位提供的社会保险和其他福利
事实劳动关系	用人单位与劳动者确立劳动关系时，未按国家有关规定签订劳动合同；合同期满后当事人既未续订劳动合同，又没有终止原先的劳动合同	①法律依据，事实劳动关系完全或部分不符合法定模式，尤其缺乏劳动法律关系赖以确立的法律实施的有效要件。②存在关系，双方当事人之间虽然存在一定的权利义务关系，但是一般不是双方当事人所预期的，更不是由双方当事人所设定的。如果不能依法转化为劳动法律关系，就应当强制终止
劳务关系	劳务合同是一个经济合同，劳动者在某一用人单位工作，法律上可以与其签订劳务合同、提供劳务，接受劳务的单位不用为其缴纳社会保险费用	①法律依据，由《民法通则》和《合同法》加以调整，也可口头订立。②关系主体，可以是两个或两个以上平等主体，既可以是法人关系，也可以是自然人关系，还可以是法人与自然人之间的关系。③存在关系，主体之间仅仅存在财产的经济关系，双方地位平等。④待遇原则，双方协商确定，且一方当事人不存在必须承担另一方当事人社会保险的义务

资料来源：北京师范大学劳动力市场研究中心相关法律条例整理而得。

在我国当前的劳动法律体系下，虽然对“存在劳动关系”有相对明确的判断标准，但对新型灵活就业的劳动关系缺乏清晰的界定。目前在我国法律体系下判断劳动关系是否成立的依据主要是《关于确立劳动关系有关事项的通知》(劳社部发〔2005〕12 号)，这一根植于工业化时代的司法解释不足以解释新型灵活就业的劳动关系：①现存的法律体系不承认灵活就业形成的劳动关系，即对那些未建立法律劳动关系但仍提供服务的情况缺乏清晰界定。②对“自我雇用”和“自由职业者”

保障力度不够，这类人员没有与用人单位建立劳动关系，无法参加工伤保险，仅能参加养老和医疗社会保险。③网络平台就业所产生的关系存在法律空白。如图2-37 所示，对于通过网络平台实现服务的灵活就业类型，存在“服务接受者”“灵活就业者”和“网络平台”三方，一方面在实际劳动供求之间存在怎样的法律关系，目前尚无准确界定；另一方面网络平台与灵活就业者之间多以“注册”的形式签订协议，这种契约规定是否可以作为劳动关系的法律认定依据仍是空白。

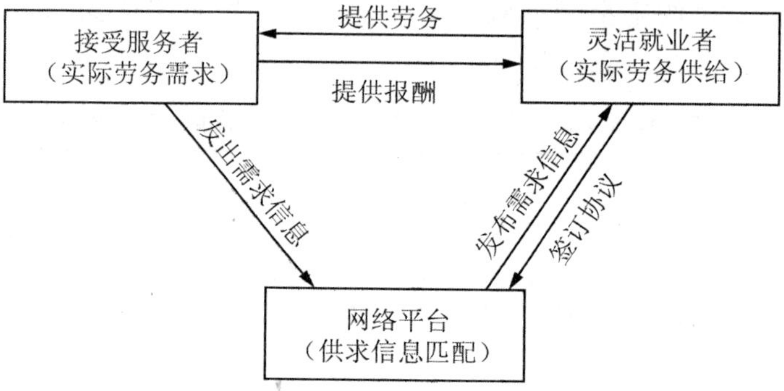

图 2-37　劳动关系产生机理

资料来源：北京师范大学劳动力市场研究中心相关法律条例整理而得。

(二)劳动关系界定引发新型劳动争议

新经济形态催生新就业形态不断涌现，新就业形态以多种新型用工形式冲击着传统劳动关系范畴的边界，因为劳动关系界定不清而引发的新型劳资纠纷呈现上升趋势。根据相关统计数据显示(图 2-38)①，截至 2016 年 11 月，在全国 1 516 份劳动争议案件裁判文书中，被判定存在劳动关系的案件占比为 58%，被判定不存在劳动关系的案件占比为 42%。分省情况来看，2015 年 6 月至 2016 年 11 月，在北京可查案件 546 起中，被判定存在劳动关系的为 327 起，占比 59.8%；被判定不存在劳动关系的为 219 起，占比 40.2%。在上海可查案件 192 起中，被判定存在劳动关系的为 111 起，占比 57.8%；被判定不存在劳动关系的为 81 起，占比 42.2%。在广东可查案件 57 起中，被判定存在劳动关系的为 29 起，占比 50.9%；被判定不存在劳动关系的为 28 起，占比 49.1%。在江苏可查案件 180 起中，被判定存在劳动关系的为 101 起，占比 56.1%；被判定不存在劳动关系的为 79 起，占比 43.9%。在浙江可查案件 402 起中，被判定存在劳动关系的为 232 起，占比 57.7%；被判定不存在劳动关系的为 170 起，占比 42.3%。在山东可查案件 139 起中，被判定存在劳动关系的为 82 起，占比 59%；被判定不存在

① 劳达：《2016 年中国劳动法与员工关系蓝皮书》。

劳动关系的为57起，占比41%。

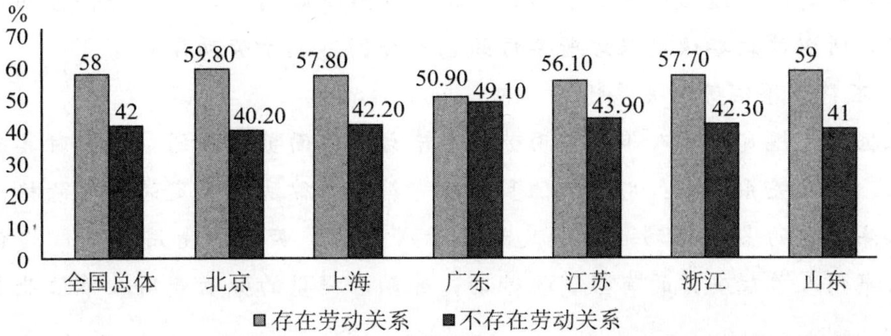

图2-38　全国及经济发达省份对于劳动争议案件的判定

资料来源：北京师范大学劳动力市场研究中心根据《2016年中国劳动法与员工关系蓝皮书》数据整理而得。

【案例】

案情介绍

于某与某娱乐传媒有限公司于2016年1月3日签订固定期限的《艺人签约合同书》，双方约定于某在公司担任网络主播，保底薪资1300元。后于某申请仲裁，主张公司无故拖欠2016年6月至8月工资，也未缴纳社会保险费，要求确认自己与公司之间存在劳动关系，公司支付拖欠工资和经济补偿金。

公司则提出，《艺人签约合同书》属于民事合同，双方应属于雇用关系而非劳动关系，因此双方的争议不属于《中华人民共和国劳动争议调解仲裁法》第二条规定的受案范围。

争议焦点：网络主播与娱乐公司之间是否属于劳动关系？

审理结果

仲裁委审理认为，当事人双方签订的《艺人签约合同书》不属于劳动合同，于某作为网络主播，可以自主决定直播内容、形式，甚至在直播时间和场所上也有较大的自主空间，该公司内部的劳动规章制度并不完全适用于包括于某在内的网络主播，故双方不属于劳动关系，驳回于某所有仲裁请求。

案件评析

“主播＋网络平台”模式发展迅猛，在此种模式下催生了一批特殊的群体——网络主播，那么，网络主播与娱乐公司之间是属于劳动关系还是属于雇用关系？双方签订的《艺人签约合同书》是否属于劳动合同？这值得我们探讨。

1. 不具备劳动合同必备条款

劳动合同是劳动者与用人单位之间明确双方权利和义务的协议。根据《劳动合同法》规定，劳动合同应当具备劳动合同期限、工作内容和工作地点、工作时间和休息时间、劳动报酬、社会保险、劳动保护、劳动条件和职业危害防护等，而本案中双方签订的《艺人签约合同书》具备合作内容、甲乙双方权利义务、收益分配和直播时间、违约责任、合约解除、争议解决等内容，并不符合劳动合同法的规定，所以仲裁委认定双方所签订的艺人合同不属于劳动合同。

2. 不符合事实劳动关系情形

根据有关规定，用人单位招用劳动者未订立书面劳动合同，但同时具备下列情形的，劳动关系成立：用人单位和劳动者符合法律法规规定的主体资格；用人单位依法制定的各项劳动规章制度适用于劳动者，劳动者受用人单位的劳动管理，从事用人单位安排的有报酬的劳动；劳动者提供的劳动是用人单位业务的组成部分。

本案中娱乐公司对网络主播于某的管理，是由网络演出而衍生出来的管理行为，不是基于劳动关系的劳动管理权。于某在直播时可以自主决定直播的内容、形式，甚至在演出时间和场所上也具有较大的自主空间，公司内部的劳动规章制度并不完全适用于包括于某在内的网络主播，可见双方的人身从属性不明显。网络主播的酬金是通过粉丝打赏，后由网络平台折算为现金转给娱乐公司，再由娱乐公司抽取提成后转发给相关主播，也就是说，粉丝打赏并不直接进入主播私人账户，而是经过一个长时间的结算周期，经历两次分成后获得。所以，本案中的于某与娱乐公司并不符合上述可认定劳动关系的三种情形。

3. 劳动关系不能随意转让

此外，仲裁委通过庭审得知，此行业有一个不成文的规则是，娱乐公司可以在不经过网络主播本人同意的情况下，在收取转让费后将其转让给其他娱乐公司，本案中，于某在申请仲裁时已经被转到其他娱乐公司，故可以看出，本案中双方不遵循劳动合同法中规定的双方应当遵循平等自愿、协商一致的原则，存有劳动关系的用人单位是不能将劳动者随意转让的。综上所述，本案中网络主播与娱乐公司之间并不属于劳动关系。

资料来源：中国劳动人事争议调解仲裁。

>>四、未来可能趋势<<

2016 年，在 G20 峰会上，我国倡导签署了《二十国集团数字经济发展与合作倡议》，我国的官方文件第一次提到“数字经济”。根据倡议表述，数字经济是指使用数字化的知识和信息作为关键生产要素、以现代信息网络作为重要载体、以信息通信技术(ICT)的有效使用作为效率提升和经济结构优化的重要推动力的一系列经济活动。2017 年《政府工作报告》指出，推动“互联网＋”深入发展，促进数字经济加快成长，让企业广泛受益、群众普遍受惠。

随着数字经济的深入发展，其内涵和外延不断演化。根据现行国民经济行业分类和统计制度，我们很难准确界定数字经济。根据腾讯研究院估算数据，目前，数字经济已占中国 GDP 30.6%的比重，带来 280 万新增就业人数，占中国年新增就业人数 21%。随着数字技术向各个领域渗透，劳动者不仅要具有工业经济所要求的某项专业技能，还需要具备数字经济所要求的数字技能。

(一)劳动关系的重塑

在工业时代，大多数工人本质上是机器的延伸，其工作方式也如机器一样整齐划一，尽可能地保持一致性和标准化。资方希望员工在给定薪资的情况下带来最大产出，劳方则希望获得更多收入，改善工作条件，保障就业稳定。数字经济时代，依托互联网技术就业的边界和范围不断扩展和延伸，就业的方式也越来越灵活多样，这无疑重塑了劳动关系，缔造了新的就业关系。新就业形态对劳动关系的影响体现在劳动者、企业、政府治理、劳动力市场和劳资合作方式五个要素中，[①] 如表 2-16 所示。

表 2-16　劳动关系的新变化

主体	新变化	特征
劳动者	就业的边界和范围不断延伸和扩展	从传统的正规就业到多元化的非正规灵活就业，零工、兼职、斜杠青年等
企业	不求所有，但求所用	企业和员工建立一种合作共赢的关系
政府	在法制化监管和市场化创新之间，灵活就业和稳定劳动力市场之间寻求平衡	创新和完善劳动关系协调机制，多部门联合监管
劳动力市场	互联网对传统行业的渗透，从就业的途径、方式和稳定性方面重塑劳动力市场	更加灵活、精准的劳动力资源配置，更加灵活多样的就业方式
劳资合作方式	以互联网为基础的“众包”模式打破了签订合同，建立单一、固定的合作方式。“众创”模式改变了资本雇用劳动的模式，打破了劳资双方的界限	“四众”模式和灵活就业拓展了劳资合作的方式

资料来源：北京师范大学劳动力市场研究中心。

从劳动者而言，就业的边界不断延伸，越来越多的劳动者将工作与闲暇一体化，工作时间碎片化，工作空间任意化。就业人员的范围也在不断扩展，从传统

① 约翰·巴德、迪瓦希什·海沃、孟泉：《雇佣关系：人力资源管理的基础》，载《中国人力资源开发》，2011(9)。

的正规就业到多元化的非正规灵活就业，零工、兼职、斜杠青年、体验式参与等，延伸并扩展了就业的边界和范围。从企业而言，“不求所有，但求所用”成为新业态企业的用工理念。企业通过和劳动者建立一种合作共赢、利益共享的劳动关系，实现对劳动者的就业稳定性管理和职业发展管理。从政府而言，互联网的发展对劳动关系运行的各种规则、各方利益提出了新的要求。政府治理的目标不再是单纯地维护劳方权益，而是需要联合多部门在法制化监管和市场化创新之间、在鼓励灵活就业和稳定劳动力市场之间寻求平衡，创新和完善劳动关系协调机制。从劳动力市场而言，互联网技术借助大数据和信息对称的优势更加灵活、精准地配置劳动力资源，创造了更多的就业途径和灵活多样的就业岗位，但在对传统行业渗透的过程中，新兴就业模式的出现冲击了劳动力市场的稳定性。从劳资合作方式而言，“众包、众筹、众扶、众创”模式和灵活就业打破了劳资双方通过签订合同建立单一、固定的合作方式，改变了劳动依赖于被雇用的模式，拓展了劳资合作的方式。

(二)就业岗位两极化与技术性失业风险

国际经验研究表明，岗位创造和岗位破坏是在经济周期各个阶段都共同存在的过程。企业提供的工作岗位可以处于两种状态：一是被填充而处于生产状态；二是空缺而处于搜索状态。不处于积极生产状态的岗位或不处于搜索过程的工作都会被破坏。莫滕森和皮萨里德斯(1994)①给出岗位创造和岗位毁灭的概念界定。岗位创造是指企业存在空缺工作岗位，由符合要求的工人开始生产的过程；仅仅开放一个新的空缺岗位并不是工作岗位创造，而是创造一个空缺岗位。岗位毁灭是指一个工作岗位被分离并退出市场。

1. 就业岗位两极化

在数字经济中，全球劳动力市场变化的趋势之一是就业岗位两极化或“空心化”，即高技能与低技能岗位的就业比例提高，而中等技能岗位的就业率下降，中等技能岗位逐渐被分离并退出劳动力市场。产生就业岗位两极化的原因在于技术进步，机器替代人类完成特定岗位工作内容。

按照技术对就业岗位的替代程度和工作内容的常规性程度，我们可以将工作分为四种类型，如图 2-39 所示，第 1 象限内的就业岗位，工作内容依赖劳动者的认知能力，但对人际交往能力要求较少，代表性工作是会计、编辑校对以及办事员等。第 2 象限内的就业岗位，工作内容以程序化和规范化操作为主，技术替代

① Mortensen, D. T., Pissarides, C. A., “Job Creationand Job Destruction in the Theory of Unemployment,” *Review of Economic Studies*, 2015, 61, pp. 397-415.

性较强，代表性工作为机器操作员、出纳、打字员等。第 3 象限内的就业岗位，工作内容虽然不具有规范性，但是较容易被技术所替代，代表性工作为清洁工、理发师、小商贩等。第 4 象限内的就业岗位，工作内容集中在认知能力和人际情感交流技能方面，与此同时，这类工作岗位不仅对技能要求较高，而且与技术进步具有相互增强性，代表性工作为研究员、教师、管理者等。

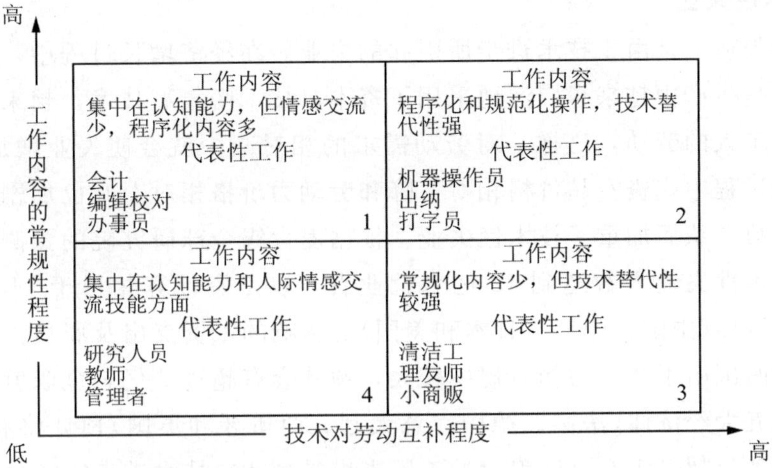

图 2-39　技术对劳动替代性的四种工作类型

资料来源：北京师范大学劳动力市场研究中心。

第四次工业革命以人工智能、数字化技术为核心，作为计算机科学的一个分支，人工智能技术与传统的自动化技术进步的区别在于，人工智能可以生产出一种新的能以人类智能相似的方式做出反应的智能机器，该领域的技术包括机器人、语言识别、图像识别、自然语言处理和专家系统等。人工智能虽然可以胜任一些通常需要人类智能才能完成的复杂工作，但是人工智能无法模仿和替代人的情感意识和感知能力，因此，在第四次工业革命技术下，完成非常规性任务的工作岗位则需要高技能劳动力，而且高技能劳动力与先进技术具有相互增强效应，一方面表现为高技能劳动力应用先进技术可以提高劳动生产率和创新可能，另一方面高技能劳动力进一步推动技术进步。高技能劳动力与先进技术的相互增强效应将提高高技能劳动力的就业率，如第 4 象限内工作。然而，需要一定技术水平但是工作内容较为常规和程序化的工作岗位将会被人工智能技术替代，比如第 1 象限和第 2 象限内工作。在人工智能技术背景下，第 3 象限内的工作技能水平较低，但工作内容非常规，满足了高技能劳动力个性化的需求，工作岗位得以保留，形成就业岗位两极化，白领工作岗位受人工智能影响超过蓝领工作岗位。以美国的劳动力技能结构为例，引进一个高科技人才，需要两名高技能人才提供服务：一个是医生，另一个是律师，此外，还需要三个低技能劳动者，如餐厅服务人员、保姆等，高技能和低技能人口比例是 1∶1[①]。虽然数据显示，我国目前还背离这一趋势，表现为常规性、中等技能岗位有所增加，但是随着数字技术的推广和数字经济的渗透，这一趋势将会发生逆转，逆转速度一方面取决于数字经济中人工智能技术扩散和应用的速度，另一方面取决于劳动力成本与技术成本的比较。

2. 技术性失业

技术性失业，是由于技术进步所引起的失业。在经济增长过程中，技术进步的必然趋势是生产中越来越广泛地采用了资本、技术密集型技术，越来越先进的设备替代了工人的劳动，这样，对劳动需求的相对减少就会使失业增加。此外，在经济增长过程中，资本品价格相对下降和劳动力价格相对上升也加剧了机器取代工人的趋势，从而加重了技术性失业。根据麦肯锡全球研究院的预测，在全球范围内，技术性失业人数达到 12 亿名就业者，以工资计算相当于 14.6 万亿美元。四大经济体(中国、印度、日本和美国)受影响的工资支出及雇员占到全球的一半。中印两国由于劳动力相对规模较大，预计会有超过 7 亿名全职就业者受到影响。欧洲五大经济体(法国、德国、意大利、西班牙和英国)预计将有6 200 万名全职就业者及超过 1.9 万亿美元的工资支出受到此次技术进步的影响。

(1)制造业和采矿业失业风险。

对全球经济体的技术性失业潜力进行分析，我们发现各国技术性失业潜力相差约 15%，如图 2-40 所示，美国技术上可以被人工智能替代的工作所涉及的薪酬为 2.3 万亿美元，中国为 3.6 万亿美元，欧洲五大国为 1.9 万亿美元，日本为 1 万亿美元，印度为 1.1 万亿美元，其他国家为 4.7 万亿美元。各国被人工智能替代的工作所涉及的劳动力数量总计达到 11.56 亿人。其中，美国为6 100万人，中国为 3.95 亿人，欧洲五大国为 6 200 万人，日本为 3 600 万人，印度为 235 万人，其他国家为 367 万人。

根据人工智能技术可替代的工作所涉及的薪酬和劳动力数量，可以推算出中国被人工智能替代的工资水平为 58 207 元人民币，[②] 这一工资水平高于 2015 年中国国家统计局公布的平均工资水平(52 029 元)，也高于制造业平均工资水平水平(55 324 元)，略低于采矿业平均工资水平(59 404 元)。这一结果说明，未来随着技术应用成本的下降和人工成本的上升，中国技术性失业群体首当其冲的是制造业就业者。

---

① 陆铭、梁文泉：《劳动和人力资源经济学——经济体制与公共政策》第 2 版，上海，格致出版社，2017。

② 人民币与美元汇率按照 2015 年全年 244 个交易日均价(58 207=3 600 000/395×6.3865)。

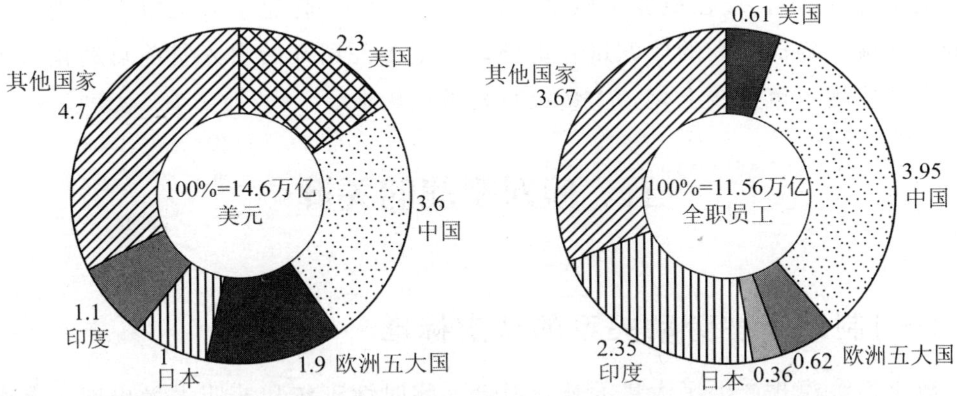

图 2-40　人工智能技术可替代的工作所涉及的薪酬和劳动力数量

资料来源：麦肯锡全球研究院。

(2)白领失业风险。

历史上，技能性失业群体多为技术水平较低、不能适应现代化技术要求的劳动力。然而，在第四次工业革命技术下，那些单一特定领域的重复性工作、可以被理性推算的工作将被大量取代，技术性失业群体受教育水平有所上升，比如翻译、记者、HR、会计等一般性技能人才失业的风险将逐渐加大。

从人才结构来看，技能人才需求持续旺盛，100 个城市市场供求数据显示，高级工程师、技师、高级技师求人倍率在 1.9 左右，相当于两个工作岗位争夺一个求职者，创新型人才和新技术人才供不应求。另外，传统就业岗位迅速消失，专用性人力资本粘性较强的劳动者不能适应新的职业转化，出现就业困难。[①] 将大数据运用于制造业将会减少专门从事管理的工作岗位。2016 年年底《世界经理人》进行了“中国制造业人力资源管理现状调查”，参与此项调查的是 230 多家制造企业的董事长、总经理、副总经理以及人力资源部门的总监、经理和专员。在行业分布上，电子制造业和机械制造业各占 14%，占比最高。在此次调查中，九成以上被访者认可人工智能将取代 HR 的一些工作，其中 48%的被访者认为，未来十年中，小部分 HR 基础性、事务性工作将被人工智能取代；46%的人认为，大部分 HR 基础性、事务性工作将被取代。

金融数据服务商 Kensho 创始人预计，到 2026 年，有 33%～50%的金融业工作人员会失去工作，他们的工作将被电脑所取代。Kensho 开发的程序做分析工作只需一分钟，而拿着高达 35 万美元年薪的分析师们需要 40 小时才能做完同样的工作。以银行贷审员为例，在银行时代，这是核心岗位，贷审员掌握着放款的决策大权，典型的黄金白领。如今，风险控制进入“数据驱动”时代，以前人工

① 孟大虎：《专用性人力资本研究》，北京，北京师范大学出版社，2009。

审一天不过 50 单，现在机器审核量超过 10 000 单，避免了人工审批主观性、效率低等弊端，确保每天的放款量和审核量，很多公司开始引入贷前自动化审批系统，完全实现了审核线上化，大量银行贷审员失业。

>>五、应对挑战的关键<<

(一)制定新型劳动关系的认定标准

数字经济模式产生了大量的就业机会，临时性工作和兼职大量出现，自雇个体与劳动者之间的界限日益模糊。我国目前的劳动法律规则难以协调互联网技术、数字经济以及互联网平台等新经济形态下劳动者创业、就业以及自雇就业等多元化就业产生的劳动关系，亟待政府制定出新经济形态下劳动关系的认定标准，破除法律政策等界限，为创新和完善新就业劳动关系协调机制，为促进新就业形态健康有序发展奠定基础。政府应主要从以下五个方面开展网络平台公司协议就业的劳动关系认定规则：①网络平台公司资质；②劳动者是否根据平台的指令开展工作；③工作是否符合真实性、有效性和常规性；④企业是否对劳动者进行工资支付；⑤兼职就业的认定与保护。如果新就业形态最终可以认定存在劳动关系，那么就应当进一步对以下标准进行规范：①工作时间，包括日常工作时间、休息时间和年假；②超时工作的薪酬支付及额度；③夜间工作保护；④就业歧视与就业保护。

(二)完善劳动法律体系

由于个体劳动者在劳资关系中处于弱势，所以我国与劳动相关的立法均从就业、劳动保障、劳动合同的变更解除等方面对劳动者具有倾斜性保护。如果将现行法律直接应用于网络平台劳动力市场，对新就业模式和用工方式进行规制，那么无疑会限制新经济形态的发展，为此，要基于劳资对等的角度，以包容的态度完善劳动法律体系，以分层分类的规范对现有法律体系进行补充。

1. 以法律的多样性包容新就业模式和用工方式

我国形成三种用工方式：正规用工、非正规用工以及互联网平台用工，由此形成标准劳动关系、非标准劳动关系以及非劳动关系。从实践中我们可以看到，企业行为很大程度是在把标准劳动关系转化为非标准劳动关系，甚至转化为非劳动关系。通过对劳动关系五个要素的分析，我们可以清楚看到互联网经济并未改变劳动和资本的关系，两者之间仍是雇用关系，只是用工形式和技术手段发生了变化，雇用关系和合作关系在互联网经济中都有存在，但雇用关系仍是基本的用工形式。所以，完善劳动法律体系需要平衡雇用关系和合作关系，填补非标准劳动关系和非劳动关系规制方面的空白，以法律的多样性包容新就业模式和用工方式。

2. 基于分层、分类的办法，对现有的法律进行补充

新就业形态和用工方式具有“灵活性”和“多样性”的特点。除正规用工之外，非正规用工包括长期存在的劳动派遣工、兼职工、临时工，新就业形态下出现独立合同工、事实用工和协议用工等。面对多样的用工，首先需要分层界定哪些需要规制，哪些不需要规制。对于需要规制的，分类制定法律。一方面根据新型劳动关系对其分类标准、内容性质、工作特征进行界定，在此基础上制定《劳动派遣法》《兼职就业保护法》，对其进行规制。另一方面根据互联网时代的劳动特征，在劳动标准、利益分配、劳动时间以及休息权方面予以规范，比如《工资立法》《工时立法》等。

(三)多部门协同治理

1. 工会维护劳动者合法权益

我国颁布多部与职工劳动权益相关的法律法规，从职工劳动就业工资分配、休息休假、社会保障、劳动安全卫生到劳动争议处理等方方面面，并指出工会具有保护劳动者权益、构建和谐劳动关系的职责。《工会法》明确指出工会是职工自愿结合的工人阶级的群众组织，因此，在劳资双赢的立场下，劳动者可通过工会维护合法权益。这依赖于强化工会治理能力，以对新型劳动关系的广覆盖重塑工会对劳方的代表性。这需要：一是加强基层工会建设，指导“互联网＋”传统产业形成的网络平台企业建立企业工会，并由产业、行业工会牵头对行业内不足以建立工会的中小型网络平台企业和灵活就业的劳动者推行工会服务。二是产业、行业工会利用互联网搜集行业用工发展的相关数据信息，借助大数据分析行业发展现状和未来发展方向，根据当前经济发展情况、产业行业特征以及地区发展状态制定产业行业层级的协议，包括产业行业劳动标准、产业行业工资集体协商机制以及产业行业合同规范机制，以工会服务数量和服务内容的广覆盖重塑工会对劳方的代表性。三是工会组织引导行业、企业与劳动者协商工资制定办法，促进新业态行业各类用工方式利益分配制度的形成。

2. 产业、行业部门共同制定新业态模式发展意见

依托互联网技术，新业态对劳动关系的挑战通过两条路径产生，如图 2-41 所示，一是通过创业，以及创业带动就业；二是通过创新，以及创造多样灵活的用工模式，重塑了劳动关系，挑战了已有的劳动关系协调机制。遵循这一路径，完善劳动关系协调机制应由多产业、行业部门共同制定新业态模式发展的意见。

比如，国家工业和信息化部、国家互联网信息办公室规范互联网平台公司的准入资格；各个行业部门根据自身发展情况规范借助互联网技术进行产业升级的过程中，新模式对旧模式的有序替代和有选择性的替代；国家商务部、工商行政管理总局以及质量监督检验检疫总局联合保障新业态商业模式发展的健康、有序。多部门共同协助治理是在此轮创业创新浪潮下完善劳动关系协调机制的必经之路。

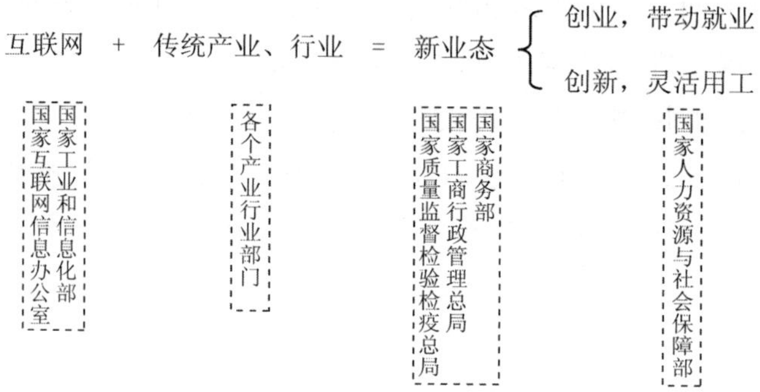

图 2-41　多产业部门协调路径

资料来源：北京师范大学劳动力市场研究中心。

(四)政府精准治理

新经济形态下劳资争议多发的行业和职业集中在："互联网＋交通"产生的专车司机和独立合同工，"互联网＋金融业"产生的众筹者，"互联网＋物流业"产生的自由快递人，"互联网＋服务业"形成的自由服务者(表 2-17)。工作特征集中为三类：第一类是专、兼职并存；第二类是劳动者同时具有双重身份；第三类是灵活就业。劳动争议集中在：一是劳动关系的认定；二是工作时间的确定；三是双方的权利和义务；四是利益分配制度。对于这些具有争议的行业，首先要放宽劳动关系认定范畴，确认其劳动关系属性，不能以民事关系、股东关系混淆劳动关系。其次要明确争议行业和职业的产业、行业定位，是以多样化的产品和服务满足人们的需求，而非颠覆产业本身。再次根据工作实际、服务频次，劳资双方签订多种形式的劳动合同和协议，明确双方的权利和义务。最后健全利益分配制度，在依法签订劳动合同或协议的基础上，企业、行业协会、工会和劳动者共同协商利益分配。

表 2-17　劳动争议集中的行业和职业

互联网＋传统行业	新就业形态产生的职业	工作特征	劳动争议集中点
交通业	专车司机、独立合同工	专职与兼职并存	劳动关系的认定 工作时间 双方权利和义务 利益分配制度
金融业	众筹者	劳动者具有双重身份	
物流业	自由快递人	灵活就业	
生活性服务业	各类家政服务者	专职与兼职并存	
商业服务业	自由企业商事服务者	专职与兼职并存	

资料来源：北京师范大学劳动力市场研究中心。

(五)调整教育体系

教育体系应适时调整，努力提供更广泛的技能培训，弥合数字技能方面的差距，并且为继续教育、在职培训和终身教育提供新的形式。

政府应与教育机构合作，提升学生的科学、技术、工程与数学(STEM)技能，着重培养创造性、批判性和系统性思维。在技术进步以摩尔定律变化的时代，劳动者具备敏捷性、适应力和灵活度至关重要。大学应在现有的商业信息学和商业工程学基础上，提供更多融合 IT 和工程学知识的跨学科项目。

为继续教育提供新形式，帮助就业者不断接受再培训，包括提供在线学习平台，在公共大学提供无门槛的免费课程，通过移动互联网系统提供培训知识，免费提供有关编程的在线公开课程，教育劳动者在日常工作中全面运用自动化。这样有利于各级员工(包括管理层)腾出时间提升那些机器尚不能取代的能力。

第五节　制造业人工成本优势仍然存在

在围绕全球制造业竞争力的争夺中，劳动力成本是一个关键的制胜点。长期以来，我国凭借劳动力由农村转向城市形成的“人口红利”，形成制造业低成本的竞争优势。然而随着“人口红利”的消失和经济的发展，我国劳动力成本持续上升已成不争的事实，关于我国劳动力成本是否过高的话题，也引起社会乃至全球的高度关注。提高制造业工人工资是转变我国粗放型出口增长贸易、迈进制造强国的必经之路。那么，我国制造业劳动成本究竟是否过高？未来是否还会继续上涨？优势是否已经丧失？对于这一系列问题的回答既需要从绝对劳动力成本变化来看，还需要从相对劳动力成本变化来看。

一、我国制造业劳动成本进入上升通道的基本事实

(一)制造业行业的工资不断上涨

宏观层面，根据《中国统计年鉴》数据，2003 年制造业就业人员平均工资为 12 671 元，比 2002 年“民工荒”爆发前增长 1 670 元，增幅 13.18%。随后一直保持两位数的增长率，在 2008 年全球金融危机后，制造业工资增长到 24 404 元。2010—2013 年依旧保持两位数的增长率，到 2016 年制造业平均工资水平增长到 59 470 元(图 2-42)。①

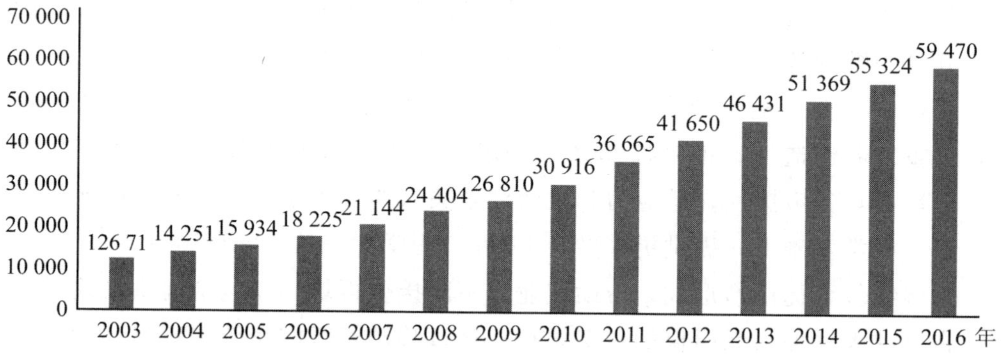

图 2-42　2003—2016 年我国制造业平均工资水平及增长率

资料来源：北京师范大学劳动力市场研究中心根据历年《中国统计年鉴》整理而得。

微观层面，国家统计局“中国工业企业数据库”样本范围涵盖全部国有工业企业以及规模以上非国有工业企业，行业包括采矿业，制造业，电力、热力、燃气及水生产和供应业，其中制造业占 90%以上。根据该数据库内制造业企业样本劳动成本统计结论，可从微观层面来探析制造业劳动力成本变化。如表 2-18 所示，2000 年以来我国制造业年均工资呈上升趋势，从 2000 年的 9 110 元增长至 2008 年的 22 290 元，到 2012 年规模以上制造业企业年均工资为 28 480 元。

① 经济新常态的概念提出并形成于 2013 年。我国经济增长速度从 2012 年开始结束近 20 年 10%的高速增长，转而进入增速换挡期。根据国家统计局的数据显示，2012 年我国的经济增长率为 7.8%；2013 年我国的经济增长率为 7.7%；2014 年我国的经济增长率为 7.4%。

表 2-18　制造业年均工资（微观数据库）

年份	总体	非劳动密集型			劳动密集型		
	年均工资（元）	年均工资（元）	劳动生产率（元/人）	单位劳动成本（元）	年均工资（元）	劳动生产率（元/人）	单位劳动成本（元）
2000	9 110	8 800	11 490	766	9 610	14 340	670
2001	10 270	10 280	13 510	761	10 240	16 450	622
2002	11 040	10 730	15 800	679	11 490	18 790	611
2003	11 970	11 720	19 330	606	12 320	21 560	571
2004	13 310	13 200	23 760	556	13 430	23 250	578
2005	14 710	14 650	26 110	561	14 780	24 770	596
2006	16 850	16 530	30 600	540	17 220	28 020	615
2007	19 500	19 000	36 460	521	20 050	31 130	644
2008	22 290	21 890	39 190	559	22 690	31 260	726
2012	28 480	29 120	53 880	540	27 790	42 130	659

资料来源：北京师范大学中国收入分配研究课题组，《中国劳动力成本问题研究课题报告》。

根据国民经济行业分类标准，按照两位数代码将所有企业分为劳动密集型和非劳动密集型两大类。数据显示，是否为劳动密集型的要素投入结构与劳动力工资没有太大差别，而差异主要体现在劳动生产率上。在2003年以前，劳动密集型企业劳动生产率还略高于非劳动密集型企业，2004年劳动密集型企业劳动生产率为23 760元，非劳动力密集型企业劳动生产率为23 250元，2004年以后非劳动密集型企业劳动生产率快速增长，到2012年达到53 880元，而劳动密集型企业为42 130元。2000—2012年非劳动密集型企业劳动生产率提高了554%，而劳动密集型企业提高了307%。通过对比分析可以看出，如果仅考虑劳动力工资支出变化，那么劳动密集型企业用工成本和非劳动密集型企业用工成本差别不大，然而考虑到劳动生产率因素后，在2004年以后劳动密集型企业劳动力成本反而上升速度更快。

(二)农民工工资收入稳步增长

长期以来，我国制造业保持低成本优势的原因之一在于大量剩余劳动力从农村转向城市时接受较低的工资，因此农民工的工资变化趋势可以反映出我国制造业劳动成本的变化。根据国家统计局农民工监测数据，2015年农民工在第二产业从业的比重为55.1%，其中，从事制造业的农民工比重为31.1%，本地农民工从事制造业的比重有所上升。

2010—2011 年农民工人均月收入保持 20%的年增长速度，2012 年以后虽然增速有所放缓，但在 2014 年依旧保持了 10%的年增长速度。2015 年农民工人均月收入 3 072 元，比上年增加 208 元，增长 7.2%，其中，外出农民工月均收入 3 359元，比上年增加 251 元，增长 8.1%。在经济新常态背景下，农民工工资增速虽然有所放缓，但依旧高于同期国民生产总值增长率(6.9%)约 0.3%。

(三)劳动者工资增长率跑赢 GDP 增长率

根据国家统计局数据，劳动者的年均工资从 2011 年的 41 799 元增加到 2015 年的 67 569 元，年均工资实际增长率为 8.93%，高于同期国内生产总值 6.7%的年均实际增长率。虽然我国劳动者工资增长率有所放缓，但依旧跑赢国民生产总值增长率。

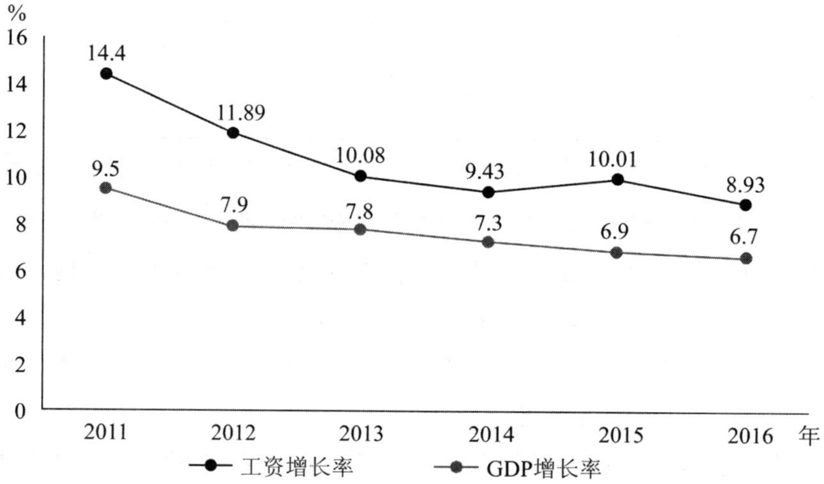

图 2-43　2011—2016 年我国劳动者平均工资增长率和 GDP 增长率

资料来源：历年《中国统计年鉴》。

(四)中国工资上升推动了全球工资上升

根据国际劳工组织在《2016—2017 全球工资报告》中估算，2011—2015 年，由于中国工资规模巨大且实际工资增长较快，带动了全球的工资增长，报告明确指出，“如果剔除中国，全球工资增长减半。”以 2015 年为例，不包含中国在内的全球劳动者的年工资增长率为 0.9%，包含中国在内的全球劳动者的年工资增长率为 1.7%，中国将全球劳动者的年工资增长率拉高了 88.9%。

根据全球制造业成本指数，2004 年中国生产力调整制造业小时工资为 4.35 美元，俄罗斯为 6.76 美元，美国为 17.54 美元。到 2014 年制造业经生产力调整过的小时工资，美国上升了 27%，到 22.32 美元，中国上升了 187%，到 12.47

美元，俄罗斯上升了 224%，到 21.90 美元。①

然而，世界各国发展经验表明，随着国家经济发展，劳动力成本必然提高，而我国制造业劳动力成本还有较大的上升空间(赵志群，2008)。②

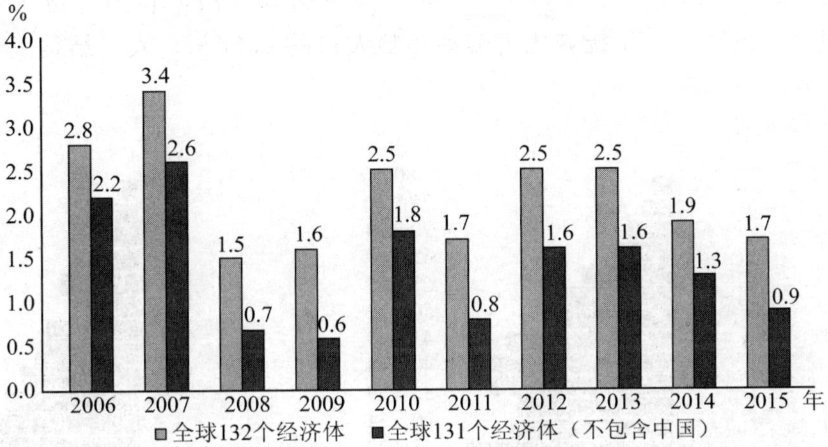

图 2-44　2006—2015 年全球经济工资真实增长率

资料来源：ILO，Global Wage Report。

>>二、劳动成本未来仍有上升空间的理性预期<<

(一)人口结构变化丧失相对成本优势

我国人口结构变化导致劳动力相对成本优势逐渐丧失。从人口年龄结构而言，2012 年我国 15～59 岁劳动年龄人口数量首次出现下降，③ 并在随后的时期持续下降。2015 年我国人口结构如图 2-45 所示，0～14 岁未成年群体占总人口比重 16.52%，其中，男性占比 8.95%，女性占比 7.59%。15～34 岁劳动年龄人口占总人口比重 29.5%，其中，男性占比 15.2%，女性占比 14.3%。35～59 岁劳动年龄人口占总人口比重 37.82%，其中，男性占比 19.25%，女性占比 18.58%。60 岁以上老龄人口占总人口比重 16.14%，其中，男性占比 7.85%，

① U. S. Economic Census；U. S. Bureau of Labor Statistics；Bureau of Economic Analysis；International Labour Organization；Euromonitor；Economicst Intelligence Unit；BCG，The Shifting Economics of Global Manufacturing.

② 赵志群：《对我国制造业职业教育创新与发展的战略思考与对策建议》，载《中国职业技术教育》，2008(4)。

③ 朱剑红：《劳动年龄人口首次下降》，http://finance. people. com. cn/n/2013/0119/c1004-20256249. html，2013-01-18。

女性占比 8.3%。2015 年年末劳动力人口为 9.12 亿人左右，老年抚养比占劳动年龄人口的 14.3%。相比而言，印度的人口结构自然而匀称，2015 年印度 0～14 岁未成年群体男性占比 29.27%，女性占比 28.26%。15～34 岁劳动年龄人口男性占比 35.29%，女性占比 34.65%。35～59 岁劳动年龄人口男性占比 27.11%，女性占比 27.62%，老年抚养比占劳动年龄人口的 8.56%，人口结构底部处于稳定之中。

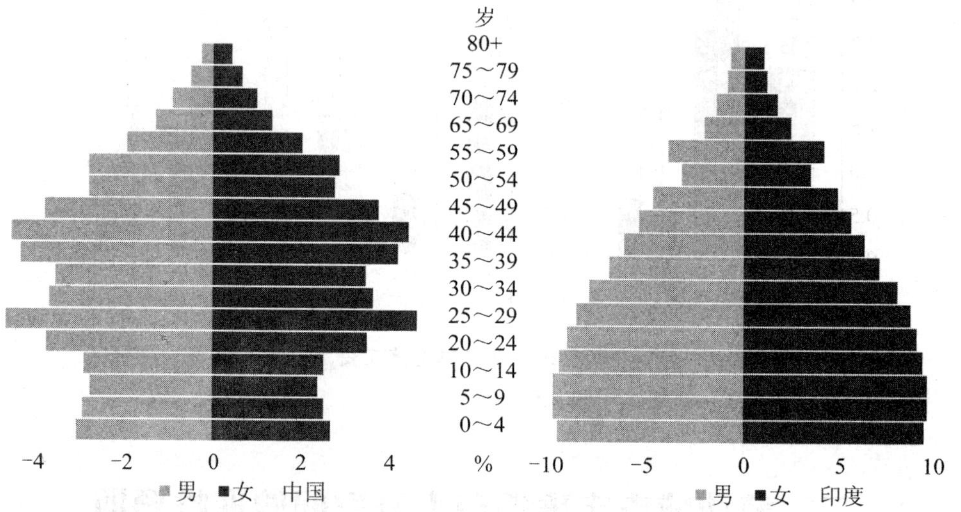

图 2-45　2015 年中国和印度人口年龄结构对比

资料来源：北京师范大学劳动力市场研究中心根据绘制，中国数据来自《中国统计年鉴》，印度数据来自世界银行数据。

从劳动力供求角度看，在我国老龄化的人口结构下，如果劳动参与率不发生显著变化，那么意味着我国未来劳动力供给将进一步下降，预计到 2020 年年末接近 9.12 亿人。[①] 与劳动力供给下降形成对比的是，我国劳动力需求依然保持强势，2011—2015 年城乡就业人员总量平均每年新增约 290 万人。2012—2016 年城镇就业人员数量分别为 1 266 万人，1 310 万人，1 322 万人，1 312 万人，1 314 万人。2017 年第一季度，我国经济实现良好开局，增速 6.9%，好于市场预期。中国就业市场景气指数(CIER)为 1.91，该指数意味着一个求职者对应近两个岗位需求，这反映出劳动力市场需要大于供给的情况。在我国经济增速放缓、供给侧结构改革的大背景下，如果劳动力市场就业弹性保持不变，综合供求趋势，劳动力相对供给不足将进一步推动劳动力成本上涨，损害相对成本优势。

① 蔡昉、张车伟：《人口与劳动绿皮书：中国人口与劳动问题报告 No. 16》，北京，社会科学文献出版社，2015。

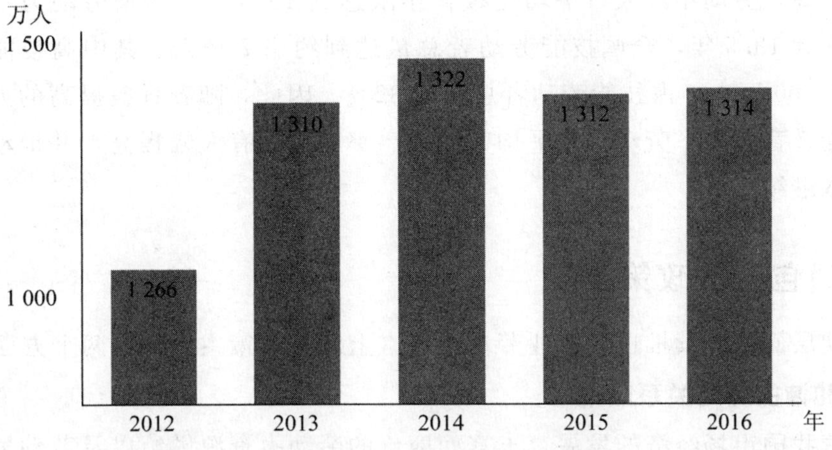

图 2-46　2012—2016 年我国城镇新增就业人数

资料来源：国家统计局，《中华人民共和国 2016 年国民经济和社会发展统计公报》。

(二)劳动力受教育水平不断提高

平均受教育年限和劳动力受高等教育比例是两个常用于反映劳动力受教育水平的指标。根据统计局数据(图 2-47)，1999 年我国劳动年龄人口平均受教育年限仅为 7.6 年，平均受教育水平为小学；接受高等教育劳动力占总劳动力比重仅为 3.8%。随着我国教育扩张，劳动力受教育水平不断提高，人力资本结构不断优化。2015 年，劳动年龄人口平均受教育年限达到 10 年；受高等教育劳动力占比增至 18.87%。根据《“十三五”促进就业规划》目标，未来我国劳动力素质将会

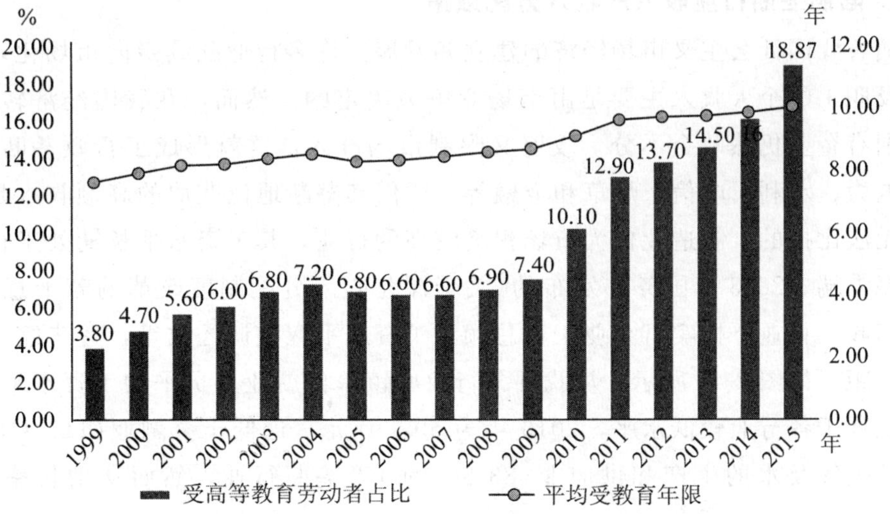

图 2-47　1999—2015 年我国劳动力受教育水平

资料来源：北京师范大学劳动力市场研究中心根据历年《中国劳动统计年鉴》估算而得。

进一步提高，劳动年龄人口平均受教育年限达到 10.8 年，新增劳动力平均受教育年限达到 13.5 年，全国技能劳动者总量达到约 1.7 亿人，其中高技能人才总量达到 5 500 万人，占技能劳动者总量的 32%。因此，随着日益提高的人力资本水平和受教育质量，劳动者的平均劳动生产率也将会有大幅提高，并推动我国劳动力成本继续上涨。

(三)包容性政策推动

宏观层面，继续推进制造业劳动力成本上涨的政策主要来自两个方面。

1. 和谐的劳动关系政策

随着我国市场经济的发展，丰富而廉价的劳动力资源供给以及劳动力由农村转向城镇的资源重新配置效应，使我国经济高速增长。然而，劳动要素在经济生活中的权益分配并未得到有效提升，反而在资本强势和招商引资中严重压低了劳动报酬。党的十八大报告明确提出构建和谐劳动关系以及使劳动报酬增长和劳动生产率提高同步的要求。随后中共中央、国务院发布的《关于构建和谐劳动关系的意见》①明确指出，通过“加强调整劳动关系的法律、体制、制度、机制和能力建设，加快健全党委领导、政府负责、社会协同、企业和职工参与、法治保障的工作体制”，以“实现劳动用工更加规范，职工工资合理增长”。为了实现目标，《关于构建和谐劳动关系的意见》也明确指出未来我国将以法律的手段“保障职工基本权益，切实保障职工取得劳动报酬的权利”，“努力实现农民工与城镇就业人员同工同酬”等。这些政策的推行意味着我国劳动力成本未来将会进一步上涨。

2. 限制垄断行业收入的收入分配政策

随着我国社会主义市场经济的建立和发展，许多行业陆续走向市场化，所得利益及职工的个人收入主要是由市场竞争力决定的。然而，在我国经济转型时，多数国有企业仍然政企不分，政府又限制市场准入，这就形成了行政垄断行业，比如电力、水利、电信、烟草和金融等，凭借其垄断地位获取的高额收入是其他行业无法比拟的。制造业作为市场程度较高的行业，其工资水平长期处于行业工资排序末端。2013 年国务院发布的《关于深化收入分配制度改革的若干意见》对部分高收入行业严格实行企业工资总额和工资水平双重调控政策，逐步缩小工资收入差距。如图 2-48 所示，从我国分行业城镇单位就业人员平均工资水平来看，制造业处于各行业较低水平，2016 年为 59 470 元，远低于金融业(117 418 元)、电力、燃气及水的生产和供应业(83 863 元)等垄断行业。然而从增长率来看，

① 《中共中央、国务院关于构建和谐劳动关系的意见》，http://www.gov.cn/guowuyuan/2015-04/08/content_2843938.htm，2015-03-21。

2015—2016 年金融业工资增长率仅为 2.3%，电力、燃气及水的生产和供应业为 6.3%，明显低于制造业工资增长率(7.5%)，因此，未来在收入分配改革政策效应下，制造业行业工资水平还有较大的政策性提升空间。

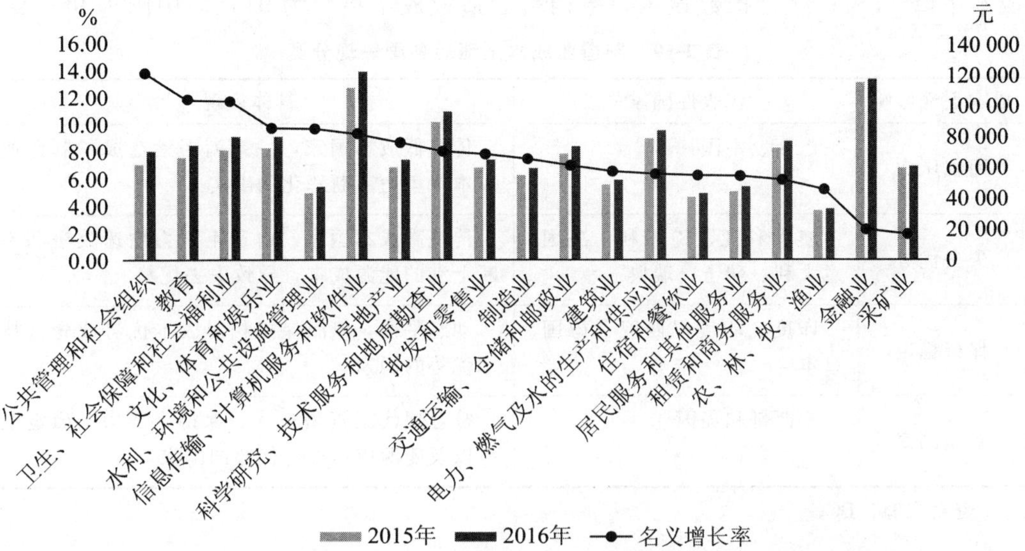

图 2-48　2015—2016 年我国分行业城镇单位就业人员平均工资及增长率

资料来源：国家统计局。

>>三、劳动力成本上涨带来的挑战不容忽视<<

2004—2014 年世界主要制造业出口国家均面临成本上涨的事实，制造业劳动力成本平均上涨了 71%。面对不断上涨的各项成本，世界主要制造业出口国可以分为四种表现，如表 2-19 所示。

第一类是面临压力，代表性国家是传统低成本国家，例如巴西、中国。自 2004 年以来，各国面临着成本优势大幅减弱的压力，中国相对美国的工厂制造业成本优势已经减弱到 5%以下；巴西的制造业成本高于西欧。

第二类是失去优势，代表性国家是传统高成本、高生产率国家，例如澳大利亚、匈牙利、法国、意大利、瑞士、瑞典。随着生产率增长放缓和能源成本上涨，这些国家制造业成本高于美国 16%～30%，竞争力逐渐减弱。

第三类是保持稳定，代表性国家依旧保持优势，例如印度、印度尼西亚、德国、日本。其中，印度和印度尼西亚虽然面临工资大幅增长，但生产率快速提高和货币贬值对成本起到抑制作用，德国和日本采用提高劳动者技能水平和生产率的策略应对工资成本上涨，通过动态平衡保持了制造业的相对优势。

第四类是全球新星，代表性国家同时符合现代工资增长率、保持生产力、稳定汇率以及能源成本综合优势，例如墨西哥和美国。2004—2014 年，中国制造业劳动力成本增长率为 187%，工业天然气成本增长率为 138%，汇率成本不断上涨；相比而言，墨西哥工资增长率为 67%，工业天然气成本下降 37%，汇率成本下降 11%；综合指数显示，墨西哥制造业成本指数为 91，而中国为 96。①

表 2-19　制造业成本上涨后各国表现分类

成本上涨影响	代表性国家	具体表现
面临压力	巴西、中国	传统低成本国家，一系列因素造成了制造业成本竞争力不断恶化的事实
失去优势	澳大利亚、匈牙利、法国、意大利、瑞士、瑞典	传统高成本国家，由于生产力增速放缓和不断上涨的能源成本，导致失去优势
保持稳定	印度、印度尼西亚、德国、日本	动态平衡，依旧保持相对成本优势或先进技术优势的国家
新星国家	墨西哥和美国	符合现代工资增长率、保持生产力、稳定汇率以及能源成本综合优势的国家

资料来源：BCG。

劳动力成本上涨对我国制造业形成的挑战主要有两个方面：一是依赖相对劳动力成本优势的低端制造业转移到印度、印度尼西亚等东南亚国家，造成低端制造业“东南飞”的局面；二是依靠先进技术和高劳动生产率的高端制造业，形成高端制造业“欧美汇”的态势。

(一)低端制造业“东南飞”

数据显示，印度的制造业单位劳动成本为 0.92 美元(2014 年数据)，显著低于世界制造业成本最高的瑞士(35.38 美元)和世界制造业单位劳动成本中位数(17.64 美元)。中国制造业成本在全球仍处低位，但是在出口指标上略高于世界平均水平，也高于印度。全球最大的国家和城市数据资源网站之一的 Numbeo 网站公布数据，2015 年印度尼西亚的月均工资为 282 美元，马来西亚为 979 美元，泰国为 520 美元，缅甸为 368 美元，菲律宾为 352 美元，越南为 305 美元，按照 2015 年汇率，中国月均工资为 867 美元。

在保持低成本优势的同时，东南亚国家劳动力素质也不低，2010 年马来西亚人口平均受教育年限为 10.4 年，菲律宾为 8.4 年，泰国为 8 年，印度尼西亚

① BGC：*The Shifting Economics of Global Manufacturing*，https://www.bcg.com/zh-cn/capabilities/lean-manufacturing/shifting-economics-global-manufacturing.aspx.

为7.6年。[①] 表2-20显示的是东南亚三国各级教育入学率，印度尼西亚、越南和菲律宾高等教育入学率均超过30%，小学教育入学率均超过90%。因此，在劳动力成本上涨压力下，追求低成本的制造业有可能转向东南亚等国家。

表2-20 东南亚三国人口入学率 (%)

	大学入学率	中学入学率	小学入学率
印度尼西亚	31.10	82.47	92.88
越南	30.48	—	98.11
菲律宾	35.75	88.39(2013年)	96.75(2013年)

资料来源：北京师范大学劳动力市场研究中心根据世界银行数据整理而得。

低成本是中国传统制造业在全球市场上重要的竞争手段。大部分中国传统制造业属于劳动密集型企业，劳动力成本上升导致企业的产品成本上升，企业的利润空间被压缩，这种情况迫使低端制造业"东南飞"，并呈现两方面的趋势。

一方面，原本投向中国的外资开始向东南亚低成本国家转移。耐克运动鞋工厂从中国"转战"到越南即生动说明了这一点。2000年，中国生产了全世界40%的耐克鞋，全球第一，越南当时的生产份额只占13%。随后，中国产量逐步下滑，越南的产量逐年上升。2009年，中国和越南的耐克鞋生产份额一致，均为36%。2010年，局面发生逆转，越南取代中国成为世界最大耐克鞋生产国。

另一方面，中国东部地区制造业也出现向东南亚国家转移的趋势。广东是电子、IT产业的"世界工厂"，电脑配件生产占全世界的60%，电子配套能力占全世界的90%以上。广东省电脑商会会长陈芝华表示，近年来，大量广东电子企业将生产车间转移到了东南亚国家而不是中国西部地区。

(二)高端制造业"欧美汇"

自2010年以来，关于第四次工业革命的呼声日渐高涨，2016年世界经济论坛正式发布主题为《第四次工业革命：未来的就业、技能和劳动力战略》。在此期间世界主要制造大国均围绕制造业提出发展战略，以应对新一代信息通信技术快速发展并与制造技术深度融合的形势。如表2-21所示，美国自2012年以来提出一系列振兴制造业的计划，例如《重振美国制造业框架》《美国制造业促进法案》《先进制造业伙伴计划》《美国制造业复兴计划——促进经济增长的四大目标》和《先进制造业国家战略计划》等。美国作为世界第一制造业大国，此次推出"再工业化"战略，并不是恢复传统工业，而是想通过清洁能源、生物工程、新能源汽

① 中国经济增长前沿课题组、张平、刘霞辉、袁富华、王宏淼、陆明涛、张磊：《中国经济增长的低效率冲击与减速治理》，载《经济研究》，2014(12)。

车、航空航天等高端制造业的快速发展推动结构优化升级，支撑未来经济增长。在欧洲，德国实施了以“工业 4.0”为代表的高科技战略计划，通过信息化与工业化的融合提升智能制造水平。日本、巴西和印度等传统制造业大国也加入此次高端制造业大战中。

表 2-21 全球制造业战略

国家	年份	实施战略	内容及目的
美国	2012	《先进制造业伙伴计划》《先进制造业国家战略计划》	发展包括先进生产技术平台、先进制造工艺及设计与数据基础设施等先进数字化制造技术，以实现智能化的制造方式
德国	2013	《高技术战略 2020》	以“工业 4.0”支持工业领域新一代革命性技术的研发与创新
日本	2009 2010	《日本制造业竞争策略》 《日本制造业专题报告》	加快发展协同式机器人、无人化工厂，提升制造业的国际竞争力
巴西	2011	《工业强国计划(2011—2014)》	明确了扶持工业发展的八项政策，并部署了以加强供应链管理为支撑的智能工厂建设等措施
印度	2011	《国家制造业政策》	着力推进制造业发展的中长期规划，着力建设一批智能制造产业园区

资料来源：北京师范大学劳动力市场研究中心整理。

制造业一直是我国战略产业中的重要组成部分。从 2010 年起，我国制造业产出占世界比重达到了 19.8%，超过美国的 19.6%，成为全球制造业第一大国。2013 年我国制造业产出占世界的比重达到 20.8%，连续 4 年保持世界第一制造业大国地位。但是，我国制造业大多处于附加值低的“生产—加工—组装”环节，劳动生产率较低。为了跻身制造强国的行列，中国政府于 2015 年发布了《中国制造 2025》行动纲领，并规划了实施高端制造业的十大领域，分别是新一代信息技术产业、高档数控机床和机器人、航空航天装备、海洋工程装备及高技术船舶、先进轨道交通装备、节能与新能源汽车、电力装备、农机装备、新材料和生物医药及高性能医疗器械。制造业转型升级的同时，基因、新能源、数字信息等技术的发展也在颠覆产业布局。

然而，我国劳动生产率是否能支持中国在 2025 年迈进制造强国的行列呢？表 2-22 显示了 2005—2014 年中国和先进制造业国家劳动生产率的对比，由此可见，中国制造业劳动生产率远远低于美国、英国、法国、德国和瑞典。在先进制造业国家中，瑞典制造业生产率水平最高，其次是美国、德国、法国和英国，中国制造业劳动生产率仅为瑞典的 20.93%，英国的 35.75%，美国的 26.51%，法国的 35.53%，德国的 34.09%。另外，从时间趋势上看，中国制造业劳动生产率增速放缓，并在2013年出现负增长。

表2-22　制造业劳动生产率的国际比较　　（美元/小时）

年份	2005	2006	2007	2008	2009	2010	2011	2012	2013	2014
中国	9.13	10.19	11.98	13.68	15.08	16.07	16.14	17.01	14.8	*n*
英国	33.28	34.48	34.65	35.8	41.3	41.18	42.02	40.8	40.72	*n*
美国	*n*	*n*	52.72	52.76	55.62	57.35	56.08	*n*	*n*	*n*
法国	34.44	35.49	36.45	35.68	37.97	39.85	41.08	42.15	43.98	44.08
德国	36.95	40.28	40.4	38.76	33.36	41.19	44.59	44.04	45.12	45.24
瑞典	55.73	60.45	62.84	60.71	59.07	72.5	74.39	71.64	72.43	74.92

注：生产率＝2005年不变价美元制造业增加值/制造业就业人数×年工作时间。

资料来源：北京师范大学中国收入分配研究院课题组，《中国劳动力成本问题研究课题报告》，2016。

可见，在全球制造业竞争加剧、传统比较优势逐渐弱化、第四次工业革命到来的复杂背景下，我国制造业成本上涨面临的另一个挑战是如果我国劳动力成本上涨超过劳动生产率的提高，那么高端制造业可能被汇聚到美国、德国等国家。

>>四、我国制造业优势仍存的积极判断<<

我国制造业劳动成本逐年上升是不争的事实，然而，这并不意味着完全丧失了成本优势。从宏观层面看，劳动成本上升幅度并不高；从微观层面看，我国企业用工成本结构相对合理。比较而言，我国制造业成本仍处于世界主要出口国家序列的低端。为此，在我国制造业成本上升的趋势中，我们依旧可以做出优势仍存的积极判断。

(一)我国劳动报酬在宏观分配中并未大幅升高

1. 劳动者报酬占国民收入比重仍处历史低位

劳动者报酬是指劳动者从事生产活动获得的全部报酬，具体包括两大类：一是劳动者在单位就业中获得的劳动报酬，包括工资、奖金、津贴和补贴，还有单位为其缴纳的社会保险费和住房公积金及其他各种形式的福利等；二是个体经济活动中自雇者的劳动报酬，通常在个体经营收入中按比例分出劳动者报酬和营业盈余。根据《中国统计年鉴》数据，2000—2013年，劳动者报酬在国民收入比重中呈现先下降后上升的现象，但目前仍处于历史低位的状态。

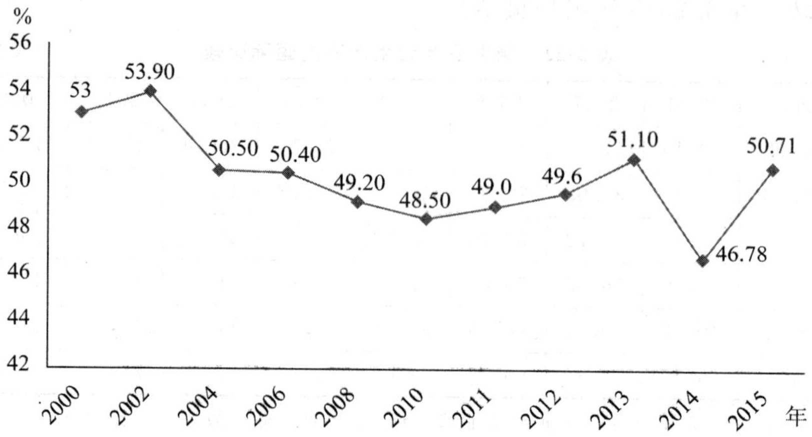

图 2-49 劳动者报酬占国民收入比例

资料来源：北京师范大学劳动力市场研究中心根据历年《中国统计年鉴》数据统计。

2. 劳动者平均工资与人均 GDP 比值基本稳定

通过对比劳动者收入和产出数据，我们也可以对劳动报酬变化趋势有所判断。表 2-23 显示的是 2000—2016 年人均工资水平、人均 GDP，以及两个指标的逐年比值。对比结果显示，2000 年以来劳动者收入和产出水平大体处于平衡状态，总体上并没有明显提高。相比 21 世纪初的 1.302 的比值，近年来在 1.2 左右徘徊的比值反而有所下降。

表 2-23 2000—2016 年人均工资与人均 GDP 总值之比

年份	人均工资(元)	人均 GDP(元)	人均工资与人均 GDP 比值
2000	9 333	7 942	1.175
2001	10 834	8 717	1.243
2002	12 373	9 506	1.302
2003	13 969	10 666	1.310
2004	15 920	12 487	1.275
2005	18 200	14 368	1.267
2006	20 856	16 738	1.246
2007	24 721	20 505	1.206
2008	28 898	24 121	1.198
2009	32 244	26 222	1.230
2010	36 539	30 876	1.183
2011	41 799	36 403	1.148
2012	46 769	40 007	1.169

续表

年份	人均工资(元)	人均 GDP(元)	人均工资与人均 GDP 比值
2013	51 483	43 852	1.174
2014	56 360	47 203	1.194
2015	62 029	49 992	1.241
2016	67 569	53 974	1.252

资料来源：1.《中国统计年鉴》(2001—2016 年)。

2. 中国经济网，《国家统计局解读：2016 年城镇单位就业人员平均工资继续保持增长》，http://www.ce.cn/xwzx/gnsz/gdxw/201705/27/t20170527_23275248.shtml，2017-05-27。

3. 居民消费占国内生产总值比重有所下降。

从国民收入核算的角度而言，劳动者在要素市场获得工资收入用于产品市场的消费。国家统计数据显示，城镇工资总额增长与社会消费品零售总额增长率呈现明显的相关性。因此，居民消费支出占国内生产总值的比重可以间接反映出居民收入在宏观分配中所占份额的情况。如图 2-50 所示，2000 年居民消费支出为 46 988 亿元，国内生产总值为 100 577 亿元，居民消费占比为 46.72%，到 2016 年，居民消费支出增长至 286 997 亿元，国内生产总值增长至 744 127 亿元，而居民消费占比却下降为 38.57%。2000—2016 年国内生产总值的年均增速为 13.42%，而同期居民消费支出的年均增速为 12.04%，居民消费支出的年均增速落后于国内生产总值年均增速 1.38%。

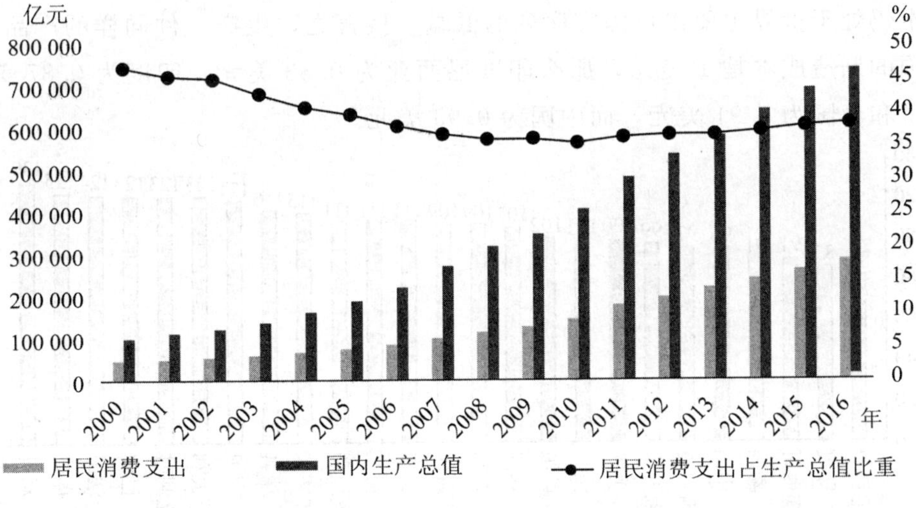

图 2-50　居民消费支出与国内生产总值

资料来源：1.《中国统计年鉴》(2001—2016 年)。

2.《中华人民共和国 2016 年国民经济和社会发展统计公报》，http://www.stats.gov.cn/tjsj/zxfb/201702/t20170228_1467424.html。

宏观分配层面的分析结果表明，无论是收入指标、工资指标，还是消费指标，我国劳动力成本均未表现出高于生产发展的状态，劳动力成本大幅升高的论断难以成立，我国劳动力成本优势仍存。

(二)我国制造业成本处于世界主要出口国家序列低端

目前，世界上有25个制造业产品出口大国，这些国家制造业产品出口占到全世界制造业产品的90%。按照制造业产品出口价值由高到低排序，25个国家和地区分别为：中国、美国、日本、韩国、法国、意大利、荷兰、比利时、英国、德国、加拿大、俄罗斯、墨西哥、中国台湾、印度、瑞士、澳大利亚、西班牙、巴西、泰国、印度尼西亚、波兰、瑞典、奥地利和捷克共和国。

1. 制造业综合成本竞争力

波士顿咨询集团从劳动力成本变化、劳动生产率变化、能耗成本变化和汇率变化四个维度构建了衡量全球制造业成本竞争力指数(Global Manufacturing Cost-Competitiveness Index)，数值越高代表制造业成本越高，竞争力相对较低，数值越低则代表制造业成本越低，竞争力相对较高。在全球出口量排名前25位的经济体中，以美国为基准(100)，2014年全球主要制造业出口大国制造业成本由低到高排序如图2-51所示，制造业成本最低的五个国家为：印度尼西亚(83)、印度(87)、墨西哥(91)、泰国(91)和中国(96)，制造业成本最高的五个国家为：澳大利亚(130)、瑞士(125)、法国(124)、巴西(123)、比利时(123)。我国制造业成本仍处于世界主要出口国家序列的低端。换言之，生产一件同样的产品，如果美国的制造成本是1美元，那么印度尼西亚为0.83美元、印度为0.87美元、墨西哥和泰国为0.91美元，而中国为0.96美元。

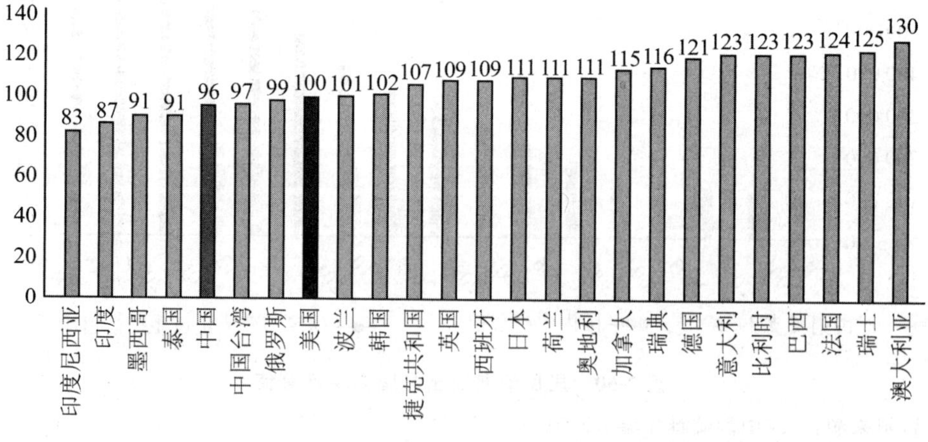

图2-51　世界25个主要出口国家制造业劳动力成本指数比较

注：制造业劳动力成本指数是以美国制造业劳动成本为基准，即美国劳动制造业成本=100。

资料来源：BCG The Shifting Economics of Global Manufacturing.

在推动我国制造业成本上升的因素中，能源成本和汇率成本是两股不可小觑的力量。以制造业竞争力相近的中国和俄罗斯为例，如图2-52所示，由于天然的资源优势，俄罗斯的能源成本远远低于中国，形成强有力的竞争力，2014年中国每小时千瓦11美元，而俄罗斯为每小时千瓦7美元。另外，近几年来中国汇率连年上升也是不争的事实，2004年1元人民币兑换0.12美元，到2014年1元人民币兑换0.17美元，十年来人民币汇率成本上升42%，世界各国货币兑换美元汇率升值的中位数为4.6%。相比而言，2004年1卢布兑换0.035美元，到2014年1卢布兑换0.019美元，十年来卢布汇率成本下降51%。因此，如果可以有效控制我国能源成本和汇率变化，那么即使面临劳动力成本的上升，我国制造业仍存有竞争优势。

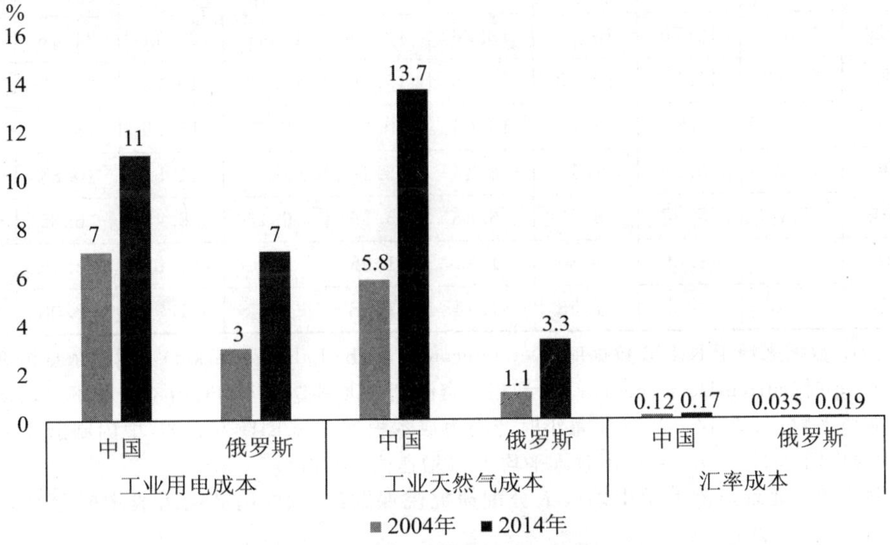

图2-52　2004—2014年中国和俄罗斯制造业三项成本变化

注：1. 成本以美元计价；2. 劳动力成本是经过生产率调整过的小时工资。

资料来源：BCG The Shifting Economics of Global Manufacturing.

2. 制造业单位劳动力成本竞争力

劳动力成本上涨并不必然损害劳动力成本竞争力，一国劳动力成本竞争力取决于劳动力成本和劳动生产率的相对变化关系，以及单位劳动力成本。如表2-24所示，2005—2013年，我国制造业单位劳动力成本从每小时0.92美元上升至3.88美元，增幅为31%。然而，从国际对比可以看出，我国劳动力成本仍处于世界较低水平，2008年之前处于所列国家最低水平，2008年之后超过菲律宾，但仍低于墨西哥，远低于高收入经济体国家。2013年中国单位劳动成本为墨西哥的57%，英国的12.5%，日本的13%，远远低于美国、法国、德国、瑞典等发达国家。

总体而言，虽然中国制造业劳动成本开始高出低收入国家水平，并逐渐缩小与发达国家差距，但仍具有绝对成本优势。

表 2-24 制造业单位劳动力成本的国际比较 (美元/小时)

国家＼年份	2005	2006	2007	2008	2009	2010	2011	2012	2013
瑞典	35.38	36.52	42.59	44.39	40.54	42.69	48.02	48.17	51.1
德国	38.17	39.31	43.72	47.27	45.76	44.25	47.61	45.89	48.98
法国	32.67	33.85	37.96	41.63	39.72	39.04	42.77	40.67	42.85
美国	30.13	30.47	32.07	32.78	34.19	34.75	35.5	35.64	36.34
日本	25.23	24.03	23.72	27.48	30.06	31.75	35.66	35.35	29.13
英国	29.69	31.17	35.21	33.91	29.25	28.99	30.54	30.87	31
新加坡	13.24	13.76	15.7	18.86	17.54	19.41	23.11	24.16	23.95
韩国	14.83	17.37	19.43	16.85	15.06	17.89	19.25	20.72	——
阿根廷	5.51	6.63	8.04	10.04	10.23	12.77	15.99	18.96	19.97
巴西	5.01	5.99	7.1	8.44	8.12	10	11.63	10.84	10.69
墨西哥	5.61	5.88	6.17	6.48	5.69	6.13	6.49	6.35	6.82
中国	0.92	1.09	1.35	1.77	1.95	2.24	2.99	3.46	3.88
菲律宾	1.18	1.33	1.58	1.74	1.68	1.85	1.99	2.08	2.12

注：1. 数据来源于 KILM 数据库(Key Indicators of the Labour Market)，单位依据汇率调整的当期美元/小时(currentUS＄/hour)；2. 利用工资测算我国制造业每小时劳动力成本时，使用了有差别的调整系数；3. 2014—2016 年每小时劳动力成本根据 The EIU 发布的《中国制造业劳动成本分析》中对中国 2013—2020 年中国收入平均 12％增速值推断而得。

资料来源：北京师范大学中国收入分配研究院课题组，《中国劳动力成本问题研究课题报告》，2016。

(三)企业用工成本比例合理

企业用工成本是企业在一定时期内，在生产、经验和提供劳务活动中因使用劳动力而支付的所有直接费用和间接费用的综合。按照《关于建立行业人工成本信息指导制度的通知》(劳社部发〔2004〕30 号规定)用工成本包括：劳动报酬总额、社会保险费用、福利费用、教育经费、劳动保护费用、住房费用以及其他人工成本 7 项。企业用工成本是否合理取决于两个方面：一是企业用工成本占企业总成本比重；二是劳动者工资报酬占企业用工成本的比重。

1. 企业用工成本占总成本比重

从企业用工成本占总成本比重来看，对于中国制造业企业用工成本争议有几个高峰期，一是 2008 年《劳动合同法》实施前后；二是 2012 年中国经济进入“新常态”后；三是 2016 年政府强调供给侧结构改革的关键之一是降低企业成本。[①] 鉴于数据的可得性和权威性，我们主要借助国家统计局的“中国工业企业数据库”(2007 年和 2013 年)样本进行分析，该数据库涵盖全部国有工业企业以及规模以上非国有工业企业，制造业占比 90%以上，为科学估计中国制造业企业用工成本提供了较好的依据。

如图 2-53 所示，2007 年企业总成本结构为，劳动力成本占比 6.87%，营业(销售)费用、管理费用和财务费用构成的三项费用占比 8.53%，企业各项借贷利息成本占比 0.93%，税收成本占比 4.74%。2013 年企业总成本结构为，劳动力成本占比 5.36%，营业(销售)费用、管理费用和财务费用构成的三项费用占比 7.90%，企业各项借贷利息成本占比 1%，税收成本占比 5.02%。对比结果表明，从 2007 年到 2013 年企业劳动力成本降低 1.5%，三项费用占比下降 0.63%，而利息成本和税收成本分别上升 0.07%和 0.28%。

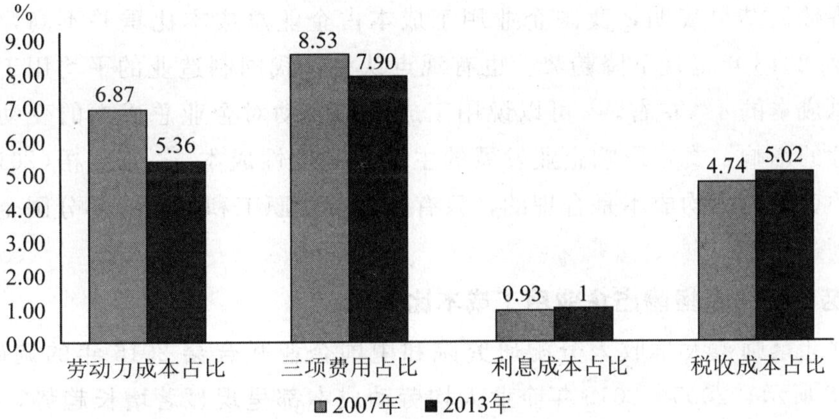

图 2-53　2007 年和 2013 年中国工业企业成本结构对比

资料来源：北京师范大学中国收入分配研究院课题组，《中国劳动力成本问题研究课题报告》，2016。

通过分析企业成本和利润的相对变化也可看出企业成本结构变化，如图 2-54 所示，2007 年企业劳动力成本占营业收入的比重为 6.16%，三项费用成本占比 7.65%，利息成本占比 0.83%，税收成本占比 4.25%；2013 年企业劳动力成本占营业收入的比重为 4.95%，三项费用成本占比 7.31%，利息成本占比 0.92%，税收成本占比 4.64%。对比结果再次证明，从 2007 年到 2013 年企业用工成本并未上升，而融资成本和税收成本有所上升。

① 供给侧结构改革的关键是“三去一降一补”，即“去产能、去库存、去杠杆、降成本、补短板”。

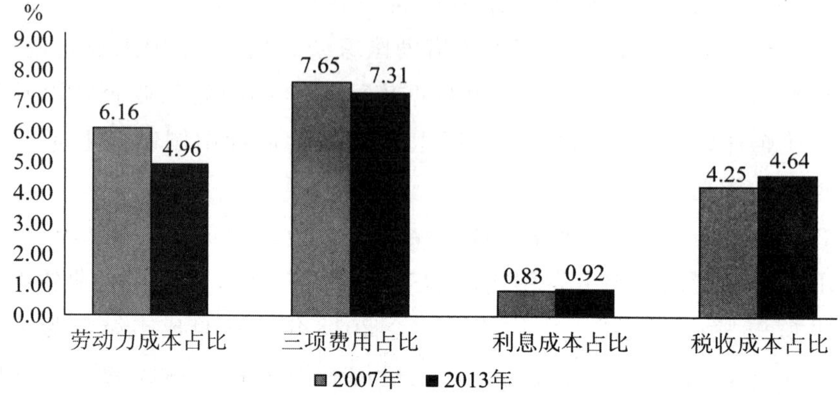

图 2-54　2007 年和 2013 年中国工业企业各项支出占营业成本比例变化

资料来源：北京师范大学中国收入分配研究院课题组，《中国劳动力成本问题研究课题报告》，2016。

微观数据结果表明，我国企业用工成本占企业总成本比重并不高，并且从 2007 年到 2013 年呈现下降趋势。也有观点认为，我国制造业的平均用工成本仅占企业总成本的 4%左右，[①] 可以说用工成本的变动对企业总成本的变动很难产生实质性的影响，真正影响企业发展的主要是制度性成本。[②] 宋晓梧(2016)也提出我国的劳动力平均成本是合理的，只有垄断行业职工和相当一部分国企高管的工资福利过高。

2. 劳动者工资报酬占企业用工成本比重

根据北京师范大学收入分配研究院和中国企业联合会 2016 年的调研数据，如表 2-35 所示，2005—2015 年企业人均劳动成本都呈现显著增长趋势，由 2005 年的人均 15 037 元上升至 2015 年的 48 285.6 元。从用工成本内部结构来看，三大支出分别为工资成本、福利成本和社保成本，2005 年三大支出占比分别为 74.01%、7.2%和 10.93%，2010 年为 67.39%、5.18%和 15.89%，到 2014 年，用工成本三大支出占比分别为 63.63%、5%和 18.71%，这一结构一直延续到 2015 年。2005—2015 年用工成本结构变化趋势表明，工资成本和福利成本呈下降趋势，而社会保障成本呈上升趋势。另外，住房成本在近几年来也一直呈上升趋势，从 2005 年的 395 元上升至 2015 年的 3 622.5 元，住房成本占企业用工成本比重从 1.94%上升至 4.79%。

---

① 《新劳动法拖累企业发展?》，http://news.sina.com.cn/pl/2016-03-18/doc-ifxqnski7696080.shtml，2016-03-18。

② 《人民日报调查 53 家企业：制度性成本困扰最大》，http://he.people.com.cn/n2/2016/0509/c192235-28295589.html，2016-05-09。

表 2-25　调研企业 2005—2015 年用工成本结构

	2005 年		2010 年		2014 年		2015 年	
	金额(元)	占比(%)	金额(元)	占比(%)	金额(元)	占比(%)	金额(元)	占比(%)
工资成本	15 037	74.01	31 474.3	67.39	45 447.5	63.63	48 285.6	63.89
福利成本	1 462.2	7.20	2 420	5.18	3 571.9	5	3 639.9	4.82
培训成本	79.6	0.39	282.6	0.61	509.3	0.71	480	0.64
社保成本	2 220.4	10.93	7 422.9	15.89	13 361.5	18.71	14 208.2	18.80
劳保成本	170.9	0.84	555.5	1.19	661.9	0.93	570.8	0.76
住房成本	395	1.94	1 638.1	3.51	3 290.4	4.61	3 622.5	4.79
工会支出	140.6	0.69	425.3	0.91	565.7	0.79	608.3	0.80
其他支出	812.4	4	2 482.9	5.32	4 017.3	5.62	4 159.4	5.50

资料来源：北京师范大学中国收入分配研究院课题组，《中国劳动力成本问题研究课题报告》，2016。

从企业各项用工成本变化趋势来看，如图 2-55 所示，2005—2010 年用工成本的各项构成的年均增速都为最高，而 2014—2015 年企业各项用工成本结构的增速进一步下滑，其中，企业劳动保护费用支出和企业培训费用支出还出现了负增长。这一变化趋势反映出，当企业面临宏观经济变化和成本压力时，首先削减的是职工劳动保护和培训方面的支出。

在各项用工成本结构中，增长最快的是住房成本和社会保障成本，2005—2010 年企业缴纳住房成本年均增长率为 32.9%，社保成本年均增长率为 27.3%，2010—2014 年这两项增长率分别为 19%和 15.8%，2014—2015 年这两项增长率分别为 10.1%和 6.3%。这两项成本结构的增速反映了我国企业在面临不断攀升的房价和社保缴费基数压力下，负担不断上升。

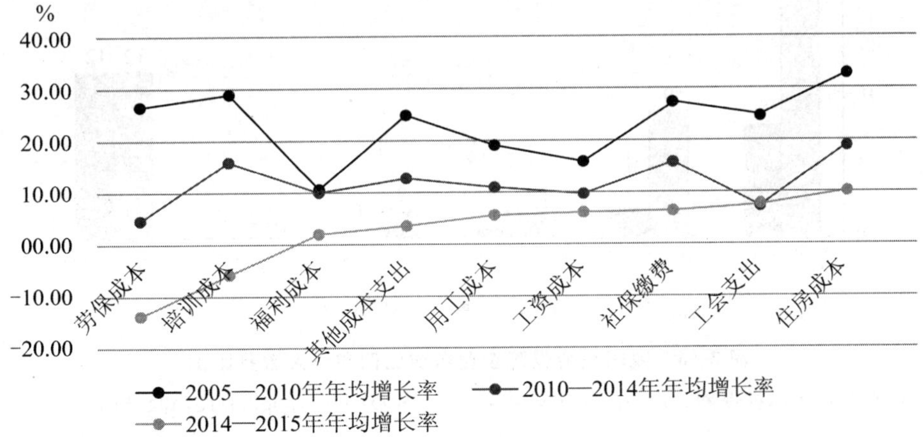

图 2-55　调研企业 2005—2015 年各项用工成本年均增长率

资料来源：北京师范大学中国收入分配研究院课题组，《中国劳动力成本问题研究课题报告》，2016。

在企业用工成本上升的争论中，社会保障成本是首要研究对象。课题组调研企业层面数据显示，2005年企业社会保障"五险"缴费仅占总劳动成本的15.4%，在2010年小幅下降后攀升至18.2%，到2015年进一步上升至19.4%。2005—2015年住房公积金缴费增速也非常快，由2.6%上升至5.7%。综合"五险"和"一金"来看，政府日益提高的缴费标准使得社会保障成为企业用工成本负担的重要来源。

2016年4月，人力资源和社会保障部与财政部发出的《关于阶段性降低社会保险费率的通知》提出阶段性降低养老保险、失业保险。从5月1日起，我国社保缴费比例(图2-56)、养老保险缴纳比例为企业的20%(全部划入统筹基金)，个人8%(全部划入个人账户)，且2015年底企业职工基本养老保险基金累计结余可支付月数高于9个月的省(区、市)，可以阶段性将单位缴费比例降低至19%，降低费率的期限暂按两年执行。医疗保险缴费比例为企业9%，个人2%。失业保险总费率在2015年基础上进一步阶段性降至1%～1.5%，其中个人费率不超过0.5%，降低费率的期限暂按两年执行。工伤保险用人企业根据行业性质确定费率，缴费比例在0.5%～2%，个人无须缴纳。生育保险用人企业缴纳1%，个人无须缴纳。住房公积金缴费比例根据企业的实际情况选择，原则上最高缴费额不得超过职工平均工资的12%，用人企业和个人缴费比例均为12%。然而，2017年北京师范大学在山西能源企业和制造企业调研时，企业人力资源部反映，目前养老保险一项每年人均支出为6 048元，企业年均养老成本支出为1 547万元，成为企业用工成本中最大的一项开支。①

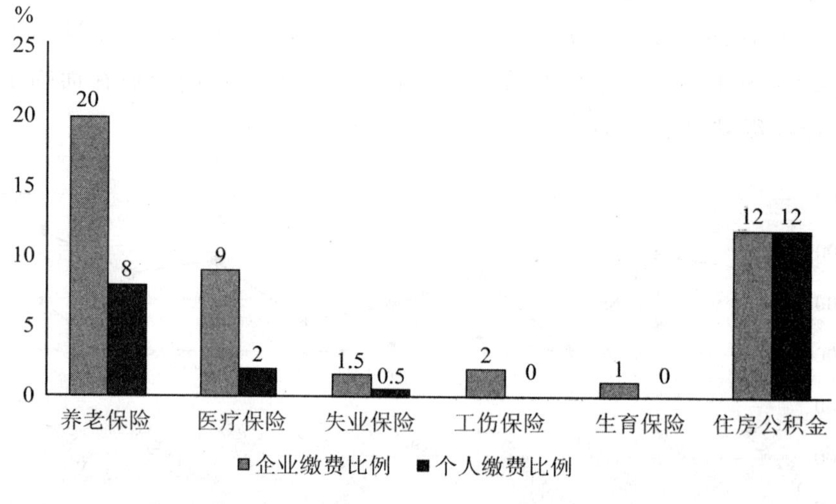

图2-56　我国社会保障企业缴费比例和个人缴费比例

资料来源：中国社保网，http://www.spicezee.com/zhishi/yanglao/137424.html。

① 2017年5月北京师范大学劳动力市场研究中心"劳动力市场灵活性与企业用工成本的经济学分析"项目组对山西省企业的调研。

综上所述，无论是从企业用工成本占总成本比重而言，还是从劳动者工资报酬占企业用工成本比重而言，我国用工成本并未构成企业总成本不合理上升的主要因素。

>>五、应对挑战的关键<<

我国制造业劳动力成本持续上升是不争的事实，然而，从外部竞争性和内部一致性角度而言，我国制造业劳动力成本优势仍存。随着我国人口结构变化、劳动力人力资本水平提高以及政策性因素，未来劳动力成本将进一步上升。面对劳动力成本上涨带来的挑战，我们可通过“一高一低”策略进行应对，进一步提高劳动生产率和降低企业用工成本。

(一)进一步提高劳动生产率

迈向制造强国进程中的中国制造业，依靠“人口红利”创造的低成本比较优势逐渐消退，未来提高中国制造业竞争力的关键在于劳动生产率的提高，包括人力资本优化配置和强化在岗劳动力的技能培训。

1. 人力资本优化配置

伴随教育发展，我国制造业人力资本有显著提高，然而无论从平均受教育年限而言，还是从高等教育劳动力占比而言，制造业均处于较低水平。因此，政府放权于市场，利用价格机制，让人力资本从生产率较低的部门和企业配置到生产率更高的部门和企业；政府进行适当价格干预，让人力资本从垄断性部门配置到生产性部门，尤其是制造业部门。通过人力资本优化配置，提高制造业劳动生产率，实现中国制造业从“人口红利”向“人力资本红利”的转移。

2. 强化在岗劳动力的技能培训

充分发挥各级各类学校的优势，加强终身教育制度建设。提供更多继续教育和职业技能培训课程，发展在线教育和远程教育，积极发挥高校继续教育数字化资源开放和在线教育联盟作用，为在岗劳动力提供多次选择、多种路径的终身学习机会。政府和制造业产业工会、企业与大学联盟形成智能技术产学研联盟，对每位在岗制造业工人开放 STEM 和 AI 课程学习的机会，提高制造业在岗劳动力的劳动生产率和数字技能。

(二)降低企业用工成本

由于工资水平上升具有刚性，因此降低企业用工成本可以从用工的制度性成本和税收成本两个方面进行干预，降低企业用工成本。

1. 增强劳动力市场灵活性，降低用工制度性成本

由于工资水平上升具有刚性，因此降低企业用工成本力度有限，必须从企业经营便利性和劳动力市场灵活性角度进行政策性干预，以降低企业用工成本。我国现行的劳动法律大多基于保护劳动者的合法权益，但倾斜式的保护从用工方式上过多地限制了企业调整劳动要素的自主灵活性，降低了企业迅速应对市场变化的能力，使企业无法消化劳动力成本带来的影响。因此，站在和谐劳动关系、劳资共赢的立场，劳动相关法律条款的修订应基于劳动力和企业对等的角度，在法制规范下增强劳动力市场灵活性，帮助企业合理降低用工的制度性成本。

2. 下调企业社会保障缴费比例，合理降低企业税费负担

根据拉弗曲线(Laffer Curve)所描述的政府税收收入与税率之间的关系：提高税率能增加政府税收收入，但税率超过一定限度时，企业的经营成本提高，收入减少，即税基减少反而导致政府的税收减少。因此，社会保障制度设计应适当考虑经济周期的影响，在经济增速放缓阶段，下调企业社会保障缴费比例，合理降低企业税费负担。

第六节　智能制造引燃人才战争

根据《国家中长期人才发展规划纲要(2010—2020 年)》，人才是指具有一定的专业知识或专门技能，进行创造性劳动并对社会做出贡献的人，是人力资源中能力和素质较高的劳动者。1960 年，舒尔茨在美国经济学会的就职演说中发表了著名的《论人力资本投资》，明确界定了人力资本形成的五种渠道：医疗和保健、在职培训、正规教育、成人学习项目以及迁移。根据人力资本理论，教育和培训是最主要的人才供给方式。

>>一、迈向制造强国中的人才供求现状及预测<<

(一)人才供给

从人才培养的角度看，教育最终会形成规模和结构。教育规模大小直接决定着人才数量的多少，高等教育毛入学率是 10%还是 50%，对一个国家的人才供给和创新来说，有着巨大差别。教育结构是指初等教育、中等教育、高等教育的结构，也指职业教育和非职业教育的结构，还指高等教育的专业结构等。教育结构不同，人才的供给结构也不同(赖德胜，2011)。根据《国家中长期人才发展规划纲要(2010—2020年)》对人才供给的计划目标(表2-26)，到2020年，我国创新型科技研发人员折合全时当量将达到380万人/年，高层次创新型科技人才总量供给4万人左右。重点领域急需紧缺专门人才计划供给1 300万人，其中在装备制造、信息、生物技术、新材料、航空航天、海洋、金融财会、国际商务、生态环境保护、能源资源、现代交通运输、农业科技等经济重点领域计划供给500多万人；在教育、政法、宣传思想文化、医药卫生、防灾减灾等社会发展重点领域计划供给800多万人。其他各类人才队伍计划供给17 700万人，其中企业经营管理人才总量达到4 200万人，专业技术人才总量达到7 500万人，高技能人才总量达到3 900万人，农村实用人才总量达到1 800万人，社会工作人才总量达到300万人。

表2-26 2020年国家人才供给计划目标

人才类型	分类需求	计划目标
创新型科技人才	研发人员	380万人/年
	高层次创新型科技人才	4万人
重点领域急需紧缺专门人才	经济重点领域培养开发急需紧缺专门人才	500多万人
	社会发展重点领域培养开发急需紧缺专门人才	800多万人
各类人才队伍	党政人才	受高等教育比例85%
	企业经营管理人才	4 200万人
	专业技术人才	7 500万人
	高技能人才	3 900万人
	农村实用人才	1 800万人
	社会工作人才	3 00万人

资料来源：《国家中长期人才发展规划纲要(2010—2020年)》。

1. 教育培养与人才供给

(1)高等教育规模。

1999年高等教育管理体制改革和布局结构调整迈出关键步伐，高校扩招工作顺利完成，高等教育的招生人数大幅度增加。全国高等教育招生规模284.67万人，比上年增加68.92万人，增幅31.94%。全国招收研究生9.22万人，比上年增加1.97万人，增长21.38 %；其中博士生1.99万人，硕士生7.23万人。高等本专科教育共招生275.45万人，比上年增加66.95万人，增长24.31%。其中普通本专科招生159.68万人，比上年增加51.32万人，增长47.4%；成人本专科招生(含电大普通班)115.77万人，比上年增加15.63万人，增长15.6%。高等教育经过17年的扩张，截至2015年全国共有普通高等学校和成人高等学校2 852所，比扩张前增加1 830所，各类高等教育在学总规模达到3 647万人，高等教育毛入学率达到40.0%。

高等教育扩张为我国经济和社会发展提供了大量的人才，如图 2-57 所示，2001—2015 年我国高等教育毕业生数从 110.38 万人增长至 736.04 万人，增幅近 6 倍，其中博士毕业生数量为 5.38 万人，硕士毕业生数量为 49.77 万人，普通本专科毕业生数量为 680.89 万人。

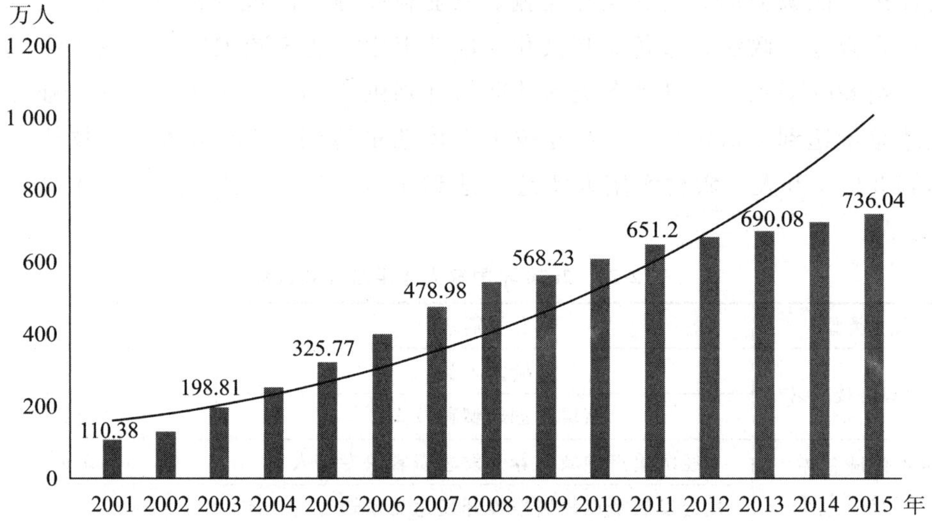

图 2-57　2001—2015 年我国高等教育毕业生数量

资料来源：2001—2015 年《全国教育事业发展统计公报》。

(2)各级学历层次结构。

我国教育发展从根本上改变了人才结构，在劳动力市场的新增劳动力中，受教育层次越来越高。如图 2-58 所示，2001—2015 年，在新增劳动力群体中，初中阶段教育水平占比从 61.5%下降至 1.42%。与之相反的是，高等教育水平占比急速上升，其中本专科阶段教育水平占比从 7.63%上升至 49%，硕士阶段教育水平占比从 0.4%上升至 3.58%，博士阶段教育水平占比从 0.1%上升至 0.39%。与此同时，职业教育发展也为我国提供了大量技能型人才，新增劳动力中等职业教育水平占比从 2001 年的 25.03%上升至 2015 年的 40.87%。2015 年，全国有中职学校 1 万多所，在校生 1 800 多万人；高职院校 1 200 多所，在校生 1 000多万人。“十二五”时期，各级各类职业学校累计为社会输送了近 5 000 万名毕业生，开展各类培训上亿人次。“十二五”期间，全国职业院校平均每年有近 1 000万名学生毕业，是我国中高级技术技能人才的重要来源。在高速铁路、城市轨道交通、现代物流、电子商务等快速发展的行业中，新增技术技能人才的 70%以上来自职业院校。

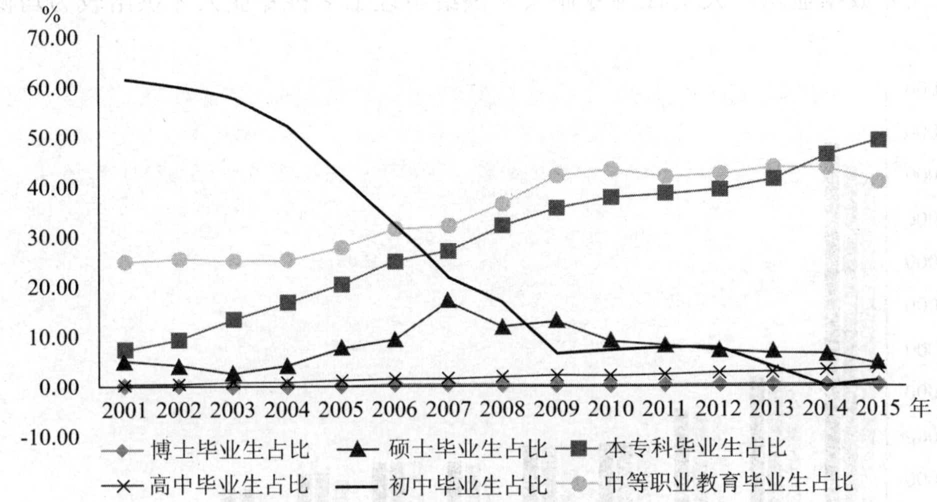

图 2-58　新增劳动力各级学历教育占比

资料来源：2001—2015 年《全国教育事业发展统计公报》。

对比不同受教育程度新增劳动力的相对结构变化，人才结构优化升级的特征体现得更为明显。如图 2-59 所示，2001 年我国劳动力市场新增人才结构是以初中阶段受教育水平为主，规模为 835.3 万人，占比约为 62%。到 2015 年劳动力市场新增人才结构发生显著变化，由以初中毕业生为主演变为以高等教育和中等职业教育毕业生为主。

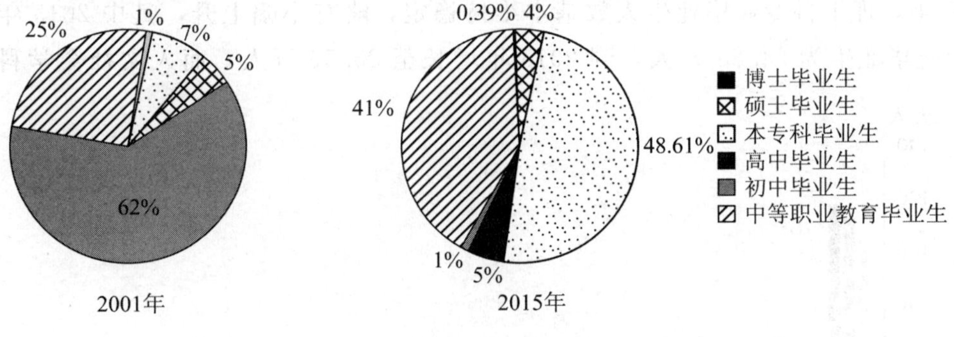

图 2-59　2001 年与 2005 年新增劳动力学历结构对比

注：新增劳动力统计时，本科毕业新增劳动力未剔除应届本科生考取研究生比例，根据微观数据统计，2014 年应届毕业生考研比例为 8.9%，2015 年应届毕业生考研比例为 10.1%。

资料来源：2001—2015 年《全国教育事业发展统计公报》。

(3)学科专业结构。

从图 2-60 可以看出，2013—2015 年，在硕士研究生阶段，工学毕业生逐年上升，2015 年为 194 859 人，占比 36.43%，理学毕业生为 48 856 人，占比 9.13%，医学毕业生占比 11.71%，人文社会学科毕业生占比 42.73%。研究生阶段人才数据显示，人文社科专业人才供给与理工学科专业人才供给较为均衡。

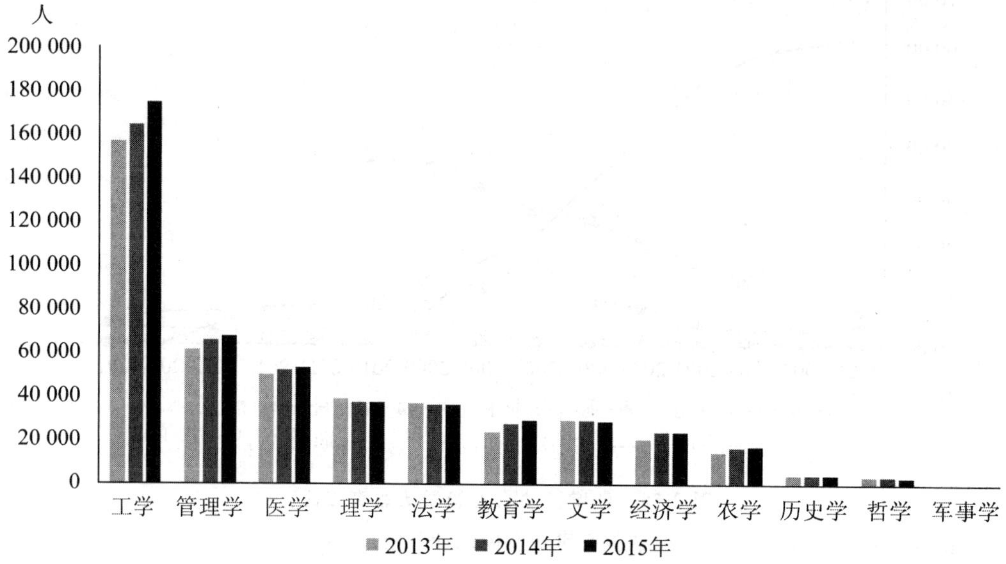

图 2-60　2013—2015 年我国研究生分专业毕业生人数

资料来源：《中国统计年鉴》。

在本科教育阶段，2015 年农学专业毕业生为 118.05 万人，占比 28.41%，理工科专业毕业生为 27.3 万人，占比 6.57%，医学专业毕业生为 6.09 万人，占比 1.47%，而人文社会学科专业毕业生占比 63.55%。从时间趋势上看，2013—2015 年，理工科专业毕业生人数基本维持稳定，略有小幅上升，其中 2013 年工学专业毕业生为 24.88 万人，到 2015 年增长至 25.56 万人，而人文社会学科专

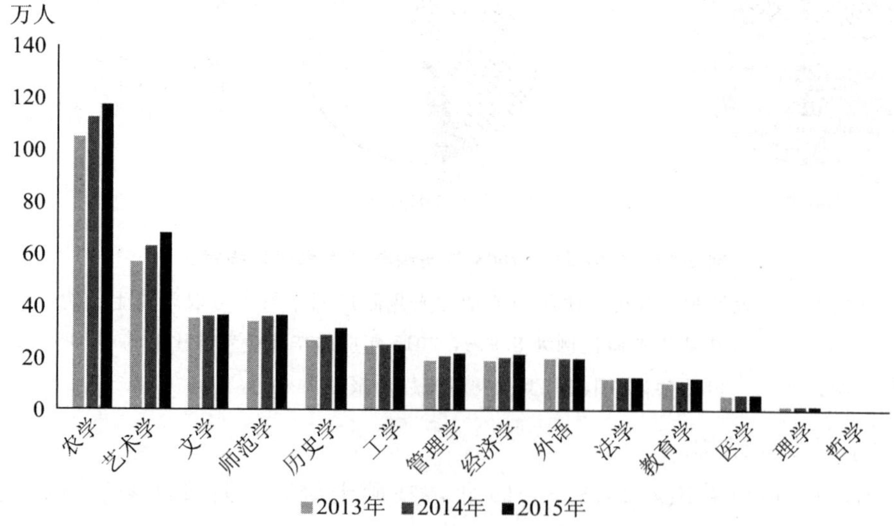

图 2-61　2013—2015 年我国普通本科分专业毕业生人数

资料来源：《中国统计年鉴》。

业毕业生人数增幅较为明显。本科阶段人才结构数据表明，人文社科专业人才供给远远超过理工学科专业人才供给，人才供给结构较为失衡。

在专科教育阶段，三年来财经大类始终占毕业生人数的首位，2015 年财经大类毕业生为 69.38 万人，占专科毕业生的 20.33%，制造大类毕业生为 40.65 万人，占专科毕业生的 11.91%，电子信息大类毕业生为 29.26 万人，占专科毕业生的 8.57%。从整个专科教育阶段人才结构来看，应用类专业人才供给比例较大。

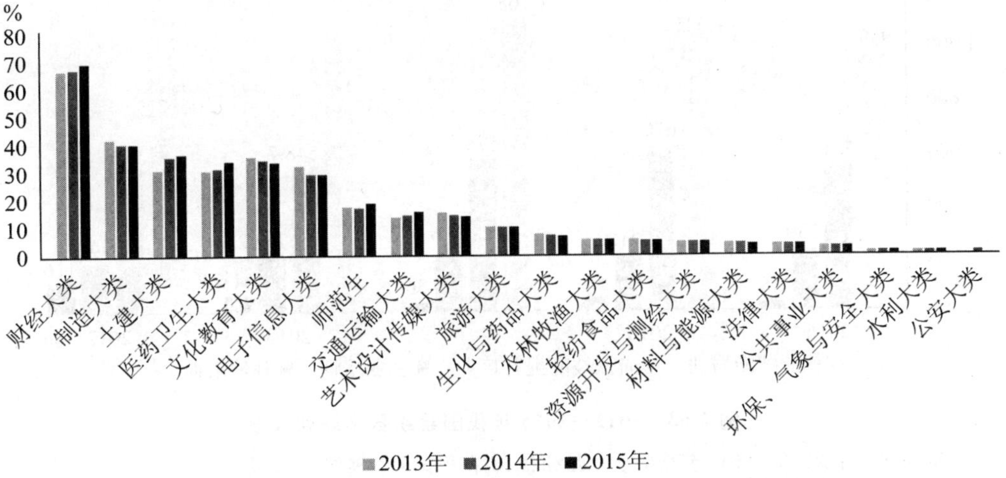

图 2-62　2013—2015 年我国普通专科分专业毕业生数

资料来源：《中国统计年鉴》。

综合高等教育各阶段人才供给专业结构可以看出，我国理工科教育在本专科应用型人才培养阶段人才供给较为薄弱，而在研究型人才培养阶段人才供给相对充裕，这样的人才供给结构使得我国劳动力市场应用型技能人才，尤其是高技能人才较为缺乏。

2. 培训建设与人才供给

截至 2016 年年底，我国有两院院士 1 500 多人，享受政府特殊津贴专家 17.7 万人，国家百千万人才工程入选者 5 300 多人，基层专业技术人员 8.1 万人。全国累计共有 2 358 万人取得各类专业技术人员资格证书。2016 年，博士后科研工作站累计招收培养博士后 16 万多人。专业技术人才知识更新工程培训高层次专业技术人才 2.1 万人次，开展急需紧缺人才培养培训和岗位培训 127.35 万人次。近五年来，我国通过组织各类培训形成的人才数量如图 2-63 所示，虽然从绝对数值而言，近五年各类培训数量有所下降，从 2012 年的 2 049 万人降至 2016 年的 1 775 万人，然而从结构比例而言，我国培训结构不断优化，主要体现在接受岗位技能提升培训人数和创业培训人数逐渐增加。

截至 2016 年年底，我国制造业规模以上企业人力资源总量 8 589 万人，专业技术人员 809 万人。装备制造业规模以上企业人力资源总量近 1 794 万人，据不完全统计，其中人才总量近 736 万人，具有大学本科和研究生学历的人员分别占人才总量的 29%和 2%，新增技师和高级技师人数 46.7 万人。①

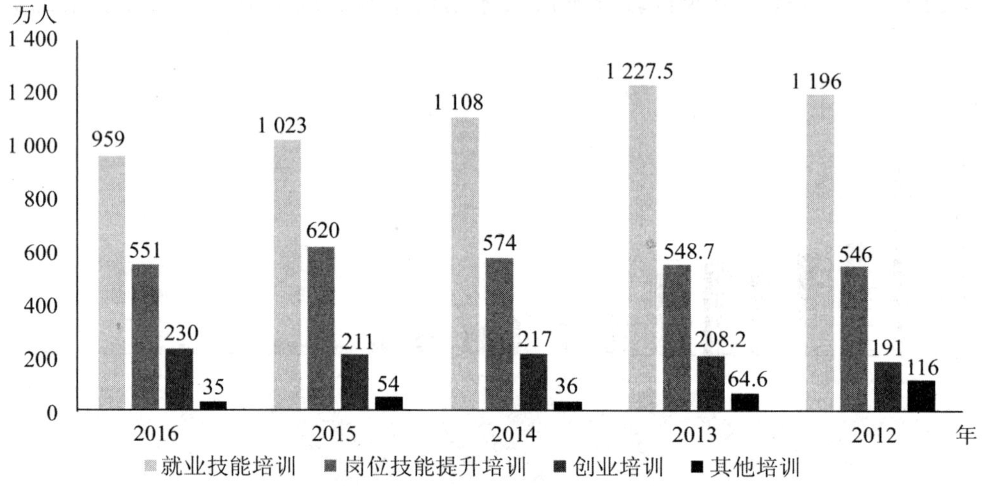

图 2-63　2012—2016 年我国组织各类培训人数

资料来源：2012—2016 年《人力资源和社会保障事业发展统计公报》。

(二)人才需求

2011 年，中央组织部、人力资源和社会保障部发布的《高技能人才队伍建设中长期规划(2010—2020 年)》指出我国走新型工业化道路，重点产业调整振兴计划的实施和新兴战略性产业的发展，急需一大批掌握精湛技能和高超技艺的高技能人才作支撑。据预测，2020 年技能劳动者需求将分别比 2009 年增加近 3 290 万人(不含存量缺口 930 万人)，其中，高技能人才需求将增加 990 万人(不含存量缺口 440 万人)。到 2020 年，全国技能劳动者总量达到 1.4 亿人，其中高级工以上的高技能人才达到 3 900 万人(高级技师 180 万人、技师 820 万人、高级工 2 900万人)，占技能劳动者的比例达到 28%左右，高技能人才每两年参加技能研修和知识更新不少于 30 天，拥有特殊操作法或技能革新、发明专利的高技能人才占所在单位高技能人才的比例不低于 80%。该规划将使高技能人才数量同经济和社会发展目标基本相适应，高技能人才结构和素质同产业、行业发展需求基

① 2016 年人力资源和社会保障统计快报数据，http://www.mohrss.gov.cn/SYrlzyhshbzb/zwgk/szrs/dtyjsu/201702/t20170215_266193.html。

本相适应。

第四次工业革命是在数字革命的基础上发展起来的，是以互联网产业化、工业智能化、工业一体化为代表，以人工智能、清洁能源、无人控制技术、量子信息技术、虚拟现实以及生物技术为主的全新技术革命。在这样的技术进步浪潮下，我国高技术专业人才供给略显不足。从总量上看，我国科技人员数量与发达国家大体相当，但高端人才的数量与发达国家差距巨大。根据人力资源和社会保障部发布的数据显示，我国高级专业技术职务(高级工程师)、职业资格一级(高级技师)、职业资格二级(技师)、中级专业技术职务(工程师)岗位缺口较大，求人倍率分别为2.1、2、1.91、1.81，社会发展迫切需要培养大量技术技能人才。

1. 人才需求的类型及数量

第四次工业革命新技术趋势是基于信息技术、生物科学、材料科学和能源等，这些新技术很可能将推动下一波全球经济增长。在未来数年，一系列经济上的突破性新技术可能产生巨大影响：移动互联网、云技术、先进机器人、无人驾驶、储能技术、3D打印、先进材料和可再生能源。这些技术引发数以百万计的工人和不同产业数万亿美元的经济活动(Manyika等人，2013)①，这也对参与其中的制造业工人提出了技术要求。面对新技术革命的冲击，中国、美国、德国、日本等国都重新布局制造业，主动迎接挑战。

2016年，教育部、人力资源和社会保障部、工业和信息化部联合印发了《制造业人才发展规划指南》，根据我国“制造2025”战略的五大工程十大领域以及我国教育供给情况，《制造业人才发展规划指南》提出以下目标(表2-27)：到2020年，制造业从业人员平均受教育年限达到11年以上，制造业从业人员中受过高等教育的比例达到22%，高技能人才占技能劳动者的比例达到28%左右，研发人员占从业人员比例达到6%以上，人才的分布和层次、类型等结构更加优化。

① 联合国工业发展组织：《2016年工业发展报告》，http://www.mofcom.gov.cn/article/i/jyjl/m/201601/20160101230490.shtml。

表 2-27　制造业十大重点领域人才需求　（万人）

序号	十大重点领域	2015 年	2020 年		2025 年	
		人才总量	人才总量预测	人才缺口预测	人才总量预测	人才缺口预测
1	新一代信息技术产业	1 050	1 800	750	2 000	950
2	高档数控机床和机器人	450	750	300	900	450
3	航空航天装备	49.1	68.9	19.8	96.6	47.5
4	海洋工程装备及高技术船舶	102.2	118.6	16.4	128.8	26.6
5	先进轨道交通装备	32.4	38.4	6	43	10.6
6	节能与新能源汽车	17	85	68	120	103
7	电力装备	822	1 233	411	1 731	909
8	农机装备	28.3	45.2	16.9	72.3	44
9	新材料	600	900	300	1 000	400
10	生物医药及高性能医疗器械	55	80	25	100	45

资料来源：北京师范大学劳动力市场研究中心根据《制造业人才发展规划指南》整理而得。

2. 人才需求的质量与结构

通过对比制造业同领域内国内外人才经验结构差异，可以看出我国在迈向制造强国过程中对人才需求的标准，以国防与交通运输设备制造业为例，通过对比美国和德国两个制造业强国的人才从业年限，可以看出中国在该行业缺乏具备十年以上从业经验的人才。

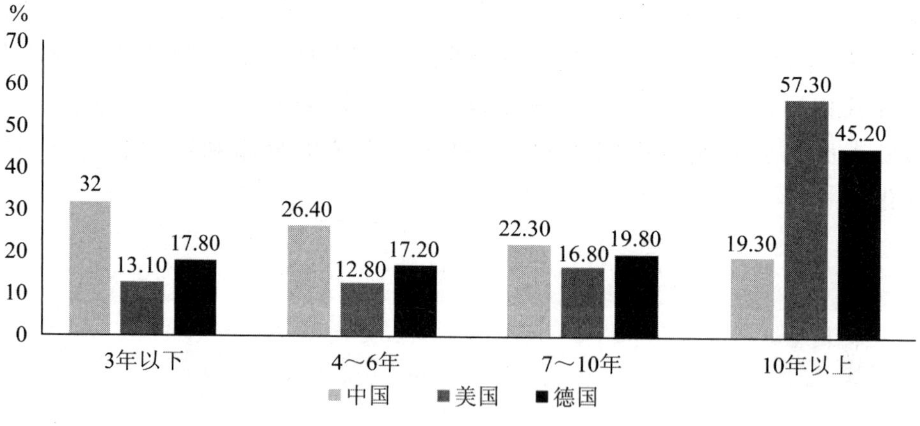

图 2-64　三大制造业国家人才从业年限对比

资料来源：Linked in，《中国制造人才白皮书》。

从人才的职级结构中我们可以看出，高端制造行业人才结构呈现出初级人才比例较高，高级人才比例较低的特点。以汽车行业为例，全球主要汽车企业集团的中高级技工占工人总数的40%以上，而我国仅占4.3%。调查显示，我国汽修企业中学以下学历、高中学历、大学专科及以上学历工人的比例约为 4∶5∶1，而发达国家的比例一般为 2∶4∶4。

第三方研究机构对机械与自动化行业、国防与交通运输设备制造业、信息技术人才、新材料制造业、新兴医疗制造业以及能源与环保六个行业人才结构进行统计，结果如图 2-65 所示，初级职位人才平均占行业人才比重接近 40%，经理平均占行业人才比重接近 30%，高级专业人员平均占行业人才比重为 20.47%，这反映出人才结构较为低端。分行业看，信息技术行业的初级人才聚集最多，占比 41.6%，反映了我国数字信息技术产业发展目前仍然处于基础阶段，人才吸纳结构较低。而新兴医疗行业则拥有较多的高级职位人才，高达 69.5%，这也反映了该行业对高端人才的巨大需求。

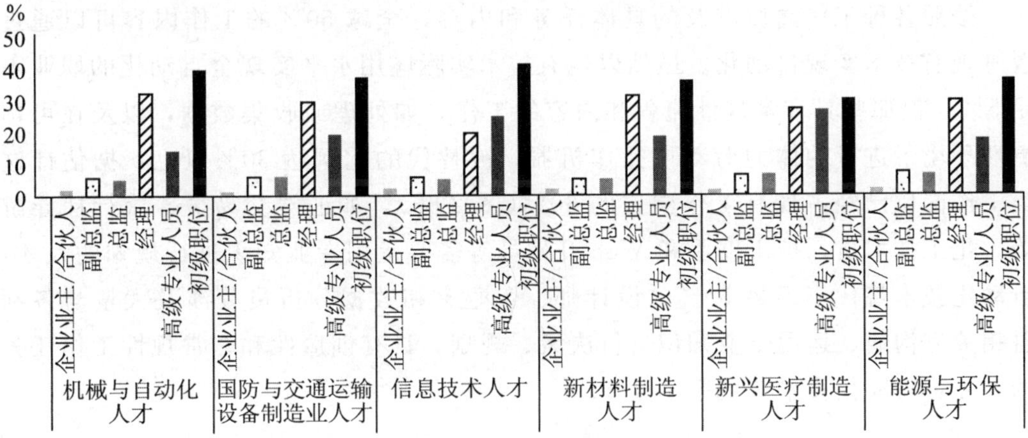

图 2-65　六大高端制造行业人才结构

资料来源：Linked in，《中国制造人才白皮书》。

>>二、技术进步与人才之争：替代效应 VS 争夺效应<<

以人工智能、数字化为核心的技术进步究竟是替代人才，还是争夺人才？对于这一争论的探究理论可以追溯到古典经济学时代。以李嘉图为代表的古典经济学家普遍认为，技术进步是一把“双刃剑”，即在毁灭旧有工作的同时又创造了新的工作岗位。当代经济学家 Daron Acemoglu(2002)在综合各方技术进步对就业的影响基础上，总结出两种类型的技术进步：技能退化型技术进步(deskilling-biased progress)和技能偏好型技术进步(skill-biased techonical progress)。一般而言，技能退化型技术进步将增加对低技能劳动力的需求，技能偏好型技术进步将增加对高技能劳动力的需求，而相对降低对低技能劳动力的需求。

第四次工业革命是以互联网产业化、工业智能化、工业一体化为代表，以人工智能、清洁能源、无人控制技术、量子信息技术、虚拟现实以及生物技术为主的全新技术革命。与以前的技术革命(如农业机械化或制造业自动化)相比，此次技术进步对技能人才的影响既与以往有相似之处，又有其独特之处。相似之处在于遵循了技术进步对就业的双重效应。独特之处在于，一方面是替代效应，机器能执行越来越多常规的技能型工作，而且比人工更快更便宜，如翻译、银行保险员等均有可能被机器替代；另一方面是争夺效应，技术进步和机器生产本身需要大量非常规性、创造性工作，由此争夺具有创新能力的高技能人才。

(一)技术对人才的替代效应

1. 按工作岗位任务分自动化对人的替代

按照各种工作岗位涉及的具体任务和内容，全球50%的工作内容可以通过改进现有技术实现自动化。虽然以现有技术实际应用水平实现全自动化的职业不足5%，但那些具有常规性流程和内容的工作，如处理或收集数据，以及在可预测性环境下进行的体力劳动或操作机器，被替代的比例达30%以上，据估计这类工作岗位已经占现有工作岗位的60%(图2-66)，如证券交易员、旅行社导游等。化工技术员、护士助手和Web开发员等需要运用专业知识进行规划的人才，自动化技术替代率不足50%。设计师、企业家和数据分析员等涉及大量与各利益相关方沟通、运用专业知识进行决策、规划、具有创造性和非常规性工作任务的人才，自动化技术替代率不足10%。

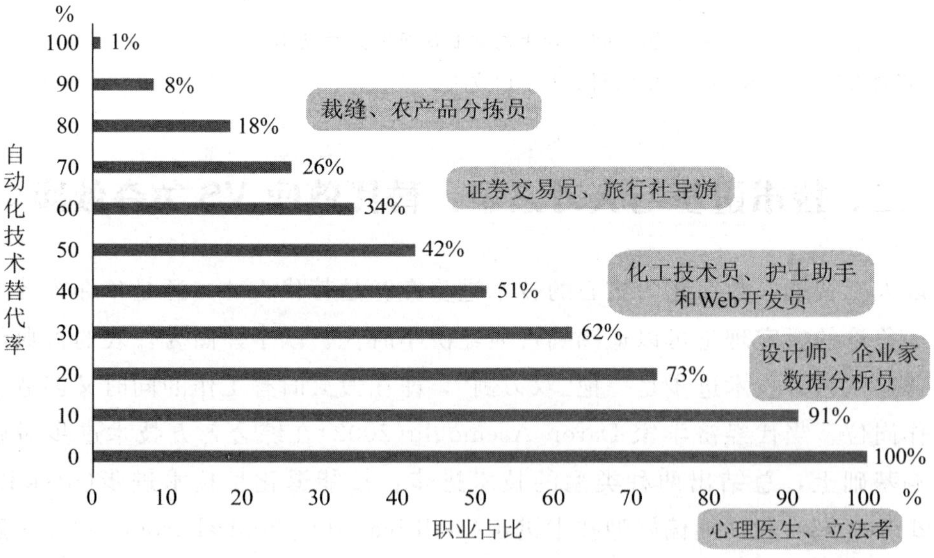

图2-66 基于现有技术，在美国各职业被自动化替代的比例(累计数据)

资料来源：美国国家劳工统计局，麦肯锡全球研究院分析数据。

根据牛津大学 Carl Benedikt Frey 和 Michael Osborne 的研究，目前美国有 47%的工作属于将被机器人代替的“高危”工作。而未来，现在统计的 800 多种工作中，5%将全部被机器人替代，几乎所有职业都可实现部分自动化。美林公司预测，到 2025 年人工智能每年带来的颠覆价值在 14 万亿～33 万亿美元，其中有 9 万亿美元来自自动化对人工成本的节约；预计全球约半数的付薪工作内容可通过应用现有技术实现自动化。当然，最先被机器人替代的是可标准化和程序化或模糊技术能处理的劳动，而具有创造性的、灵活性大的、需要根据情景变化实施方案的工作，以及带有情感色彩或艺术创作类别的工作会借助机器进行，如心理医生、立法者、画家、作曲家等，但最核心的经验、技艺依然很难被替代。

2. 分行业自动化替代差异

从分行业技术对人才的替代程度也可以看出，虽然技术进步对人才存在替代作用，但不同行业以及行业内不同职位的自动化潜力存在较大差异，这主要取决于各行业工作内容的差异。从人员管理和培训、运用专业知识进行决策和创造、与利益相关方沟通接洽、常规的体力劳动、数据收集、数据处理，以及非常规的人力劳动七个方面对全球 46 个主要国家各行业的自动化潜力估计，估计结果如图 2-67 所示，自动化潜力前三位的行业是住宿与餐饮服务业、制造业、交通运输与仓储业，自动化潜力分别高达 66%、64%和 60%，技术可能替代就业量分别达到 5 390 万人、23 740 万人和 5 360 万人，如此高的自动化潜力来源于这三个行业内存在大量常规性、重复性的体力劳动。

自动化替代率在 50%左右的行业分别是零售业(54%)、矿业(54%)、农业(50%)和批发业(50%)，技术可能替代就业量分别达到 5 390 万人、23 740 万人、5 360 万人、14 900 万人。其中，农业受自然气候影响较大，该行业存在一些非常规、难以预测的体力劳动，降低了行业自动化替代率，而零售业和批发业则因为存在与利益相关方沟通接洽和数据信息收集工作，也相对降低了行业自动化替代率。金融与保险行业由于存在一定规模的数据处理业务，目前自动化替代率为 42%，技术可能替代就业量为 24 400 万人。

自动化替代率最低的三个行业分别是教育服务业(34%)、商业管理和企业家(37%)、科学技术服务行业(39%)，可替代就业量分别达到 41 100 万人、96.49 万人和 14 800 万人。其中，商业管理行业和科学技术服务行业同时存在大量的运用专业知识进行决策和创造以及数据信息收集、处理的工作，而教育服务行业则需要运用专业知识进行创造，并且需要从业人员花费一定的时间做管理和培训方面的工作。

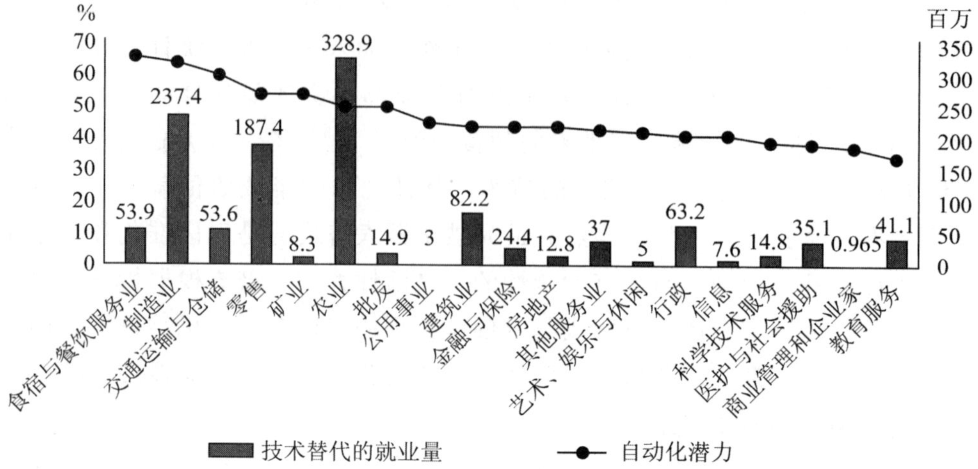

图 2-67 全球 46 个主要国家分行业自动化潜力及技术替代就业量

资料来源：麦肯锡全球研究院。

(二)技术进步对人才的争夺效应

人们对“技术性失业”的恐惧可以追溯到工业革命时期，经济学家约翰·梅纳德·凯恩斯和作家艾萨克·阿西莫夫都曾有感于这种谬误。凯恩斯于 20 世纪 30 年代预测，到 20 世纪末人们每周只需工作 15 小时；阿西莫夫 1964 年曾撰文预测，到 2014 年人类面对的一个最迫切问题就是“在一个被迫闲着的社会”感到无聊。但是数百年来，经济不断适应着劳动力市场的巨大变迁。技术进步一方面破坏旧的工作岗位，另一方面又创造新的就业机会，被称为补偿机制。比如在制造业存在新机器补偿机制，某种导致工人被排挤的技术进步必然要求有新机器出现，这将在生产这种新机器的部门创造新的就业岗位，并且随着机器发明、设计和生产技术含量的提高，新创的就业岗位会形成对人才的争夺。另外，由于技术进步不一定都是工艺改进或产品创新，还可能以新的商业模式出现，新业态所创造的就业岗位也会形成对人才的争夺。

1. 人工智能机器人生产争夺人才

人才，特别是高端工程人才是智能机器人产业发展争夺的重点。根据《中国制造 2025》机器人领域的路线图：2020 年，我国工业机器人年销量将达 15 万台，保有量达 80 万台；到 2025 年，工业机器人年销量将达 26 万台，保有量达 180 万台。这意味着智能机器人产业将成为下一个人才争夺的制高点。2016 年《机器人产业发展规划(2016—2020 年)》的发布推进了机器人产业的发展。2017 年两会提出，“要深入实施《制造业 2025》，要将发展智能制造作为主攻方向”[①]。

从数量上看，2013 年，我国市场销售机器人 3.7 万台，同比增长 60%，机器人概念公司已经达到 430 家。2014 年上半年，我国已进口 3.5 万台工业机器人，同比增长 92%。通常，国际上用每万名工人机器人拥有量来衡量机器人普及水平。截至 2015 年，我国每万名工人机器人拥有量为 23 台，德国为 273 台，日本、韩国则超过 300 台。

从质量上看，智能机器人是以计算机为技术基础，多学科交叉融合的产物，且应用很难从一个行业直接推广到另一个行业。富士康曾试图将汽车行业机器人的经验应用到 3C 行业，却没有成功。综合已有数据，我国机器人产品的 95%来自欧洲和日本企业，国产机器人多为低端产品，更接近传统意义上的自动化产品，与现代意义的智能化相差甚远。国产机器人的平均有效生命只有 8 000 小时，与 5 万～10 万小时的衔接水平相距甚远，这意味着我国机器人生产有更大的发展空间。根据工业化生产模式“微笑曲线”(Smiling Curve)理论，制造产业链分为三个区间，即研发与设计、生产与制造、营销与服务，其中生产与制造环节总是处在产业链的低利润环节。依托智能机器人产业的设计研发以及产品后续服务延伸的产业链成为人才争夺战的主力军。

机器人作为智能性物质资本载体，的确提高了生产效率，然而作为物质资本，又扩大了对劳动力的投入需求，还创造出新的就业岗位，比如机器人程序员、工程师、设计师等，就像计算机从发明到应用再到普及，不仅没有减少就业人口，反而围绕着计算机衍生出更多的、前所未有的新型就业岗位。

2. 数字技术发展及渗透行业争夺人才

数字技术融入各行各业，善用数字技术成为诸多岗位的“必修课”，无法被技术所取代的人才技能的重要性愈发凸显，如传统营销转为数字化营销。因此，掌握综合化的不易被数字技术所取代的技能及素质的就业者将享有更广泛的职业发展空间，而争夺此类人才势必会成为下一轮“人才争夺战”的重中之重。世界银行也有类似推论：劳动者能掌握利用技术的技能就会提高生产率与薪酬；如果不能提高技能，他们就不得不竞争低水平岗位。

根据 Boss 直聘提供给 36 氪[②]的数据，跟人工智能相关的数据服务和信息安全行业均为 2017 年公司薪资预算增长最快的领域，涨幅相比去年同期分别达到 41.9%和 39%。随着数字技术被渗透到游戏场景设计中，数字技术提高了游戏场

---

① 李克强：《推动传统产业变革　把发展智能制造作为主攻方向》，http://www.chinanews.com/gn/2017/03-05/8165756.shtml，2017-03-05。

② 36 氪(北京协力筑成金融信息服务股份有限公司)创办于 2011 年 7 月，是国内知名互联网创业生态服务平台。

景设计效率，提升了游戏场景设计艺术水平，数据显示2017年游戏行业人才薪资涨幅达到38.5%。数字技术的渗透也改变了许多传统行业的商业逻辑，尤其是能够在垂直行业内深度应用数字化技术、理解“互联网+”运作方式的跨界人才，比如企业服务利用大数据为客户指定个性化方案，大大加剧了数字复合型人才的争夺战，从37.5%的薪酬涨幅可以明显看出人才争夺战的激烈程度。

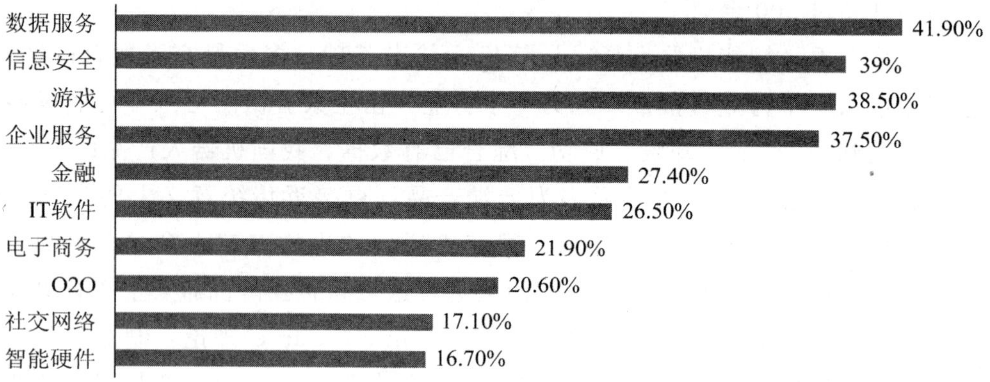

图2-68　2017年春季人工智能相关的数据服务行业薪资同比增幅

资料来源：BOSS直聘，https://36kr.com/p/5066338.html。

通过对2017年春季各类职位供求关系分析及对人才库的跟踪，2017年年末数字技术发展对人才争夺的可能趋势如图2-69所示，数据架构师供求缺口高达近60%，算法类人才供求缺口均超过50%。另外依托数字技术发展，深度学习、IT培训讲师等数字技术培训类行业也参与到人才争夺战中，数据显示深度学习岗位未来供求缺口为33.8%，IT培训讲师岗位未来供求缺口为38%。未来，推动数字技术进一步发展，并拥有数字技能的人才将是劳动力市场上被争夺的主要人才。放眼全球，对数字化顶尖人才的争夺战已从ICT行业部门蔓延至更多的非ICT传统行业部门，甚至是企业与高校之间：2015年Uber从卡耐基梅隆大学机器人实验室聘用了40%的科学家，通用电气组建GE Digital，思科、SAP、IBM等公司以极具诱惑的待遇招人，CNN政治则聘请了新闻聚合网站BuzzFeed的顶尖技术人员。

除了人才争夺效应之外，数字技术发展及渗透行业的就业创造效应也相当可观。在发展中国家，ICT部门的就业人数平均只占劳动力的1%，在经合组织国家，ICT部门就业比例占总就业人数的3%～5%。在美国，一个高科技职位能在其他部门带动产生4.9个职位。肯尼亚的M-Pesa数字支付系统为8万多代理人带来额外收入。据中国国家信息中心估算，新近繁荣起来的电子商务部门通过网店和相关服务创造了1 000万个职位，占中国就业总数的1.3%。

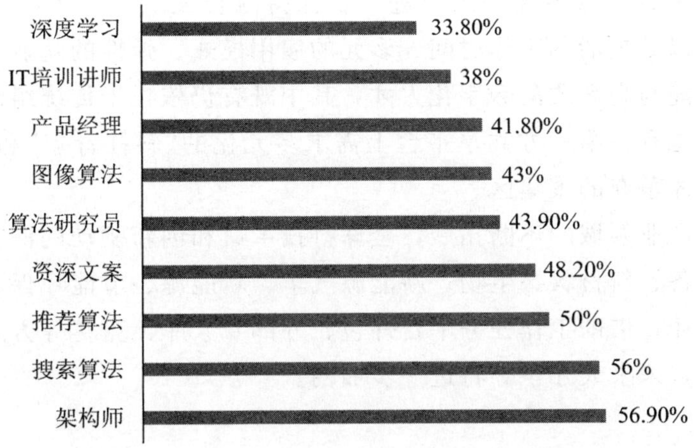

图 2-69　2017 年数字技术发展对人才争夺的动态预测

资料来源：BOSS 直聘。

3. 新业态人才争夺

在数字经济中，自主创业、自营职业的新机会也在快速涌现。互联网降低交易成本，为新业态发展和创业企业带来更多机会。与此同时，依托数字技术对大量信息有效整合，网络平台突破了传统劳动力市场的边界，为高技能数字人才提供了实现个人价值、探索新领域的可能。第三方招聘平台对 2016 年应届毕业生的就业、创业认知调查表明，任何就业、创业模式对“90 后”知识型人才而言，其目标选择均殊途同归，无论创业还是就业，只要能符合自身兴趣及理想方向，内在动机都在于是否能成就自我、实现理想。2016 年各年龄段白领跳槽实际行动占比数据显示，“90 后”跳槽比例高达 95%，并且有 68%跳到 IT、通信、电子和互联网行业。受过高等教育的年青一代渴望挑战主播、网红等新业态模式下与数字经济相关的新兴职业。

表 2-28　2016 年应届毕业生的就业、创业认知　（%）

	2016 应届毕业生对工作的认知		2016 应届毕业生选择创业的原因
成就自己的事业	71	实现自己的理想	25
挣钱	63	兴趣所在	24
实现自己的梦想	54	自由	19
实现活着的价值	46	挣钱	16
实现父母的愿望	21	没有找到合适的工作	8
无意义	5	有合适的创业机会	7
打发时间	5	其他	1

资料来源：智联招聘，《2016 年应届毕业生就业力调研报告》。

未来，数字经济与传统经济将进一步保持融合发展，并不断催生新业态模式，网络平台以其灵活的工作时间、多元的雇用模式、弹性的就业方式等吸引着广泛具有高技能与高素质的数字化人才，其中既有仍依托于传统组织雇用关系的“传统青年”，也有在第三方共享平台上需求多元化的“斜杠青年”和自主创业者，新业态成为人才争夺的聚集区。

随着新兴产业领域的不断拓展，全球科技革命和创新驱动的深入，数字信息技术、高端装备、新材料、生物、新能源汽车、新能源、节能环保、数字创意等战略性新兴产业，借助工作任务平台外包、外部专家库、竞赛等方式匹配人力资源管理新业态，未来人才争夺将进一步加剧。

>>三、移民红利与国际人才战争<<

人才战争能够成为一场全球战争是源于经济全球化和知识经济时代的到来，让人才成为第一资源。自给自足经济决定了人才争夺的对象只能是少数领域的高端人才，在经济全球化时代，“个人全球化”成为时代战争的主题（王辉耀，2009)。2013 年 11 月，美国的移民政策研究所在伦敦举行了年度会议，会议围绕“城市和地区：收获当地移民红利”这一主题展开，开启了全世界对“移民红利”的讨论，外来移民对于本地区的科技、经济和社会的作用越来越受到重视。

(一)移民红利

据联合国国际移民统计数据，2013 年全球有 2.32 亿人口移民海外，而在 1990 年、2000 年和 2010 年该数据分别是 1.55 亿人、1.78 亿人、2.14 亿人。在 2.32 亿移民人口中，74%为 20～64 岁劳动年龄段的移民。[①] 1990—2013 年，美国净增移民人口 2 300 万人，平均每年净增 100 万人。对移民比例高的国家而言，移民的经济贡献突出。如根据新加坡贸工部的统计，20 世纪 90 年代的 10 年间，外籍人士对新加坡 GDP 增长的贡献度为 41%，其中 37%来自有专业技术的白领阶层。[②]

1. 移民创新红利

2014 年，美国政策国家基金会发布的一份报告指出：“在推动美国科学与工程领域发展的过程中，移民发挥着日益重要的作用，这种作用反映在他们的获奖、研究、创业和教育等方面。”[③]1960—2013 年，美国有 72 名移民科学家获奖，

---

① 联合国经济与社会事务部：《国际移民 2013》。

② 王辉耀：《人才战争》，北京，中信出版社，2009。

③ 《七管齐下绿卡制度创新关系人才未来》，http://epaper.jinghua.cn/html/2014－06/09/content_95076.htm，2014-06-09。

占美国诺贝尔奖获得者的 1/4。移民已成为美国科研不可或缺的力量。外国出生的人口只占美国总人口的 14%，而他们获得的美国创新专利却占了总量的 1/3。在美国的 7 大顶级癌症研究中心里，42%的研究人员出生于外国，其中得克萨斯大学 MD 安德森癌症研究中心的移民科学家比例高达 62%。在教育领域，2011 年，美国大学电子工程专业的全日制在校研究生中国际学生占 71%；2011 年，美国计算机科学专业的国际学生占 65%。美国吸引了最多最具才干和技能的移民，世界上 57%的移民发明者都居住在美国。美国约有 65 万移民具有博士学位，占整个 OECD 国家具备博士学位移民的 1/3。具备最高层次文化和素养的所有 OECD 移民中有 40%居住在美国。

2. 移民创业红利

在创业方面，移民表现尤为突出，移民创建了美国 1/4 的高科技公司。① 中国、印度和韩国是向美国输送移民创业家的前 10 位国家。在美国市值前 50 名的上市公司中，有近一半是移民创建或共同创建的。而在硅谷，36.4%的人口出生于国外②，1/3 初创企业是印度裔美国人创立。如表 2-29 所示，独角兽企业移民创始人来自 21 个国家，其中以印度居多，其次是加拿大、英国和以色列等国家(有些公司的联合创始人原籍为同一国家)。这 87 家独角兽企业中，有 62 家(71%)的重要管理或产品开发岗位至少有一位移民。在这些独角兽初创企业中，移民最常从事的岗位是首席技术官、首席执行官和工程副总裁。

表 2-29　移民创建的独角兽企业所创造的就业岗位数量　（人）

创业公司	公司主要业务	带动就业数量
Space X	美国太空探索技术	4 000
Mu Sigma	数据分析	3 500
Palantir Technologies	金融大数据分析平台	2 000
Zenefits	一站式云人力资源管理	1 465
Bloom Energy	美国清洁能源	1 200
Wework	众创空间，共享办公场所	1 200
Apttus	人机对话交互的智能代理程序开发	1 100
Clodera	Hadoop 数据管理软件与服务提供	1 100
AppNexus	广告科技	1 000
AppDynamics	应用性能管理	900
Uber	全球即时用车软件	900

资料来源：美国政策全国基金会，企业数据。

① 《最新调查称美国四分之一高科技公司由移民创建》，http://www.china.com.cn/news/tech/2012－10/03/content_26695061.htm，2012-10-03。

② Joint Venture Silicon Valley：*2014 Index of Silicon Valley*，2014.

移民创业不仅促进了当地的经济发展还带动了大量就业。如图 2-70 所示，独角兽企业为美国社会带来大量的就业岗位，表现突出的独角兽企业包括美国太空探索技术公司(SpaceX)直接带动就业数量 4 000 人；数据分析公司(MuSigma)直接带动就业数量 3 500 人；美国帕兰提尔数据分析和安全公司(Palantir Technologies)直接带动就业数量 2 000 人；移民创建的独角兽企业(11 家)直接创造的就业岗位累计达 18 365 人。截至 2014 年 12 月的报告显示，Uber 除至少 900 名直属员工外，在美国还拥有 162 037 名完成至少 4 次出行的“活跃司机”。

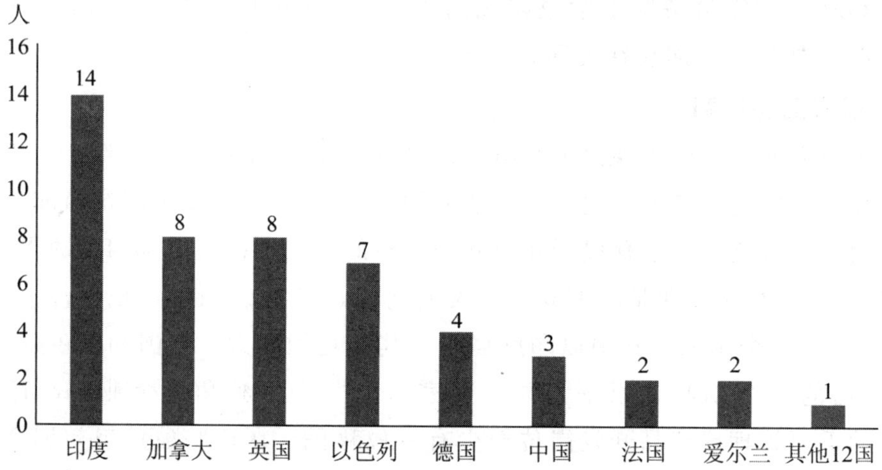

图 2-70　独角兽企业创始人的原籍国家及创业者数量

注：其他 12 国包括亚美尼亚、阿塞拜疆、阿根廷、埃及、伊拉克、荷兰、伊拉克、挪威、俄罗斯、新加坡、南非、韩国、乌兹别克斯坦。

资料来源：美国政策全国基金会，企业信息，企业数据库公司 CrunchBase。

(二)国际人才战争

第四次工业革命新技术趋势是基于信息技术、生物科学、材料科学和能源等，这些新技术很可能将推动下一波全球经济增长。在未来数年，一系列经济上的突破性新技术可能产生巨大影响：移动互联网、云技术、先进机器人、无人驾驶、储能技术、3D 打印、先进材料和可再生能源。这些技术引发数以百万计的工人和不同产业数万亿美元的经济活动(Manyika 等人，2013)，也对参与其中的制造业工人提出了技术要求。面对新技术革命的冲击，中国、美国、德国、日本等国都重新布局制造业，主动迎接挑战。

如表 2-30 所示，中国实施“制造 2025”等一系列战略，通过“三步走”实现制造强国的战略目标。推动制造业由大变强不仅要在一般消费品领域，还要在技术含量高的重大装备等先进制造领域变强。美国也从 2012 年开始实施了一系列“重振制造业”的战略，希望通过发展包括先进生产技术平台、先进制造工艺及设计与数据基础设施等先进数字化制造技术，实现智能化的制造方式。德国则希望通过“工业 4.0”支持工业领域新一代革命性技术的研发与创新。日本颁布了一系列制造业竞争报告和数字技术研发报告，通过加快发展协同式机器人、无人化工厂，提升制造业的国际竞争力。巴西和印度以智能工厂建设等措施应对全球振兴制造业战略。

表 2-30　全球制造业战略

国家	年份	实施战略	内容及目的
中国	2015、2016	《中德合作行动纲要》 《中国制造 2025》 《装备制造业标准化和质量提升规划》	通过“三步走”实现制造强国的战略目标。推动制造业由大变强，不仅要在一般消费品领域，还要在技术含量高的重大装备等先进制造领域变强
美国	2012	《重振美国制造业框架》 《先进伙伴制造计划》 《先进制造业国家战略计划》	再工业化、工业互联网。发展包括先进生产技术平台、先进制造工艺及设计与数据基础设施等先进数字化制造技术，以实现智能化的制造方式
德国	2013	“工业 4.0” 《高技术战略 2020》	提出“工业 4.0”，支持工业领域新一代革命性技术的研发与创新
日本	2009、2010	《日本制造业竞争策略》 《日本制造业专题报告》	加快发展协同式机器人、无人化工厂，提升制造业的国际竞争力
巴西	2011	《工业强国计划(2011—2014)》	明确了扶持工业发展的八项政策，并部署了以加强供应链管理为支撑的智能工厂建设等措施
印度	2011	《国家制造业政策》	着力推进制造业发展的中长期规划，着力建设一批智能制造产业园区

资料来源：北京师范大学劳动力市场研究中心整理而得。

1. 高等教育国际留学生争夺

全球制造业战略均以发展和应用数字技术为核心，为此高知识人才、高技术人才和 STEM 专业人才成为人才战争的争夺核心。

根据 OECD 的数据，目前全球有超过 500 万学生在其祖国以外的国家接受教育，其中接受高等教育的留学生人数增长较为明显。表 2-31 显示了 2015—2016 年全球接收高等教育的国际留学生增长率最高的留学目的国，2016 年，这 16 个国家接收国际留学生总数达 3 790 960 人，比 2015 年增长了 6.5%。从 2016 年留学生数和增长率两个指标可以看出，老牌留学热门国家依旧维持对人才的吸引，新兴留学国家吸引力攀升。具体而言，2016 年美国接受高等教育的国际留学生达 1 043 839 人，同比增长 7.1%；英国的国际留学生从 493 570 人增至 496 690

人，小幅增长；中国接受高等教育的国际留学生为 397 635 人，增幅为 5.5%。俄罗斯和加拿大的国际留学生人数也实现了大幅度增长，分别为 13.1%和 10.1%，澳大利亚、日本和新西兰接收留学生总数有明显增长，分别达到 8.4%、9.3%和 8.3%。其他留学热门国家，如德国、西班牙和荷兰，国际留学生人数在 2016 年分别达到 235 858 人、76 057 人和 74 894 人，同比增长 7.8%、6.3%和 6%。新兴留学国家印度和菲律宾接收留学生的规模虽然较小，分别为 42 420 人和 8 202 人，但是增幅却较高，同比增长高达 7.3%和 27.5%。

表 2-31　全球主要留学目的地国家接收高等教育国际留学生人数及增长率

排名	国家	2015 年人数(人)	2016 年人数(人)	增长率(%)
1	美国	974 926	1 043 839	7.1
2	英国	493 570	496 690	0.6
3	中国	377 054	397 635	5.5
4	法国	298 902	309 642	3.6
5	澳大利亚	269 752	292 352	8.4
6	俄罗斯	250 251	282 921	13.1
7	加拿大	239 665	263 855	10.1
8	德国	218 848	235 858	7.8
9	日本	139 185	152 062	9.3
10	西班牙	71 533	76 057	6.3
11	荷兰	70 659	74 894	6
12	新西兰	46 659	50 525	8.3
13	印度	39 517	42 420	7.3
14	瑞士	32 602	33 181	1.8
15	芬兰	30 191	30 827	2.1
16	菲律宾	6 432	8 202	27.5
总量		3 559 746	3 790 960	6.5

资料来源：美国国际教育协会 Project Atlas：Trends and Global 2016。

2. 全球争夺 STEM 专业人才

STEM 是科学(Science)、技术(Technology)、工程(Engineering)、数学(Mathematics)四门学科英文首字母的缩写。全美 STEM 岗位增长前五位城市及增长率如图 2-71 所示，过去十年 STEM 岗位增长率全美第一的罗利市凭借其全美最大的科技园(三角研究园)吸引了拜耳、巴斯夫、IBM、思科等全球重量级企业，该地区 2004—2014 年 STEM 岗位增长率高达 39%。排名第二的休斯敦市入选得益于其坐拥庞大的能源产业和医疗保健公司，该地区近十年 STEM 岗位增长率为 37.8%。排名第三的奥斯汀市近年来由于科技类企业聚集，STEM 岗位相应增长，增长率为36.4%。旧金山为当今电子工业和计算机业的王国——硅谷高科技事业云集，对STEM专业人才需求始终不断，岗位增长率为27.5%。此外，众所周知的圣何塞(硅谷所在地)及其邻近的旧金山地区依旧表现稳定，拥有巨大的STEM岗位基数，但其越来越高昂的生活成本和房价可能会导致STEM岗位流向其他地区。这两个地区STEM岗位增长率分别为25.8%和27.5%。

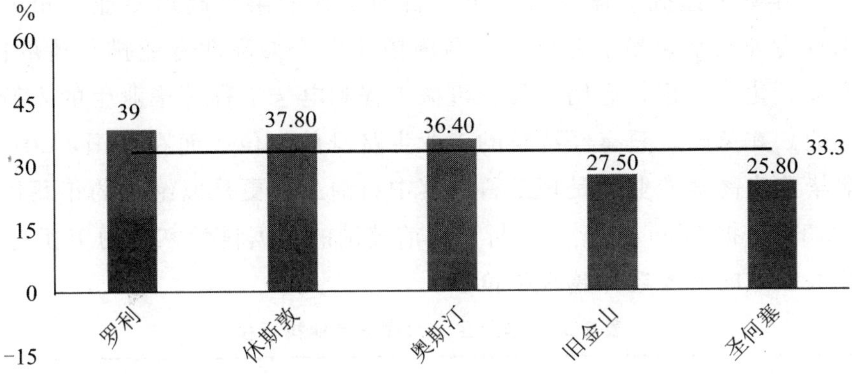

图 2-71　全美 STEM 岗位增长前五位城市及增长率

资料来源：美国 Praxis Strategy Group。

2006年，时任美国总统布什在国情咨文中公布一项重要计划——《美国竞争力计划》(American Competitiveness Initiative，ACI)，提出知识经济时代全球竞争力的关键是具有STEM素养的人才。2011年美国技术教育协会主办的第73届国际技术教育大会的主题为"准备STEM劳动力：为了下一代"。英国政府颁布了"科学与创新投资框架"，首次在政府文件中引入STEM，陆续开展了STEM教师培训，建立了国家科学学习网络，确立了国家级STEM示范活动，并启动了国家科学技术大赛和高等教育STEM机会。德国为助力"工业4.0"政策，应对技能人才的巨大缺口，自上而下搭建了STEM教育战略框架，将促进STEM人才培养写入国家发展战略。芬兰推出了以"LUMA(数学和科学教育)项目"为代表的全国性STEM教育促进项目，以专业共享为原则，量身打造STEM学习和教育活动，促进STEM教育发展。在以色列、日本、澳大利亚、韩国等国家，STEM教育同样受到高度重视，各国都在针对各自技能劳动力结构以及产业中的相关问题，从国家人才战略层面制定STEM教育发展策略。

然而统计数据显示，美国科学与工程方面的博士数量的全球份额正从20世纪70年代高于50%的水平下降到2010年的15%。根据麦肯锡全球研究院的研究预测，到2018年，美国将面临数据挖掘和数据分析人才的短缺，将有14万～19万个工作岗位需要有深入数据分析能力的人才，同时还有150万个岗位需要懂得大数据分析结果并能做出有效决策的管理人员。

高科技人才短缺现象明显，对国际留学生的专业选择也有一定影响。有数据显示，美国每年电脑专业的毕业生只有 4 万多人，但有 400 万个与电脑有关的岗位空缺。2000—2013 年，扣除通胀因素后美国工人平均工资保持稳定状态，而理工领域工人薪酬却实现了 6%左右的增长，电脑相关专业领域工人薪酬增长了 26%。随着大数据时代的来临，统计分析和数据挖掘等专业也越来越热门，2015—2016 年数据挖掘工程成为仅次于石油工程的第二高薪专业。相关调查显示，STEM 专业几乎包揽了在英、美两国毕业生十大高薪专业排行榜的前十名。工程学专业、化学工程、通用工程、机械工程和电子工程等毕业生的入行年薪远超其他专业。在英国，只有经济学的毕业生跻身前十位。而在美国，2015—2016 年前十名毕业生高薪专业全是理工科，其中石油工程更是以绝对的年薪优势排名第一(表 2-32)。据 Glassdoor 的分析，目前美国的数据科学家平均年薪为118 709 美元，相关领域的人才还将越来越抢手。

表 2-32　毕业生十大高薪专业排行榜

英国(2013—2014 年)		美国(2015—2016 年)	
专业	年薪(美元)	专业	年薪(美元)
牙医	30 348	石油工程	101 000
医药	28 674	数据挖掘工程	71 500
化学工程	28 641	化学工程	69 500
通用工程	27 452	计算机科学与工程	69 100
辅助医学	26 658	计算机工程	68 400
经济学	26 630	核工程	68 200
机械工程	26 420	系统工程	67 100
兽医	26 071	电气与计算机工程	67 000
电气与电子工程	25 191	电气工程	66 500
物理学和天文学	24 876	航空工程	65 100

资料来源：1. http://blog. Studylondon. ac. uk/top-10-subjects-for-graduate-starting-salaries/, 2015:PayScale.

2. http://www. payscale. com/college-salary-report/majors-that-pay-you-back/bachelors,2015—2016.

对美国而言，把优秀理工科留学生留下来是解决高科技人才短缺问题重要且便捷的途径。在美国科学与工程领域拥有博士学位的就业者中，外国人比例从 1993 年的 23%增至 2010 年的 42%(4 578.5 万人)。2016 年 4 月学生与交流访问学者项目(SEVP)公布的国际学生数据显示，在美国就读 STEM 专业的国际留学生中有 87%来自亚洲。其中，印度赴美留学生学习 STEM 领域的热情最高，有 82%的学生选择 STEM 专业，该比例远远高于商科等其他专业的学生比例；赴美留学的伊朗国际留学生就读于 STEM 专业的比例为 77%；尼泊尔有 58%的赴美留学生选择 STEM 专业。相对于以上国家，中国、沙特阿拉伯、韩国等赴美留学生在专业选择方面更加多样化，其中中国大陆有约 12.5 万名留学生就读于STEM 专业，占大陆留学生总数的 39%。2015 年 11 月，美国国际教育协会 IEE 发布的《2015 美国门户开放报告》指出，美国非常强调 STEM 学科的发展和人才培养，其中 44%的国际留学生选择了 STEM 专业，这意味着从事理工领域学习的国际学生超过 40 万人。工程专业留学生增长幅度从 2013 年的 9.1%上升至 2014 年的 10.4%；数学和计算机科学专业留学生增长幅度从 2013 年的 8.7%提高至 2014 年的 17.9%。2016 年，美国国土安全部宣布，在美国留学的外国学生，如果专业是科学、技术、工程和数学(STEM 学科)毕业后将有机会以“在职训练”的方式留在美国工作 3 年。白宫表示，新规定将更好地让外国毕业生为美国的研发行业做出贡献。①这也被认为是美国挽留人才的最新举措。新规生效后，估计中国和印度将有超过 30 万的 STEM 专业的留学生暂时留在美国。

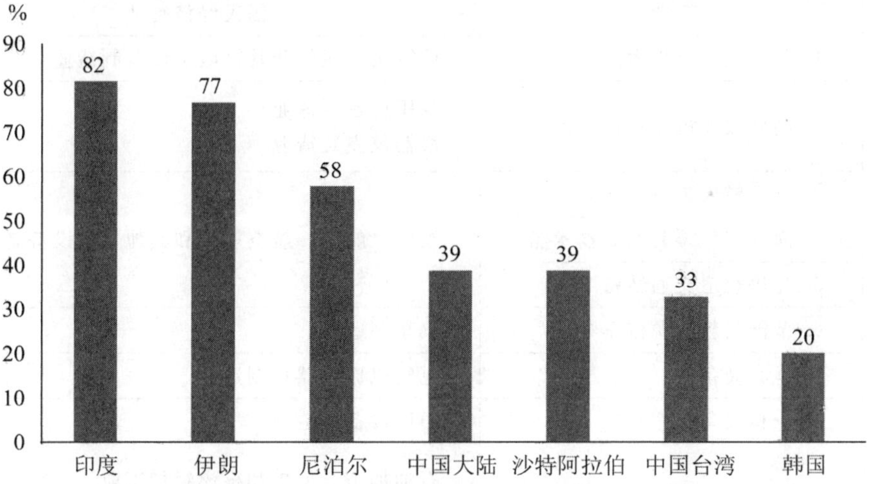

图 2-72 主要的 STEM 专业留学生来源国及相应比例

资料来源：SEVP，March2016，https://www.ice.gov/sites/default/files/documents/Report/2016/sevis-by the numbers-0416.pdf.

>>四、行业变革与人才争夺<<

中国“制造业 2025”的发展目标是围绕制造业整体创新、智能制造工程、高端装备创新工程以及新型工业化产业等重点领域。对照“制造业 2025”实施十大重点领域和中国国民经济行业(表 2-33)可以看出，在第四次工业革命浪潮下，行业变革的重点体现在三个方面：一是以现代微电子为应用基础的信息和通信技术

① OPT 新规定：STEM 国际生最多可以在美国逗留三年，http://learning.sohu.com/20160311/n440074170.shtml，2016-03-11。

(Information and Communications Technology，ICT)行业，主要包括计算机软硬件技术、互联网技术和通信技术以及新型传输传感及信息服务技术，涵盖了软、硬信息技术范畴,[①] 即"制造业 2025"实施十大领域之一的新一代信息技术产业。二是应用 ICT 技术，主要指利用信息收集、存储、加工、发布、传送，以及人工智能技术等综合发展的高端制造业，包括高档数控机床和机器人产业、航空航天装备产业、海洋工程装备及高技术船舶产业、先进轨道交通装备产业、节能与新能源汽车产业、电力和农机装备产业、新材料产业以及生物医药及高性能医疗器械产业，对科学、工程、信息等人才进行激烈的争夺。三是随着 ICT 技术渗透由制造业向服务业扩散，互联网信息技术渗透的"互联网＋"行业、互联网平台企业。

表 2-33 "制造业 2025"重点行业与国民经济行业对照

领域	产业	国民经济行业
"制造业 2025"实施十大领域	1. 新一代信息技术产业	计算机、通信和其他电子设备制造业
	2. 高档数控机床和机器人	专用设备制造业 仪器仪表制造业
	3. 航空航天装备	铁路、船舶、航空航天和其他运输设备制造业
	4. 海洋工程装备及高技术船舶	
	5. 先进轨道交通装备	
	6. 节能与新能源汽车	汽车制造业
	7. 电力装备	电气机械和器材制造业
	8. 农机装备	通用设备制造业
	9. 新材料	石油加工、炼焦和核燃料加工业 化学原料和化学制品制造业 化学纤维制造业 橡胶和塑料制品业 非金属矿物制品业 黑色金属冶炼和压延加工业 有色金属冶炼和压延加工业 金属制品业
	10. 生物医药及高性能医疗器械	医药制造业

① 张才明:《信息技术经济学》，北京，商务印书馆，2012。

续表

领域	产业	国民经济行业
传统制业领域	劳动密集型行业　资源密集型行业	农副食品加工业 食品制造业 酒、饮料和精制茶制造业 烟草制品业 纺织业 纺织服装、服饰业 皮革、毛皮、羽毛及其制品和制鞋业 木材加工和木、竹、藤、棕、草制品业 家具制造业 造纸和纸制品业 印刷和记录媒介复制业 文教、工美、体育和娱乐用品制造业

资料来源：北京师范大学劳动力市场研究中心根据《中国制造 2025》行动纲领和《国民经济行业分类》(GB/T 4754—2011)整理而得。

与行业变革重点相比，人才争夺主要在三个领域：一是科学、工程、信息的专业人才；二是人工智能技术和数字化人才；三是兼具数字技能和行业背景的复合人才。人才战争虽然是一场无硝烟的战争，但是劳动力市场上的供求指标及工资水平变化却为战况的激烈程度提供了很好的参照。

(一)ITC 行业与人才争夺

人力资源和社会保障部发布的数据显示，我国劳动力市场上高级工程师求人倍率高达 2.1，高级技师求人倍率为 2，技师求人倍率为 1.91，工程师求人倍率为 1.81。以信息技术行业为例，我国目前信息产业人才总规模为 1 050 万人，其中，电子信息产业 913 万人，电信业 137 万人。每 10 万人口中信息产业从业人员达 790 人。根据国际经验，合理的 ICT 行业人才结构应该是蓝领技术人员、工程师、架构与分析师形成的 6∶3∶1 的“金字塔”结构。而我国当前的 ICT 行业人才结构比例为 7.2∶2.4∶0.4，中、低端占比偏大，高端人才严重不足，ICT 行业从其他行业中争夺人才势头明显。

2016 年重点行业人才流动情况如表 2-34 所示，人才流出的前五位行业是房地产、建筑、建材和工程业，互联网和电子商务业，加工制造业，快消品业，以及基金、证券、期货和投资业，多为传统的劳动密集型和资本密集型行业。相应而言，每个人才流出行业的流向领域中均有互联网和电子商务行业，由此可见 ICT 行业在行业间人才争夺的激烈程度。

表 2-34　2016 年重点行业人才流动情况

流出行业	流入行业		
房地产/建筑/建材/工程	房地产/建筑/建材/工程	互联网/电子商务	基金/证券/期货/投资
互联网/电子商务	互联网/电子商务	基金/证券/期货/投资	计算机软件
加工制造(原材料加工/模具)	互联网/电子商务	房地产/建筑业/建材/工程	基金/证券/期货/投资
快消品(食品/饮料/烟酒/日化)	快消品(食品/饮料/烟酒/日化)	互联网/电子商务	基金/证券/期货/投资
基金/证券/期货/投资	基金/证券/期货/投资	互联网/电子商务	房地产/建筑业/建材/工程

资料来源：智联招聘，2016 年新就业会议发布数据。

2016 年第三季度劳动力市场中，IT 管理/项目协调(14 575 元)、软件/互联网开发/系统集成(9 881 元)、硬件开发(9 139 元)等典型的 ICT 技术类职业占十大高薪职业的前三位，分别高出同季度城镇就业平均薪酬(7 531 元)93.53%、31.2%和 21.35%。除去行业劳动生产率差异，工资水平差距也反映了 ICT 行业在行业间人才争夺的激烈程度。

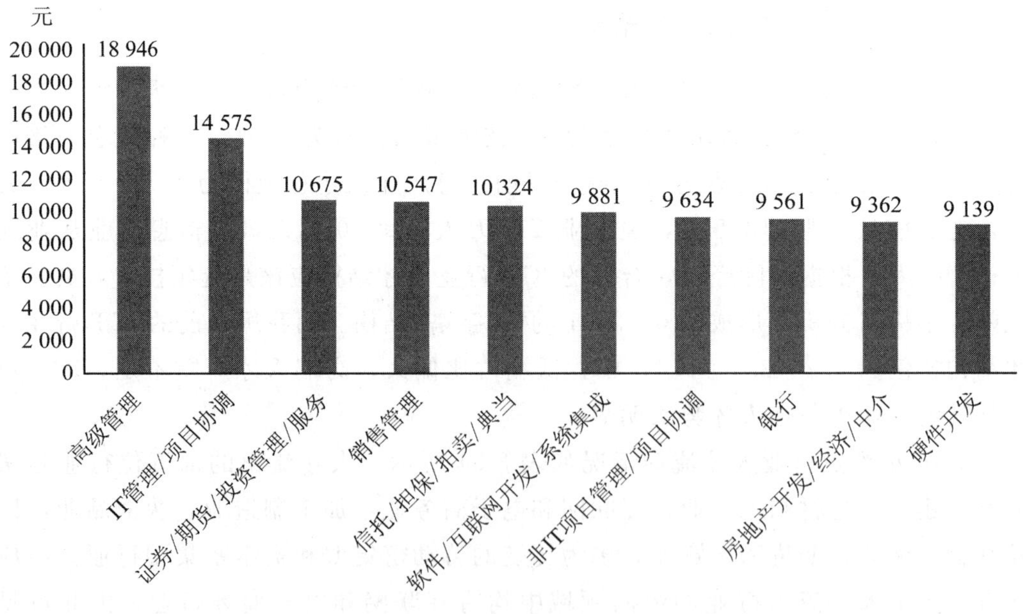

图 2-73　数字化岗位占 2016 年第三季度劳动力市场高薪榜

资料来源：智联招聘《2016 年秋季在线招聘数据库》和《2016 年第三季度就业市场景气报告》。

人才的总量流动难以反映高端人才的竞争，ICT行业内软件行业各类技术岗位供求情况可以反映出这一竞争程度。软件技术产业包括软件技术产品和软件技术服务两大部分产业，数据加工处理类属于软件技术服务，其中数据中心与资源外包属于技术产品的支撑与维护，而数据加工处理属于技术专业化服务。[①] 从2017年春季数据类岗位供求指数可以看出，数据库技术[②]类工作岗位不断升温，大量数据人才供不应求(图2-74)，尤其是数据架构师和数据开发这类高端数据科学岗位人才，供求指数分别为0.47和0.62，而数据分析师这类初级数据科学岗位人才供给则日渐充足，数据分析师岗位供需指数为1.58。在数据类岗位需求普遍上涨的趋势下，初级数据科学岗位供过于求可能反映出两方面的现象：一是在数字化技术的渗透过程中，行业人才聚集的表现；二是高等教育扩展的人才储备的表现，接受过高等教育的劳动力普遍具有初级数学知识和统计学知识，具备基本数据分析的素养。

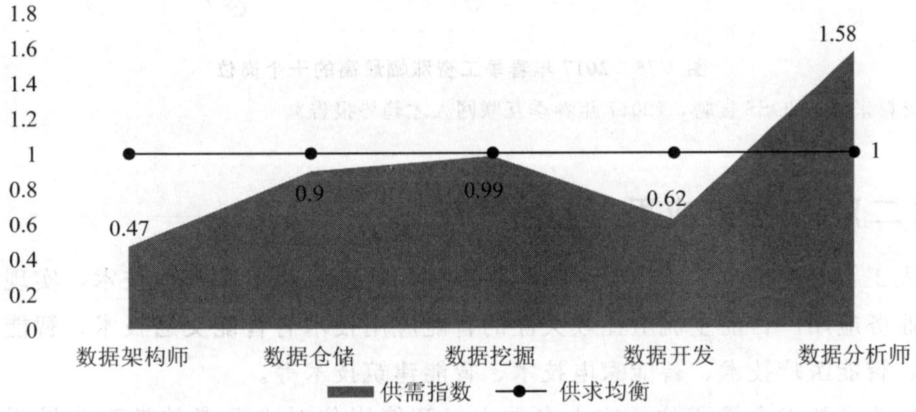

图2-74　2017年春季数据类岗位人才供求指数

注：供求指数反映了某一岗位人才的供需状况，根据该岗位在特定时间段内的行业整体招聘需求量、活跃求职者春雷与招聘/求职活跃度4个指标建模得出，如果供求指数＜1，说明人才供不应求；如果供求指数＞1，说明人才供过于求；如果供求指数＝1，则说明人才供求均衡。

资料来源：BOSS直聘，《2017年春季互联网人才趋势报告》。

与2016年同期相比，2017年春季薪资涨幅最高的前十个职位全部为高端技术类岗位，人工智能和数据类职位占据半壁江山，并且技术岗位等级越高，薪资涨幅越高。机器学习、程序员和算法类岗位的工资涨幅均超过20%，工程师、数据架构师类岗位工资水平均超过10%，其中，主要运用于“云”服务的Erlang工

① 张才明：《信息技术经济学》，北京，商务印书馆，2012。

② 数据库技术是按照数据结构来组织、存续和管理数据的仓库软件技术，随着信息技术和市场的发展，数据管理不再是存储和管理数据，而是要根据不同用户个性化需求，定制管理数据的方式。

程师工资涨幅高达 19.6%。

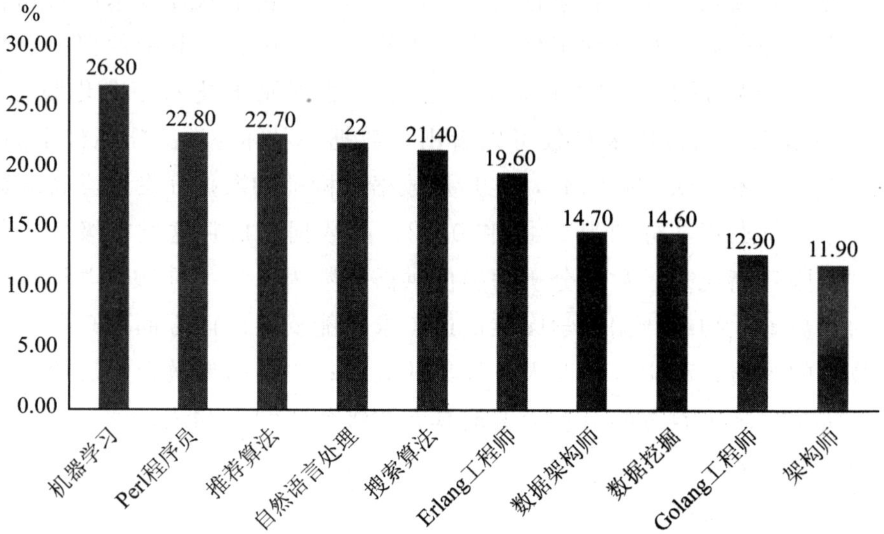

图 2-75 2017 年春季工资涨幅最高的十个岗位

资料来源：BOSS 直聘，《2017 年春季互联网人才趋势报告》。

(二)人工智能应用与人才争夺

人工智能应用技术是指综合应用各类软硬件信息技术和其他技术，实现综合智能业务应用。目前主流上比较关注的智能应用技术有智能交通技术、智能电网技术、智能医疗技术、智能家电技术、智能建筑技术等。

作为高技术含量职位，绝大多数人工智能岗位对求职者的教育背景要求较高，名校成为重要条件之一。BOSS 职聘人才大数据显示，2017 年春季所有应聘 AI 相关岗位的求职者中，仅有 37%的人具有“985”“211”大学背景。拥有硕士以上学历且专业为计算机或数学相关学科的 AI 类求职人才仅占 32%。人工智能风口之下，符合企业实际要求的人才数量依然非常有限，语音识别、算法研究和图像算法类岗位供需指数分别为 0.86、0.57 和 0.77，并且越是供不应求的岗位，工资水平越高，算法研究员岗位招聘工资达到 28 746 元。

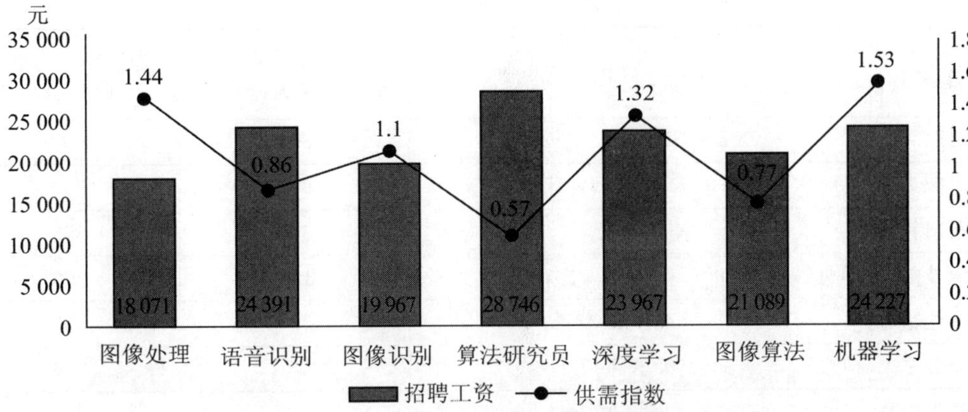

图 2-76　人工智能类工作岗位招聘工资和供需指数

资料来源：BOSS 直聘，《2017 年春季互联网人才趋势报告》。

随着人工智能概念持续升温以及工资上升，2017 年春季大批求职者主动向人工智能相关岗位靠近，与去年同期相比，人才供给旺盛，供需指数明显走高。然而在一片欣欣向荣的人才聚集之下，人才质量参差不齐，人才争夺无序。数据显示，目前市场近一半的人工智能相关求职者工作经验不足 3 年，并且此前拥有和人工智能相关工作经验的比例仅为 18.2%。求职者工作经验与此前从事人工智能相关工作的比例成反比。拥有 3～5 年工作经验的求职者，并且拥有人工智能相关工作经验的求职者占比为 13.1%；拥有 5 年以上工作经验的求职者，并且拥有人工智能相关工作经验的求职者占比为 7.2%。人才争夺的无序状况从侧面反映了人才争夺过程的激烈程度。

(三)互联网＋传统行业人才争夺

根据《中国分享经济发展报告 2017》公布的数据，2016 年中国分享经济市场规模约为 34 520 亿元，比去年增长 103%，分享经济提供服务者人数约为 6 000 万人，比去年增长 1 000 万人。"互联网＋"的行业由生活服务渐渐扩散到知识服务、制造业生产、医疗等行业，互联网平台吸引的兼职、零工等就业者从低技能的劳动者渐渐提升到高技能人才群体。比如，知识付费如问咖、知乎、喜马拉雅 FM 等平台迎来"发展元年"，这些平台以灵活的用工方式和无边界的兼职模式争夺着全球知识界和学术领域的各方面人才，提供服务人数高达 2 500 万人(如表 2-35 所示)。

表 2-35 "互联网+"传统行业人才争夺潜力

领域	代表性企业	参与人数（亿人）	提供服务人数（亿人）
生活服务	58 到家、回家吃饭	5.2	2 000
生产能力	沈阳机床厂 I5 智能平台	0.09	500
交通出行	滴滴出行	3.3	1 855
知识技能	百度百科、喜马拉雅	3	2 500
房屋住宿	Airbnb	0.35	200
医疗分享	医享网	2	256

资料来源：《中国分享经济发展报告 2017》。

互联网信息共享使得生产要素的社会化使用更为便利，企业和个人可以按需使用设备、厂房、资金、人员及其他闲置生产要素，在更大范围内实现了生产要素与生产条件的最优组合，使得创新创业门槛更低、成本更小、速度更快、参与更广。在近年来出现的科技创新"独角兽"企业中，分享型企业往往占到 1/3 以上。根据 CB Insights 公布的数据，截至 2017 年 2 月 17 日，全球独角兽企业共有 186 家，其中中国公司达到 42 家（占总数的 22.6%），具有典型分享经济属性的公司有 15 家，占中国独角兽企业总数的 35.7%。借助互联网平台的创新创业者通过众创空间实现对接线上线下资源，大大提升创新创业效率。截至 2016 年年底，科技部认定的国家级众创空间共有三批计 1 337 家。初步估计，全国各类众创空间超过 4 000 家。① 在形式多样的众创空间里也集聚了数量众多的创新创业人才。

互联网信息不仅在资源、信息整合方面有着传统经济无法比拟的优势，使得互联网＋传统行业争夺着数字技能和专业知识兼备的复合型人才，还在就业满意度方面吸引着新生代人才。根据智联招聘发起的 2016 年中国白领满意度指数调查从薪酬、福利、培训与学习、职位晋升和人际关系五个方面对白领的工作满意度状况进行了调研。分行业看，文化、传媒、娱乐、体育行业白领的工作满意度最高，为 2.57；其次为 IT、通信、电子、互联网行业，政府非营利机构和农林牧渔领域的白领工作满意度较低，这一趋势与去年的调查结果几乎逆转。这对移动互联时代的人才争夺有着新的启示——未来的人才战争不仅赢在薪资、职业晋升等传统筹码方面，还需要在就业满意度等方面营造新布局。

① 根据科技部火炬中心的众创空间名单资料整理。

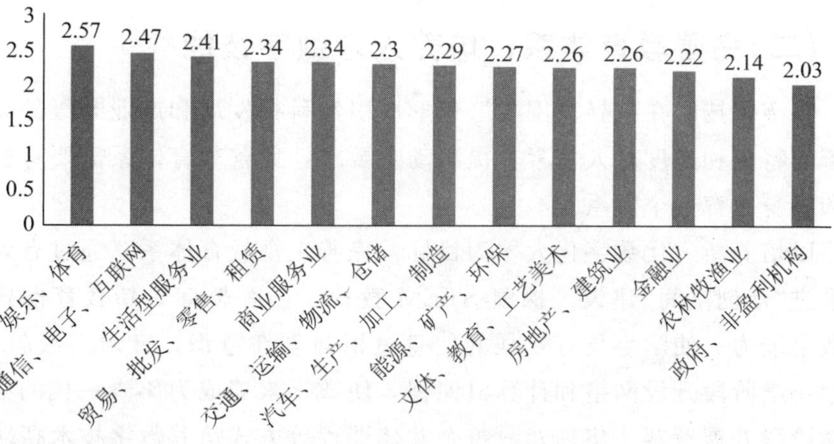

图 2-77　2016 年不同行业白领工作满意度指数

注：1. 生活型服务业主要包括医疗、护理、美容、保健、酒店、餐饮、旅游及度假行业。

2. 商业服务业主要包括咨询、财会、法律、广告、公关、认证及外包行业。

资料来源：智联招聘。

>>五、我国如何制胜人才战争<<

从 1977 年恢复高考制度到 1999 年高等教育扩张，三十多年的人才培养为我国逐渐积累了一定规模的人才队伍。然而，中国在全球化体系中并非制造强国，在众多可能性原因中，人才缺乏是我们必须面对的问题。与此同时，以数字技术和人工智能为核心的第四次工业革命再次引燃人才战争，未来制造强国的竞争是人才的竞争，竞争的是技术无法替代的人才，竞争的是具备科学(Science)、技术(Technology)、工程(Engineering)和数学(Mathematics)知识的各类人才，竞争的是有数字技能的专业人才。制胜人才战争，既要坚持拓宽渠道“引”，又要立足本土“育”。

(一)发展高新产业，聚集海内外人才

从各国人才战争制胜的经验来看，人才需要与政策、产业、项目、资金匹配才能发挥最大效用。“鸟无定栖，林茂则赴”，为此，抓住“制造业 2025”的产业结构调整政策，全力培植新材料、新能源、生物产业等新兴产业集群，夯实人才依附“根基”，吸引中国在国外的高、精、尖人才回流，并依托高科技公司和跨国公司打造世界级实验室、全球性研发中心等聚集人才的国际平台。

(二)完善教育体系，培养人才数字技能

数字化技能在世界范围内已经形成引领科技发展和产业升级的新动能，技术变革的特征和速度对人才素养提出动态要求，完善教育体系需要有机整合正规教育和终身教育两个体系。

以培养新一代数字化人才为目标，完善正规教育体系。通过有效利用信息技术推进“众创空间”建设，探索 STEM 教育、创客教育等新教育模式，提高学生的数字能力，使学生具有较强的信息意识与创新意识。针对三级教育学生特征，在中小学阶段开设网络和计算机课程，使数字素养成为年青一代的必备素质，在大学阶段开展竞赛、集训营、校企共建课程等方式培养数字技术高端人才。

以提高全民的数字素养为目标，完善终身教育体系。政府通过学校、研究中心以及企业合作，开展面向全民的数字素养教育。一方面，提升现有产业工人队伍中专业人才的数字技能，培养他们云计算、大数据等新一代信息技术，加速专业人才向兼具专业知识和数字技能的复合型人才转变。另一方面可以通过选拔培养、各类竞赛等形式挖掘潜在人才，以人才发展拉动领域发展的理念选拔和培养优秀的数字技能和专业技能兼备的人才，通过制定战略、举办大赛、提供培训、保障就业、交流互通等方式促进人员活力，增强人才队伍优势，争取在数字技术浪潮的竞争之中抢占先机。

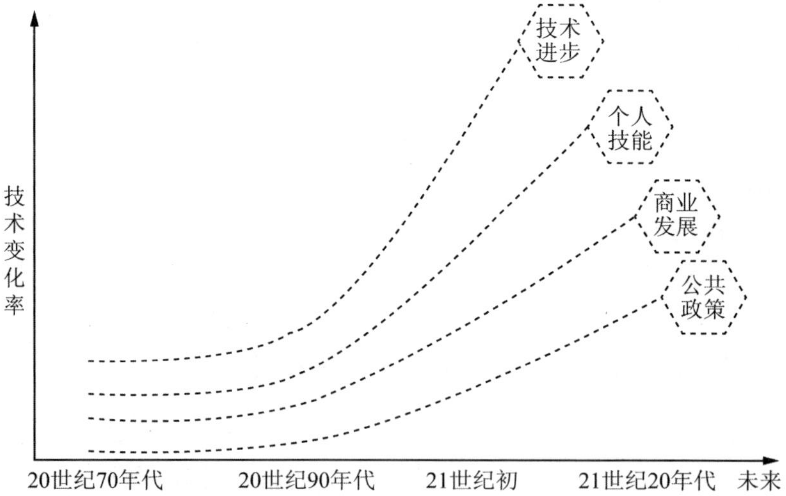

图 2-78 STEM 教育帮助个人跨越技术进步与商业发展、公共政策的鸿沟

资料来源：北京师范大学劳动力市场中心。

(三)协同教育与劳动力市场，提升人才技能级别

构建多部门主体共同参与的教育培养体系。首先，在教育体系内部，一方面根据产业发展需求和创新技术适配性动态优化高等教育、中等教育以及义务教育结构；另一方面构建双向职业教育培训机制，发挥教育对就业的先导作用，应对产业升级对劳动者职业稳定性的挑战。具体而言，完善针对性与实用性相结合的职业教育体系，通过工学结合、体验式教学等校企结合人才培养模式增强劳动力供求的匹配性；健全长短期双向结合的终身培训体系，工会根据行业发展和技术要求对已就业的劳动者进行定期和非定期培训，以此来应对产业升级和技术进步过程中“替代效应”，提高劳动者职业稳定性。其次，多元教育体系需要借助教育外部力量，增强教育与劳动力市场的匹配度，一是由人力资源和社会保障部根据岗位实际需求，制定职业资格标准和鉴定考核标准。二是工会对各类劳动者，包括下岗再就业、就业困难群体等进行职业技能培训。三是激励企业提高在岗员工自身的劳动生产率，加强对在岗员工的职业技能培训。最后，相关的行业部门也要根据行业发展现状以及未来需求制定行业协议。

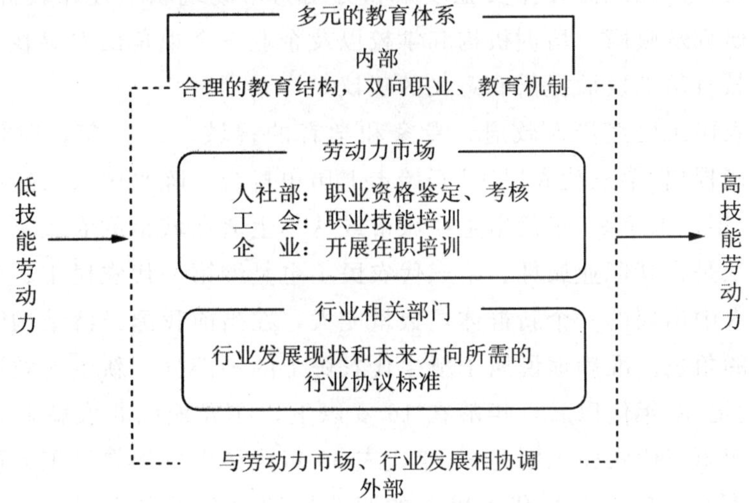

图 2-79　多部门共同参与的人才培养体系

第七节　制造强国呼唤更多大国工匠

在新经济背景下，我国的经济结构不断进行调整，优化升级，正在向制造强国迈进。在这个过程中，大批高级技能型人才做出了重要贡献，迫切需要劳动力市场的职业教育培训能满足高技能人才数量和质量提升的需求。近年来，政府以

及社会各界对职业教育培训持续关注。2014年国务院下发的《关于加快发展现代职业教育的决定》提出对职业教育进行重大部署，对于深入实施创新驱动发展战略，创造更大的人口红利，加快转变方式、调结构、促升级具有重要意义；对加快构建职业教育体系、激发职业教育办学活力、提高人才培养质量以及提升发展保障水平等各方面做出了重要指示。

厉以宁(2012)提出了新人口红利的说法。他认为，一国在发展过程中存在新旧人口红利的替代过程，经历廉价劳动力红利、技工红利、高级技工红利和专业人才红利的转换过程。一方面，相对于后起发展中国家而言，尽管我国工资水平高一些，但是因进入技工时代实现劳动效率成倍的提升而保持劳动力成本优势；另一方面，相对于发达国家而言，中国技工的工资依然比较低廉，成本优势依然存在。这样，技工时代将让中国的发展具有自己的优势，“新人口红利”也将由此产生。[①] 要实现中国智造，获得高级技工红利和专业人才红利是大势所趋。第三代农民工普遍接受九年义务教育，价值观较上一代有明显不同，对城市的归属感更强，自我意识开始觉醒，从维护自身利益到维护自身权利的意识逐渐增强，对提高职业技能也有深刻的认识和决心。但由于我国职业教育起步晚，近几年国家虽然大力投入，但在地方具体实施政策和劳动力市场现状上还比较混乱。因此，本文的调查研究从政府、培训机构和学校以及企业三个视角出发寻找突破点，为我国的职业教育培训发展提供有意义的建议。

第三代农民工已经步入政府、专家和学者的视域。2010年，时任农业部长韩长斌曾明确提出“第三代农民工”开始走上历史舞台。陈兴中(2011)指出第三代农民工是80年代末至90年代出生在城市或从小生活在城市的农民工，农民是其户籍身份，工是指其职业属性。第三代农民工也是继第一代农民工、第二代农民工后中国工人中出现的一个新群体，数量庞大，在当前我国经济结构转型升级中扮演着重要的角色。准确地说属于新生代农民工的一部分，新生代农民工主要指出生于20世纪80年代以后，年龄在16岁以上，在异地以非农就业为主的农业户籍人口，而第三代农民工则是80年代末90年代初出生的农民工人群，年龄在16～30岁。目前，针对新生代农民工的职业培训教育研究比较多，但是以第三代农民工为特定研究对象的文献相对比较少。

>>一、职业教育培训的必要性<<

刘华学(1995)曾提出，大批农村劳动力进入城市，很大程度上缓解了城市劳

① 厉以宁：《西方城市化在中国行不通 新人口红利显现》，载《中小企业管理与科技》(中旬刊)，2013(2)。

动力不足，也推动了农村剩余劳动力的转移，但是大量的农村劳动力普遍缺乏一定的文化素质、职业技能和法律意识，这也给城市管理带来了一系列难题。[①] 因此，加快城镇化发展，一项迫在眉睫的重任就是对进城的农民工开展文化教育和职业培训。第三代农民工普遍接受了九年制义务教育，多数为高中或技工，甚至大专的受教育程度，人力资本水平较老一代农民工有较大提高，但在职业技能方面还有所欠缺，尤其是农业技能。因此，加快第三代农民工劳动力市场的职业教育培训有利于我国人力资本的积累，有利于人力资本水平和就业质量的提高，也有利于提高产品和企业的核心竞争力。第三代农民工已成为我国现代化建设的重要力量，要想迈向制造强国，第三代农民工的职业教育培训不容忽视，培训有助于提高其工资性收入，有助于获取高级技工红利，有助于构建和谐劳动关系，具有十分重大的现实意义。

>>二、农民工年龄结构与职业技能培训<<

早在18世纪，古典经济学理论体系的创始人亚当·斯密就认为，工人提升其社会资本的重要手段就是接受教育和培训，他在《国富论》中说道，经济体制的构建要保障个人的生存和发展的基本原则，如果个体能够充分实现自我，那社会整体才能得到快速发展。[②] 经过国外诸多学者针对劳动力转移进行了大量的理论和实践研究，形成了相对完整的理论体系。1959年唐纳德·博格(Donald. J. Bogue)在《国内迁移》一文中提出人口由贫困地区(农村)向发达地区(城市)转移的“农村推力—城市拉力”理论，深入研究了人口地区迁移的决定性因素。20世纪60年代，美国经济学家贝克尔确定了人为资本理论的一般分析框架与理论基础，深入剖析了不同经济利益主体的人力资本投资行为，并考察了人力资本投资最优化问题，进一步分析了正规学校教育和在职培训在人力资本之间的不同。

我国学者对职业教育培训的研究起步较晚。赵延东等(2002)对我国城乡流动人口的经济状况及决定因素进行了调查研究，结果表明城乡流动人口的人力资本含量对其经济状况具有显著的影响，主要体现为正式教育与职业技能培训的作用。与没有接受过职业技能培训的农民工相比，受训农民工的人均收入要高出近一倍。[③] 谢正勤等(2006)对江苏省经济欠发达地区的农民工进行了调查，数据表明受训农民工的平均收入为9 076.41元，高于未接受过职业技能培训的农民工

---

① 刘华学：《培训教育农民工不容忽视》，载《中国培训》，1995(7)。

② 亚当·斯密：《国富论》，郭大力、王亚南译，第53页，上海，三联书店，2009。

③ 赵延东、王奋宇：《城乡流动人口的经济地位获得及决定因素》，载《中国人口科学》，2002(4)。

2 535.28元。① 通过比较他发现，受过职业技能培训的农民工更容易在制造业、服务业领域就业，特别是职业技能培训对成为制造强国的产业工人具有显著影响。

根据《2016 年农民工监测调查报告》的数据显示，2016 年全国农民工总量达到 28 171 万人，其中 16～30 岁的第三代农民工占总人数的 31.9%。新生代农民工占比将近 53.9%，数据显示，第三代农民工已成为新生代农民工的主体。具体数据如表 2-36 所示。

表 2-36 我国农民工年龄构成情况 (%)

年龄结构	2014 年	2015 年	2016 年
16～20 岁	3.5	3.7	3.3
21～30 岁	30.2	29.2	28.6
31～40 岁	22.8	22.3	22.0
41～50 岁	26.4	26.9	27.0
51～60 岁	17.1	17.9	19.2

资料来源：《2016 年农民工监测调查报告》。

2015 年和 2016 年在农民工总人数中曾接受过职业培训的农民工占比分别为 30.8%和 30.4%，其中本地农民工 2015 年和 2016 年接受农业技能培训的占比分别为 10.2%和 7.2%，外出农民工接受农业技能培训的占比分别为 7.2%和 7.4%，如表 2-37 所示。培训的占比明显少于非农业培训的占比。数据中接受培训的农民工大幅低于第三代农民工抽样调查中接受培训的比例 66.7%，不足其 1/2。可见，作为新生代农民工主体的第三代农民工参与职业培训的比例远远高于老一代农民工。即使是老一代农民工接受农业培训的比例也明显低于非农业技能培训的比例。第三代农民工由于长期接受教育，很少务农，因此农业技能更低。他们更希望在城市有一份稳定的工作，成为城市公民，对城镇的归属感更强。

表 2-37 全国农民工接受技能培训情况 (%)

年份	本地农民工接受技能培训	外出农民工接受技能培训	本地农民工接受农业技能培训	外出农民工接受农业技能培训
2015	30.8	35.4	10.2	7.2
2016	30.4	35.0	10.0	7.4

资料来源：根据国家统计局数据整理。

① 谢正勤：《农村劳动力的流动性与人力资本和社会资源的关系研究——基于江苏农户调查数据的实证分析》，载《农业经济问题》，2006(8)。

>>三、第三代农民工职业教育培训现状<<

为了更清楚地了解第三代农民工的职业教育培训情况，由于缺乏具体的统计数据，本研究对第三代农民工这一特定人群进行了问卷调查。问卷统计情况如表 2-38 所示。

表 2-38　调查问卷统计情况

投放方式	发放问卷数量(份)	有效问卷数量(份)	有效率(%)
网络投放	240	210	87.5%

(一)第三代农民工接受职业教育培训的频度

第三代农民工参加职业教育培训的频率反映了其对职业教育培训的重视程度，也是其对职业教育培训需求的反映。统计分析数据显示，参与一次培训的第三代农民工占 42.86%，参与两次以上培训的占 19.05%，参与三次培训的占 4.76%，没有参与过培训的占 33.33%，如图 2-80 所示。在被调查的 210 个第三代农民工的有效样本中曾参与过职业培训的有 140 人，占总数的 66.7%。需要说明的是，由于受客观条件限制，此次调研样本量不够充足，在后续的调研中会继续扩充样本量，统计数据结果会更加有效。

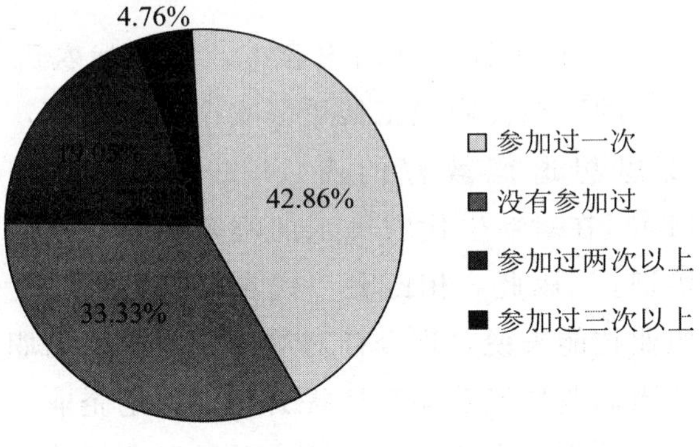

图 2-80　第三代农民工参加职业培训频率

(二)第三代农民工职业教育培训的经费来源

依据图 2-81 数据显示，在参与职业培训的第三代农民工中，自费比例最高，网络函授加上自费到培训机构(学校)培训的达到了 78.58%，其次为政府免费提供培训的占 21.43%，工友技术交流的占 7.14%，企业统一组织的只占 7.14%。与总体农民工相比，政府和企业互补，占比都较小，自费比例增加了 7.6%。

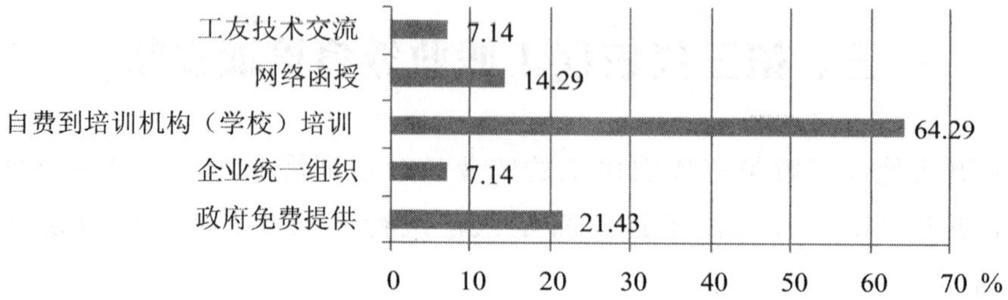

图 2-81　第三代农民工职业培训经费来源

关于职业培训经费的来源，各国情况不同，美国劳动力的职业培训支出来源以自费为主，根据月度人口调查数据(CPS)，14.7%的学校培训支出受到雇主全部或者部分的资助，政府资助项目主要通过工作培训合作法案来支持，对企业培训的资助覆盖面为 4.4%，对中等以上学校培训的资助覆盖面为 3.4%，不过，德国则明显不同，职业培训支出的大部分来自政府和雇主(Winkelmann. 1997)，占总支出的 75%，其余 25%的经费主要来自社会公益资助以及学生学费。就我国的情况来看，自费比例占主导部分且第三代农民工对自费培训的热情明显高出总体水平，更高于老一代农民工。这是因为第三代农民工职业培训的主要途径是社会私人培训机构，收费较高，在质量上相比政府组织的短期技能培训也有保障。

(三)第三代农民工职业教育培训主要内容

根据图 2-82 所示，在职业教育培训内容上，第三代农民工接受技能培训的占 50%，还有 42.86%的第三代农民工接受了安全知识培训，接受自主创业培训的占 28.57%，接受思想道德教育的占 14.29%，接受法律知识培训的占 14.29%。徐卫(2014 年)在对新生代农民工的调查中发现，90%以上的新生代农民工受到的是技能培训。[①] 因此，相比上一代农民工，第三代农民工在技能培训方面明显下降，就职业技能来说，现今针对第三代农民工的职业培训虽然还是以职业技能为主，但是当职业技能普遍有所提升后，无论企业、政府还是个人都将职业培训的中心向另外的方向有所倾斜，这主要是职业素养的整体提高推动了劳动力市场逐渐放弃了单一的职业技能标准，而是在保证职业技能提高的前提下也注重综合竞争力的提升。

① 徐卫:《新生代农民工职业培训研究》，武汉大学博士学位论文，2014。

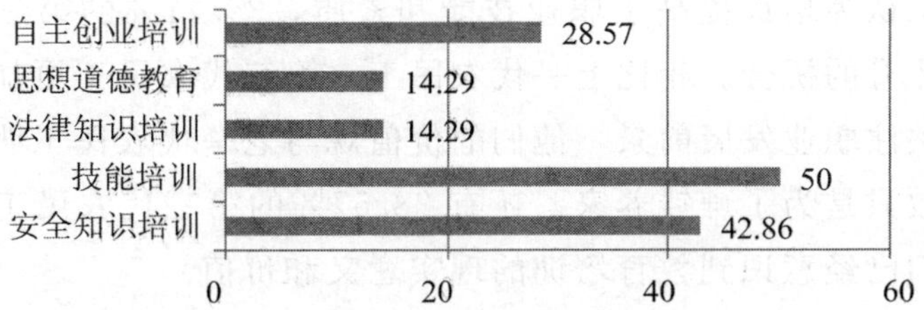

图 2-82　第三代农民工职业培训内容

(四)第三代农民工职业教育培训效果评价

在第三代农民工职业技能等级培训方面，本次调研数据显示，其中有 33.33%的第三代农民工属于初级技工；9.52%的第三代农民工属于中级技工；14.29 %的第三代农民工属于高级技工；4.76 %的第三代农民工属于特技技工；而无任何职业技能等级的第三代农民工占比为 38.1%。

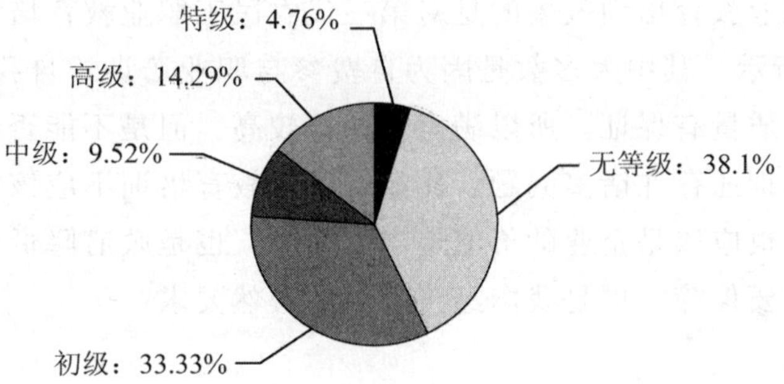

图 2-83　第三代农民工职业技能等级占比情况

通过对 2014 年关睿针对上海康桥地区第三代农民工的调研数据(见表 2-39)比较分析来看，第三代农民工的职业技能因参加劳动力市场的培训有所提高，他们拥有相对较好的教育基础以及年龄、生活环境和学习能力等优势，第三代农民工较老一代农民工更加注重提高自己的职业能力，有意识地参加职业教育培训，有较高的职业追求，以提高自己的人力资本水平。同时也反映出劳动力市场的职业教育培训作用明显。

表 2-39　上海康桥地区第三代农民工获得职业技能等级证书情况

等级情况	样本数量	比例(%)
高级工(高级技师)	2.0	0.8
中级工(技师)	5.0	2.0
初级工	6.0	2.4
无	235	94.7
合计	248	100

依据本次第三代农民工职业教育培训的调查数据，如图 2-84 所示，64.29%

的第三代农民工认为培训提高了职业技能和素质，35.71%的第三代农民工认为培训可以增加晋升的机会。相比上一代农民工，第三代农民工更加关注未来的职业生涯规划，关注职业发展前景，他们的价值观与老一代农民工明显不同，老一代农民工大多数只是为了赚钱养家。还有28.57%的第三代农民工认为学习是件好事，说明他们已经意识到教育培训的现实意义和价值。

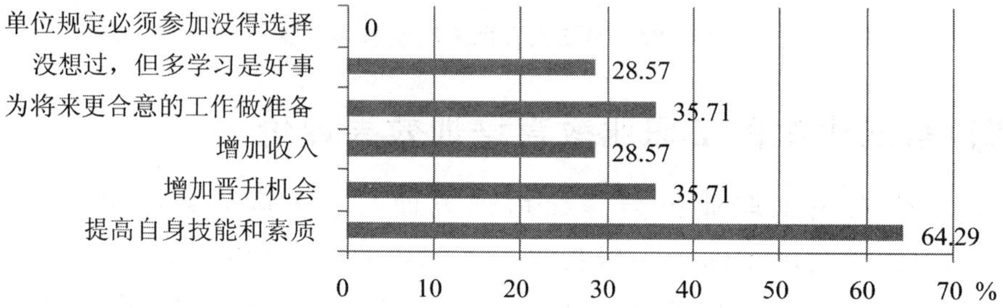

图 2-84　第三代农民工对参加职业教育培训的评价

最能反映职业教育培训效果的是对第三代农民工职业教育培训的满意程度调查，如图2-85所示，其中大多数是因为自费参与职业培训，自我学习动机较强，培训效果和培训质量有保证，所以满意度还比较高。但是不能否认的是，第三代农民工的职业培训还存在诸多问题，比如，职业教育培训不应该仅仅是第三代农民工个人追求，也应该是企业的价值追求，同时，也是政府降低失业率、提高整体就业质量的重要保障，更是我国经济发展的必然要求。

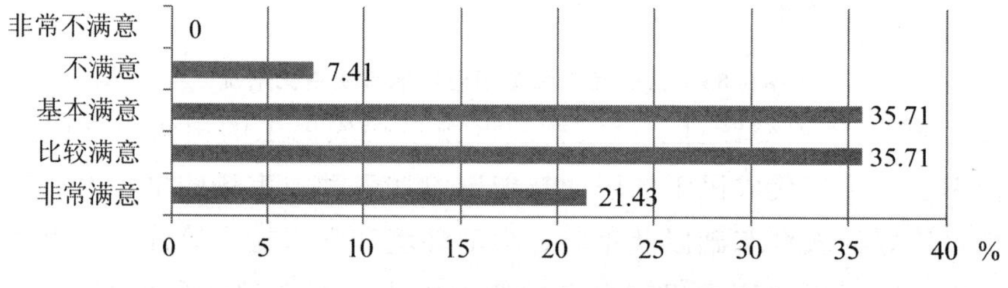

图 2-85　第三代农民工对培训的总体评价

>>四、国外职业教育培训经验借鉴<<

就我国参与职业培训的比例与发达国家相比较而言还是处于较低水平。根据美国劳工部1992年的数据，美国57%的劳动力接受过职业培训，远高于我国的32.9%，最高的是德国，在德国所有25岁的全职雇员中，只有14%的员工没有接受过职业技能培训，这也远高于我国第三代农民工的66.7%。因此，比较美、德职业培训的参与率，我国第三代农民工职业教育培训虽然处于快速发展之中，但无论是农民工整体还是第三代农民工的职业教育培训参与率还是比较偏低。

(一)英国与德国的职业教育培训行政体制

早在20世纪90年代英国就发布了《雇用白皮书》，强调培训必须与地方实际情况相结合，这就增加了承担培训义务的地方机构与地方雇主的交流。尤其是中小企业的雇主，对职业培训缺乏一定的积极性和责任感，因此在加强各主体间的联系之下建立了一个互相联系又具有独立性的管理机构(图2-86)。这些管理机构是由理事会或者地方企业构成的具有独立性质的私营企业，并由8～16名无薪的董事会成员管理。而提供培训的机构可以是私营部门也可以是公立部门，且各部门之间可以签订培训合同。各部门之间还负责收集并统计当地劳动力市场信息及雇用模式等，调查了解各经济部门技能的供求情况，目的在于有效地实施培训计划和利用其他的商业服务资源。我国企业对劳动力市场的职业教育培训尚且缺乏积极性和责任感，也没用独立的管理机构。

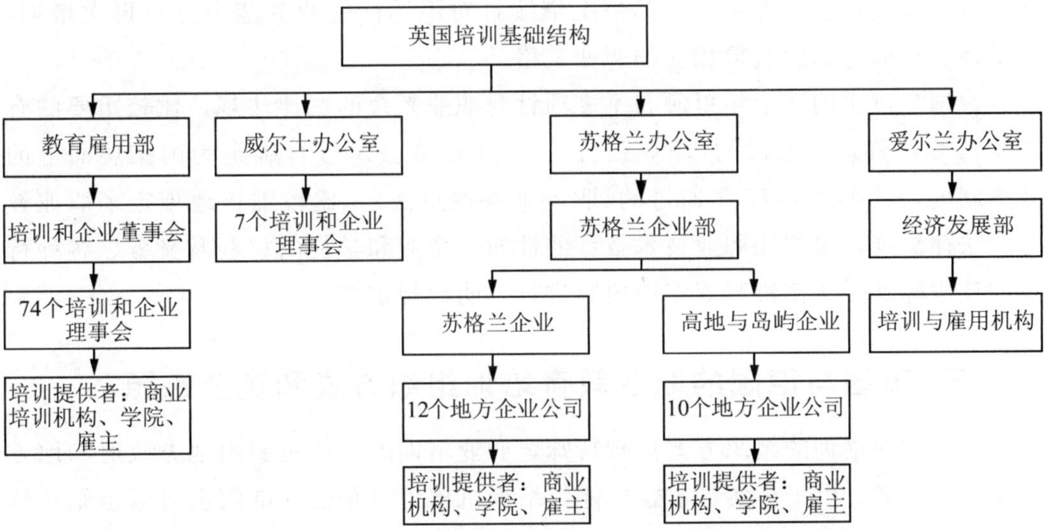

图2-86　英国职业培训管理部门的设计

在制度设计上，德国采取的是“双元制”。“双元制”即以学生在企业进行实践为主，部分时间在职业学校接受理论知识学习的职业教育模式。其管理机构是以联邦政府与地方政府合作建立一个实践发展的平台，具体的实践则由校企合作完成，各部门合作的主要内容包括构建联邦政府与州政府之间的合作关系；加强职业教育中各主体间的合作；由职业教育专家参与商讨制定职业培训规定以及学校教学计划的决策；促成“职业教育发展的思路、培训规定与课程计划的统一”的培训框架。这些规定不仅从宏观层面对职业教育进行把控，而且由具体的实施过程定位了各主体的职能，有力保障了职业培训教育的顺利实施。此外，德国还设置了两个辅助管理机构，对企业和学校的培训实践进行有效指导。一是联邦职业教育研究所，它是联邦教育与科研部下的隶属机构，接受联邦政府经济与技术部门以及其他不同行业协会的监督，主要任务是制定企业培训条例，还针对企业培训展开研究工作，并协助提高培训质量；二是州政府学校发展研究所，其主要职责是在州政府教育部的监督下负责学校具体课程的设置。①

(二)英国与德国的职业教育培训内容

英国的培训内容与培训方式则与德国明显不同。在英国，政府会制定各个职业资格的统一认证标准，以保证考生各个方面职业技能达到社会需求。考生根据自身需求自行申请相应的职业资格，在申请过程中，考评人员会对考生进行综合测评，包括考生的基本情况，过去的工作经历以及接受培训的情况，获得考生的同意并了解考生的实际情况帮助其设计考评计划或者培训计划。考生在接受专业的业务培训过后参加考评，在考评过程中，如果某一方面的职业技能达不到标准，考评人员将根据考生的实际情况继续针对不达标的业务能力进行再次培训，直至最后全面达标后获得相应的职业资格。②

德国在过去的几十年里颁布了多项针对职业教育的法律法规，比较重要的有 1969 年由联邦议院通过的《职业教育法》，将职业技术教育确定为国家层面上的教育制度，其次是 1976 年通过的《职业训练促进法》，比较细致地规定了职业教育的法律法规，对德国职业技术教育的性质、企业和学徒的权利及义务、各种行业的技术标准、考核机制等多项内容进行了明确规定。

(三)英国与德国的职业教育培训组织方式和资金来源

英国职业培训的组织方式比较特殊，职业培训的工作主要由地方政府和地方企业合作完成，由工会实行监督职能，培训机构可以是公立部门也可以是私营部门，都是以企业的形式存在，其生源主要来自考评机构。考评机构对申请职业资格的公民进行详细考评，包括基础知识和职业能力，根据其考评情况安排他们到培训机构进行培训，然后再次进行考评，如果考生在某些方面达不到标准就会被“退货”，考生经过重新培训，直到考评通过才能获得相应的职业资格。在生源的培养上，英国将职业教育合并至高等教育中，在英国拥有很多世界级的高等学府，因此政府在高等学府中设立许多职业性的专业，以吸引与鼓励大家参与职业培训，注重职业素养和职业技能的整体提高。

英国在 1992 年颁布《继续与高等教育法案》，根据该法案设立了统一的教育

---

① 张园园：《新生代建筑业农民工职业培训模式研究》，山东建筑大学硕士学位论文，2016。

② 邱建华：《英国职业资格证书制度及其培训体系》，载《交通高教研究》，1998(4)。

基金会，并在英格兰、苏格兰、威尔士、北爱尔兰地方政府设立地方职业教育基金会，以政府拨款的形式将资金下放到各地的职业培训学校，就学校而言，每个学院每年的经费有75％来自职业教育基金会，25％的经费来自校友捐赠或社会组织赞助。政府负担了大部分经费，减轻了企业与学生的经费负担，有利于各主体参与职业培训的热情和信心。

德国职业培训是“双元制”的校企合作模式，不仅推动了企业和学校的共同参与并完善了职业培训的组织架构，还形成了以企业为主导，以学校为辅的实践与理论相结合的教学模式。使得“双元制”成为当今世界上职业教育成功的典范，为德国社会输送了大量技术型人才，也为德国经济输入了大量的新鲜血液。

德国职业教育的组织架构是非常严密的，首先是通过法律法规明确定位了各个部门的职能分工。在“双元制”基础下，德国将职业教育的教学计划、课程设置以及职业培养目标切实体现在职业培训的教学过程中，有效地将实践与理论结合起来，通过企业与培训机构之间签订合同的形式，激励了社会对职业教育的热情，使培训效果富有成效。

德国的职业培训是由多部门共同投资、共同承担责任以及共同受益的，根据培训对象的不同，经费投入也有明确的区分，培训经费的来源主要可以分为三种情况：第一，“双元制”模式下的职业培训经费主要来自企业的直接资助，但在培训过程中各级政府都会根据实际情况通过部分出资或者税收调整的方式，间接承担一定经费，减轻企业的负担。第二，对于公立学校的培训费用，很少一部分来自学费，主要来自地方政府的税收，联邦政府则需要负责提供一定的资金和保证生源。第三，私立学校有所不同，其费用通常来自与学校合作的企业或者社会机构及私人赞助。地方政府也会提供一定的资金帮助。这就达到了谁收益，谁投入；共同受益，共同投入的有效培训机制。

>>五、对策及政策建议<<

(一)政府的主体视角

1. 明确政府角色定位

劳动力市场职业教育培训效果日益凸显，迫使政府在职业教育地区化和职业化上的功能作出转变，当职业教育规模较小的时候，政府可以有效进行控制，但是当职业教育规模迅速扩张，政府的控制职能影响力逐渐变小，不得不由控制模式转变为监管模式。

有效的监管需要政府合理分权，选择性的干预可以有效帮助职业教育培训的发展。

(1)切合地方实际需求。明确划分中央到地方各部门的职能分工，但又需加强信息的沟通，收集有用的市场信息，利用教育这一公共服务产品，在市场结构转型升级的情况下，有针对性地对职业教育进行宏观控制，制定切合实际的法律法规，用具体实践的引导保障农民工的职业培训健康发展。

(2)以市场为主要导向。根据市场需求，利用学校、培训机构和市场、企业的关系进行综合管理，把握市场需求，使农民工的职业教育培训在劳动力市场发挥重要作用。

(3)合理进行权力分配。建立完善的权力机构，支持地方政府、培训机构和学校根据实际需求做出合适的决策，但政府必须做好监管的职能，有效的政策是农民工职业教育的有力保障。

2. 建立有效合作机制

在我国，职业教育培训的经费主要由第三代农民工自己承担，这制约了职业教育培训的健康发展。在新经济背景下，原有的职业教育体制已经不适应经济发展。以市场为导向，多主体共同参与，利益共享，风险共担，才能建立有效的管理机构和合作机制。

就组织方式和资金投入机制而言，我国的职业教育培训组织方式过于单一，缺乏各部门合作，信息不对称。培训计划往往只是政府的单向行动，缺乏社会组织的参与，尤其是企业，以第三代农民工的调研就可以发现，虽然政府出台了很多政策已付诸实践，但是效果有限，得不到学员的认可。从企业的投入方式来看，他们往往不敢投入太多，主要是因为我国很多中小型企业出于自身发展的局限性难以承担职业教育培训的社会责任。因此，政府应该做的工作是将政府、企业、培训机构或者学校有效地结合起来，建立合理的资金投入机制以吸引各方积极参与，满足农民工职业教育培训的实际要求。

(二)企业的主体视角

1. 转变企业对员工的价值判断

随着经济结构的转型升级和迈向制造强国的进程加速，大多数企业意识到了人才的重要性，但是很多企业在面对职业培训时往往变得小心翼翼，尤其是民营企业，考虑到人力成本问题，很少重视对员工的培训，企业在职业教育培训的投入资金较少。第三代农民工的需求已不再是老一代农民工所追求的金钱价值，他们更加注重自身社会价值的实现，少了一份生存需求，多了一份精神需求。因此，企业人才培养的观念必须跟随农民工的需求而转变。

企业要转变对员工的价值判断，不应再把员工视为人力成本的消费，而应视为创造价值的源泉。培训中心根据农民工的实际需求提供有意义的培训，从企业长远利益出发，将提升企业的核心竞争力融入培训过程中。企业还应建立合理有效的保障机制，农民工往往因为自身因素的限制，对参与培训没有持续计划，培训效果会大打折扣，考虑到企业的可持续发展，企业需要为农民工制订有效的培训计划，保障培训成果。

2. 多元化培训方式，健全激励机制，扩大培训成果

建立有效的激励机制对职业培训的效果往往有很大的推进作用，企业在建立培训制度过程中，应该切合农民工实际需求，采取实际鼓励策略和物质奖励等，加以多元化的培训方式，将农民工的利益与企业利益结合在一起，促成职业培训的双赢策略，达成互相信任的局面。

在实际情况中，企业应该首先加强宣传力度，鼓励农民工参与培训；其次是注重信息的收集，及时有效地了解农民工的培训意愿，进行培训需求分析，制订培训计划，将企业的未来与员工的未来结合在一起，鼓励更多的农民工参加职业教育培训。

(三)培训机构的主体视角

1. 改进培训方式

我国应借鉴德国的培训方式，推动培训机构与企业合作，企业提供机会让学生进行实践学习，同时辅以理论教育。这种方式会有效提高第三代农民工的就业能力，对农民工的整体素质提高也非常有利。授课时间采用弹性制，或者组成多时间段的授课班，让第三代农民工有效利用业余时间进行学习。

2. 加强师资队伍建设

师资的安排也应该与实际相结合。加强培训机构间的合作，实行师资共享。教师共享有利于减少不必要的师资浪费。师资队伍应由双师型教师组成。聘请企业中有丰富实践经验的技术人员作培训师。鼓励缺乏实践经验的教师进入企业实践，结合自身的理论知识，达到理论与实践高度融合以增强职业教育培训的效果。

第八节 劳动力市场治理灵活稳定性的新内涵不断丰富

改革开放以来，中国经济快速发展和产业结构变迁将数亿人口从相对封闭的农村经济整合于全国劳动力市场之中。劳动力市场的总量、结构与配置都随之发生深刻改变，此种变化是渐进式的，也难以用一两个指标来量化，这对劳动力市场的治理带来了诸多挑战。党的十八大以来，中央明确提出要实现“劳动者自主就业、市场调节就业、政府促进和鼓励创业”的政策方针，实践中进一步丰富发展了劳动力市场治理的内涵，推动实现劳动力市场治理的灵活性兼具稳定性，为迈向“中国制造 2025”战略目标奠定了坚实的基础。

>>一、劳动力市场灵活性与稳定性<<

劳动力市场治理，就是政府、企业雇主和雇员三方不断审视作为工作组织基础的不同制度以及规范生产活动的规则，就适用的制度和规则进行决策并付诸行动，这些治理机制包括非正式和正式制度。一系列强有力的社会规范、私人契约构成了劳动力市场治理的非正式机制，法律法规、集体协议和国家标准是正式制度。无论是正式制度还是非正式制度，都会对雇用双方产生影响，而影响的途径可以从灵活性和稳定性两个维度加以分析。

(一)劳动力市场灵活性

一般地，劳动力市场的灵活性都是根据劳动力市场主体对变革所做出调整和响应的能力来定义的，它反映了劳动力市场中市场力量占主导时，市场主体进行适应性调整的自由行动空间。在文献中，劳动力市场灵活性是从以下维度来定义的①：一是就业保护，雇主聘用和解雇员工的自由度。许多国家基于保护劳动者的立场，对企业雇主解聘员工做出了限制性规定，由此降低了市场灵活性。二是工资灵活性，由最低工资制度、工资集体协商制度、工会制度等管控工资和限制工资差异。三是内部功能灵活性，即企业或用工组织通过工作时间的灵活性、工作内容、技能需求等，对其内部生产过程和管理流程再造的能力，以实现生产效率和动态效率。四是供给侧灵活性，即工人可能需要灵活的工作时间来满足工作

① Rodgers G. “Labour Market Flexibility and Decent Work,” *UN-DESA Working Paper*, 2007(47).

和家庭的需要，或者享有的工作权益能够在不同工作间进行移植的能力。

金融危机爆发以后，全球范围内就业增长缓慢而不充分，这可能反映了劳动力市场对工作创造活动产生了负激励。在一个相对封闭的小规模经济体内，一个高度管制的劳动力市场可以维持，劳动力市场稳定性有余而灵活性不足。但是在全球化高度开放和竞争的背景下，市场竞争的范围和程度都极大提升，企业要在这样的环境下生存，必须要具备更强的调整适应能力，劳动力市场也必须具备及时对市场变革做出响应的能力。在充分灵活的劳动力市场上，工资和工作条件才能对市场力量做出更迅速的调整，充分就业也就更容易实现。

(二)劳动力市场有保障的稳定性

劳动力市场稳定性的主要内容是保障稳定就业，是为了有效应对市场不确定性的治理要求。经济学理论一般将可计算的不确定性定义为风险，因此不确定性既包括风险，又包含着无法计算的不确定性。劳动力市场的不确定性来源是多方面的，贸易自由化、外包、技术进步等因素都可能引起劳动力市场的波动，提升了劳动者就业面临的不确定性，导致失业和收入损失。

如何治理不确定性，对劳动力市场的繁荣非常关键。通常情况下，不确定性由市场和政府共同治理，市场可以分散一些可计算量化的风险，而政府也是治理不确定性的重要机制。劳动力市场的各种保障制度，是为了有效应对失业风险和失业持续期延长等就业不确定性。不同国家的劳动力市场面临着不同程度的不确定性，因此治理方式和手段不一样，测量劳动力市场稳定性的指标也各不相同。在 OECD 国家，就业人员中临时性岗位和短期合同工人的比例常常用来衡量劳动力市场稳定性，因为这些工作的稳定性较弱，面临的失业风险更高。此后的改进，考虑了失去工作产生的预期损失(失业的概率，预期的失业持续期，失业期领取的失业保险能够在多大程度上弥补收入损失)。①

(三)劳动力市场灵活稳定性

灵活稳定性是灵活性和稳定性的结合，是在动态条件下保持劳动力市场灵活性并向劳动者提供充分的就业保障和稳定性。灵活稳定性的概念近二十多年来被广泛用于描述劳动力市场政策的取向。20 世纪 90 年代的丹麦和荷兰劳动力市场改革便面临着这一概念所引出的劳动力市场进退两难情况：在全球化浪潮下劳动

---

① Hijzen, A. and B. Menyhert, "Measuring Labour Market Security and Assessing its Implications for Individual WellBeing,"OECD Social, *Employment and Migration Working Papers*, 2016, No. 175.

力市场需要充分的灵活性以适应市场竞争，需要政府保障更高的就业灵活性，但充分的灵活性会极大地损害稳定性，因此需要灵活稳定性。2000 年以来，欧盟委员会以此为目标不断推动成员国劳动力市场改革，在里斯本战略里，灵活稳定性得到倡导，“促进灵活性兼顾就业稳定性”。具体来看，欧洲劳动力市场灵活稳定性包括如下四个方面的内容：一是灵活而可靠的合同安排；二是综合的终身学习战略；三是有效的劳动力市场政策；四是现代化社会保障体系。

研究指出，政府的劳动力市场支出(促进就业和保障失业)和工人得到的就业保障高度正相关。这表明，在劳动力市场灵活度较高的国家，对就业提供中等程度的保护并通过积极的劳动力市场政策提供充分的保护，能够使得劳动力市场表现更好。这一事实使得灵活稳定性的概念具备了现实基础。适度的保护比缺乏保护过度灵活的劳动力市场，或者太高的就业稳定性劳动力市场都要好。

>>二、我国制造业转型背景下劳动力市场治理新要求<<

(一)制造业结构转型背景下雇主需要灵活性

从目前我国制造业的发展趋势来看，制造业从劳动密集型向技术密集型转型，需要制造业劳动力结构从以中低技能为主转向以高技能为主，这就需要灵活的劳动力市场协调劳动力转移。尽管改革开放以后我国制造业发展较快，并为社会创造了大量的就业岗位，但制造业发展以中低端劳动密集型为主，高附加值的技术密集型制造业还不够发达，这极大地制约了我国制造业竞争力的提高。2015 年的数据也显示，我国制造业就业人口中受教育程度为初中的比例为 41.27%，高中的比例为 18.78%，大专及以上的比例为 22.89%,[①] 而劳动力密集型制造业的劳动力平均受教育水平更低。随着制造业转型升级的推进，越来越多的劳动力密集型制造业企业开始倒闭，员工遣散与再就业问题也随之浮出水面。

为了推进制造业进一步转型升级，迫切需要调整就业人员的技能结构，吸引更多技术技能型人才进入制造业。而制造业就业人员的结构调整进度与劳动力市场灵活性密切相关。在一个具备充分灵活性的劳动力市场，企业雇主招聘新员工和解聘现有员工的障碍较少，企业雇主能够迅速对市场需求变化做出积极响应，调整雇用决策和工资支付水平，从而适应市场变化并做出转型。反之，如果劳动力市场粘性程度较高，企业雇主调整雇用水平的障碍较大，调整工资的自由裁量权不高，企业难以对市场变化做出及时的响应，结构转型也难以持续推进。

---

① 《中国人口和就业统计年鉴 2016》。

与此同时，制造业劳动力成本上升引发的区域就业结构调整，需要企业雇主将生产要素资源在区域空间范围内进行再配置，以节约要素成本，获取充分的利润。制造业就业结构的区域调整也依赖于劳动力市场灵活性。在劳动力能够自由流动的市场上，企业投资的区域流动引导劳动力流动和空间再配置。在这一过程中，充分灵活的劳动力市场能够促进劳动力流动，从而达到新的均衡。

(二)制造业就业结构转型背景下工人需要稳定性

近年来，随着制造业加速转型，制造业的劳动力结构也需要随之调整，这增加了失业风险，由此内生出产业工人的就业保障性和稳定性需求。为了说明制造业就业转型给劳动力市场带来的失业风险，表 2-40 报告了失业人员在失业之前就业行业为制造业的分年龄分性别比重情况。

表 2-40　2015 年分年龄、分性别的城镇就业与失业结构：制造业　(%)

	城镇单位就业人员中制造业就业人员所占比重			失业人员失业前所在行业为制造业的比重		
	总体	男性	女性	总体	男性	女性
年龄(岁)	20.7	21.8	19.3	26	26.9	25.1
16～19	29.2	30.9	26.9	27.5	32.5	16.3
20～24	25	28.4	20.6	25.5	28.6	21.7
25～29	22.4	24.7	19.4	22.3	21.9	22.6
30～34	21.8	23.4	19.8	21.3	21.6	21
35～39	21	21.8	20.1	26.7	28	25.8
40～44	21.3	21.2	21.3	28.7	30.3	27.4
45～49	20.4	20.4	20.4	30.9	29	32.8
50～54	17.7	18.8	15.4	28.7	29	28.1
55～59	14.8	16.4	10.7	28	29.3	24
60～64	11.2	12.9	8.2	25.1	26.4	21.7
65＋	8.4	9.5	6.4	20.9	24.9	6.8

资料来源：根据《中国人口和就业统计年鉴 2016》数据整理而得。

制造业产生的失业份额显著高于制造业创造的就业份额，表明制造业的岗位破坏率高于全行业的平均水平。2015 年的数据显示，我国城镇单位就业人员中制造业创造的就业份额为 20.7%，男性比例(21.8%)高于女性(19.3%)。但是，失业人员中来自制造业的比重达到了 26%，显著高于制造业创造的就业份额。分年龄段来看，在 16～19 岁的已就业人员中 29.2%为制造业创造的就业，但是该年龄段的失业人员中有 27.5%的人员来自制造业，类似的关系在 34 岁以下年龄段的劳动力都是如此。当劳动者的年龄超过了35岁，尽管制造业就业人员占比仍然较高，35～39岁为21%，45～49岁为20.4%，有所下降，但是失业人员中来自制造业的比重快速升高，35～39岁为26.7%，45～49岁为30.9%。也就是说，目前在制造业转型背景下越来越多的35岁以上劳动者被淘汰，而35岁以上劳动者在制造业中的就业比例也开始下降。

>>三、迈向“中国制造2025”的劳动力市场治理的灵活稳定性<<

党的十八大以来，就业优先战略取得了长足进展，这与劳动力市场灵活稳定性的提升密切相关。劳动力市场治理体系有着很强的时代背景和阶段性特征，反映着在不同的社会经济和政治发展阶段，各种体系围绕着一个占支配地位的模式逐渐趋近。党的十八大以来的劳动力市场改革与制度建设，在有效保障劳动力市场配置资源的灵活性基础上，由制度体系提供了充分的稳定性，为迈向“中国制造2025”提供了强劲动力。

(一)劳动力市场化改革保障了灵活性

自改革开放以来，我国劳动力市场改革总体遵循了市场化方向，先易后难，逐步化解了劳动力市场化配置资源的障碍，最终确立了劳动力和企业雇主双向自由选择的市场化原则。早期的人口流动和户籍制度改革极大地缓解了城乡二元结构对劳动力自由流动的束缚。尽管劳动力市场的资源配置机制还很不完善，但作为要素市场化改革的重要组成部分，劳动力市场化改革在引导劳动力再配置、向城镇非农部门提供增量劳动力方面提供了极大的灵活性。而随着国有企业改革的深入推进，国有经济与非国有经济之间劳动力再配置的各种体制机制障碍逐渐瓦解，城镇劳动力市场开始在国有部门和非国有部门之间出现了更多灵活性。党的十八大以来，劳动力市场灵活性显现如下发展趋势。

一是“放管服”改革极大地消除了政府管制对企业的不利影响，提升了市场灵活性，释放了制度红利。党的十八届三中全会提出，要发挥市场机制在资源配置中的决定性作用。而劳动力市场作为要素市场的重要组成部门，必须要坚持市场机制在劳动力资源配置过程中的决定性作用。政府以壮士断腕的决心深入推进“放管服”改革，积极为企业松绑、为创新创造扫除障碍，极大地消除了市场中政府对企业的不当束缚。通过加大行政审批事项取消和下放力度，优化工作流程，提高就业公共服务效率，释放了企业活力。据统计，在政府以“放管服”为方向的政策转变带动下，全国每年新增就业达到了1 200万人，城镇登记失业率维持在4%以内。党的十八大以来全国累计新增登记企业数量相比商事制度改革前有了大幅度提高。而在世界银行的营商环境报告中，中国的营商环境在全球经济体中的排名持续提高。

二是双创(大众创业、万众创新)政策体系的出台不断拓展了大众创业和创新的空间，有力地增强了发展动力和市场灵活性。中央适时推出大众创业、万众创新战略，得到了社会各界的积极响应。通过建立健全创业人才培养和流动机制，有力地破除了人才流动制度障碍，推动实现党政机关、企事业单位、社会各方面人才顺畅流动，让一批富有创业精神、勇于承担风险的人才脱颖而出，极大地增强了劳动力市场的活力，形成促进就业的新动能。在新经济新动能和新产业的发展带动下，劳动力市场就业形式也在逐渐改变，新经济和新就业内容开始不断显现。

(二)劳动力市场制度建设保障了稳定性

党的十八大以来，劳动力市场制度建设持续推进，为劳动者实现体面就业提供了充分的稳定性，主要体现在以下几个方面。

一是企业雇用行为进一步得到规范，企业劳动合同签订率稳步提高。劳动合同是保障劳动者就业权益的基本工具，企业雇主不与劳动者订立书面劳动合同，劳动者合法权益无法受到劳动法的有效保护。2008 年修改的《劳动合同法》，需要解决的重要任务之一便是提高劳动合同签订率。党的十八大以来，全国人大加强了劳动合同法执法检查，劳务派遣得到进一步规范，全国总工会也持续推动集体合同制度攻坚计划。人力资源和社会保障部发布的数据显示，截至 2016 年年末，全国经人力资源和社会保障部门审查并在有效期内的集体合同累计为 191 万份，覆盖了 341 万户企业、1.78 亿职工。①

二是工资支付保障长效机制有序推进，工人工资水平保持稳定增长。党的十八大以来，政府有关部门加强了劳动保障监察执法工作，全面治理工资支付过程中的违法违规行为，建立健全工资支付保障长效机制，推进省级劳动保障监察举报投诉案件联动机制。在经济发展和政府监督下，工人的工资水平得到稳步提高。数据显示，2013—2015 年，全国城镇单位就业人员的平均实际工资指数分别为 107.3、107.2、108.5(上年＝100)，其中制造业的平均实际工资指数为 108.7、108.4、105.1。②

三是社会保障体系改革取得突破性进展，社会保障覆盖范围持续扩大。2010 年以来，中央政府出台了多项政策措施，加速社会保障制度改革。首先，实现机

① 《人社部发布会十八大以来人力资源社会保障事业发展主要成就》，载《中国劳动》，2017(8)。

② 《中国劳动统计年鉴 2016》。

关事业单位和企业养老保险制度的并轨，有效畅通了机关事业单位和企业之间的人才流动机制；其次，建立统一的城乡居民基本养老保险制度，并整合城乡居民基本医疗保险制度；最后，完善社会保险关系的转移接续制度。社会保障制度改革取得突破性进展，极大地消除了劳动力面临的养老、失业、工伤等风险，提供了充分的保障性。人保部的数据显示，截至 2016 年年底全国基本养老、失业、工伤、生育保险参保人数分别达到 8.88 亿人、1.81 亿人、2.19 亿人、1.85 亿人；基本医疗保险覆盖人数超过 13 亿人，基本实现了全民医保。为此，国际社会保障协会还授予中国政府“社会保障杰出成就奖”①。

四是人才评价机制改革取得新突破，劳动力市场不合理的职业门槛被极大地削弱。党的十八大以来，人才评价机制改革积极发挥人才评价的“指挥棒”作用，以落实“放管服”改革为指引，分七批取消了 434 项国务院部门设置的职业资格，削减比例达到 70％。② 劳动力市场阻碍劳动者自由流动和再配置的障碍进一步被消除，有力地促进了全国职业技术技能型人才的规模成长和结构优化。

---

① 《人社部发布十八大以来人力资源社会保障事业发展主要成就》，载《中国劳动》，2017(8)。

② 《人社部：取消 434 项国家职业资格 削减比例达 70％》，http://politics.people.com.cn/n1/2017/0728/c1001-29435377.html，2017-07-28。

第三章

致力于实现制造强国目标的劳动力市场政策选择

在本报告中的前两章中，我们梳理了改革开放以来我国制造业嬗变与劳动力市场变革之间的互动变化，并从八个方面提炼和呈现了在迈向制造强国进程中劳动力市场面临的机遇与挑战。本章的任务是通过形势判断和逻辑推演，给出本报告关于致力于实现制造强国目标的当前劳动力市场政策选择主张。具体而言，本章的逻辑顺序和篇幅安排是根据如下考虑做出的：虽然本章主旨和最终目标是给出当前的劳动力市场政策选择，但由于就业及劳动需求是一种引致需求，即劳动力市场状况在很大程度上是由经济形势和经济发展状况来决定的，因此在第一节中，我们先进行宏观经济判断；在第二节中，简要但从就业规模、就业结构和就业质量的角度全方位地展现了当前“就业向好”的状况；在上述背景下，我们进一步对未来一段时期劳动力市场面临的有利因素与潜在隐患进行了判断，并基于这些判断和基本的事实依据，给出了我们致力于实现制造强国目标的五点劳动力市场政策主张，这些就构成了本章的第三、第四节内容。

第一节　供给侧结构性改革加快新旧发展动能转换

>>一、以高技术产业、装备制造业为代表的新兴制造业在加快成长<<

2017 年是供给侧结构性改革的“深化之年”。国家统计局截至目前所发布的 2017 年 1—8 月的统计数据以及近期关于“经济新周期”的讨论都基本一致地表明：今年供给侧结构性改革的“‘三去一降一补’在扎实推进，农业供给侧结构性改革成效突出，实体经济发展日益向好，房地产过热的局面有所降温”①。

我们认为，在这一系列新变化中新动能尤其是实体经济中以高技术产业、装备制造业为代表的新兴制造业的加快成长更为可喜，更令人振奋。以国家统计局2017年9月14日所披露的数据为例，在增加值指标方面，2017年8月在制造业增加值同比增长6.9%(比上月加快0.2个百分点)的均值水平上，高技术产业增加值增长12.9%，比上月加快0.8个百分点；装备制造业增加值增长11.6%，加快0.9个百分点。在投资指标方面，1—8月，高技术制造业投资增长19.5%，比去年同期提高7.7个百分点，比全部制造业投资高15个百分点；占全部制造业投资的比重为13.6%，比去年同期提高1.7个百分点；装备制造业投资增长8.2%，增速比去年同期提高4.6个百分点；占全部制造业投资的比重为41.8%，比去年同期提高1.4个百分点；对制造业投资增长的贡献率高达73%。

上述数据表明，一方面制造业基本告别了增长乏力的局面，另一方面以高技术产业、装备制造业为代表的新兴制造业在加快成长、加速崛起，产业正稳步迈向中高端(这一判断也可从第二章第一节相关内容中得到印证)。因此，我们的基本判断是：在供给侧结构性改革的“深化之年”，在新旧动能之间逐渐实现了平稳有序的转换。

>>二、随着传统行业过剩产能的逐步化解，某些去产能重点行业甚至实现了旧动能的延续和升级<<

国家统计局披露的数据表明，2017年以来去产能在加快推进。截至7月末，钢铁去产能进展顺利，“地条钢”依法取缔；煤炭去产能1.28亿吨，完成全年目标任务的85%。我们也注意到，可能是传统行业过剩产能的持续加速化解再叠加国际国内市场需求向好发展的因素，某些去产能重点行业甚至实现了旧动能的延续和升级。例如，国家统计局披露的7月的数据表明，从同比看，PPI上涨5.5%，涨幅连续3个月相同。在主要行业中，同比涨幅回落的有煤炭开采和洗选业、有色金属冶炼和压延加工业、石油加工业，但仍然分别上涨32.3%、12.7%和10.9%；同比涨幅扩大的有黑色金属冶炼和压延加工业、非金属矿物制品业，分别上涨27.5%和8.5%；此外，化学原料和化学制品制造业价格同比上涨7.6%，涨幅与上月相同。上述六大行业(基本是去产能重点行业)合计影响PPI上涨约4.4个百分点，占总涨幅的80.0%。需要说明的是，旧动能的延续和升级不但可以从国家统计局近期发布的统计数据上观察到，而且我们课题组在山西吕梁、河南洛阳以及山东青岛关于去产能的近期调研中也有深刻体验。

---

① 《国家统计局新闻发言人就2017年7月份国民经济运行情况答记者问》，http://www.stats.gov.cn/tjsj/sjjd/201708/t20170814_1523087.html，2017-08-14。

>>三、随着“放管服”改革的不断深化，新创企业在加速增长<<

2017 年 1—7 月，全国日均新登记企业高达 1.6 万户。这延续了近几年来新创企业加速增长的态势。国家统计局公布的时间序列数据表明，2013—2016 年，全国新登记市场主体分别为 1 131 万户、1 293 万户、1 480 万户和 1 651 万户，年均增速 13.4%。其中新登记企业分别为 250 万户、365 万户、444 万户和 553 万户，年均增速 30.3%。新创企业的发展，尤其是开发或利用新技术的新创企业的加速增长，不但有利于制造业迈向中高端，而且必将有利于新动能的产生与汇聚。

>>四、伴随新经济的蓬勃发展，新业态、新模式快速成长<<

在新经济蓬勃发展的进程中，新业态新模式在快速成长。“互联网＋”行动计划推动线上线下加快融合，以网络销售为代表的互联网经济快速增长，互联网金融、移动支付等新模式不断涌现。① 2017 年 1—7 月，全国网上零售额同比增长 33.7%，增速比上年同期提高 6.2 个百分点，其中网上商品零售额占社会消费品零售总额的比重比上年同期提升 2.2 个百分点。以典型的平台经济模式为例，平台经济本身属于服务业范畴，而其关键在于实现了制造业与服务业的融合，以信息技术的发展为支撑，为买卖双方提供一个交易场所。平台经济的兴起与昌盛促生了许多新的经营方式和新业态，不断推动产业结构的创新，推动了制造业的变革，企业实现了从生产到运输再到销售的整合，降低了成本，拓宽了渠道，以此创造了更大收益。

尤其可喜的是，以上这些成绩的取得以及新变化的产生，是在能源资源利用效率整体提升、环境质量不断提升的背景下取得的，凸显了我国经济发展质量不断提升的态势。2017 年上半年，我国万元国内生产总值能耗同比下降 3.9%，降幅比一季度扩大 0.1 个百分点，清洁能源消费量占比同比提升 0.7 个百分点。2017 年 7 月，全国 338 个地级市及以上城市 $PM_{2.5}$ 浓度同比下降 6.9%，其中京津冀区域 13 个城市 $PM_{2.5}$ 浓度下降 13.8%，长三角区域 25 个城市 $PM_{2.5}$ 浓度下

① 郭同欣：《我国经济稳中向好态势持续发展》，http://www.stats.gov.cn/tjsj/sjjd/201708/t20170829_1528925.html，2017-08-29。

降 9.7％。[①] 以上数据更使我们有理由相信：坚持环境友好型的经济发展之路是走得通的。

第二节　供给侧结构性改革推动就业形势持续向好

>>一、就业规模不断扩大，城镇失业率维持在较低水平<<

2017 年 7 月国家统计局披露的数据表明，全国大城市调查失业率继续低于 5％，维持在一个比较低的水平，全国城镇调查失业率为 5.1％左右，低于上年同期；1—7 月全国城镇新增就业 855 万人，比上年同期增加了 20 万人。8 月，全国 31 个大城市的城镇调查失业率稳定在 5％以下，比 7 月略有回落。1—8 月城镇新增就业 974 万人，同比增加了 26 万人，显示出“就业向好”的可喜变化态势。全球著名商业教育机构瑞士洛桑国际管理学院发布的《2017 年度世界竞争力报告》也显示，中国竞争力排名由 2016 年的第 25 位跃升至第 18 位，而在细分项中，“就业”表现在全球 63 个主要经济体中名列世界首位。

>>二、就业结构更加优化，尤其是多个区域就业中心已经形成<<

伴随供给侧结构性改革的深化进行，以及新经济助力就业结构转型升级功能的不断显现，就业人员的地区结构、产业结构或技术结构的更加优化（详见第二章第二节相关内容）。需要特别指出的一点是，既有的分布于东部“长三角”“珠三角”“环渤海”三大区域就业中心地位继续巩固的同时，伴随产业梯度转移、中心城市就业吸纳力的增强和中西部地区的经济发展，带动了重庆、四川、河南、安徽、江西、湖北等地就业规模的扩大，这些省市正逐步围绕省会城市（直辖市）形成了新的区域就业中心，以重庆为核心所形成的区域就业中心更为明显。

>>三、就业质量明显提高，就业稳定性不断增强<<

国家统计局发布的研究报告明确指出，自党的十八大以来，我国劳动者的就业质量明显提高，这体现在以下四个方面：单位就业明显增加，企业用工更加规

---

① 郭同欣：《我国经济稳中向好态势持续发展》，http://www.stats.gov.cn/tjsj/sjjd/201708/t20170829_1528925.html，2017-08-29。

范，劳动关系更趋稳定，就业保障显著提高。①

我们认为，这其中尤以单位就业明显增加所反映的就业稳定性的不断增强最值得关注。在计划经济时代的“单位”就业体制下，体制内就业体现为一种“铁饭碗”“大锅饭”的模式，这时的主要问题是就业稳定性有余而灵活性不足；而伴随20世纪90年代以来的劳动力市场变革，又出现了比较明显的就业稳定性不足、过度灵活的问题，这种状况不利于劳动力保护，从长远来看，也会损害企业的创新发展，进而损害整体经济发展质量。2012—2016年，我国城镇各类单位就业人员总量由22 793万人增加到29 971万人，占全部城镇就业人员的比重由2012年的61.43%显著上升到了72.34%，提升幅度十分明显。

究其原因，我们推测，可能与新创企业的蓬勃发展有直接关系。根据国家统计局发布的数据：2013—2016年，全国新登记市场主体分别为1 131万户、1 293万户、1 480万户和1 651万户，年均增速13.4%。其中新登记企业分别为250万户、365万户、444万户和553万户，年均增速30.3%。经简单测算可以发现，这四年新登记企业占新登记市场主体的比例分别为22%、28%、30%和33%，呈加速增长的变化态势。也就是说，随着“放管服”改革的持续推进，劳动者创办企业的便利化程度不断提高，大批灵活就业人员进入了企业就业，就业稳定性不断增强。②

第三节　当前劳动力市场面临的有利因素与潜在隐患

>>一、有利因素<<

第一，制造业尤其是以高技术产业、装备制造业为代表的新兴制造业的加速发展，有利于增强制造业对劳动力的吸引力，抑制制造业人力资本的过快流失。短期而言，这能促进实体经济的发展；长期而言，又会助力制造强国目标的实现。本报告的实证研究工作表明，制造业的发展、产业迈向中高端不但能为本行业的就业人员提供更多机遇，而且在国家致力于发展服务业的背景下，由于制造业对服务业具有很强的就业乘数效应而有利于就业岗位的创造（详见第二章的第一节以及第七章的相关内容）。鉴于此，我国应该抓住这一有利因素，努力实现

① 《就业形势持续向好　民生之本亮点纷呈——党的十八大以来经济社会发展成就系列之十一》，http://www.stats.gov.cn/tjsj/sjjd/201707/t20170721_1515384.html，2017-07-21。

② 《就业形势持续向好　民生之本亮点纷呈——党的十八大以来经济社会发展成就系列之十一》，http://www.stats.gov.cn/tjsj/sjjd/201707/t20170721_1515384.html，2017-07-21。

制造业就业与制造业发展之间的良性互动。

第二，创业创新带动就业能力显著增强，这有利于就业规模的继续扩大和就业质量的继续提高。前文已述，近些年来大众创业、万众创新呈现蓬勃发展、持续向好的发展态势，而且可以预期，这种良好的发展趋势短期内不会发生逆转。国家统计局根据劳动力调查数据进行的测算表明，2016年城镇就业人员在一年内新创业的人数比2012年增长了约36%；在全部失业人员中，平均每年约有7%的失业人员在为自己创业做准备。大学生和返乡农民工创业热情高涨，近年来农民工返乡创业累计超过450万人，2016年登记的大学生创业人数达到61.5万人。因此，应该抓住创业创新带动就业能力在显著增强这一有利因素，改善创业创新环境，改变目前生存型创业居多的格局，引导更多的机会型、发展型创业形态的出现，从而继续推动就业规模的扩大和就业质量的提高。

第三，股票市场的投机热度、房地产过热的局面有所降温，这有利于实体经济投资的扩大，从而有利于推动实体经济尤其是制造业的就业扩展和质量提升。应该说，2017年以来实体经济展现了较好的发展态势，超出了多数人的预期。在综合多方面的宏观经济数据进行分析解读后，我们形成了一个重要观点，即实体经济尤其是制造业的增加值增长以及投资的增加，在很大程度上可能与其他非实体经济(尤其是股票市场、房地产市场)投资(投机)收益锐减有关，使得定向于实体经济的投资实现了较好的增长，尤其是改变了前些年制造业投资乏力的局面。因此，如果这一有利因素可以进一步持续，则会进一步有利于推动实体经济发展，进而有利于实体经济的就业扩展和质量提升。

第四，人力资本红利在加速集聚。2015年，全国就业人员平均受教育年限为9.6年，就业人员中大专及以上受教育程度的比例为14.6%，比2010年分别提高0.5和4.3个百分点，高学历就业人员占比的提升幅度明显在加快。2016年，全国农民工中高中及以上文化程度农民工占比为26.4%，比2012年提高2.7个百分点，这也表明低技能劳动者群体的整体素质也在稳步上升。我国正致力于推进创新性国家的建设，而创新的基础是企业，如果企业的技术进步缓慢，则会在很大程度上影响创新性国家的建设。在当前的欧美发达国家，技术进步路线与人力资本实现了很好的匹配，即普遍体现为一种技能偏向型的技术进步。通过近20年各级各类教育的规模扩展，我国新增劳动力的素质普遍提高，已经积累了庞大的人力资本，但是从目前来看，我国并没有出现明显的技能偏向型技术进步，这说明已积累的人力资本并没有得到有效释放，对于创新所应起的作用还未充分发挥，使得人力资本无法发挥其之于技术进步的应有价值。

未来，应该通过积极的劳动力市场变革，充分发挥正加速集聚的人力资本红利的作用，充分利用这一有利因素，推动产业迈向中高端；以创新带动创业，升级传统产业，为大量高技能劳动者提供更多的就业岗位。

当然，由落实"一带一路"倡议及中国对"一带一路"沿线国家的投资承诺所带来的外部劳动力市场需求的增长等，也是有利于推动未来一段时期就业工作的有利因素。

>>二、潜在隐患<<

第一，应该高度重视并研判以工业机器人、人工智能为代表的新一轮技术进步对就业的影响。对于以工业机器人、人工智能为代表的新一轮技术进步对就业的影响，我们的一个基本判断是，从总体和长期来看，新技术一方面会对部分工作产生替代效应，另一方面又创造了新的工作。而劳动力从旧的被替换掉的工作转移到新工作，虽然会造成个体短期性失业，但对我国整体长期失业率和就业率应该没有明显不利影响。但是，新技术对不同行业和职业、不同技能和受教育水平的人群可能会产生异质性影响。也就是说，新技术在短期内对就业产生的负面影响，对局部地区、局部行业或相关职业产生的负面影响应该引起警惕，高度重视(本报告对这方面问题的详细讨论详见第九章和第十章)。

第二，要高度警惕和防范放松房地产市场调控后房价反弹甚至报复性上涨局面的发生。虽然，"总体来看，在各地区、各部门的探索努力下，房地产市场有望保持一个平稳健康发展态势"，[①] 但是，我们仍然要高度警惕房地产市场等非实体经济的发展变化态势，从而给予实体经济尤其是制造业创造更为良好的发展环境。

第三，在多地已经形成了多个区域就业中心的同时，要高度关注经济发展态势相对较差、就业吸纳力相对较弱的三、四线城市以及东北地区的就业问题。我们认为，在过去就业尤其是新增城镇就业多集中在东部沿海地区的格局已经发生很大变化的情况下(即中西部地区依靠后发优势在创造就业方面已超过东部地区[②])，目前就业分布的空间矛盾已经主要不是横向的地区间的就业差距问题——劳动力尤其是低技能劳动力跨省就业的增长速度放缓就是一个重要表现。我们认为，中心城市的就业汇聚功能过强，一线、二线与三线、四线城市之间的就业差距过大是目前的一个重要问题(当然，在这方面，东北地区是个例外)。也就是说，就业向一线城市(北、上、广、深)、二线城市(以省会或首府城市为代表)集中的变化态势颇为明显，即便是更多低技能劳动力选择本地就业而不是跨

---

① 《国家统计局新闻发言人就 2017 年 8 月份国民经济运行情况答记者问》，http://www.stats.gov.cn/tjsj/sjjd/201709/t20170914_1534101.html，2017-09-14。

② 《就业形势持续向好　民生之本亮点纷呈——党的十八大以来经济社会发展成就系列之十一》，http://www.stats.gov.cn/tjsj/sjjd/201707/t20170721_1515384.html，2017-07-21。

省就业，这种本地就业也大多发生在本地中心城市，并不会偏好在本地的三线、四线城市就业。对于这种新出现的就业空间分布矛盾，应该引起我们的高度重视。

第四，应该正视新经济形态对劳动关系的挑战与重塑。在我国当前新经济形态下，劳动力市场中用工模式呈现出多层次、多类型并存的状态，劳动关系灵活化与多元化并存，新就业形态加大了劳动关系协调难度。这些变化无疑应该引起决策部门的高度重视(本报告对这方面问题的讨论详见第二章第四节的相关内容)。

另外，全球经济形势、人民币汇率在未来一段时期内的变化，也是需要引起注意的有可能对就业产生不利影响的潜在隐患，不过我们认为这些潜在隐患只能防范，通常是不可控的，所以这些潜在隐患不属于本报告所讨论的重点内容。

第四节　迈向制造强国的劳动力市场政策选择

>>一、综合协调实体经济与非实体经济的发展，着力为实体经济的健康可持续发展创造更有利的环境<<

政府要通过财税、金融、产业等领域政策之间的协同一致，将非实体经济(尤其是股票市场、房地产市场)的投资(投机)收益管控在合理区间，实现实体经济与非实体经济之间的协调发展，从而确保实体经济尤其是制造业的发展有一个相对良好的外部环境，以实现定向于实体经济的投资的合理增长，促进实体经济尤其是制造业的发展。归根结底，只有实体经济实现了健康可持续发展，才会有更多更优秀的劳动者愿意到实体经济中就业，才能促进实体经济的就业扩展和质量提升。

>>二、着力打造更多的区域制造中心和区域就业中心，避免一、二线城市过度的就业极化<<

我们主张，在巩固既有的区域制造中心和就业中心之外，应继续打造更多的区域就业中心，尤其需要重点关注中西部地区的区域就业中心的培育。同时，还应该统筹布局，以创建类似高铁经济圈的方式，促进一、二线中心城市的经济发展与就业创造的效应向周边的三、四线城市转移。

就业是13亿中国人最大的民生，就业的持续不间断的向好发展，是体现和确保党的执政合法性的核心要件之一。如同经济发展不能自动带来收入分配格局的改善(如同市场的无形之手不能自动带来收入分配格局的改善)一样，经济发展本身也不能自动带来劳动者(尤其是低就业能力群体)的就业实现和就业质量提升，也就是说，市场的无形之手无法自动带来低就业能力群体的就业实现和就业质量提升。鉴于此，在贯彻落实“以人民为中心”发展思想的过程中，要积极发挥政府的主导作用，尤其要关注重点地区(如东北地区)、重点行业(如去产能重点行业)、重点职业(面临被人工智能等新技术替代和破坏的职业)、重点人群(如零就业家庭)的就业问题。尤其是对于东北地区，更要积极主动地发挥政府宏观调控的作用，底气十足地将既往已经产生相当效果的有中国特色的政府就业调控经验运用于此。

>>三、充分释放人力资本红利，实施人力资本友好型劳动力市场政策，着力打造一批“大国工匠”<<

要最大程度地实现最优的人力资本生产与配置，将最优秀的人力资本配置到以新兴制造业、新兴服务业为标志的实体经济中，促进产业迈向更高端。研究表明：具有高创造性人力资本的人才在不同行业之间配置，对经济发展具有非常重要的含义。如果能够将一个国家最聪明最具有天赋的人才配置到生产领域，将工人们组织起来生产，那么他们能够将能力优势在更大范围内发挥出来，形成规模效应。当非常有才能的人开始创办企业、从事创新活动，就能较好地推动经济增长，但是当这些人才开始从事寻租活动，他们起到的作用则仅仅是再分配财富和降低增长。在每一个部门内部，那些具有较高生产和资源配置能力的劳动者，选择职业所考虑的因素包括能力的回报率和规模报酬率等因素。在很多国家里，寻租活动对高能力的人带来的回报比参与实体经济活动更高，这导致经济增长停滞。原因在于，人力资本不恰当地配置，尤其是那些最有能力的年轻人变成了寻租者，而不是生产者。因此，应该实施人力资本友好型劳动力市场政策，提高人力资本投资或者改善人力资本质量，使工程师、工匠成为一个更具吸引力的职业，使得制造强国的实现得到强有力的人力资本支撑。

我们认为，打造“大国工匠”，一方面，应该在学历教育和职业培训方面齐努力，双管齐下。学历教育要发挥其系统性、专业性特征，完成打造“大国工匠”核心竞争力的使命；职业培训要发挥其时效性、市场敏感性特征，满足“大国工匠”紧跟时代发展、与时俱进的需求。另一方面，也是更为重要的，是要着力培养“工匠精神”。工匠精神是追求卓越的创造精神，又是精益求精的品质精神，更是用户至上的服务精神。如果没有一批秉持工匠精神的“大国工匠”的人力资本支撑，则产业迈向中高端、实现“制造强国”就失去了根基。培养工匠精神，虽然必定是一个漫长而渐进变化的过程，但是我们认为，一个涵盖了就业优先战略、收入分配体系能充分实现实体经济部门回报等内容在内的人力资本友好型劳动力市场政策，注定会成为培养工匠精神的良好制度基础。

>>四、抓住高技术产业、装备制造业快速发展所带来的产业迈向中高端的有利局面，着力促进劳动力向制造业领域配置<<

工业是立国之本，只有工业强才能国家强。尤其是中国作为一个社会主义大国，大力发展工业更是应对不可控的国际形势变化的产业根基。虽然我国已经成为世界第一制造业大国，但事实是中国制造一直存在“大而不强”的问题，还不是世界第一制造业强国。为了在世界制造业强国竞争中脱颖而出，《中国制造 2025》提出了建设实现制造强国的宏伟目标，以及实现以上目标的五大基本方针——创新驱动、质量为先、绿色发展、结构优化、人才为本。发展制造业，尤其是新兴制造业，既是产业迈向中高端的需要，也是促进新兴服务业以及绿色农业发展的需要。为此，要抓住目前高技术产业、装备制造业快速发展所带来的产业迈向中高端的有利局面，出台切实可行的政策来增强制造业对于劳动力的吸引力，抑制制造业人力资本的过快流失，实现人力资本对于制造业发展的有力支撑。

>>五、高度重视工业机器人、人工智能等新技术对就业的影响，着力以最少的就业岗位破坏来实现新技术对就业岗位最大规模的创造<<

在战略上，我们应该毫不畏惧、直面、拥抱人工智能等新技术，要坚信和继续坚持具有鲜明中国特色的政府就业调控经验模式，同时，在战术上要精准发力，对于处于人工智能破坏可能区间的重点行业、重点职业、重点群体要重点关注，防止在“就业形势持续向好”的有利局面下，使这些重点人群沦为“失去的一代”。第一，由于新技术可能会造成高、低技能就业增长而中等技能工作被挤压的就业极化状况的出现，尤其是机器人、自动化可能会替代大量日常事务性工作，所以如何帮助中等技能和低技能工人顺利进行工作转换尤为重要。这其中的关键是提供针对性强、专业对口的培训。第二，由于未来的工作更多需要计算分析、交际技能等能力，学校教育应该进行相应课程改革，在大、中、小学开设更多数学、计算机编程、社会交往技能等必修课程。要力推“终身学习”的现代教育理念，以便更好适应未来快速变革的工作模式。第三，要适应灵活就业将越来越普遍的劳动力市场变化趋势，调整劳动关系、社会保障体系以帮助人们适应未来的工作。

第二篇

制造业转型升级
对劳动力市场的影响研究

第四章 机器人会抢走工人的饭碗吗

技术进步及其所形成的巨大物质力量加快了中国新型工业化的建设步伐。随着“工业 4.0”浪潮来袭，各国都在加快工业智能化升级改造的步伐，用机器人取代传统人工劳动力成为制造业发展的趋势。近年来，世界工业机器人产业和市场发展迅速，中国也在 2013 年成为全球最大的工业机器人市场，《中国制造 2025》为我国产业结构的升级和制造强国战略的推行提供了新的行动纲领。机器人的普及不仅对制造业生产效率和转型升级起到推动作用，也对制造业就业需求和结构产生影响。伴随着人工智能和机器人技术的快速发展，机器人在某些领域优于人类的突出表现，使得机器人能否替代工人的讨论不绝于耳，在这种情况下，研究工业机器人技术对就业产生的影响就显得很有意义。本章首先梳理了技术进步对就业影响的相关理论，之后介绍了与机器人相关的基本概念，然后对工业机器人发展对就业的影响进行分析，包括影响机制、影响类型、影响参数测算。本章根据搜集的数据分析了工业机器人发展对我国制造业就业产生的影响，认为工业机器人技术将同时带来就业的“替代效应”和“创造效应”。由于我国制造业以低技能型劳动力为主，智能制造将给我国制造业劳动力带来就业冲击。本章最后根据工业机器人装机量预测数据，并结合制造业劳动力的特征，提出了应对智能制造就业替代的策略，顺利推动中国“制造”向“智造”转变。

第一节 技术进步对就业影响的理论综述

机器人对就业的影响研究是近些年兴起的话题，其根源来自技术进步对就业的影响研究。关于技术进步对就业影响的研究可以追溯到古典经济学时代。以李嘉图为代表的古典经济学家普遍认为，技术进步对就业的影响具有两面性。马克思从生产力和生产关系角度出发，提出了关于技术进步与就业关系的科学理论。熊彼特试图以创新和经济周期理论从结构角度分析技术进步对就业的影响。

>>一、技术进步对就业的消极影响<<

一些学者认为技术进步将导致就业减少。Steve Malerich(2009)指出人工智能将会提供更高效的服务并且取代很多工人，导致大量失业。Daron Acemoglu，Pascual Restrepo(2017)分析了1990—2007年美国地方劳动力市场工业机器人的使用情况，分析出机器人的增加会降低就业率和工资，根据估算，每1 000个工人中增加一个机器人将会降低就业人数比率为0.18%～0.34%，工资减少0.25～0.5个百分点。Steven M. Miller(1985)指出，更多的机器人和灵活制造技术的应用会降低制造业成本以及制造业对劳动力的需求。Guido Bugmann等(2011)研究了机器人在可持续发展中的作用，指出机器人能够通过其精度、强度、感知能力和计算能力提供特定的优势。张军等(2002)认为技术进步使得企业资本密集程度迅速提高，导致我国经济增长的就业弹性持续下降，失业压力日益严峻。辜胜阻等(2011)认为，面对“招工难”问题，企业应当加快自主创新进程，实施自动化、机械化战略，通过机器“替代”降低用工依赖。他同时指出，相比人工，使用机器人能够有效提高效率，降低成本，生产稳定性也更强。马岚(2015)发现工业机器人在中国具备了大规模普及和应用的条件，而这将在一定程度上形成对传统劳动力的规模性替代。马洪君(2016)提出机器换人势必增加就业压力，据最新预测，未来五年机器人对制造业简单重复劳动工种的替换率将达到25%。

>>二、技术进步对就业的积极影响<<

有许多经济学家认为技术进步对就业具有补偿性。Pissarides(1990)提出了技术进步的就业创造机制。Clas Erikson(1997)发现技术进步在长期不存在对失业的挤出效应，仅在短期有可能导致摩擦性失业水平上升。Alan Dorich(2016)通过研究美国的工业机器人产业发现，焊接机器人的开发和引进能够增加企业的工作岗位。

丁仁船等(2002)认为技术进步对中国劳动力市场总的影响是增加了就业。昌盛(2005)采用1978—2002年的统计数据进行实证分析，得出技术进步增加就业的结论。王治虎(2012)从技术进步对就业总量的影响和技术进步对产业就业结构的影响两方面进行实证分析，得出技术进步对河北省总就业量具有促进作用。邓洲(2016)研究发现，工业机器人的使用虽然替代部分人类劳动者岗位，但也填补了部分人类无法胜任的岗位空缺，同时还创造了大量新的岗位，从总体上看，工业机器人对整个人类就业岗位是有促进作用的。

>>三、技术进步对就业的影响是中性的<<

杨淑华(2006)强调了技术进步对就业具有吸纳和排斥的双重效应，并且认为工业化过程中的技术进步并不一定带来失业率的增加。刘春燕(2010)认为在短期内技术进步会减少就业，但在长期内又会促进就业的增长。

>>四、不同类型技术进步对就业的影响<<

Pissarides(1990)以非物化技术进步作为研究对象，得出技术进步促进就业创造和失业率下降的结论。Aghion 和 Howitt(1994)通过分析物化技术进步对就业的影响，认为技术进步将导致失业率上升。Daron Acemoglu(2002)指出技能退化型技术进步将增加对低技能劳动力的需求；技能偏好型的技术进步将增加对熟练技能劳动力的需求，提高低技能劳动力的失业率。

>>五、研究评述<<

首先，不同类型技术进步对就业影响的研究会越来越深入。当前，对技术进步影响就业的研究大部分都是从几个行业的整体情况或者是从宏观的整体技术进步情况来研究，缺乏对于具体行业或者产业的研究，尤其是在人工智能、机器人快速发展的今天，更需要我们去研究分析机器人的普及和发展是如何影响一个国家就业情况的。

其次，当下的研究主要集中在某一个国家或者地区，机器人技术对就业总量、产业就业结构影响的研究缺乏基于全球视角的对于不同国家机器人发展模式的对比研究，在之后的研究中需要以全球化思维对比不同国家机器人的引进对就业的影响，分析我国机器人产业发展的经验和建议。

最后，技术进步对就业的影响并非孤立的，还与其他社会因素如国家政治制度、政策体制、经济环境以及社会文化等因素密切相关，考察技术进步对劳动力就业的影响还必须综合考虑多种因素，对此问题研究的范围也必将扩大。

第二节　机器人技术基本概述

自 1959 年世界上第一台工业机器人问世以来，机器人发展取得了巨大成就。如今，机器人技术已经被广泛应用于制造业、服务业、医疗、国防等众多领域，“机器人革命”有望成为“第四次工业革命”的重要切入点。在麦肯锡全球研究院发布的《引领全球经济变革的颠覆性技术》报告中，先进机器人已经作为能够引领全球经济变革的颠覆性技术被列入 12 项技术之中。得益于政府政策推动、较为稳定的市场汇率以及与发达国家的生产外包合作，中国制造业过去十年的发展进程迅速。但随着劳动力成本的不断提高，全球化的经济模式开始逐渐改变制造业的整体格局。中国以及越来越多的国家开始面临劳动密集型产业转型升级和区域性转移的诸多挑战。在此背景下，机器人技术的推广应用成为各经济国家促进经济转型、再工业化的重要砝码。

>>一、机器人的定义<<

在科学界，科学家们会将每一个科技用语进行专业而详细的定义，然而对于已经问世几十载的机器人，至今对其定义却没有形成非常统一的意见。其中，快速进步的机器人技术是难以统一的原因之一，另一原因在于机器人已经不单单是机器，而是越发变得人性化，任何有关于“人”属性的界定都将使得机器人的定义变得更加复杂。

在我国，研究机器人的专家、学者将机器人分为两大类：工业机器人与特种机器人。所谓工业机器人是指面向工业领域的多关节机械手或多自由度机器人，它们被广泛应用于工业生产过程中。这类机器人能够依靠自身动力以及控制能力完成既定的工作任务，例如加工、搬运、装配、清洁等。人们可以对机器人进行指挥或者事先制订操作程序，使机器人按照既定程序来完成相应动作，从而实现不同的生产功能。随着人工智能技术的不断提高，现代工业机器人已经可以胜任越来越复杂的操作程序。特种机器人指的是除工业机器人以外的用于非制造业领域并为人类服务的各种先进机器人，包括服务机器人、军用机器人以及农业机器人等。在这类机器人中，服务机器人、军用机器人分支发展迅速，服务机器人被广泛应用于第三产业。本文所指的能够替代工人的机器人专指应用于我国制造业的各类工业机器人，例如焊接机器人、组装机器人、采集和放置机器人等。

>>二、工业机器人的行业应用<<

随着我国制造业尤其是汽车行业的迅速崛起，电子行业固定资产投资不断增加，工业机器人在我国应用数量得以迅速提升。工业机器人凭借其高效率、高精度、低风险等优势，在传统制造业特别是劳动密集型产业的转型升级中发挥了重要作用。截至目前，工业机器人常见的应用领域主要覆盖了汽车行业、电器机械和器械制造业以及金属制造业。

由图 4-1 可以看出，在机器人具体应用行业中，汽车、电子工业仍为主要应用领域。其中机器人搬运应用最为常见，占比近四成。使用机器人进行焊接操作的比例为 29%，应用范围广泛。而机器人技术在加工、喷涂领域的应用相对较少，分别为 2%和 4%。从图 4-2 来看，以 2015 年工业机器人在各行业的销量占比数据为例，汽车行业占比 33%，电子工业位居第二，其他行业和塑料橡胶制造业位居第三和第四。汽车行业仍将是机器人技术在制造业应用的主流领域。我国国内一些大型制造企业，如富士康、比亚迪已经大量使用工业机器人自动化生产线，利用机器人技术提高了生产效率。伴随着技术进步，工业机器人在未来更多领域的应用也将逐步展开，机器人技术将会显示出不可替代的作用和优势。

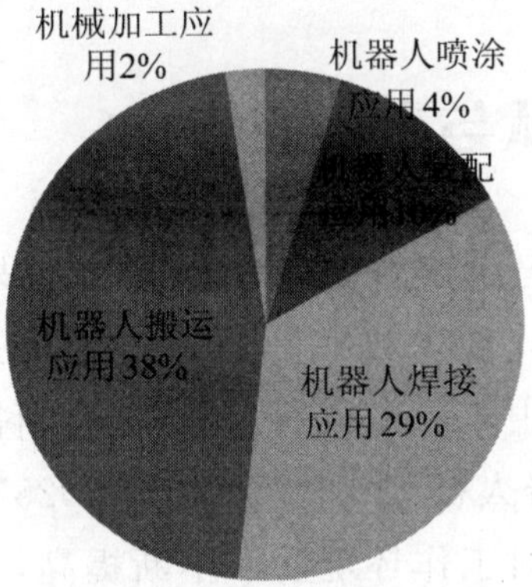

图 4-1　机器人技术应用分布图

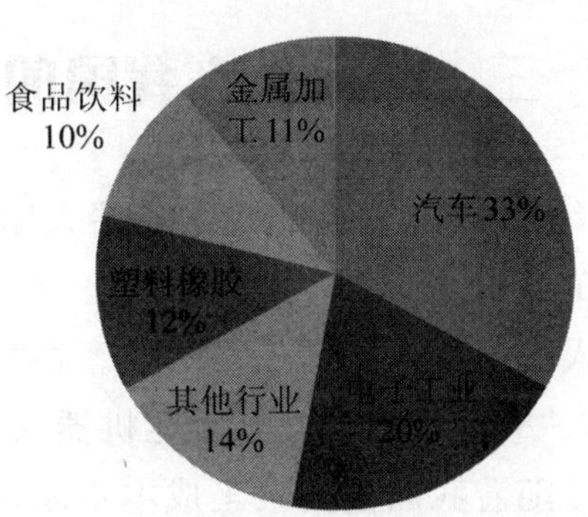

图 4-2　2015 年工业机器人在各行业销量占比

根据中国高科技行业综合门户网站(OFweek)提供的数据，工业机器人按照具体应用功能分为五大领域。

(一)机械加工应用

机械加工行业机器人应用量并不高，只占 2%，主要原因在于目前市场上的许多自动化设备可以胜任机械加工的任务。机械加工机器人主要应用的领域包括零件铸造、激光切割等。

(二)机器人喷涂应用

机器人喷涂主要指的是喷漆、涂装等工作，只有 4%的工业机器人从事喷涂的工作。

(三)机器人装配应用

机器人装配主要从事零部件的安装、拆卸以及修复等工作，被广泛应用于制造企业。由于机器人传感器技术的飞速发展，机器人应用越来越多样化，直接导致机器人装配应用比例有所下滑。

(四)机器人焊接应用

机器人焊接主要应用在汽车行业，已经有许多加工车间逐步引入焊接机器人，实现了生产线自动化焊接作业。

(五)机器人搬运应用

目前搬运仍然是机器人的第一大应用领域，约占机器人应用整体的 40%，且具有搬运功能的机器人市场份额呈现增长态势。

>>三、机器人在我国的发展现状与未来趋势<<

20 世纪 70 年代，我国工业机器人刚刚起步，但由于劳动力资源丰富和技术落后等，工业机器人发展较为缓慢。80 年代中期，随着改革开放进程的推进，我国机器人技术进入快速发展时期。在“七五”计划中机器人被列为国家重点科研规划项目，“863”计划设立了智能机器人主题，机器人被列入“中国制造 2025”重点领域。伴随着我国国内人工成本不断增加，工人对工作环境要求不断提高，国内制造业对机器人的需求开始不断加大。为应对转型时期我国产业升级的实际需要，工业机器人开始渐渐被企业引入生产，工业机器人等自动化装备成为快速成长中的新兴产业。近二十年来，我国机器人技术取得显著进步，机器人自动化汽车冲压线、激光加工机器人、多足步行机器人等相继问世。国内机器人技术应用领域也在不断扩大，逐渐从汽车等制造行业向食品、医疗、服务和国防等领域发展。

据统计，我国工业机器人市场需求从 2010 年开始激增。2013 年，中国成为全球最大的机器人市场，占全球总份额的 20%，机器人销量为 36 560 台。至 2014 年，我国以 57 096 台工业机器人的销量优势成为世界上最大的工业机器人市场。在此期间，中国工业机器人安装量年平均增长率为 36%。2015 年，中国工业机器人销售量为 68 459 台，同比增长 19.9%。2017 年我国工业机器人市场规模有望突破 10 万台。按照《中国制造 2025》中对未来我国工业机器人保有量的预测，2025 年我国将拥有 180 万台工业机器人，销量将超过 26 万台。

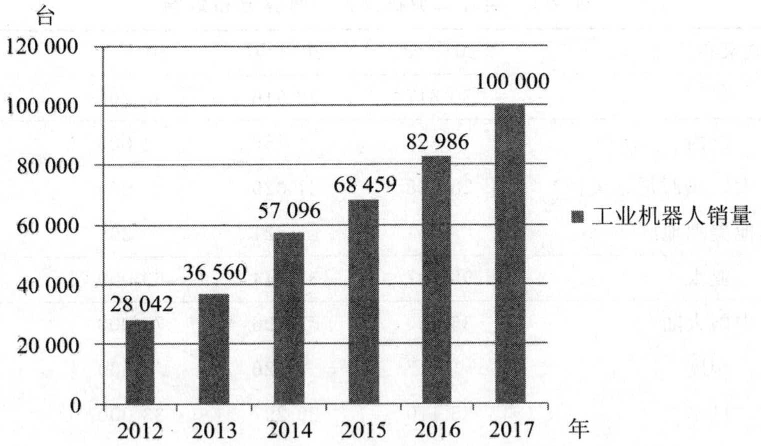

图 4-3　中国工业机器人销量

我国政府相继出台了支持制造业转型升级的相关政策，工业机器人作为高端装备制造中的智能制造装备得到了国家的持续支持。2016 年出台的《机器人产业发展规划(2016—2020 年)》要求在未来五年内形成较为完善的机器人产业体系，该规划与《中国制造 2025》一同规划我国机器人产业的整体发展蓝图。在未来，国内工业机器人市场还有巨大增长空间，越来越多的机器人供应商将会进入市场，外资和中国本土机器人供应商之间的竞争也会更加激烈。

>>四、机器人在国外的市场现状与未来发展<<

工业机器人在美国出现较早，但受到当时计算机、控制器等配套技术水平的限制，机器人发展缓慢。2011 年前后，美国开始推行“先进制造业伙伴计划”，提出配合制造业回归和再工业化国家战略，通过发展工业机器人重振美国制造业。20 世纪 60 年代，工业机器人技术被日本引进并得到了快速发展。劳动力短缺、产业升级和政策支持促使其机器人产业在 20 世纪 70 年代至 90 年代出现爆发式增长，造就了工业机器人产业发展的黄金 20 年。[①] 2012 年，韩国发布“机器人未来战略展望 2022”，支持扩大韩国机器人产业并推动机器人企业进军海外市场；2013 年，德国提出“工业 4.0”计划，支持基于机器人技术的虚实合一制造系统发展；2014 年，欧盟启动全球大的民用机器人研发计划——“火花”计划，2020 年前投入 28 亿欧元研发民用机器人，增强欧洲工业竞争力。可见，世界各工业强国均将机器人列入优先发展的产业技术，机器人研发、制造和应用已经成为衡量国家科技创新能力和高端制造业水平的重要标志。

---

① 蒋新松：《国外机器人的发展及我们的对策研究》，载《机器人》，1987(1)。

表 4-1　全球工业机器人保有量分布数据　（台）

国家和地区	2013 年	2014 年	2015 年	2018 年*
美洲	30 317	32 616	36 200	48 000
巴西	1 398	1 266	1 000	3 000
北美（加拿大、墨西哥、美国）	28 668	31 029	35 000	44 000
其他美洲地区	251	321	200	1 000
亚太	98 807	139 344	169 000	275 000
中国大陆	36 560	57 096	75 000	150 000
印度	1 917	2 126	2 600	6 000
日本	25 110	29 297	33 000	40 000
韩国	21 307	24 721	29 000	40 000
中国台湾	5 457	6 912	8 500	12 000
泰国	3 221	3 657	4 200	7 500
亚太其他地区	5 235	15 535	16 700	19 500
欧洲	43 284	45 559	49 500	66 000
捷克	1 337	1 533	1 900	3 500
法国	2 161	2 944	3 200	3 700
德国	18 297	20 051	21 000	25 000
意大利	4 701	6 215	6 600	8 000
西班牙	2 764	2 312	2 700	3 200
英国	2 486	2 094	2 400	3 500
欧洲其他地区	11 538	10 410	11 700	19 100
非洲	733	428	650	1 000
未指明城市*	4 991	11 314	8 650	10 000
合计	178 132	229 261	264 000	400 000

资料来源：国际机器人联合会(IRF)。

2019 年，机器人的全球市场规模将会达到 1 350 亿美元。[①] 从全球范围来看，人类社会将继续朝着自动化和智能化方向推进，机器人产业正在全球范围内加速发展。依据表 4-1 全球工业机器人保有量分布数据统计，2015 年，72％的工业机器人存量集中在日本、美国、德国、韩国和中国，存量占比分别为 12％、13％、8％、11％、28％。预测数据显示，2018 年全球工业机器人保有量将会上升，但总体分布格局不会发生较大变化。

① IDC《全球商用机器人消费指南》。

第三节 中国机器人产业的发展对就业产生的影响

在新一轮科技革命背景下，发达国家纷纷开始部署“再工业化”策略，着力推动信息技术与制造业深度融合，重塑制造业竞争优势。德国提出了“工业 4.0”战略，美国提出了“工业互联网”战略，我国也制定了《中国制造 2025》的十年行动纲领，首次将智能制造提升到了国家战略层面，力图以智能制造为主攻方向，完成中国制造由大变强的战略任务。智能制造将推动生产方式变革，给制造业就业结构带来重大影响。本节通过对工业机器人对就业的影响机制分析，重点研究工业机器人对我国制造业劳动力这一群体的就业影响，以便提前布局应对策略，顺利推动中国“制造”向“智造”转变。

>>一、机器人技术影响就业的作用机制<<

(一)机器人技术对就业总量的消极影响

一般来说，技术进步对就业的影响具有双重作用。技术进步提高了劳动生产率，生产率的提高意味着在产出不变的条件下，对劳动力需求的减少，劳动需求结构发生变化，对于低技能型的劳动者需求大量减少，对于高技能型、创新型的人才需求越来越多。机器人技术的发展也会淘汰一部分老化的、生产效率较低的生产设备，通过机械流水线、机械手臂等智能化的工业机器人设备，提高工业生产率，使得产品生命周期缩短。以上四种因素共同作用促进生产技术的更新换代，使得劳动力需求下降，最后导致就业量下降。

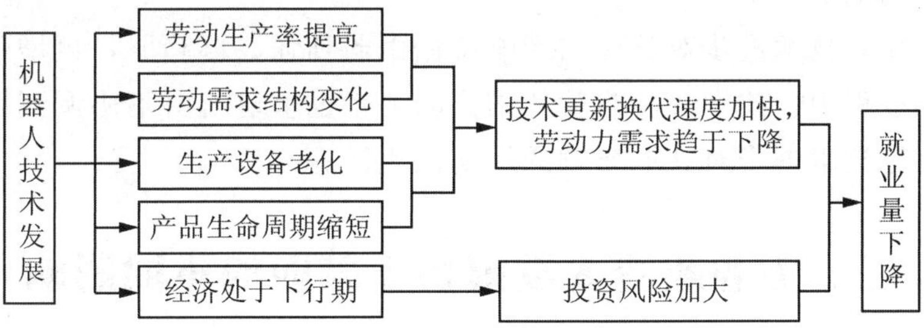

图 4-4 机器人技术引起就业减少的作用机理

(二)机器人技术对就业总量的积极影响

技术进步开发新的产品和新的服务领域，创造新的就业岗位，从而增加对劳动力的需求。机器人技术的发展会带来产业规模的扩张，从而产生三种效应，分别是价格效应、带动效应和收入效应。价格效应是指由于技术发展使得产品供给量增加，产品价格下降，从而使得对某一产品的需求量增加。带动效应是指随着机器人技术的发展产业规模逐步扩大，产业内劳动需求增加，技术的发展还会导致资本品相对于劳动价格上涨，劳动价格会相对便宜，从而增加就业数量。最后是收入效应，产业规模的扩张会使得消费者收入增加，产品的需求量也随之增加，从而提高就业总量。

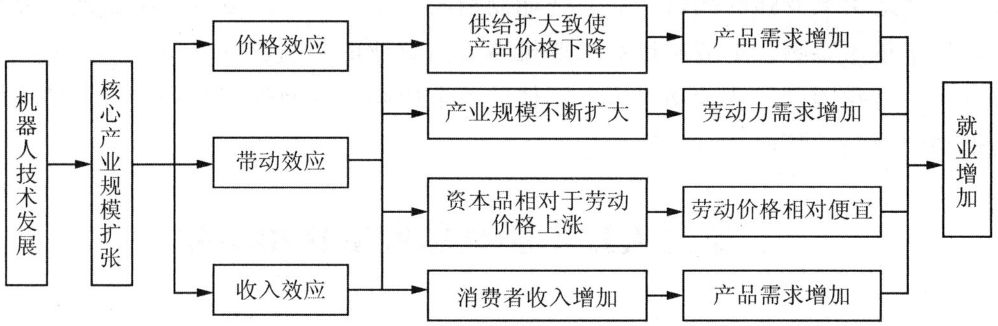

图 4-5 机器人技术引起就业增加的作用机理

从一些文献梳理中可知，技术进步影响就业的作用机理存在一定的循环性（或周期性）。在技术进步的初级阶段（或起步阶段），由于核心产业的规模还有很大的局限性，致使它对其他产业的带动效应并不显著，就业的增长也就受到很大影响，甚至会出现就业下降的局面。当技术进步进入持续发展阶段（也可以称为技术进步的第二阶段），核心产业的规模将快速扩张，对其他产业的带动效应将逐步明显，就业也会出现迅速增长的态势，并表现出与技术进步和产业结构调整较强的适应协调性。在技术进步的中后期，其对就业的影响将逐步趋弱，并孕育下一期技术周期的到来。

由此可见，技术进步对就业的影响遵循由弱到强，再趋弱，再增强的周期性态势，在此过程中，技术进步与就业结构的关系也呈现出由不协调到协调的循环往复，这就是技术进步对就业影响的周期性规律。①

>>二、工业机器人发展对于就业的不同影响<<

目前智能制造尚处在初级阶段，但其发展趋势明朗，对制造业及劳动力需求结构的影响已逐渐显露。现阶段，智能制造的行业影响差异主要体现在智能装备

① 崔友平、金玉国、王晓：《技术进步对中国就业影响的实证分析：1995—2013 年》，载《经济社会体制比较》，2015(4)。

应用上，其对劳动力需求的影响可归纳为“创造效应”和“替代效应”。

虽然智能制造对制造业各子行业的影响程度不同，但从就业视角看，它带来的结构性影响是普遍的。工业机器人技术是以新一代信息技术为依托的更为先进的制造系统，因此，在相当意义上，可以将工业机器人归入技术进步范畴。技术进步到底增加还是减少就业，学界对此争论已久，但至今仍悬而未决。综合来看，技术进步对就业的影响与工业化阶段、产业结构类型、考察时期长短等因素密切相关，技术进步过程同时伴有就业“替代效应”和“创造效应”。马克思认为机器对工人的替代将使生产过程中的劳动力比重下降，而扩大再生产又将增加对劳动力的需求，因而“就业工人人数的相对减少和绝对增加是并行不悖的”①。熊彼特认为技术创新将引致经济结构变动，在促进经济增长的同时，将不可避免地带来周期性失业。② 进入20世纪下半叶，技术进步对大多数国家的就业影响呈现明显的结构性特征，一方面对低技能的劳动力需求不断减少，另一方面对高技能劳动力的需求激增，即所谓“技能偏向型技术进步”③。当代技术进步对就业的影响已由工业化初期资本与劳动相互替代的“二元”关系，演变为资本—非技能劳动—技能劳动的“三元”对立统一关系。④ 智能制造实质是“技能偏向的技术进步”，其就业“替代效应”和“创造效应”分别针对低技能和高技能的劳动需求。从智能制造过程来看，智能制造的就业替代效应主要发生在智能生产环节，而智能设计、智能装备和智能服务过程将催生大量的专业技术和服务岗位需求；同时，从产业链视角来看，智能制造的就业替代效应集中在“微笑曲线”下端的制造组装领域，就业创造效应则主要分布在“微笑曲线”上端的研发、设计、品牌、售后服务等领域。

(一)就业替代效应

前文已指出我国所处的工业发展阶段与德国差距较大，以工业机器人装机量为例，2014年德国工业机器人密度(每万名工人使用工业机器人数量)为282台，而我国仅为36台。⑤ 即便是德国这样的高度工业化国家，未来十年智能制造装备

① 赵利：《技术进步对劳动就业的影响研究——基于山东省的分析》，天津大学博士学位论文，2009。

② 约瑟夫·熊彼特：《经济发展理论》，第297—298页，北京，商务印书馆，1990。

③ 赵伟：《国际经济学：在已知与未知之间》，第152—153页，杭州，浙江大学出版社，2008。

④ 罗润东：《当代技术进步对劳动力就业的影响》，载《经济社会体制比较》，2006(4)。

⑤ BCG *The Robotics Revolution—The Next Great Leap in Manufacturing*，https://www.bcgperspectives.com/content/articles/lean-manufacturing-innovation-robotics-revolution-next-great-leap-manufacturing/，2015-09-23.

的应用还将导致其生产类岗位减少 4%，质量管理类岗位减少 8%，维护类岗位减少 7%；到 2025 年，德国组装和生产类的就业将减少 61 万人，约占其 2015 年制造业总就业人口的 9%，且 2025 年之后，智能装备对中低技能劳动的替代还将加速。根据我国制造业的发展阶段规划，2020—2025 年需要完成“工业 3.0”扫尾，向“工业 4.0”过渡，那么工业机器人密度至少要达到德国现有的水平，这意味着未来十年我国制造业工业机器人还需累计安装 120 万～150 万台，智能装备对我国制造业从事简单的重复性的低技能劳动力的替代效应不言而喻。2014 年我国工业机器人的累计装机量达到 189 358 台，其中焊接及钎焊（所有材料）和搬运（上下料）领域占比为 75%；装配及拆卸领域占比只有 4.6%，但其增长速度最快，近 5 年的年复合增长率高达 95%。① 从工业机器人的应用领域来看，目前智能制造对我国制造业的就业替代效应主要集中在焊接和搬运领域，预计未来装配及拆卸领域的工业机器人应用比例将持续扩大，很可能成为就业替代效应最为醒目的部分，其他领域智能装备的应用也会取得较大进展，这将减少对组装、包装等生产工人、传统技工、物流人员、生产运营规划人员及质量管理人员的需求。虽然近年来“用工荒”时有发生，但智能制造带来的就业替代效应在我国一些地区已初步显现，如浙江省通过实行“机器换人”计划，2013—2015 年累计减少普通劳动工人近 200 万人。随着技术的进步，智能装备将逐渐取得成本优势，这将加速智能装备的推广应用，加快“机器换人”步伐。对我国而言，智能制造带来的就业替代效应可能更为严峻，因为当智能制造的平均生产成本一旦低于雇工成本时，一些代工产业将呈现回流趋势，这将进一步减少用工需求。

（二）就业创造效应

智能制造在带来就业“替代效应”的同时，也将带来“创造效应”。这体现在两个方面：一是新兴技术领域将新增大量的高技能劳动需求，如工业机器人、物联网、大数据、增材制造等数字化技术领域将迎来发展机遇，与此关联的研发、设计等专业技能人才需求增长显著，例如广东索菲亚公司的信息与数字化中心员工数量从 20 多人增长到了 500 余人，足足扩大了 25 倍。二是智能制造将引致产业形态由生产型制造转变为服务型制造，产生大量的服务岗位。根据波士顿咨询公司推测，随着智能制造的推进，劳动力市场将会增加对工业数据科学家、机器人协调员、工业工程师、模拟专家、供应链协调岗位、系统设计、信息技术、3D 辅助设计、现场服务工程师、销售与服务人员的需求。这些新增的就业岗位专业性极强，并非简单的学习或培训就能够胜任。

① 梁文莉：《中国工业机器人数据统计》，载《机器人技术与应用》，2016(2)。

(三)综合影响分析

智能制造带来的就业“替代效应”和“创造效应”到底孰大孰小，总体增加还是减少就业，目前学界对此判断不一，但更倾向于认为智能制造总体将增加就业。华盛顿皮尤研究中心(Pew Re-search Center)关于“2025 年人工智能和机器人对劳动力市场的影响调查”指出，智能制造将冲击蓝领工作并挑战白领工作；在其访谈的 1 896 名专家中，有 48% 的人认为机器人替代的就业数量多于新创造的工作岗位，总体将减少就业，52%的人则认为机器人带来的就业创造效应要大过替代效应，将促进就业增长。综合以上分析，从产业链各环节看，智能制造主要在“微笑曲线”下端的制造组装环节发挥就业替代效应，在“微笑曲线”上端的研发、设计、品牌、售后服务等环节就业创造效应则更明显。随着智能装备的普及，制造组装环节的附加值将被进一步挤压，而“微笑曲线”两端的研发、设计、品牌、售后服务等环节的附加值将进一步提高，这使“微笑曲线”进一步向下弯曲，呈现图 4-6 中由虚线向实线变化的态势。智能制造带来的产业链价值变化和就业替代，将在压缩制造组装环节利润空间的同时，压缩其用工规模。依靠成本优势发展壮大的我国制造业，是承担大量加工生产工作的“世界工厂”，以农业转移劳动力为代表的低技能劳动力占比较高，可以预见智能制造将对我国制造业、农业转移劳动力的就业带来巨大冲击。

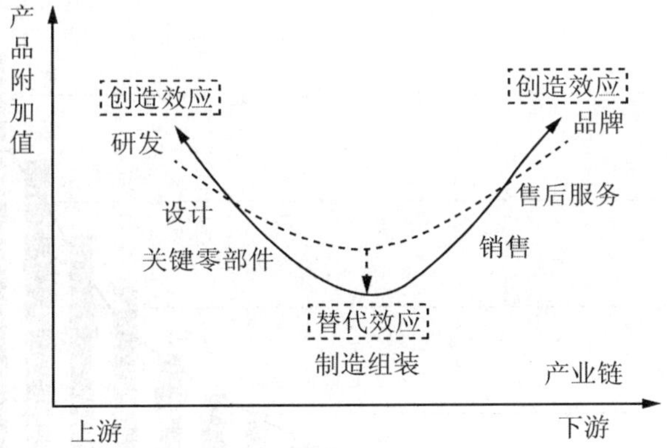

图 4-6 微笑曲线示意图

>>三、工业机器人对我国制造业劳动力的就业替代估算<<

(一)工业机器人总体装机量估计

自 2013 年起，我国已成为全球第一大工业机器人应用市场，全国工业机器人密度逐年提高。根据《机器人产业发展规划(2016—2020 年)》，2020 年我国机器人密度要达到 150 台以上，① 是 2014 年的 4.17 倍；假定工人数量保持不变，那么 2020 年我国工业机器人累计装机总量至少要达到 840 799 台，即需要保持年均 26.85% 的增长率。若 2020—2025 年我国工业机器人装机量依旧保持这一增长速度，那么到 2025 年，我国工业机器人的累计装机量将达到 2 761 498 台，机器人密度达到 493 台。根据图 4-7 预测的结果，2023—2024 年我国工业机器人密度将达到 300 台左右，与德国现有的机器人密度相当；2025 年将达到 400 台左右，与韩国目前的水平相当。因此，从工业机器人的装机量来看，我国需要 10 年左右才能够进入德国、韩国现有的智能制造阶段。

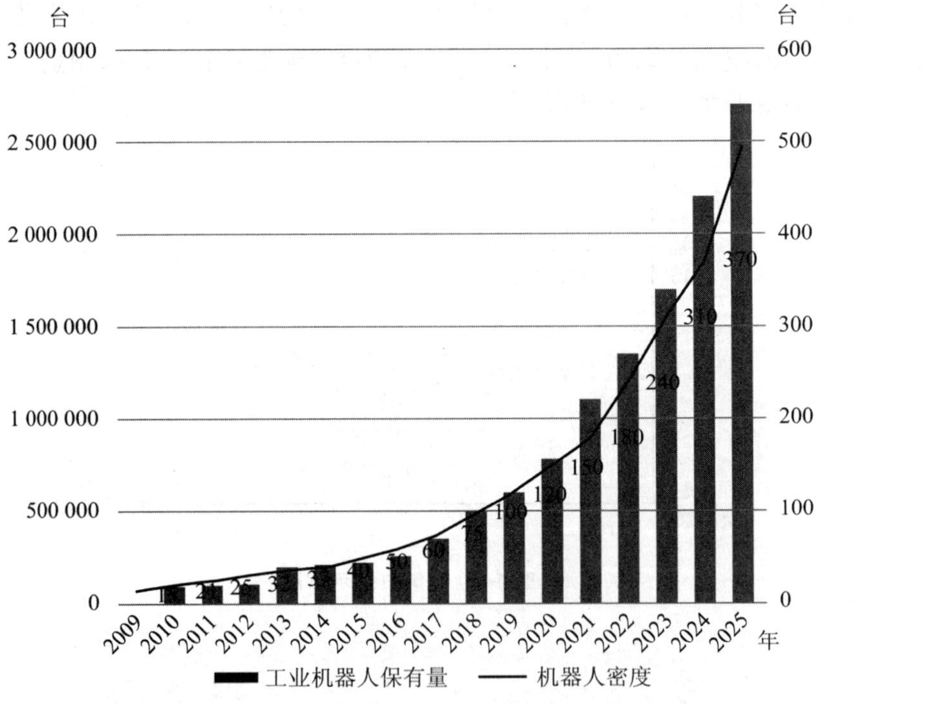

图 4-7　我国工业机器人保有量及机器人密度估计

资料来源：BCG，*The Robotics Revolution——The Next Great Leap in Manufacturing*，2015-09-23.

① 《机器人产业发展规划(2016—2020 年)》，http://www.miit.gov.cn/n1146285/n1146352/n3054355/n3057585/n3057591/c4746611/content.html，2016-04-27。

(二)各行业工业机器人装机量分布

各行业对智能装备的接受程度不同，推进智能制造的步伐各异。上文分析指出，我国工业机器人的装机分布与波士顿咨询公司的估计较为接近。因此，本文采用波士顿咨询公司关于工业机器人行业分布的预测。根据图 4-8，未来十年工业机器人的装机量依旧集中在汽车、计算机和电子产品、机械设备、电气设备与零部件四个行业，这四个行业工业机器人的装机量平均占比超过 75%；其中汽车行业占比最大且呈逐年轻微递减态势，占比在 30%～40%；计算机和电子产品行业占比较为稳定，约占 20% ；机械设备和电气设备与零部件行业占比逐年扩大，在 10%～15%。除了图 4-8 所列的占比前六位的行业之外，其他行业工业机器人的装机量合计占比仅为 10%。结合我国工业机器人总装机量及行业分布的预测数据，可以得到表 4-2 各细分行业新增工业机器人装机量的估计数据。

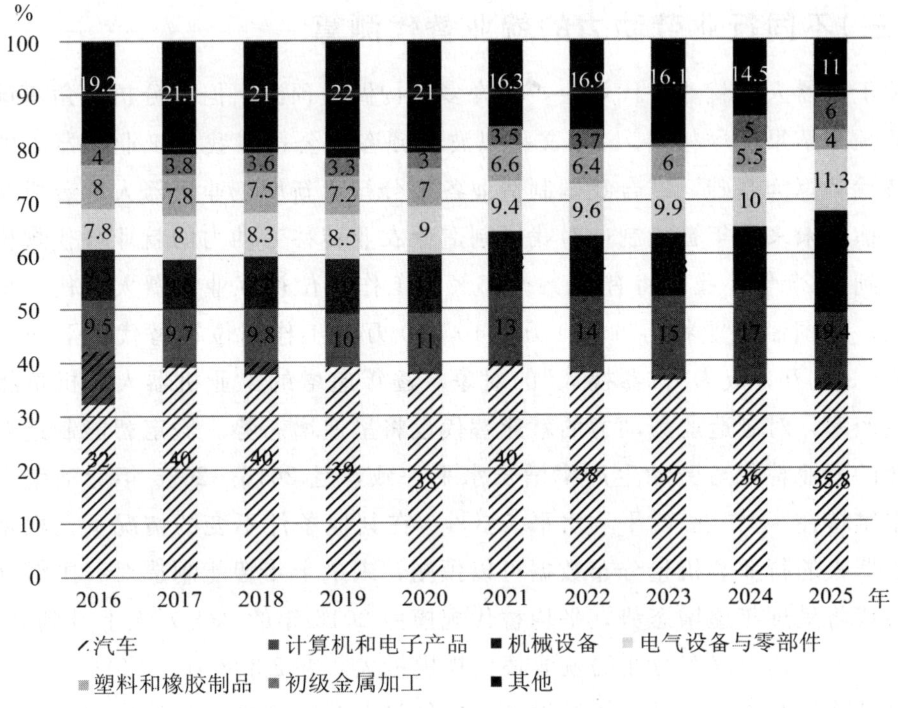

图 4-8　我国工业机器人行业分布比例预测

资料来源：BCG，*The Robotics Revolution——The Next Great Leap in Manufacturing*，2015-09-23.

表 4-2 各细分行业新增工业机器人装机量预测 （万台）

行业/年份	2016	2017	2018	2019	2020	2021	2022	2023	2024	2025
汽车	2.80	3.55	4.22	5.35	6.49	8.04	9.95	12.62	15.23	18.82
计算机和电子产品	1.28	1.63	2.16	2.73	3.47	4.59	5.58	7.08	8.98	11.39
机械设备	0.58	0.74	1.12	1.43	2.11	2.68	4.13	5.23	7.03	8.92
电气设备、应用和零件	0.58	0.74	1.12	1.43	2.11	2.68	3.40	4.31	5.86	7.43
塑料和橡胶制品	0.47	0.59	0.75	0.95	0.90	1.15	1.46	1.85	2.73	3.96
初级金属加工	0.41	0.52	0.56	0.71	0.90	1.15	1.46	1.85	2.73	3.96
其他	0.76	0.96	1.12	1.43	1.81	2.30	2.91	3.69	4.69	5.94
合计	6.87	8.72	11.06	14.03	17.81	22.58	28.64	36.33	46.08	58.45

资料来源：BCG，*The Robotics Revolution——The Next Great Leap in Manufacturing*，2015-09-23.

（三）不同行业劳动力的就业替代测算

关于机器人的就业替代效应，有许多机构做过预测，但因分析视角不同，所得到的预测结果不尽相同。① 下文将以波士顿咨询公司对我国工业机器人的总体就业替代测算为基础，结合我国制造业各细分行业新增工业机器人的装机量预测数据，估算未来十年智能制造对我国制造业农业转移劳动力的就业替代规模。据预测，到 2025 年，我国将有 30%～45%的工作岗位被工业机器人替代。根据这一比例，我国制造业将有 6 700 万～10 000 万个工作岗位被替代，平均每年有 259 万～388 万人成为“机器换人”的对象。逐年递增的工业机器人装机量将提高劳动生产率，对制造业劳动力的就业替代也将呈递增态势。假定智能制造对我国制造业的就业替代与劳动生产率增长水平一致，且 2016—2025 年劳动生产率的增长率维持在“十二五”的平均水平 7.3%，在其他条件不变的情况下，根据我国工业机器人的行业装机量分布数据可以预测，未来十年智能制造对我国劳动力的就业替代将呈逐年递增态势，平均替代规模由 2016 年的 231 万人上升到 2025 年的 436 万人，其中汽车行业的就业替代规模最大，在 2 398 万～3 580 万人，接着分别是计算机和电子产品、机械设备和电气设备与零部件，所替代的农业转移就业人口区间为 1 300 万～1 940 万人、838 万～1 250 万人和 757 万～1 130 万人，四个行业累计将有 5 224 万～7 900 万制造业劳动力被工业机器人取代，限于数据的可得性，上述为预测数据。

以制造业劳动力的平均占比为参考，估计智能制造对制造业各细分行业劳动

① 徐明泽：《“机器换人”：换来经济提档升级》，载《新华日报》，2014-11-10。

力的替代规模具有一定的局限性。因而智能制造对特定行业劳动力的就业替代规模可能远高于上述预测水平。如计算机和电子产品行业的典型制造商富士康，拥有职工 106 万人(截至 2014 年 12 月)，其中仅 30 岁以下的新生代农民工占比就超过 3/4，[①] 远高于我国制造业农业转移劳动力的平均占比，智能制造对富士康乃至计算机和电子产品行业农业转移劳动力的就业替代速度可能要比上述预测更加迅速。相应地，智能制造对汽车、机械设备、电气设备与零部件等行业劳动力的就业替代速度可能快于或慢于上述预测水平。

第四节　机器人产业未来的发展对策和建议

智能机器会极大提高劳动生产率，在制造业、服务、交通等领域创造更多机会，但从就业和经济发展来看，近年来一些重复性、程序性工作的需求下降，某些中低技能岗位受影响比以往更突出。对于智能机器的正面和可能的负面影响，在产业层面要积极推进其普及应用，提高供给侧能力；在社会层面主要是就业问题，不仅要考虑到失业者，还要考虑更多潜在就业者的需求，有效保护劳动者权益，大力提高劳动者素质和技能，积极完善社会保障体系。

>>一、产业政策<<

(一)积极推进智能机器在制造业中的应用

建立健全有利于机器人产业发展的创新激励、推广应用的政策体系。建立产需对接的长效机制，通过发布供需信息、供需现场对接、工艺技术培训等工作，推动工业机器人的市场应用。抓好一批效果突出、带动性强、关联度高的典型应用示范工程。重点支持汽车及零部件、电子、纺织、物流、制药、半导体、食品行业的应用。加强财税政策支持，积极开拓新的政策和资金渠道，鼓励引导企业加大智能机器应用投入。

(二)培育扶持智能机器产业发展

围绕工业机器人的产业需求，突破关键核心技术。建立以装备企业、系统集成企业为牵引，零部件及产业服务企业协同发展的产业发展格局。引导各地方根据自身条件，因地制宜，实现差异化发展。强化统筹协作，协调推进工业机器人

① 杜娟:《智能机器对制造业的影响及对策研究》，载《世界电信》，2016(2)。

标准体系建设。建立和完善创新能力强、运行机制灵活、能为产业提供强有力支撑的公共服务平台。

>>二、就业与人才政策<<

(一)做好劳动者权益保护和培训工作

完善失业保险制度。以促进就业为根本目标、提高标准、扩大覆盖面，有效保护劳动者权益，搭建劳动者权益保护平台。完善相关法律法规，为保护劳动者合法权益提供平等的对话平台。鼓励企业健全雇用体系，改善工资水平，共享更多的企业利润。做好监测和预警，要做好就业市场监测预警工作，以便尽早发现苗头，及时采取措施。

(二)做好人才教育和创业再就业工作

建立完善人才培养和服务体系。建立多层次多类型的人才培养和服务体系，创新应用型技术技能人才的培养模式，使劳动力及时有效满足日益变化的产业发展需求。提供在职培训机会，鼓励企业针对技术创新快速发展周期建立学习和职业再培训制度，对员工进行职业再教育。鼓励劳动者转变观念，做好职业规划，自觉提高劳动技能。鼓励创业和再就业，提高公共服务水平，引导劳动力有序流动。

>>三、社会福利政策<<

智能机器时代可能只需要很少的劳动力就可完成必需的工作，人们需要找到新的生活方式，需要在消极情况出现前把相关问题考虑清楚，包括政策和闲暇时间安排。提高劳动者福利，完善基本收入保障、基本医疗健康、退休金、带薪休假等制度。鼓励积极的文化娱乐和休闲方式，鼓励人们利用闲暇时间从事自己感兴趣的艺术和文化活动。

第五章

制造业对服务业的就业乘数效应

第一节 引 言

近年来，随着经济发展进入新常态和供给侧结构性改革的深入推进，稳定就业已成为政府更加优先考虑的目标。在三大产业中，服务业对就业的吸纳能力最强，各界对发展服务业促进就业也达成了共识。但服务业不能脱离制造业而单独存在，现代服务业和先进制造业的良性互动才是推动经济增长的引擎，制造业和服务业具有相互依赖、共生发展的互补性关系，只有二者协同发展才能提高社会生产率(Porter，2007)①。目前我国的就业空间分布情况显示，第二、第三产业存在共同集聚效应(co-agglomeration)。一方面，随着社会分工的深化，制造业将一部分生产活动外包形成生产性服务业，生产性服务业(如金融业)可以提高第二产业的生产率；另一方面，制造业的发展会刺激当地消费，带动低技能服务业(如批发零售业、住宿餐饮业)的发展。第二产业和第三产业会向相同方向集聚，在地理上互相接近从而构成互补。

从区域发展的视角来看，目前我国区域发展不均衡，第二产业和第三产业大多集中于东部省份，近年来第二产业有从东部沿海地区向内陆地区梯度转移的趋势，但就业仍然集中于东部地区。《"十三五"就业促进规划》中提到"引导劳动密集型企业向中西部和东北地区转移，大力发展制造业和服务业"，这意味着要通过区域产业政策创造就业，政策的效果取决于各地的劳动力市场状况。为了实现包容性经济增长，需要厘清不同地区制造业的发展对不同就业岗位的创造能力，尤其是制造业对当地服务业就业岗位的创造。

Moretti(2010)②最早利用美国的数据对可贸易部门和不可贸易部门的就业创

---

① 迈克尔·波特：《国家竞争优势》，李明轩、邱如美译，北京：中信出版社，2007。

② Moretti，E.，"Local Multipliers，"*American Economic Review*. 2010，100：pp. 1-7.

造乘数进行测算，发现可贸易部门每增加一个就业岗位，能够为不可贸易部门创造 1.59 个就业岗位，且高技术可贸易部门的就业乘数更大。Moretti 和 Thulin (2013)①在 Moretti(2010)的基础上考察了瑞典可贸易部门的就业乘数，发现可贸易部门就业增加 1 个单位，当地就业增加 0.49 个单位。张川川(2015)②基于微观人口调查数据估计了中国城市制造业对本地服务业就业的影响，结果显示，1990—2005 年和 2000—2005 年由对外贸易冲击带来的制造业每增加 1 个岗位，能够分别创造大概 0.6 个和 0.4 个服务业就业岗位。在经济开放度和市场化程度越高的城市，制造业地区就业乘数效应越显著。袁志刚、高虹(2015)③利用中国地级城市 2003—2012 年的数据，使用工具变量估算制造业对服务业的乘数效应发现，城市制造业就业每增加 1%，服务业就业约有 0.435%的上升，其中生活性服务业的受益程度最大。

本章在 Moretti(2010)分析框架的基础上，运用城市层面 2003—2015 年的最新面板数据，测算了不同地区城市制造业对不同类型服务业就业创造的乘数效应，并将就业转移份额作为工具变量解决内生性问题，然后进一步通过门限效应模型讨论了不同劳动力市场状况下城市制造业对服务业就业的异质性影响，并对乘数效应的机制做简单总结。

第二节　理论分析框架

Moretti(2010)提出地区就业岗位创造的一个分析框架，他认为可以根据产品的交易范围将一个地区的产业部门划分为可贸易部门和不可贸易部门。其中，可贸易部门的产品可以在全国甚至世界范围内进行交易，如制造业；不可贸易部门的产品或服务只能在当地进行生产和交易，如餐饮、零售、医疗等服务业。根据这一思路，我们可以将第二产业和第三产业进行类似地划分，第二产业中的制造业为可贸易部门，第三产业包括生产性服务业(包括交通运输、仓储和邮政业，信息传输、计算机服务和软件业，金融业，租赁和商业服务业，房地产业，科学研究、技术服务和地质勘查业)、生活性服务业(包括批发和零售业，住宿餐饮业，居民服务和其他服务业，文化，体育和娱乐业)和公共服务业(包括水利、环境和公共设施管理业，教育，卫生、社会保障和社会福利业，以及公共管理和社

---

① Moretti，E. and Thulin，P.，Local Multipliers and Human Capital in the United States and Sweden. *Industrial and Corporate Change*. 2013，22(1)：pp. 339-362.

② 张川川：《地区就业乘数：制造业就业对服务业就业的影响》，载《世界经济》，2015(6)。

③ 袁志刚、高虹：《中国城市制造业就业对服务业就业的乘数效应》，载《经济研究》，2015(7)。

会组织部门)。其中生活性服务业和公共服务业只服务于当地居民，是不可贸易部门，生产性服务业虽然作为可贸易品的中间投入，但国内发展相对滞后，服务对象主要是城市本地居民，可以近似地视为不可贸易部门。因此，本文研究的制造业对服务业的就业乘数效应，和 Moretti 研究中的可贸易部门对不可贸易部门的就业乘数效应是一致的。

在这样的设定下，我们讨论制造业对本地服务业工作岗位创造的机制。简单来看，假设外生冲击带来某一地区制造业就业增加①，可能是当地政府的招商引资政策吸引了新的制造业企业入驻该城市，或者国际市场上对某一贸易品的需求增加，促进该地区贸易品部门的扩张，带来当地制造业就业人数的增加和工资的上涨。这对服务业部门的就业会产生两种影响：第一是乘数效应。无论是新增就业人口还是原有就业人口的工资提高都会带来本地消费需求的上升，这些消费需求大都由本地服务业部门来满足，如餐饮住宿、批发零售、居民服务等，从而在服务业部门创造出新的就业岗位，产生制造业对服务业的乘数效应。乘数效应的大小取决于当地人口的消费偏好、需求弹性和服务业的劳动力密集度。如当地居民增加的收入是用于储蓄还是消费，消费结构是否偏向于服务产品的消费，这类服务产品的生产需要多少劳动力，能创造多少工作岗位。第二是挤出效应。制造业部门的扩张吸收了部分就业人口，使得原来从事服务业的劳动力转移到制造业部门；另外，新增企业带来劳动力需求增加，通过一般均衡效应提高了该地区整体工资水平，同时也会吸引更多劳动力流入并引起土地成本和生活成本上涨，这使得服务业部门成本增加，不利于生产规模的扩大。挤出效应的大小取决于当地劳动力市场的供给弹性。如果当地劳动力市场存在较多非充分就业人口或者对劳动力的流入限制较小，劳动力市场供给弹性较大，则挤出效应较小。

由于本地就业岗位的创造同时受到两种相反力量的影响，制造业对服务业就业的影响可能是非线性的，这取决于劳动力市场状况。具体地，我们可以将劳动力市场状况分为劳动力市场主体和劳动力市场灵活性。一方面，劳动力市场主体包括供给方和需求方，由于需求端是外生冲击，所以主要考虑供给方的情况，包括劳动力的数量和质量，如某一地区劳动年龄人口较多且劳动者受教育程度较高，意味着当地劳动力市场供给主体规模大，这有利于通过共享、匹配和学习机制产生更大的溢出效应，新增企业会带来更多就业岗位。另一方面，劳动力市场灵活性是指要素价格(这里主要是劳动者收入)能否反映生产率以及要素供求是否随价格灵敏变动。如果某一地区劳动力市场较为灵活，劳动力需求增加使工资收入上涨并吸引更多的劳动力供给，产生就业乘数效应，但如果劳动力市场僵化，

① 这里我们直接讨论制造业对就业的影响，而不是投资或产值，那样涉及的中间环节更多。

如户籍制度限制劳动力流动，则劳动力需求不能得到满足并引起人力成本快速上升，产生挤出效应。劳动力市场灵活性越高则就业乘数越大，欧洲就业乘数小于美国的主要原因在于其劳动力市场灵活性低。那么中国制造业对服务业的就业乘数有多大，需要实证分析来进行测算。

第三节　模型、数据和变量

>>一、模型设定<<

根据上面的理论分析框架，设定如下回归方程：

$$E^{S}_{ij,t}-E^{S}_{ij,t-1}=\alpha_0+\alpha_1(E^{M}_{ij,t}-M^{M}_{ij,t-1})+\alpha_2 X_{c,t-1}+\mu_i+u_t+u_{it} \quad (1)$$

其中，i 表示城市，j 表示行业，t 表示时间，$E^{S}_{ij,t}-E^{S}_{ij,t-1}$ 为服务业就业人数的变化，$E^{M}_{ij,t}-E^{M}_{ij,t-1}$ 为制造业就业人数的变化，α_1 为制造业对服务业的就业乘数，即每增加一个制造业就业岗位会创造多少个服务业就业岗位。$X_{c,t-1}$ 为滞后一期的城市宏观控制变量，包括人均 GDP 对数、固定资产投资占 GDP 比重、当年实际使用外资占 GDP 比重、政府支出占 GDP 比重和互联网使用人数的对数。u_i 为城市固定效应，u_t 为时间固定效应，u_{it} 为残差项。

通过理论分析，我们预测制造业就业的增加会带动当地服务业就业的增加，为了进一步验证制造业就业对服务业就业的乘数效应，需要对制造业就业与服务业就业之间的因果关系进行检验。基本模型中利用最小二乘法进行面板数据回归，即使控制了时间和城市固定效应，仍然可能存在内生性。第一，可能存在随城市和时间变化的因素，既影响制造业就业人数，又会对服务业就业人数产生影响，如新的投资机会带来的就业机会增加，城市公共服务的改善带来城市劳动供给增加，历史原因或政策原因带来的产业布局差异，遗漏变量导致因果推断时系数存在偏误；第二，服务业就业同样会对制造业就业产生影响，存在反向因果，如服务业就业增加对制造业就业有促进作用，会带来估计结果的向上偏误。

为了进行因果推断，我们使用在区域经济学中被广泛运用的就业份额转移的方式构建了一个工具变量，将国家层面影响制造业就业的外生冲击从制造业就业的变化中剥离出来，其中，$\sum \frac{E^{M}_{-i,t}-E^{M}_{-i,t-1}}{E^{M}_{-i,t-1}}$ 表示除了 i 城市以外其他地区制造业就业的变化，这是外生于当地经济状况的冲击，由此得到的工具变量会影响当地制造业就业，但不会直接影响当地的服务业就业。具体设定如下：

$$IV = \sum \frac{E^{M}_{-i,t} - E^{M}_{-i,t-1}}{E^{M}_{-i,t-1}} \tag{2}$$

首先对方程(1)的基本模型进行固定效应回归，得到基准结果，再通过引入工具变量进行 IV-2SLS 回归，测算制造业就对服务业就业创造的乘数效应。

二、数据和变量

根据前文的模型设定，对所关心的变量做如下定义。

(一)被解释变量

服务业新增就业，用服务业就业人数的一阶差分表示城市服务业新增就业，包括总的服务业就业人数的变化和各细分行业服务业就业人数的变化。

(二)核心解释变量

制造业新增就业，用制造业就业人数的一阶差分表示城市制造业新增就业。

(三)门限变量

选取 5 个指标来反映劳动力市场主体和劳动力市场灵活性。用市场化程度、失业水平和劳动力流动反映劳动力市场灵活性，用城市规模和人力资本反映劳动力市场主体状况。另外，选取 1 个生活成本指标来解释就业挤出效应。

市场化程度，用 1 减去城镇国有企业和集体企业从业人数除以年末单位从业人数来衡量市场化程度(衡量市场化程度有多种方式，这里没有直接用私营和个体从业人数为分子做比是因为相对于国有企业和集体企业的统计，私营和个体从业人数的统计容易出现遗漏，造成市场化程度的低估)。一般认为非公有制企业的工资随生产率调整更快，所以市场化程度越高意味着劳动力市场越灵活。

失业水平，用年末城镇登记失业率来衡量失业水平，失业率越高意味着劳动力市场灵活性越低。

劳动力流动，用外地人口占城市总人口的比例来衡量对劳动力流入的限制，外地人口占比越高则劳动力市场越灵活。

城市规模，用各城市年末总人口数的对数衡量城市规模，城市规模越大则劳动力数量越多。

人力资本，用劳动力平均受教育年限来衡量人力资本，人力资本水平越高则劳动力质量越高。具体计算公式为：

$$\text{eduy}=P_{\text{illiteracy}}\times 0+P_{\text{primary}}\times 6+P_{\text{middle}}\times 9+P_{\text{senior}}\times 12+P_{\text{college}}\times 15+P_{\text{university}}\times 16+P_{\text{postgraduate}}\times 19 \tag{3}$$

其中，$P_{\text{illiteracy}}$为文盲在劳动年龄人口中所占比例，P_{primary}为小学学历劳动者所占比例，P_{middle}为初中学历劳动者所占比例，P_{senior}为高中学历劳动者所占比例，P_{college}为专科学历劳动者所占比例，$P_{\text{university}}$为大学学历劳动者所占比例，$P_{\text{postgraduate}}$为研究生及以上学历劳动者所占比例。

生活成本，用城镇居民年消费支出额对数衡量本地生活成本，较高的生活成本将带来更大的挤出效应。

(四)地区宏观控制变量

除以上变量外，我们尽量控制城市层面随时间变化且可能同时对制造业和服务业就业产生影响的宏观变量，包括人均地区生产总值对数、固定资产投资额占GDP的比重、当年实际使用外资金额占GDP的比重、地方财政一般预算内支出占GDP的比重、国际互联网用户数对数。

本节所使用的面板数据来自2003—2015年(由于2002年之后我国调整了国民经济行业分类标准，因此使用2003年之后的数据以保持行业分类的一致性)《中国城市统计年鉴》284个地级市的宏观统计数据，由于部分城市某些观测年份存在缺失值和异常值(贵州省毕节市和铜仁市以及西藏自治区拉萨市和甘肃省陇南市缺失值较多，因此数据中删去这4个城市)，为保证样本的平衡性和准确性，首先对所有变量进行排序，将观测值小于1分位点和大于99分位点的样本做缺失值处理，再利用线性插值法对缺失样本进行赋值，处理后有效样本3 692个，并通过了平衡面板数据检验。其中，门限变量市场化程度、失业率、劳动力流动、人力资本和生活成本使用省级层面数据进行匹配，数据来源为《中国统计年鉴》《中国劳动统计年鉴》和《中国人口与就业统计年鉴》。

表5-1为本章中所涉及变量的解释和描述性统计。分别从面板数据中截取三个时间截面来分析我们所关注的变量变化情况，从2003年到2009年再到2015年，制造业和服务业就业人数的增加幅度扩大，且服务业就业人数增加更快。非公有制经济就业人数不断增加，不同城市间劳动力流动更加频繁，劳动力平均受教育年限逐渐增多，城市生活成本显著提高。城镇失业率和平均城市规模维持稳定。从地区宏观控制变量的变化也可以看出中国经济的快速增长。

表 5-1　变量描述性统计

变量名	变量解释	观测值（总）	平均值		
			2003 年	2009 年	2015 年
A：被解释变量					
thir	服务业就业人数(万人)	3 692	19.52	21.88	32.34
B：核心解释变量					
manu	制造业就业人数(万人)	3 692	10.44	12.21	18.51
C：门限变量					
market	市场化程度：1－国有企业和集体企业就业人数占比(%)	3 692	0.477	0.518	0.573
ump	失业率：城镇登记失业率(%)	3 692	0.039	0.037	0.033
migrant	劳动力流动：外地人口占总人口比例(%)	3 692	0.087	0.084	0.125
urban	城市规模：城市年末总人口数的对数	3 692	5.802	5.853	5.884
eduy	人力资本：劳动力平均受教育年限(年)	3 692	8.369	8.932	9.874
expense	生活成本：城镇居民年消费支出额对数	3 692	8.702	9.329	9.587
D：地区宏观控制变量					
lngdp _ per	人均地区生产总值的对数	3 692	9.097	10.05	10.71
P _ invest	固定资产投资额占 GDP 的比重(%)	3 692	0.434	0.679	0.861
P _ FDI	当年实际使用外资金额占 GDP 的比重(%)	3 692	0.026	0.021	0.019
P _ exp	地方财政一般预算内支出占 GDP 的比重(%)	3 692	0.112	0.161	0.206
lninternet	国际互联网用户数对数	3 692	11.24	12.36	13.29

资料来源：《中国城市统计年鉴》《中国统计年鉴》《中国人口与就业统计年鉴》《中国劳动统计年鉴》。

第四节　本地劳动力市场的就业乘数效应

>>一、制造业就业对服务业就业的乘数效应<<

表 5-2 报告了 OLS 回归的估计结果，被解释变量为服务业就业的一阶差分，解释变量为制造业就业的一阶差分。模型(1)只加入了时间和城市固定效应，模型(2)还加入了其他宏观控制变量一阶滞后项，估计结果变化不大，模型(3)、模型(4)、模型(5)、模型(6)分别区分直辖市和东、中、西部地区进行分组回归。结果显示，整体而言，制造业每增加一个就业岗位，会在当地创造 1.11 个服务业就业岗位。分地区来看，四个直辖市的就业乘数为 2.19，东部地区就业乘数为

0.19，中部地区就业乘数为 0.82，西部地区就业乘数为 3.95。西部地区的就业乘数最大，中部地区其次，除去直辖市后的东部地区就业乘数最小。原因在于 2000 年之前，东部沿海地区具有靠近贸易港口的区位优势，政府的产业政策大多向东部沿海地区倾斜，但 2000 年之后，东部地区制造业发展到一定程度，继续扩张需要投入新的劳动力和土地要素，而户籍制度限制了劳动力的自由流动，且大城市的土地供给弹性较小，制造业继续扩张引起人工成本和土地成本的快速上涨，制造业有向内陆地区扩散的趋势，因此，东部地区制造业对服务业的就业乘数减少。相反，中西部地区制造业发展相对较慢，与制造业相关的生产性服务业发育滞后，有更大的提升空间，制造业发展带来的就业增加和边际收入提高更大，对当地居民服务业的带动作用较强。同时，中西部地区的土地和劳动力成本相对较低，由生活成本增加带来的挤出效应更小。所以从目前来看，制造业从东部地区向中部地区梯度转移是更为合理的策略。

表 5-2　制造业就业对服务业就业的乘数效应：OLS 估计①

	模型(1)	模型(2)	模型(3)	模型(4)	模型(5)	模型(6)
	全部样本	全部样本	直辖市	东部地区	中部地区	西部地区
变量	D. thir	D. thir	D. thir	D. thir	D. thir	D. thir
D. manu	0.809***	1.113***	2.194***	0.191***	0.818***	3.953***
	(0.025 3)	(0.031 5)	(0.320)	(0.010 6)	(0.046 6)	(0.054 2)
控制宏观变量	否	是	是	是	是	是
观测值	3 408	3 241	47	1 161	1 191	842
R^2		0.303	0.730	0.256	0.238	0.877
城市数	284	282	4	98	100	80

注：*、**、*** 分别表示在 10%、5%、1%水平上显著。

表 5-3 报告了以就业份额转移方法构造工具变量的 2SLS 结果，弱工具变量 Cragg-Donald Wald 检验 F 值为 759.74，不存在弱工具变量问题。模型(1)为全部样本的估计结果，模型(2)、模型(3)、模型(4)、模型(5)分别为直辖市和东、中、西部地区分组回归结果。结果显示，整体而言，制造业每增加 1 个就业岗位会为当地创造 1.1 个服务业就业岗位，直辖市就业乘数为 2.21，东部地区就业乘数为 0.19，中部地区就业乘数为 0.82，西部地区就业乘数为 3.94。所有估计结果都是显著的，工具变量法的估计结果与 OLS 估计结果基本一致，这证明我们的估计结果是比较稳健的。

---

① 为了节约篇幅，本文省略了宏观控制变量的估计结果，详细结果可向作者索取。

表 5-3　制造业就业对服务业就业的乘数效应：2SLS 估计

	模型(1) 全部样本	模型(2) 直辖市	模型(3) 东部地区	模型(4) 中部地区	模型(5) 西部地区
变量	D. thir	D. thir	D. thir	D. thir	D. thir
D. manu	1.101***	2.207***	0.189***	0.816***	3.942***
	(0.031)	(0.294)	(0.011)	(0.047)	(0.054)
控制宏观变量	否	否	否	否	否
观测值	3 238	47	1 161	1 191	839
R^2	0.303	0.730	0.256	0.238	0.877
城市数	280	4	98	100	78

注：*、**、*** 分别表示在 10%、5%、1%水平上显著。

>>二、异质性讨论：制造业就业对不同类型服务业就业的乘数效应<<

根据前面对服务业的分类，表 5-4 报告了制造业就业对不同类型服务业就业的乘数效应，由于直辖市情况比较特殊，在回归中不包括 4 个直辖市的样本。回归结果显示，制造业对当地生产性服务业的乘数效应最大，尤其是金融业、租赁和商业服务业，如制造业每增加一个就业岗位，将创造 0.24 个金融业就业岗位，创造 0.11 个租赁和商业服务业就业岗位，制造业和生产性服务业存在较强的互补关系；制造业对生活性服务业的乘数效应其次，如制造业每增加一个就业岗位，将创造 0.09 个住宿餐饮业就业岗位，创造 0.06 个批发零售贸易业就业岗位，创造 0.07 个居民服务和其他服务业就业岗位；制造业对公共服务业的乘数效应最小，原因在于公共服务业多由政府部门提供，这些部门的扩展受到地方财政和人员编制的限制，就业岗位的创造不同于生产性和生活性服务业。根据乘数效应理论，制造业就业的显性增加会通过上下游产业的交易实现间接就业岗位增加，表现为生产性服务业就业岗位的创造；由于制造业就业人员收入增加带来消费增加而引致的就业，表现为生活性服务业就业岗位的创造。目前我国间接就业的创造快于引致就业的创造，这说明：第一，我国生产性服务业发展相对滞后，尚有较大的提升空间；第二，引致就业创造动力不足，居民收入的增长并没有转化为消费的增长。

表 5-4　制造业就业对不同类型服务业就业的乘数效应

		模型(1)	模型(2)
		OLS	2SLS
服务业大类	变量	D. thir	D. thir
生产性服务业	交通、仓储、邮电业	0.039*** (0.003)	0.038*** (0.003)
	信息传输计算机服务和软件业	0.043*** (0.002)	0.042*** (0.002)
	金融业	0.244*** (0.009)	0.243*** (0.009)
	租赁和商业服务业	0.111*** (0.005)	0.111*** (0.005)
	房地产业	0.077*** (0.004)	0.076*** (0.004)
	科研技术服务和地质勘查	0.001* (0.001)	0.001** (0.001)
生活性服务业	批发零售贸易业	0.055*** (0.002)	0.054*** (0.002)
	住宿餐饮业	0.090*** (0.004)	0.088*** (0.004)
	居民服务和其他服务业	0.066*** (0.003)	0.065*** (0.003)
	文化体育和娱乐业	0.003*** (0.001)	0.003*** (0.001)
公共服务业	水利环境和公共设施	0.011*** (0.001)	0.011*** (0.001)
	教育	0.009*** (0.001)	0.009*** (0.001)
	卫生社会保险和社会福利业	0.009*** (0.001)	0.009*** (0.001)
	公共管理和社会组织	0.007*** (0.001)	0.007*** (0.001)
	控制宏观变量	是	是
	观测值	3 240	3 240
	城市数/省份数	282	282

注：*、**、*** 分别表示在 10%、5%、1%水平上显著。

第五节　地区就业岗位创造的机制：劳动力市场对就业乘数的影响

前面对本地劳动力市场的就业乘数进行测算发现，不同地区、不同行业的就业乘数存在异质性，这说明制造业对服务业就业岗位的创造可能是非线性的，需要进一步讨论什么因素会影响就业乘数。根据前面的理论分析，劳动力市场状况将影响地区就业岗位的创造，因此采用 Hansen 的门限回归模型就制造业对服务业就业岗位创造的门限效应进行检验和分析，门限回归模型克服了根据均值进行粗略分组回归的主观缺陷，根据数据自身的特点，内生地划分门限变量的区间，从而度量出不同区间解释变量对被解释变量的异质性影响。具体模型设定如下：

$$\Delta y_{it} = \theta_1 \Delta x_{it} + e_{it} q_{it} \leqslant \gamma \tag{4}$$

$$\Delta y_{it} = \theta_2 \Delta x_{it} + e_{it} q_{it} > \gamma \tag{5}$$

其中，Δy_{it} 为服务业就业岗位的增加，Δx_{it} 为制造业就业岗位的增加，e_{it} 为残差项，q_{it} 为门限变量，这里分别反映劳动力灵活性的市场化程度、失业水平和劳动力流动，反映劳动力市场主体的城市规模和人力资本以及生活成本。当门限变量小于等于门限值 γ 时，面板门限回归模型为(4)式；当门限变量大于门限值 γ 时，面板门限回归模型为(5)式。

>>一、劳动力市场灵活性对地区就业岗位创造的门限效应<<

表 5-5 为以市场化程度、失业水平、劳动力流动性为门限变量的门限模型估计结果。结果显示，市场化程度较低的地区平均就业乘数为 0.649，市场化程度较高的地区平均就业乘数为 0.809，以非公有制就业人数占比衡量的市场化程度越高意味着工资随生产率变动越灵活，这有利于企业扩大生产增加就业。以失业水平为门限时结果呈“U 型变化”，当失业水平较低时，就业乘数高达 4.482，中等失业水平的就业乘数最小，仅为 0.182，而当失业率高于 3.2%时，就业乘数再次增大到 2.028。当失业水平极低时，劳动力市场灵活性高，经济运行情况良好，这会对就业产生正向影响，而当失业率略高时，劳动力市场存在不充分就业，新增制造业会通过吸收不充分就业产生较大的乘数效应。当某一地区外地人口占本地人口比重超过 28.9%时，就业乘数为 2.499，当外地人口占比小于 28.9%时，就业乘数仅为 0.673。外地人口占比越高说明劳动力流动性越强，当本地新增制造业就业带来劳动力需求上升时，能够有充分的迁移劳动力进行劳动供给，从而缓解了本地劳动力成本的快速上升。以上结果均验证了之前的假设，即劳动力市场越灵活，制造业对服务业的就业乘数效应越大。

表 5-5 以市场化程度、失业水平、劳动力流动性为门限变量的门限模型系数及检验

市场化程度		失业水平		劳动力流动性	
范围	乘数	范围	乘数	范围	乘数
market≤0.529	0.649***	ump≤0.022	4.482***	migrant≤0.289	0.673***
market>0.529	0.809***	0.022<ump≤0.032	0.182***	migrant>0.289	2.499***
		ump>0.032	2.028***		
R^2：0.515		R^2：0.604		R^2：0.478	

注：*、**、*** 分别表示在 10%、5%、1%水平上显著。

>>二、劳动力市场主体状况对地区就业岗位创造的门限效应<<

表5-6是以城市规模和人力资本为门限变量的门限模型估计结果。结果显示，就业乘数效应随着城市规模的扩大而增大，大城市的就业乘数相当于中等城市的6倍、小城市的18倍，说明就业岗位的创造存在集聚效应和规模经济，只有城市达到一定规模，制造业就业才会更好地带动服务业就业。另外，当劳动者平均受教育年限低于8.9年时，本地就业乘数为0.37，当劳动者平均受教育年限高于8.9年时，本地就业乘数为0.774，说明人力资本水平越高的城市，新增制造业的劳动生产率越高，居民收入提高越大，因此制造业就业对服务业的就业乘数效应也越大，这和已有研究的结论是一致的(Moretti，2013)。以上结果均验证了之前的假设，即劳动力市场供给主体数量越多、质量越高，制造业就业对服务业的就业乘数效应越大。

表5-6　以城市规模、人力资本为门限变量的门限模型系数及检验

劳动力市场主体			
城市规模		人力资本	
范围	乘数	范围	乘数
urban≤6.545	0.161***	eduy≤8.9	0.37***
6.545<urban≤7.027	0.53***	eduy>8.9	0.774***
urban>7.027	3.03***		
R^2：0.705		R^2：0.213	

注：*、**、***分别表示在10%、5%、1%水平上显著。

>>三、生活成本对地区就业岗位创造的门限效应<<

以生活成本为门限变量的门限模型估计结果显示，以居民消费支出对数衡量的生活成本低于9.495为低成本，居民消费支出对数在9.495～9.728为中等成本，居民消费支出对数高于9.728为高成本。生活成本较低的地区就业乘数为0.948，生活成本中等的地区就业乘数最大，为2.921，而生活成本较高的地区就业乘数仅为0.155。生活成本过低可能导致消费需求不足并引致就业不足，而过高的生活成本意味着较高的劳动力成本和土地成本，企业扩大生产的边际效益递减，不利于更多工作岗位的创造。结合以上分析可以认为，东部地区具有较为成熟的劳动力市场，但就业乘数较小的主要原因在于不断提高的劳动力成本，挤出效应太大反而抵消了乘数效应。

第六节　结论及政策启示

本章使用2003—2015年城市面板数据考察了制造业就业的变化对本地服务业就业的带动作用，结果发现，制造业对服务业的短期就业乘数为1.1，长期就业乘数为0.57，西部地区的就业乘数效应最大，中部地区其次，东部地区最小，不同区域的工业化进程处于不同阶段，近年来东部地区已经开始进入“去工业化”阶段，中部地区正处于快速工业化阶段，而西部地区的工业化进程尚待进一步推进。制造业对生产性服务业的带动作用最大，这说明我国生产性服务业发展相对滞后，尚有较大的提升空间，就业创造动力不足，居民收入的增长并没有转化为消费增长。另外，不同劳动力市场状况下乘数效应存在异质性，一个灵活开放的劳动力市场更有利于乘数效应的发挥，当地劳动力数量和质量也是决定地区产业政策效果的关键，而过高的生活成本会降低地区就业乘数。

基于本章的研究结果，提出如下政策建议：

第一，鼓励和推进制造业从东部沿海地区向内陆地区转移。根据本章的研究结论，西部和中部地区制造业对服务业的就业乘数效应最大，目前东部地区劳动力成本和土地成本越来越高，而中西部地区发展制造业的边际收益高于边际成本，因此，鼓励制造业从东部沿海地区向内陆地区转移是当前实施制造强国战略和稳定就业政策的合理选择。

第二，提高现代服务业发展水平，促进制造业与服务业深度融合。从前文的分析中可以发现，我国生产性服务业发展相对滞后，尚有较大的提升空间，虽然近年来服务业在经济中的重要性不断提高，但提高服务业整体质量，发展现代服务业如金融业、租赁与商业服务业、交通物流和仓储业仍是未来一段时间的着力方向。

第三，放松户籍制度的限制，提高劳动力市场灵活性。劳动力成本上升是目前东部地区就业乘数偏低的主要原因，而户籍制度是目前限制劳动力自由流动的最大阻碍，导致劳动力供给无法适应需求。因此，应进一步放松户籍制度的限制，缓解由劳动力市场分割带来的劳动力成本上升问题，促进人力资源的合理配置。

第四，进一步提升劳动者素质，打造区域就业中心。就业创造的乘数效应受到城市规模和人力资本的正向影响，只有城市规模达到一定程度，人力资本存量较高的地区，制造业就业才会更好地带动服务业就业。因此，要继续扩大高等教育规模，加强现有劳动力技能培训，提高人力资本存量，再配合适当的区域发展政策，通过经济集聚创造更多就业岗位，从而实现包容性经济增长。

第六章 产业梯度转移与劳动力流动新趋势

第一节　引　言

当前全球已经拥有畅通便利的交通、即时高效的通信、无障碍的市场，区位在经济发展过程中的重要性已有所减弱，尤其是经济全球化趋势的加强使得空间距离对经济活动的影响被进一步削弱。纵观全球经济发展，持续的竞争优势往往伴随着浓重的地域色彩。产业集聚观念成为探索国家和区域发展能力的一种新思路，得到众多学者专家的关注和研究，越来越多的学者从产业转移和集聚的视角出发，对劳动力市场中的某些问题进行研究，以期跳出传统路径进而给出一些新的解释，例如，对劳动力流动问题的研究。截至 2017 年 2 月，在北京的河北籍劳动力总量达到近 120 万人，在天津近 70 万人。2 月 8 日，河北人力资源和社会保障厅在中央媒体京津冀调研座谈会上介绍，这些劳动力主要集中在建筑业、餐饮业、家政业等领域。据悉，三年来河北已向京、津两市输送家政人员 24 000 余人。[①] 可见，劳动力的跨地区流动已经成为当前中国劳动力市场的一个焦点问题。纵观以往文献研究可知，有关劳动力流动的理论比较丰富。就国外学者而言，从刘易斯的无限劳动供给模型到拉尼斯-费景汉模型、舒尔茨的人力资本投资模型，再到卡林顿等人的劳动力流动行为决策模型、本斯温格和斯密的劳动力流动逆向选择模型等，纷纷从城乡工资收入、就业机会等方面的差异性出发对劳动力流动现象进行解释；再看国内学者，蔡昉、都阳、吴兴陆等吸取国外劳动力流动问题相关理论的精髓，结合中国劳动力市场中出现的城乡二元结构等实际情况，分别从经济、制度、社会文化等维度对中国劳动力流动问题进行剖析，取得了丰富的成果。

本章试图进一步探讨在产业梯度转移的背景下劳动力转移发生的理论依据，

① 央广网：http://news.cnr.cn/dj/20170208/t20170208_523572035.shtml，2017-02-08。

论证我国以劳动密集型企业为主要特征的第二产业集中度与劳动力流动之间的相关性。在以往研究的基础上，首先计算代表产业集中程度的两个指数，结合中国近些年的实际情况，分析当代中国四大经济区域产业尤其是第二产业梯度转移情况，然后基于产业梯度转移背景下劳动力流动新趋势进行统计分析。

第二节　理论分析框架

在信息技术日益发达的当代，空间在劳动力市场中的作用不断被削弱，立足大环境中的区域集聚观念越来越被认可，因此，越来越多的学者开始将产业集聚与劳动力流动问题结合在一起进行分析，以探究二者之间的关系。以 Krugman (1991)等为代表的新经济地理学认为，制造业具有规模收益递增的特点，一旦某个区域形成了制造业的初始优势，市场就会引发一个累积性的循环过程：为了获取更高的规模收益、追求更大的市场、降低运输成本，将有更多的制造业部门向该区域集中，从而不断强化制造业优势；与此同时，劳动力也逐渐流向该区域，直至所有非农业人口都聚集到这个区域，最终形成以该区域为“中心”、以其周边区域为农业生产“外围”的区域经济模式。新经济地理学认为，劳动力会基于两方面原因向制造业中心迁移，原因之一在于“内部市场效应”(Home-market effect)：在其他条件相同的情况下，大市场的工资率比较高(Krugman，1980)[①]，而制造业中心市场最大，其工资率远远高于外围区域的水平；原因之二在于“价格指数效应”(Price index effect)：人口集中区域(制造业中心)的劳动力面对价格相对较低的产品，其实际工资水平提高。在较高实际工资水平的驱动下(Krugman，1991)[②]，劳动力会主动向制造业中心迁移。

国内学者纷纷以不同方式和侧重点对产业转移与劳动力流动之间的关系进行了探索和验证。例如，有的学者立足国际视角关注了不同发展水平的国家或地区的产业转移和劳动力流动之间的联系。卢根鑫(1997)在其研究中指出，无论是在发达国家还是在发展中国家，产业转移都会产生重要影响。对于发达国家而言，产业转移会提供更多的资本和劳动力，从这个方面来看，其国内的就业压力和产业“空心化”的风险程度也可能相应增加。然而，作为转移出去的产业的替代，发达国家发展新兴产业，由此创造出一系列新的就业机会，从而降低甚至避免产业

① Krugman P.，Scale Economics，Product Differentiation and Pattern of Trade，*American Economic Review*，1980，vol. 70，pp. 950-959.

② Krugman P.，Increasing Returns and Economic Geography，*Journal of Political Economy*，1991，vol. 99，no. 3，pp. 483-499.

“空心化”发生的可能性。[①] 张可云(2001)认为，区际产业转移是区际商品和要素流动之外的另一种区域经济联系的重要方式。从某种程度上来说，区际产业转移既是对区际商品贸易与要素流动的一种替代，又会促进劳动力、资本与技术等要素在区域间的流动。[②] 大多数国内学者在分析中国的产业转移和劳动力流动问题时都根据东、中、西部三大区域进行界定和划分，进而对各个区域的差异性进行对比和分析。如敖荣军(2005)结合新经济地理学关于劳动力迁移的原因，考虑中国制造业实际情况，进行实证分析并得出结论，地区制造业发展状况是影响区域劳动力迁移的重要因素。其实证研究表明，制造业分布的区域差异是我国中部地区劳动力跨省迁移的重要影响因素。具体而言，中部地区跨省迁移的劳动力主要流向制造业比重高的区域；制造业集中程度越高的区域对中部地区劳动力的吸引力越大；东部沿海地区制造业的集聚效应对中部地区劳动力跨省迁移具有巨大拉力，同时，中部地区劳动力的迁入又促进了东部沿海地区制造业集聚效应的进一步增强。[③] 也有相当一部分学者特别研究了沿海地区的产业转移和劳动力迁移问题，并且取得一定成果。例如，赵武、刘艳(2005)以产业转移为研究角度对“民工荒”现象进行了分析，提出沿海地区外商投资的集中、劳动力需求区域的集中以及产业集群等因素的共同作用，造成沿海地区劳动力密集型产业转移滞后，进而导致区域性“民工荒”；同时，“民工荒”也将增加沿海地区产业升级和产业转移的压力，从而使得产业从东部地区向中、西部地区转移的趋势加强。[④] 也有学者从其他维度提出了独到见解，王晓莹(2009)在其研究中提出以劳动力流动状况作为产业转移的信号。[⑤] 都阳(2017)指出，不能忽视我国供给侧结构性改革推动的经济转型升级给劳动力市场带来的挑战，其中较为突出的表现在于改革过程中可能出现的结构性失业。[⑥] 因此，如何较好地协调产业结构调整和劳动力转移与安置之间的关系，成为当前政府、学术界等各方需要重视的问题。

结合国内外相关研究文献可知，目前国内外学者基本得出了一个较为一致的意见，即随着产业的不断升级、产业结构的不断调整，尤其是伴随着产业梯度转移、产业集聚形势的不断转变，劳动力流动趋势会随之发生变化。产业梯度转移被越来越多的学者作为影响因子引入劳动力流动和迁移模型之中，空间和区域的元素对劳动力迁移的影响和阻碍越来越弱。

---

① 卢根鑫：《国际产业转移论》，上海，上海人民出版社，1997。

② 张可云：《区域大战与区域经济关系》，北京，民主与建设出版社，2001。

③ 敖荣军：《制造业集中、劳动力流动与中部地区的边缘化》，载《南开经济研究》，2005(1)。

④ 赵武、刘艳：《“民工荒”现象的经济学分析》，载《经济学家》，2005(3)。

⑤ 王晓莹：《劳动力流动与东南沿海产业转移的问题研究》，厦门大学硕士学位论文，2009。

⑥ 人民网-人民日报，http://theory.people.com.cn/n1/2017/0112/c40531-29016882.html，2017-01-12。

作为产业梯度转移理论研究的先驱，英国经济学家阿瑟·刘易斯指出，劳动密集型产业转移是产业结构升级的必然结果。一个国家不可避免地存在着不同梯度的经济区域，而产业梯度是区域梯度的核心。具体来说，各个区域的生产要素禀赋、产业基础和分工具有一定程度的差异，进而导致这些区域的经济发展、产业结构和技术水平形成阶梯状差距。区域间阶梯状差异以及产业结构升级的需要，成为区域产业梯度接力转移的驱动力，那些较为落后或不具比较优势的产业可以转移到与该地区具有不同产业梯度的地区，从而在该地区形成较为先进或存在比较优势的产业，实现吸收方产业结构层次与水平的提高。区域间产业转移不仅加快了先进地区的产业升级，有利于摆脱产业包袱，集中人力、物力发展那些附加值和技术含量高的产业；同时，还可以使相对落后地区以较低的成本引进较先进的技术和具有比较优势的产业。有效的区域间产业转移可以实现移入方与移出方"双赢"的局面，促进整个区域的产业结构优化，最终推动区域经济发展。综上，在资本、技术和劳动力等要素自由流动的背景下，根据地区产业梯度的差异，产业与技术存在扩散和转移的趋势，一般会由产业梯度高的地区向产业梯度低的地区转移。这种转移既符合产业梯度水平高的地区调整其产业结构的需要，也顺应了产业梯度水平低的地区发展经济的趋势。在区域产业转移过程中，一些传统产业由较发达地区转移到落后地区，可以在很大程度上降低落后地区的生产成本，增加就业机会，提高收入水平(刘艳，2004)[①]，从而为落后地区经济起飞创造条件，有助于其经济结构由二元向一元的转变，进而促进城乡一体化的最终实现。[②]

除了产业梯度转移理论之外，还有学者提出并发展了一种工业—区位理论，即"区域空间分工理论"(Spatial Division of Regions)，该理论的提出者 Massey、Walker、Storper 和 Scott 等认为，当空间作为一种生产资料而存在时，在本质上，区域分工就演变成了分工的较高阶段，不断变化的社会经济环境将驱动不同产业劳动力的需求与不同区域间劳动力的供给之间匹配关系的形成或再构，劳动力实际成本的空间差异为区域空间分工奠定了基础，某一地区产生产业综合体之后便会出现经济集聚效益，从而形成对其他厂商的吸引力，其他厂商陆续进入该地区促进了产业综合体由单一向多元化发展。[③]

---

① 刘艳：《西部地区承接产业梯度转移研究》，载《改革》，2004(6)。

② 傅鸿源、陈煜红、叶贵：《中国农村劳动力流动对产业梯度转移的影响探析》，载《经济经纬》，2008(5)。

③ 李刚、任志安：《区域空间分工、产业转移与我国劳动力流动新趋势——兼论东部沿海"民工荒"问题》，载《平顶山学院学报》，2008(5)。

第三节　区域间产业梯度转移趋势

对于产业集聚程度的量化，学术界应用了很多测度方法，截至目前，尚未形成衡量产业集中度的统一和完善的指标，但主要分为绝对指数和相对指数两个方面的量化指标。其中，测量产业集中度的绝对指数包括行业集中度、赫芬达尔指数、熵指数；相对指数包括区位熵、空间基尼系数、Eillson-Glaeser 指数等。① 不同的量化方法具有各自的优缺点，具体归纳起来可见表 6-1。由表 6-1 可知，每一种测度产业集中度的方法都有各自的针对性与着眼点，也都存在着一定的缺陷和不足，因此，仅仅依据单个指数对产业集中度进行测算，所得结果难免有失偏颇。② 基于此，本文同时使用了区位熵和 Eillson-Glaeser 指数两个测度方法对中国第二产业的集中度进行测算，并对两种不同方法得出的结论进行对比分析，以期对第二产业集中趋势进行较好的把握。

表 6-1　产业集中度测度方法

测度方法	优势	不足
行业集中度	最常用的方法，对前几家市场占有率大的企业份额变化反应灵敏，数据易得，简单直观③	只能以产业内规模最大的前 n 家企业的相关数值占整个产业的份额来表示产业的集中程度，没有指出这个行业相关市场中正在运营和竞争的企业的总数，主要企业选取的不同，集中水平就会不同
区位熵	评价区域优势产业基本的分析方法，符合市场结构变化的基本要求	在完全竞争市场条件下失效④
赫芬达尔指数	是经济学界和政府部门使用较多的指标，可以不受企业数量和规模分布的影响	对数据的要求较高，需要全面的统计资料，计算量大，而且含义不直观
空间基尼系数	企业生产规模在空间的平均分布水平，反映其对市场集中的影响	没有考虑企业规模差异
Eillson-Glaeser 指数	解决了空间基尼系数的失真即大企业影响并结合了赫芬达尔指数	对数据要求较高，指数波动性大

资料来源：赵鹏、罗福周：《基于行业集中度与区位熵的宝鸡市产业集聚度测度研究》，载《西安建筑科技大学学报(社会科学版)》，2013(5)。

① 赵鹏、罗福周：《基于行业集中度与区位熵的宝鸡市产业集聚度测度研究》，载《西安建筑科技大学学报(社会科学版)》，2013(5)。

② 韩云虹：《产业集聚度测定指标的评价与改进》，载《工业技术经济》，2009(6)。

③ 李艳、罗能生、谢里、张谦：《中国高技术制造业的市场集中度的测算》，载《统计与决策》，2009(11)。

④ 刘振灵：《产业集聚演变的集成化测度方法研究——兼对辽宁省中部城市群产业集聚性的动态分析》，载《技术经济》，2009(7)。

1. **区位熵**（Location Quotient）

$$S_{ir}=\frac{Y_{ir}/Y_i}{Y_r/Y}$$

该公式表示产业 i 在区域 r 的熵，大于 1 时，表示产业 i 在区域 r 的集中程度较高；小于 1 时，表示产业 i 在区域 r 的集中程度较低。Y_{ir} 表示产业 i 在区域 r 的产值；Y_i 表示全国产业 i 的产值；Y_r 表示区域 r 所有产业的产值；Y 表示全国所有产业的产值。

(1)图 6-1 显示了 2005—2015 年东、中、西部和东北四个经济发展区域第二产业区位熵指标值的情况。由图可知，近 10 年来，中、西部地区第二产业集聚程度呈现稳态增长趋势，这种势头在 2011 年前后开始放缓，尤其是中部地区第二产业的集聚程度甚至有所下降，但下降幅度不大。非常值得关注的是，东部地区第二产业在近 10 年中的集聚程度经历了先下降再上升的"U"型发展轨迹，这意味着，这段时期东部地区第二产业历经了十分明显的结构调整，在先经历过数年的第二产业集聚走低形势之后，近几年东部地区的第二产业正在回暖，集聚程度逐步提升。与第二产业的集中趋势相比较而言，第一产业呈现出完全不同的情况。东部地区第一产业集聚趋势较为稳定，近 10 年来，产业区位熵一直处于 0.6～0.7 的水平，远低于其他三个区域；东北地区第一产业的集聚变化最明显，除了 2008 年和 2010 年呈现集聚程度稍稍下降之外，其他年份第一产业的集聚程度均为明显的增强趋势，2011 年之后，该趋势凸显。西部和中部地区的第一产业均具有较高的集聚程度，但分别从 2009 年、2010 年开始，这种趋势有所减弱。与

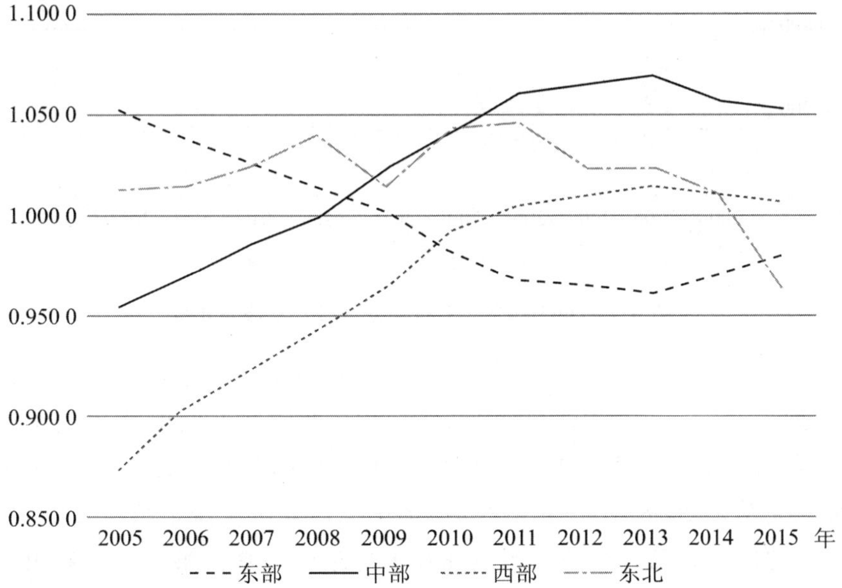

图 6-1 2005—2015 年分区域第二产业集聚走势

第二产业集聚呈“U”型走势相反，东部地区第三产业的集聚呈现出先上升再下降的倒“U”型轨迹，由指数值可知，东部地区第三产业的集聚程度一直非常高，均大于 1，在 2011 年出现指数峰值。与第三产业集聚程度较高的东部地区形成鲜明对比，中部、西部和东北地区的第三产业集聚程度均较低，除了 2005 年西部地区第三产业集聚指数超过 1(1.0039)之外，其他地区均小于 1。

(2)图 6-2 显示了 2005—2015 年东部地区三个产业的集中趋势。东部地区第一产业集聚程度很低，其集聚指数一直小于 1，且近 10 年的集聚程度基本没有太大波动；第二产业和第三产业的集聚程度呈现轴对称变化趋势。其中，第二产业集聚指数走势为先下降后上升，经历了 2005—2009 年较高集聚阶段后，集聚指数下降至 1 以下，从 2010 年开始集聚程度一直维持在较低水平，虽然近几年其第二产业集聚指数值有所提升，但仍未超过 1；第三产业集聚指数走势为先上升后下降，与第二产业成相反的集聚走势，虽然近几年其指数值有所降低，但仍处于大于 1 的较高集聚状态。

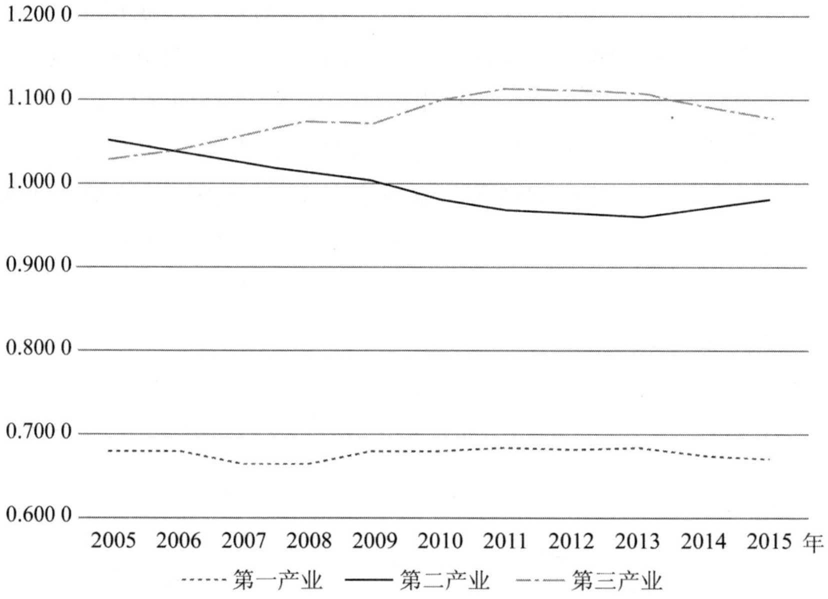

图 6-2　2005—2015 年东部地区各产业集聚走势

(3)图 6-3 显示了 2005—2015 年中部地区三个产业的集中趋势。由图可知，对于中部地区而言，第二产业与第一、第三产业具有不同的集聚趋势，2005—2015 年，第二产业区位熵的指数值呈现逐年增长的趋势，即第二产业集聚程度逐年增强，尤其是 2008 年以后，中部地区第二产业区位熵指数值开始大于 1，这意味着，自此以后，第二产业开始迅速在中部地区集聚。第一产业和第三产业在中部地区的集聚逐年递减。以 2010 年为分水岭，第一产业在 2010 年之后的集聚趋势骤减，但值得指出的是，其区位熵指数值一直保持在 1 以上的水平，表明近

10年中部地区第一产业的集中程度虽然明显变缓，但是仍然保持着较高的集中现状。

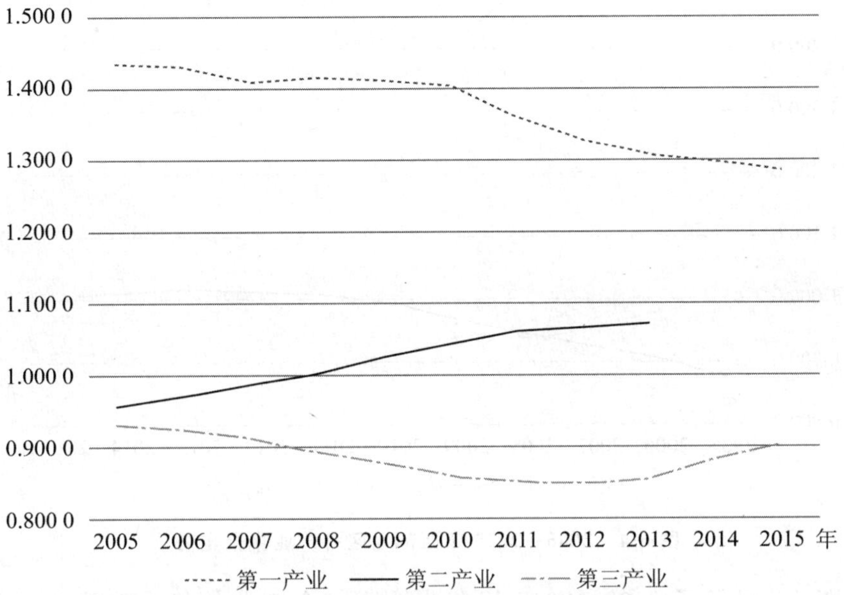

图 6-3　2005—2015 年中部地区各产业集聚走势

(4)图 6-4 显示了 2005—2015 年西部地区三个产业的集中趋势。由图可知，近 10 年来，西部地区第二产业的集聚程度在逐渐增强，尤其到 2011 年以后，第二产业区位熵指数值开始超过 1，这表明近 5 年期间，西部地区第二产业的专业化水平比较高，超过区域水平，第二产业在西部地区相对集中，具有相对规模优势，发展较快。反观 2011 年之前的几年，虽然第二产业区位熵指标数值具有明显的增加趋势，但均是小于 1 的水平，这表明 2005—2010 年西部地区第二产业的集中度低于整个区域平均水平，处于比较劣势。与第二产业的集聚情况不同，西部地区第一产业和第三产业的区位熵指数值均呈现减小的趋势。然而，西部地区第三产业仍然具有较强的集聚现象，其区位熵指数值一直保持在 1 以上的水平，这表明在一定时期内第三产业在西部地区的规模优势仍然存在。而对于西部地区第一产业而言，除了 2005 年其区位熵指数值稍微超过 1(指标值为 1.003 9)外，之后各年均小于 1，表现出该产业在西部地区的比较劣势。

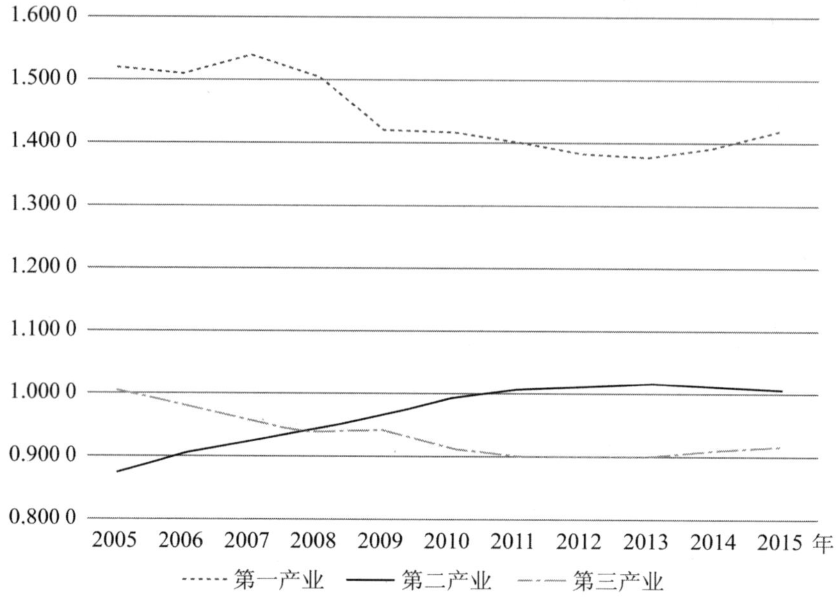

图 6-4 2005—2015 年西部地区各产业集聚走势

(5)图 6-5 显示了 2005—2015 年东北地区三个产业的集中趋势。由图可知，近 10 年来，东北地区第一产业和第二产业的区位熵指数值基本都大于 1，都显现产业相对集中的现象，具有各自的规模优势。这与东北地区作为产粮大省集中地区和传统重工业基地的现实相一致。与前两个产业的集聚情况不同，东北地区第三产业近 10 几年的区位熵指数值均保持在 1 以下的水平，这表明在一定时期内第三产业在东北地区具有比较劣势。

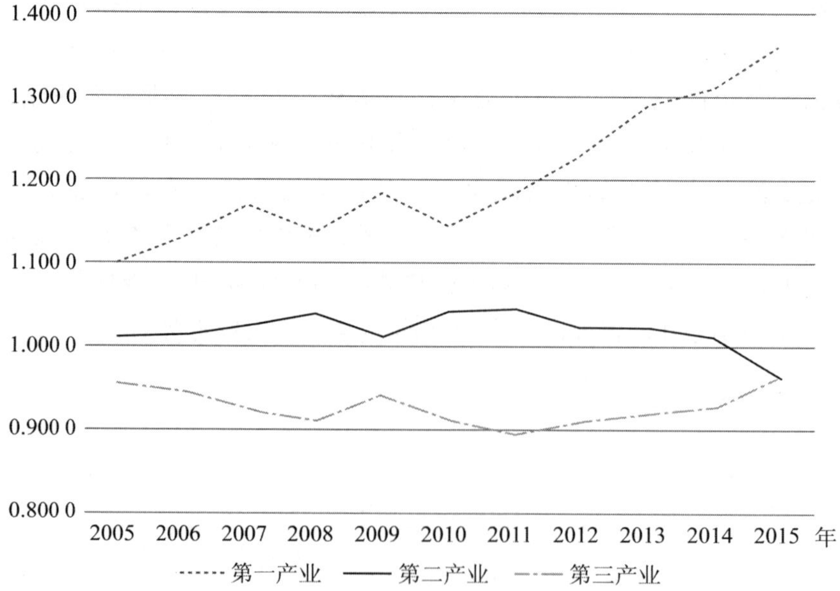

图 6-5 2005—2015 年东北地区各产业集聚走势

2. Eillson-Glaeser 指数（以下简称 E-G 指数）

本部分内容参考了林理升和王畔倩(2006)①研究中提出的调整简化后的 E-G 指数模型：

$$g_r(t)=\frac{E_{ir}(t)}{E_i(t)}-\frac{P_r(t)}{P(t)}$$

$g_r(t)$表示 t 时刻在区域 r 的聚集指数，在－1 和 1 之间取值，趋近于－1 时，表示该产业大多数聚集于区域 r 之外的地区；趋近于 1 时，表示该产业大多数聚集于区域 r 内；趋近于 0 时，表示该行业在整个国家呈现均匀分布。$E_{ir}(t)$表示 t 时刻产业 i 在区域 r 的就业量；$E_i(t)$表示 t 时刻产业 i 在整个国家的就业量；$P_r(t)$表示 t 时刻区域 r 的人口量；$P(t)$表示 t 时刻整个国家的人口量。

(1)图 6-6 显示了 2005—2015 年东、中、西部和东北四个经济发展区域第二产业 E-G 指数取值情况，在一定程度上反映了这四个区域第二产业的集聚形势。近 10 年来，东部地区第二产业的 E-G 指数值均大于 0，但是远小于 1，这意味着东部地区第二产业不存在集聚，但其 E-G 指数值在逐年增长，因此，预期其第二产业有缓慢集聚的趋势。东北地区呈现出第二产业较为均匀分布的现状，2005—2015 年，其 E-G 指数值围绕 0 上下波动，波动幅度很小。这与东北地区传统工业基地的现实角色和定位是一致的。中部和西部两个地区第二产业的集聚形势基

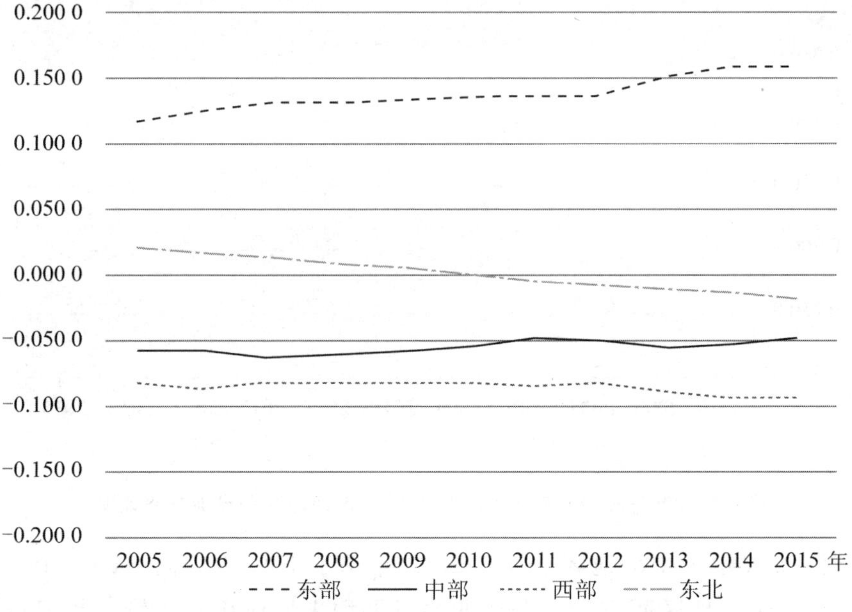

图 6-6　2005—2015 年基于 E-G 指数的分区域第二产业集聚走势

① 林理升、王晔倩：《运输成本、劳动力流动与制造业区域分布》，载《经济研究》，2006(3)。

本一致，近 10 年来第二产业 E-G 指数值稳定，基本都在－0.05 至－0.1，在一定程度上表示第二产业在这两个区域未形成明显集聚现象，但也未显现出第二产业外迁的趋势(E-G 指数值远大于－1)。E-G 指数值为负体现出中部和西部两个地区第二产业的发展水平相对于全国水平较为落后。

(2)图 6-7 显示了东部地区 2005—2015 年基于 E-G 指数曲线的三个产业的集中趋势。在东部地区的三个产业中，第二产业 E-G 指数值一直保持最高水平，但对其具体取值进行分析可知，第二产业并没有集聚现象。2005—2015 年东部地区第三产业 E-G 指数曲线基本与第二产业的曲线平行，即两个产业保持着一致的逐渐增强的集聚趋势。东部地区第一产业近 10 年的 E-G 指数值均为负数，这意味着该地区第一产业发展规模相对较小，或者该地区并未将第一产业的发展作为重点，因而未形成相对优势。

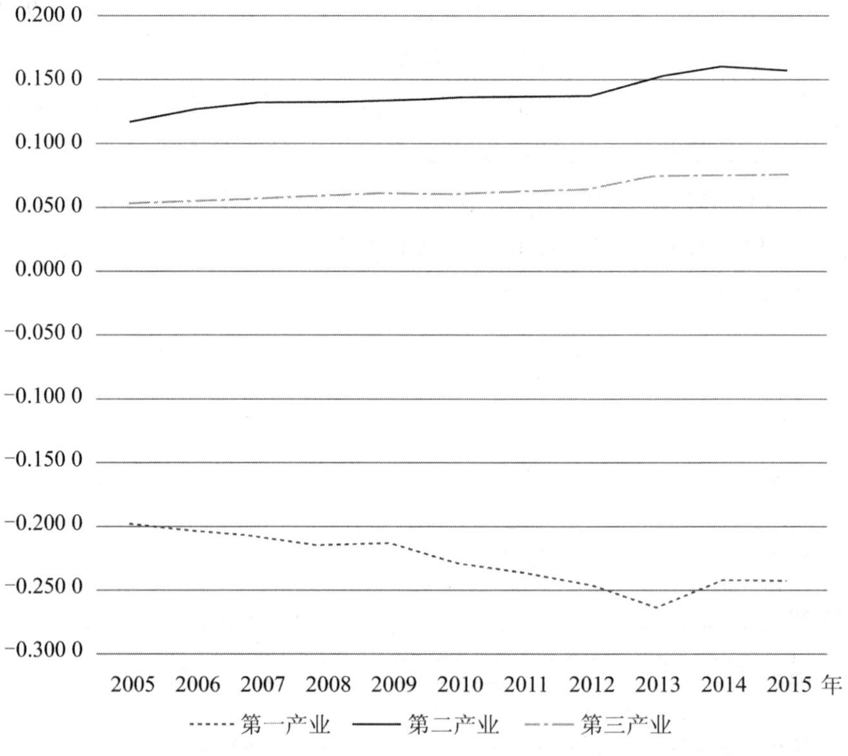

图 6-7　2005—2015 年基于 E-G 指数的东部地区各产业集聚走势

(3)图 6-8 显示了中部地区 2005—2015 年基于 E-G 指数曲线的三个产业的集中趋势。对于中部地区而言，三个产业的发展均未形成相对优势，其 E-G 指数值均为负数。第二产业与第三产业具有类似轴对称的集聚趋势，以 2013 年为分水岭，2013 年以前，中部地区第二产业的集聚程度虽然逐年增长，但仍低于第三产业，2013 年以来，第二产业迅速发展和扩张，集聚速度递增，形势反超第三产业。该地区第一产业的集聚程度则呈现出明显的下降趋势。这意味着近 10 年来，中部地区正在将发展重点由第一产业向第二产业转变。

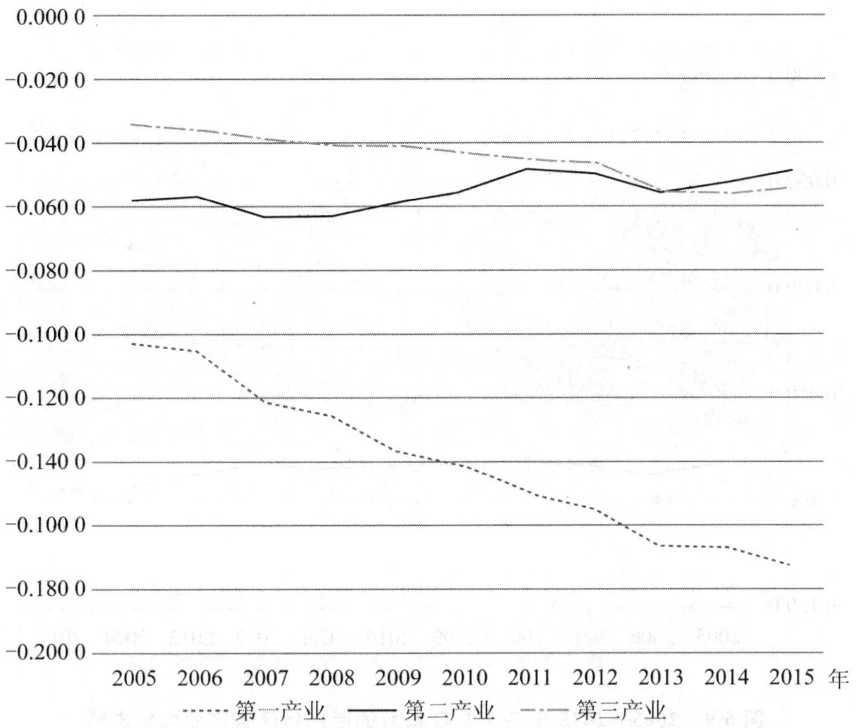

图 6-8　2005—2015 年基于 E-G 指数的中部地区各产业集聚走势

(4)图 6-9 显示了西部地区 2005—2015 年基于 E-G 指数曲线的三个产业的集中趋势。近 10 年来，西部地区第一产业的集聚程度在逐渐增强，尤其到 2009 年以后，第一产业 E-G 指数值发生较大幅度提高，这意味着，2008 年金融危机后，西部地区大力发展第一产业，集聚程度明显增强。而第二产业和第三产业的 E-G 指数值一直为负数，尤其是第二产业的 E-G 指数值在 2012 年后出现了明显的下降趋势，这表明近几年，西部地区第二产业发展并不乐观，未形成相对集中的规模优势。

(5)图 6-10 显示了东北地区 2005—2015 年基于 E-G 指数曲线的三个产业的集中趋势。近 10 年来，东北地区第二产业和第三产业的 E-G 指数值均围绕坐标轴上下浮动，且幅度较小，这意味着这段时期东北地区这两个产业发展较为均衡。与这两个产业的集聚情况不同，东北地区第一产业近 10 年来的E-G指数值持续增长，这表明在一定时期内第一产业在东北地区具有比较优势。然而，这种优势并非持久不变，由图 6-10 可以看出，2013 年以来，东北地区第一产业的集聚势头明显放缓。

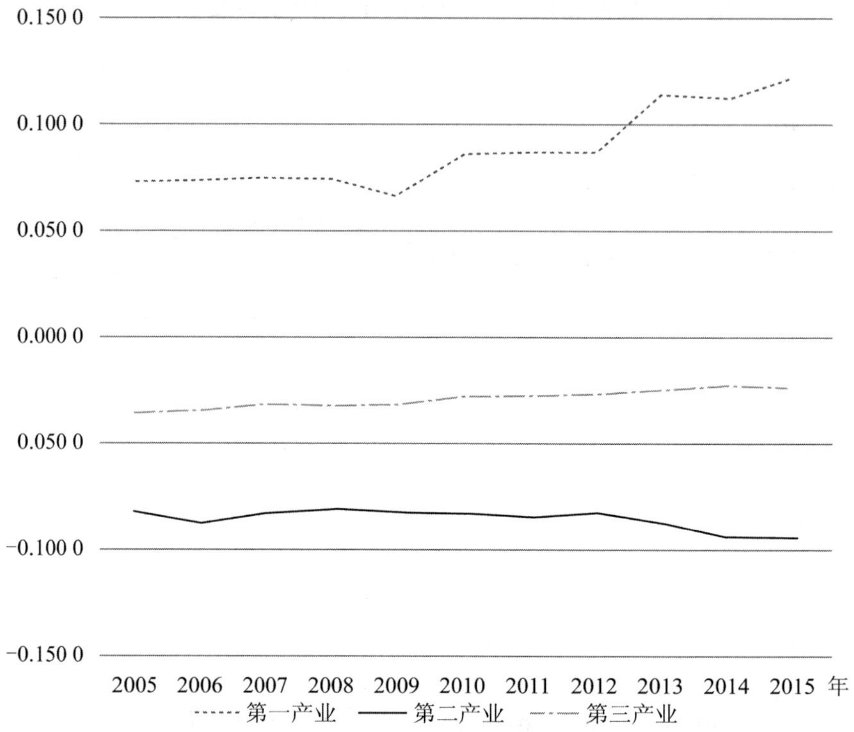

图 6-9　2005—2015 年基于 E-G 指数的西部地区各产业集聚走势

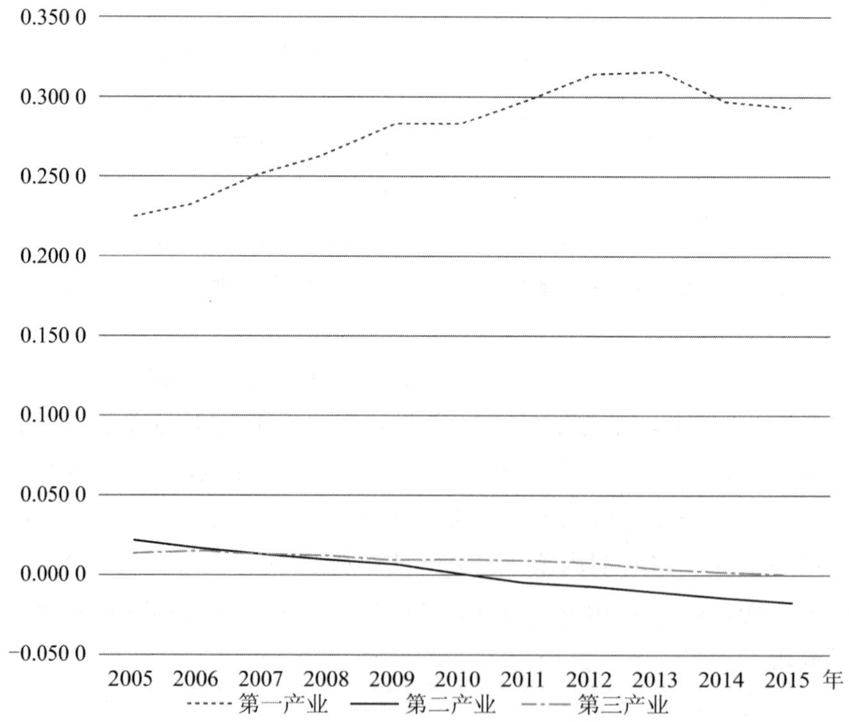

图 6-10　2005—2015 年基于 E-G 指数的东北地区各产业集聚走势

综合产业区位熵和E-G指数两种测量产业集聚程度的结果，我们发现相关结论有一致之处，也有分歧的地方。总体来看，可以归纳为以下两个方面。

一是我国第二产业空间分布不均衡，地区差异较大。从产值出发(区位熵)，几年来，第二产业在中部和西部呈现出明显的集聚趋势，然而，若考虑企业规模和就业因素(E-G指数)，这两个地区并不存在第二产业的集聚现象。综合两种测量结果，东部地区第二产业的集聚程度相对较高；同时，两个结果都表明第二产业在东北地区发展态势良好，集聚程度较高。

二是综合两种结果可知，东部地区第一产业集聚程度较低，具有比较劣势，而第三产业集聚程度较高，形成一定的规模优势。近10年来，东部地区第一产业逐渐实现了向后两个产业尤其是向第三产业的转移。从产值出发，中部地区第一产业一直以来都保持着较高水平的集中度，然而加入就业的因素进行集聚程度测量时发现，中部地区并不具有第一产业的集聚形势。这说明中部地区第一产业的企业数量或者其吸收的就业规模并不大，对其集中程度还值得考量。近几年中部和西部地区第一、第三产业的集聚指数明显减少，第二产业的集聚指数在逐年增长，这在一定程度上佐证了该地区由第一、第三产业转向第二产业的发展趋势，东北地区则呈现出弱化第二、第三产业转而强化第一产业的发展趋势。

第四节　基于产业梯度转移背景下的劳动力流动新趋势

为了更好地了解产业梯度转移背景下的劳动力流动新趋势，本文使用北京市工会干部学院工会理论与职工教育研究所2016年“北京市职工体面劳动实现状况调查”数据进行了进一步分析。该调查收集了北京市6万多名职工的问卷数据，经过处理，我们筛选出出生地为外地也没有北京户口的制造业人群作为本研究中流动劳动力的样本。长久居住有效样本量为2 263个，其中，男女比例分别为69.77%和30.23%；25岁以下占比28.55%，25～45岁样本占比62.22%，有9.24%为45岁以上；在学历结构上，数据统计结果显示，44.94%的制造业职工为大学本科及以上学历，而受教育水平较低(初中及以下学历)的样本占比为13.43%，这在一定程度上说明，北京地区制造业流动劳动力的受教育水平有明显提高。需要特别说明的是，本文欲使用该数据对劳动力流动现象进行研究，碍于数据的可获得性和研究的可行性，此处的劳动力流动不仅仅包括上述跨地区跨区域的流动，还包括劳动者在不同岗位、企业和行业间的流动。

问卷中有一道题目涉及职工的流动意愿，“在未来的十二个月内，我________①打算离开现在的单位；②有离开的想法，但还要观望一段时间；③暂且留在目前的单位，走一步看一步；④希望留在目前的单位，试着有更好的发展；⑤将全心全意地留在目前的单位，力图有更好的发展。”因为本章关注的仅仅是劳动者的流动倾向，因此我们将前两项答案进行合并，列为“流动倾向较强”，后三项答案合并为“流动倾向较弱”。对样本数据进一步处理可以发现，32.92%的制造业职工表达了想离开的意愿，具有较强的流动倾向。具体而言，北京制造业劳动力流动表现出以下几方面的特点。

(1)女性职工比男性职工具有更强的流动倾向。男性制造业职工中表达了较强流动倾向的比例为22.10%，女性制造业职工中表达了较强流动倾向的比例比男性高出约4%。这可能与制造业工作时间一般较长，而女性职工在家庭中往往承担着更多照顾家人、赡养老人和养育子女的责任有关。

(2)表达出较强流动倾向的样本中，绝大多数(81.41%)职工为35岁以下较年轻的制造业职工。结合可能的家庭责任，这个结果并不意外。按照女性法定结婚年龄20周岁算，假设制造业女职工一般都在法定婚龄后结婚生子，那么，35岁以下的职工拥有的子女大多数处于需要父母更多陪伴和投入更多精力的小学阶段，因此，该年龄段的职工对工作时间、收入水平等方面的诉求更大一些，制造行业具有较大流动性是与现实相符的。

(3)在职业分布上，在具有较强流动倾向的制造业职工中，排名前三名的职业依次是企事业单位一线生产、服务或办事人员，专业技术人员(包括会计、工程师、设计师、咨询师、教师、研发人员、律师、医生在内)和企事业单位基层管理人员，其占比分别为29.60%、21.06%和20.11%，可见，这三类职业占了超过70%的比例，综合其职业共同点不难发现，这三类都是需要在工作时间和精力上投入较多的职业。

(4)根据受教育水平的不同，对想要离开现有就业岗位的制造业人员进行分组，数据统计结果显示，随着学历的提高，比例明显增加。在具有较强流动意愿的制造业职工中，最多的是拥有大学本科及以上学历的人群，占比达46.68%。根据教育经济学相关理论，教育可以提高受教育者的资源配置能力。基于此，具有较高受教育水平的制造业工人往往更有效率，可以获得更高的收入。当现有工资收入低于劳动力市场出清水平时，劳动者就有了离开现有岗位、搜寻新工作的动机。另外，教育可以提高受教育者的认知能力，有助于精神文化诉求的提升，这也在一定程度上成为其流动的驱动力。

第七章 互联网对劳动力市场的影响

中国互联网的发展不仅给中国带来了新的经济增长点和产业格局的变化，也让中国有机会成为新经济时代的“领跑者”。据统计，中国互联网的绝对数量全球第一，截至 2016 年 6 月，中国网民规模达到 7.1 亿人，占全球网民总数的 26.7%。互联网普及率达到 51.7%，高出国际平均水平 3.1%。中国互联网的相对数量保持高位增长。2005—2015 年，中国互联网的普及率年均增长 4.18 个百分点。

第一节　问题的提出及文献综述

2016 年，中国的 GDP 增长率下降至 6.7%，增速已经不及 2007 年，中国经济出现了“增速换挡”，从高速增长转入中高速增长。尤其是自 2013 年以来，中国经济再次进入新一轮下行周期。目前关于中国经济走势的“U”型和“L”型判断还存在争论，但基本共识是，未来一段时期内经济增速放缓的格局不会改变。中国经济发展已进入新常态，发展方式加速转型，新行业快速发展，新业态渐成规模，劳动关系更加复杂。麦肯锡全球研究院的《中国的数字化转型：互联网对生产力与增长的影响》报告提出了 iGDP 的概念，即互联网经济占 GDP 的比重。2010—2013 年，中国的互联网经济占比从 3.3% 增长到 4.4%，已经超越美国、法国、德国等发达国家，达到全球领先国家的水平。虽然信息通信部门对于经济增长的贡献有限，但是对于经济发展的贡献率在增长。2011 年，ICT 部门占 OECD 国家平均经济总量的比重仅为 6%，难以对国家经济产生结构性影响。从资本占比的角度看，发达国家和发展中国家的 ICT 资本的占比都远低于其他要素占比。1995—2014 年，ICT 资本对经济增长的平均贡献率不足 1%，但是发展中国家的 ICT 资本贡献率远高于发达国家。未来，ICT 部门对于经济的贡献将进一步增长。根据财智 BBD 的计算，2016 年新经济指数(NEI)为 30.8，即新经济占整个经济的比重为 30.8%①，并将在一定时期内持续增长。在经济下行的背景下，无论是出于经济结构转型还是出于社会稳定的需求，发达国家和发展中国家都会将“保就业”作为提升经济动力的核心宏观战略，并辅之以财政政策、货币政策和贸易政策等。

随着一代代互联网技术的革新，互联网的角色发生了重大变化。克劳斯·施瓦布(2016)明确指出当前的第四次工业革命是基于数字革命发展起来的，而无所不在的互联网正是第三次和第四次工业革命的交汇点和核心产品之一。互联网已经成为“潮涌现象”(林毅夫，2007)的泉眼，也是国家级的产业战略选择。各国争先发展互联网网络铺设和互联网产品开发，2017 年，全球的固定宽带用户已经超过 8 亿户，移动宽带用户已经超过 35 亿户。中美两个超级大国的互联网用户人数合计超过 9 亿人，占全球互联网用户人数的 30%以上。目前，中国已经拥有全球第一大互联网市场。对于互联网的研究角度很多，互联网是无边界、无国家的技术产品，也是影响经济发展、产品革新等方面的重要平台。但是，作为“思想的交媾”②的平台，互联网对于就业的影响是深刻的。根据“人本主义”的观念，“就业”并非市场经济的劳动价值体现，而是个体的基本权利，就像生命健康权利一样，“劳动”是个体的基本权利。随着农业占比降低和经济增长减速，经济增长和就业之间的关系在进一步减弱(蔡昉等，2014)。从产业结构调整角度看，中国将会着力发展技能偏向型的第二产业和就业容纳能力较强的第三产业。2008 年经济危机后，中国政府通过一系列政策文件把就业上升到国家战略层面。然而长期来看，随着技术进步，尤其是互联网的发展，未来的就业形势并不明朗。

早在 1932 年，Hicks 在《工资理论》一文中指出，生产要素相对价格的变化是激发技术发明的动力，以及推动了特定的技术发明。可见技术进步与劳动力结构之间有显著关联。从经济学家熊彼特开始，技术进步对失业的影响一般被称为“技术性失业”。其影响效应可分为资本化效应和创造性破坏效应。如果技术进步普遍提高了已有工作岗位的生产率，使得创业者创造更多工作岗位变得有利可图，那么技术进步将会降低失业率。但是，如果短期内技术进步仅提高了新创造工作岗位的生产率，这会吸引资本和劳动力流入新兴技术行业，传统行业受到冲击而不断产生工作破坏，长期内则会造成更多的失业。Acemoglu(1998)指出当劳动力市场上高技能劳动者占比很高时，就意味着要鼓励技能补偿型的技术进

---

① 《我们为什么需要新经济指数》，http://www.gov.cn/shuju/2016-08/05/content_5097804.htm，2016-08-05。

② 作家 Matt Ridley 将一项产品在市场调试过程中无数次的失败和调整的现象形象地描述为“思想的交媾”。

步，并进一步提高高技能劳动者的劳动生产率。短期内技能供给降低技能价值，之后会减少技能偏向型技术进步并提升技能价值，形成一种戈尔丁和凯兹(2015)所谓“教育和技术的竞赛”。Postel Vinay(2002)比较了技术进步和就业之间短期和长期的关系，结果发现，技术进步对就业的短期效应为正，但长期效应为负。长期快速的技术进步加速了工作岗位的淘汰，提升了工作岗位的流转率，降低了新工作的利润率，从而降低了均衡的就业水平。杨伟国(2006)认为信息技术将会对工作组织形式产生重要冲击，灵活就业和短工就业市场将进一步发展。同时，随着信息技术发展所产生的家庭工作人员的增加，工作场所将有所扩展，劳动力队伍也倾斜于年轻劳动者。此后，杨伟国多次强调信息技术的发展将导致工作市场的“长尾化”，包括人力资本配置关系、工作身份、职业配置、工作时间配置、经济组织规模等都出现“长尾化”，并在劳动力市场上出现一个“再中心化”的过程。Michelacci 和 Lopez-Salido(2007)发现，中性的技术进步产生显著的创造性破坏效应，促进工作岗位再配置，降低就业总体水平；而投资专有型技术进步减少工作破坏效应，对工作创造具有温和的效应，能够促进就业。原因在于，资本专有型技术进步降低资本价格，原有工作需要进行资本升级的成本低，技术进步的工作破坏效应下降，这引起就业上升。Boianovsky 和 Trautwein(2010)利用 21 个工业化国家 1985—2009 年的数据研究发现，技术进步显著提高了失业率，根据回归结果，在保持其他条件不变的前提下，技术进步会在未来三年里持续提高失业率，但这一效应是短暂的，而不是永久性的。

技术进步对就业的影响还体现在对行业的人员结构重塑上。美国青年企业家委员会(2015)的报告显示，到 2020 年，与互联网技术最为密切的运输、网络金融、物流、娱乐业、零售业等 12 大行业都可能会被新技术所摧毁。① 关于技术进步对就业影响的研究路径一般分为两种：第一种是直接测算法，即直接测算长期的技术发展与就业岗位的总量变化。Stewart，Debapratim De，Alex Cole(2016)通过直接的统计测算发现，英国在过去 150 年内的就业岗位增长了近两倍。第二类是模型法，即通过计算全要素生产率与就业数量之间的关系，构建理论模型计算 TFP 对就业数量的影响。Pissarides(1990)指出技术进步会产生“资本化效应”，促进生产力的增长和就业岗位的增加。国内对这一问题的研究也比较多，研究表明技术进步对就业的影响是分时期的。齐建国(2002)的研究指出，在 20 世纪 90 年代中期以后，技术进步形成了对就业岗位的“挤出效应”，这与姚战琪和夏杰长(2005)对中国 31 个省(区、市)截面数据的研究结果相一致。张国初(2003)指出，技术进步对中国就业的影响具有强烈的时代色彩，并不能一概而论。乔晓华

① 《互联网革命袭来：5 年内 12 大行业将消失，出租车体系首当其冲》，http://news.pedaily.cn/201502/20150221378819.shtml，2015-02-21。

(2005)通过研究发现信息通信产业占 GDP 比重的增加有利于促进就业人数的增长。叶仁荪、王光栋、王雷(2008)使用 DEA 方法对技术进步的就业效应以及不同技术进步路线与就业增长的关系进行实证分析，发现技术进步对就业总量产生轻度的负影响，对就业结构的影响则是有利于推动劳动力从农业向非农产业的转移。Sandra E. Black 和 AlexandraSpitz-Oener(2010)使用一种叫作“工作分类框架”(task frame work)的方法分析技术进步对男女的性别工资差异的影响，他们发现女性在非传统分析和非传统交流类工作中增加了，同时在常规工作中被技术进步替代的比重增加，这种变化显著缩小了男女的性别工资差异。Daron Acemoglu 和 Pascual Restrepo(2016)根据劳动者与机器相比是否有比较优势建立了工作分类框架，如果在一个资本固定、技术外生的环境下，机器的确会减少劳动在国民经济中的份额和劳动力需求。但是，如果技术是内生的，增加自动化会降低劳动力成本，从而阻碍了进一步自动化，鼓励加快创造新的复杂任务。由于经济有强大的自由纠正力量，内生技术响应会促使劳动份额和就业恢复到最初的水平。

哈尔·瓦里安(2001)曾指出互联网正如蒸汽机、汽车等技术一样，都要经历一个从资本化过渡到巩固发展的阶段。Alan Krueger(2000)指出，互联网显著改变了工人搜寻工作的方式和雇用方式，并直接影响了失业率、工资和生产力。Autor(2000)列出了互联网可能改善和匹配工作搜寻的方式。Betsey Stevenson (2009)探讨了互联网是如何影响工作搜寻和就业的，他发现使用互联网收集信息的绝大多数人是已经就业的人员，这会给市场带来重新匹配的问题，即他们可能获得更好的工作机会。因此，利用互联网搜寻工作的人员至少在短期内会比利用传统方式搜寻工作的人员有更高的离职率，他们不仅可能更换工作，而且跟现有雇主的谈判能力也更强。Betsey Stevenson 进而指出未来的研究方向应该是互联网是否导致了职业工资的降低。Anders Akerman，Ingvil Gaarder 和 Magne Mogstad(2015)①是最新的关于互联网与技能补偿的经典文献，文献作者集中研究三个问题：(1)宽带网络可利用率是否会提高公司和员工的产出弹性；(2)宽带网络可利用率是否会改善公司员工的就业率和工资；(3)宽带网络可利用率是否会影响公司宽带网络的使用率。作者巧妙地把人力资本和就业率情况与宽带网络的关系结合起来进行分析，将人力资本技能作为技能水平的代理变量，即用“大学学历”“高中学历”和“高中以下学历”来表示“高技能劳动者”“中等技能劳动者”和“低技能劳动者”，其研究表明宽带网络是可以提高劳动力市场的产出并提高熟练工人的生产效率的。Wayne J. Diamond 和 Richard B. Freeman(2001)是非常少

① Anders Akerman，Ingvil Gaarder and Magne Mogstad，The Skill Complementarity of Broadband Internet. *The Quarterly Journal of Economics*，2015，(14)：1781-1824.

见的从工会角度分析互联网作用的文章，该文章认为低成本的信息、通信和互动的网络将使工会提高服务和吸引更多成员，重塑自己的地位。国内关于互联网与劳动力市场的实证研究非常匮乏，卜茂亮、罗华江、周耿(2011)利用2008年中国家庭动态跟踪调查(CFPS)数据，以互联网使用为例来研究信息技术的工资回报率。他们使用多元回归分析和趋势得分法研究发现，在控制了年龄、性别、教育程度和婚姻状况等个体特征后，互联网的使用仍然能够带来约60%的额外收入。周冬(2016)则指出互联网的使用和推广显著促进了农民非农就业，并提高了农民收入。

第二节　互联网对劳动力市场的冲击效应

>>一、数据说明<<

中国综合社会调查(Chinese General Social Survey，CGSS)是由中国人民大学中国调查与数据中心发布的一项综合调查数据。该数据迄今已经有2003年、2010—2013年共5次大型截面调查数据，该数据通过规范的抽样方式构建包含省域、城市、社区、家庭和个体的多层数据，每年的调查样本量在1万个左右，为经济学、社会学、管理学等学科研究提供了良好的数据支持。本节我们选取CGSS 2013年的截面数据，该年度的样本总量在1.2万个左右。

(一)被解释变量

问卷统计了劳动者的年总收入和年均劳动收入，总收入中包含的大量资本收入难以进行量化分析，故本章选取被访者年劳动收入的对数作为被解释变量。由于年劳动收入的离散程度较高，本文以对数形式表示收入水平。

(二)解释变量

互联网规模，指的是互联网的发展和扩散规模，是衡量一国互联网普及程度的重要指标。在空间经济学和信息经济学中的研究多采用上网人数等指标来衡量互联网规模，也有研究者将其称为“互联网扩散”“互联网覆盖”等。在本章中，我们借鉴其他研究者的方法选取两个指标：互联网上网人数(孙中伟、张兵、王杨、牛建强，2010)和互联网普及率(ChoiC 和 YiMH，2009；李立威和景峰，2013)来衡量互联网规模。

(三)控制变量

本章控制了样本个体特征和省份特征。其中，样本个体特征来自 CGSS2013 年数据，省份特征以宏观数据进行匹配，主要来自《中国统计年鉴》和《中国城市统计年鉴》。

在个体特征中：(1)控制了样本的受教育年限以判断人力资本在个体收入中的影响。(2)控制工作年限并加入工作年限的平方。(3)控制户口因素。蔡昉和王美艳(2007)曾指出我国城乡差距虽然有所降低，但是仍然持续存在。谢印成和高杰(2015)指出农村网民的增加有利于网络零售业的发展。

在省份特征中：(1)控制人口和经济发展因素。孙中伟等(2010)指出区域 GDP 自 1999 年以来，对于网民的影响显著增加，并维持在一个高水平位置上。(2)控制政府投资因素。本章选取外商投资、固定资产投资和地方财政支出作为衡量指标。(3)产业结构因素。本章选取第一产业占比和第三产业增加值来衡量，在控制第一产业和第三产业后，第二产业的结构特征则可以直接衡量。

根据阿里研究院的统计，中国互联网县域电商发展指数前十位的地区主要集中于浙江省和福建省。邱泽奇等(2016)指出从互联网红利中受益最多的是东南沿海地区。更进一步说，我国互联网发展的地区差异正在扩大，东、西部地区信息社会指数的差值从 2007 年的 0.125 扩大到 2015 年的 0.176。[①] 李立威和景峰(2013)指出由于各地工业化水平等发展基础的差异，互联网对地区经济增长的影响程度呈现出明显的区域差异。根据智联招聘的一项统计，随着互联网的发展，就业需求最旺盛的岗位都是与互联网行业相关的岗位。从就业区域来看，东部地区的人才“集聚效应”进一步加强，东北地区的人才流失趋势不可逆转，而西部地区的人才流失也日渐显著。刘骏、薛伟贤(2014)通过因子分析发现，我国东、中、西部区域都存在明显的城乡数字鸿沟，西部最大，中部次之。因此，有必要对互联网规模与就业之间的关系进行分区域的研究。

表 7-1　变量说明

变量类别	变量名称	含义
被解释变量	年劳动收入的对数	劳动者个人一年内劳动收入的对数
	就业情况	就业取值为 1；否则为 0
解释变量	互联网上网人数	各省上网总人数(百万人)
	互联网普及率	

① 邱泽奇、张樹沁、刘世定、许英康：《从数字鸿沟到红利差异——互联网资本的视角》，载《中国社会科学》，2016(10)。

续表

变量类别	变量名称	含义
个体特征	受教育程度	小学及以下＝6；初中＝9；高中＝12；大专及本科＝16；研究生＝19
	工作经历	工作年限
	户口	农村户口取值为 1；否则为 0
省份特征	总人数	总人口数(万人)
	人均 GDP	人均 GDP(元)
	外商投资	外商投资企业投资额(万美元)
	固定资产	固定资产投资额(万元)
	财政支出	地方财政支出(万元)
	第一产业	第一产业占 GDP 的比重(%)
	第三产业	第三产业增加值(亿元)

表 7-2　样本描述性统计

变量	样本量	均值	标准差	最小值	最大值
被解释变量					
年劳动收入	1 541	7 890.97	20 674.93	0	400 000
年劳动收入的对数	706	9.21	1.04	5.30	12.90
就业情况	1 541	0.46	0.50	0.00	1.00
解释变量					
上网人数	1 541	22.18	11.05	2.74	69.92
互联网普及率	1 541	45.98	12.41	32.60	75.20
个体特征					
受教育程度	1 541	9.44	2.80	6	19
工作经历	1 541	13.67	11.29	1	43
工作经历的平方	1 541	314.24	406.61	1	1 849
户口	1 541	0.57	0.50	0	1
省份特征					
总人口数	1 541	5 161.99	2 557.45	577.79	10 644.00
人均 GDP 的对数	1 541	10.70	0.41	10.04	11.51
外商投资企业投资额的对数	1 541	15.59	1.51	9.96	18.01
固定资产投资额的对数	1 541	18.64	0.82	16.22	19.72
地方财政支出的对数	1 541	17.43	0.39	15.97	18.12
第一产业占 GDP 的比重	1 541	10.13	4.62	0.60	17.50
第三产业增加值	1 541	9 764.54	6 276.75	689.20	29 689.00

>>二、互联网规模对工资的影响<<

(一)计量模型

本部分借助 Acemoglu 和 Finkelstein(2008)、Lewis(2011)、Anders Akerman、Ingvil Gaarder 和 Magne Mogstad(2015)的分析路径，研究中国互联网规模对不同地区、不同技能劳动者工资情况的影响。本节为说明近年来互联网的极化发展过程，选用“中国综合社会调查数据库”最新的调研数据，以 2013 年 CGSS 数据与宏观数据进行匹配来分析互联网规模与就业者工资之间的关系。但本部分并未采用“互联网可利用率”的概念，Anders Akerman，Ingvil Gaarder 和 Magne Mogstad(2015)的数据来自挪威 2001 年、2003 年和 2005 年的国家数据。然而，在近十年来中国互联网使用情况发生了巨大变化。总体而言，中国的各企业基本都为个体配备了电脑和数码产品，并建立了宽带网络和内部网。因此，使用“宽带网络可利用率”这一指标没有太大意义。本文选用“互联网上网人数”作为解释变量，原因如下：第一，现阶段各地区和各省的互联网发展情况差异显著，西部地区逐渐成为电子商务的边缘地区，并可能成为“失落的西部”；第二，以“互联网上网人数”作为区域级的数据指标显然对代表个体特征的工资有直接影响，符合统计学中高层指标对底层指标产生影响的原理，具有数据的可操作性。

$$\ln(\text{wage})=\alpha_0+\alpha_1\,\text{swpop}+\alpha_i X_i+\varepsilon_i$$

其中，ln(wage)是指就业者年劳动收入的对数；swpop 是指 2013 年互联网上网人数；X_i 是指其他控制变量；ε_i 为残差项。

(二)实证结果

1. OLS 回归结果

区域互联网规模对个体工资有显著影响，根据模型(1)和模型(2)可以看出，互联网人数的增加会提高个体工资。根据模型(1)可以提出：互联网人数每增加 100 万人，个体工资会提高 3.4%。根据标准误的系数，是否加入区域变量对于解释变量没有显著差异。然而，解释变量可能是内生的，回归结果会低估解释变量产生的影响。

2. 工具变量回归结果

为了缓解互联网规模与就业工资之间存在的双向因果关系引起的估计偏误，我们在本节采取了滞后解释变量这种比较常见的工具变量方法，以“2006 年上网人数”作为工具变量来构建模型，剔除变量的内生性问题。李立威和景峰(2013)

通过建立滞后效应模型发现，互联网对经济增长的滞后作用在第 5 年达到最大。从图 7-1 可以看出，2005—2015 年，我国网民数呈稳定的增长趋势，由于网民数的增长有一定的惯性，且增长趋势没有发生变量，我们可以合理地认为互联网的影响机制存在滞后效应和连续性。因此，我们认为“2006 年上网人数”是一个可合理使用的工具变量。

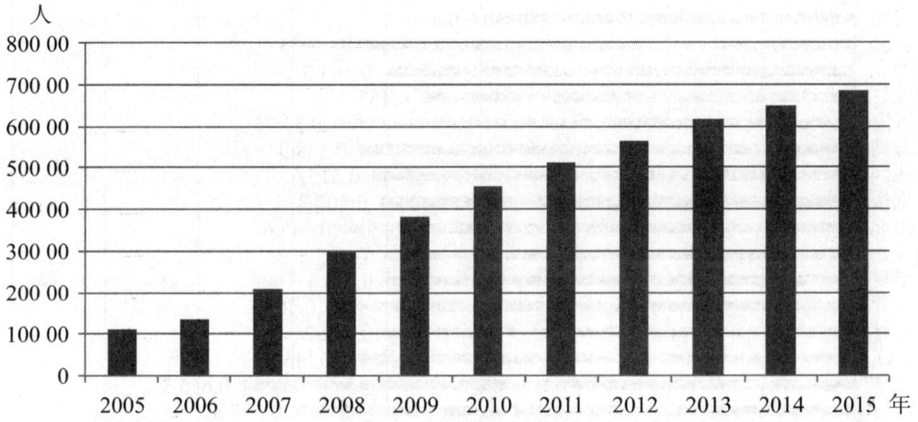

图 7-1　我国的网民数

资料来源：第 37 次《中国互联网络发展状况统计报告》。

根据两阶段模型的回归结果来看，稳健 DWH 检验的结果为 $p=0.0000$，否定了互联网上网人数是外生变量的原假设。研究发现：互联网人数每增加 100 万人，个体工资会提高 4.05%，这一结果与 OLS 回归结果相比，提高了近 2 倍。因此，我们认为互联网上网人数是内生的。互联网上网人数与个体工资有一定的联立性问题，IV 回归的结果更接近真实情况。

在模型(2)和模型(4)分别加入了区域控制变量，两种不同的方法得出一致结论，即中部地区与东部地区存在显著的地区差异，而西部地区与东部地区的差异不显著。互联网对于工资的影响增大，即互联网人数每增加 100 万人，个体工资会提高 6.15%。张伦、祝建华(2013)指出香港地区、美国与世界平均水平的互联网数字鸿沟发展趋势与该地区互联网普及率呈倒“U”型关系，即随着互联网普及率的增长，“数字鸿沟”指数在该地区互联网普及率的中值处达到峰值，随后下降。因此，我们认为数字鸿沟并不会无限扩大，反而会呈现一种趋近态势。随着互联网的发展，区域间的收入差距是否能逐渐被弥合有待进一步研究。

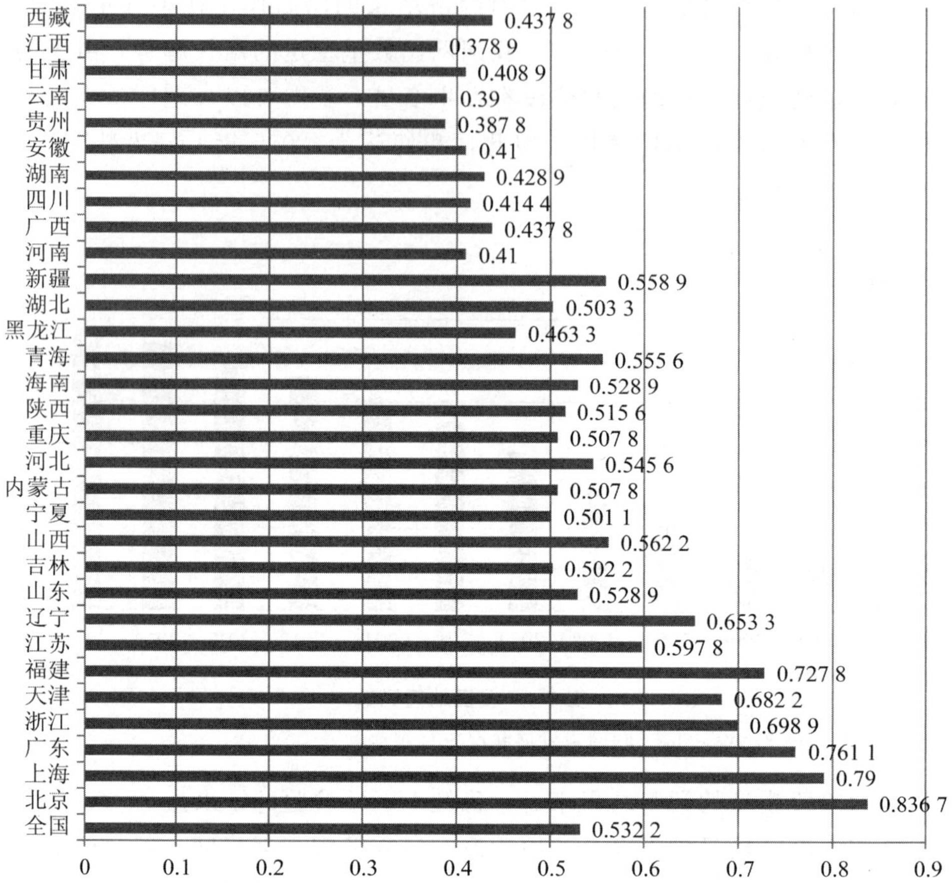

图 7-2 2016 年各省(自治区、直辖市)互联网指数

资料来源：《中国信息社会发展报告 2016》。

三、互联网规模对就业率的影响

(一)计量模型

由于本节的被解释变量“是否就业”为限值变量，因此本节将采用 Probit 模型来估计互联网规模对就业率的影响。具体而言，本研究的被解释变量为被访者是否就业(是=1，否=0)；核心解释变量为 2013 年互联网普及率。我们想了解的是当互联网普及率提高时，就业概率的变化情况。下式表示被访者就业的概率：

$$P(y=1 \mid x)=G(\beta_0+x\beta)$$

表 7-3 互联网规模对工资的影响的回归结果

	OLS 回归结果		IV 回归结果			
	模型(1)	模型(2)	模型(3) 第一阶段	模型(4) 第二阶段	模型(5) 第一阶段	模型(6) 第二阶段
解释变量						
2013 年上网人数	0.033 8**	0.038 9**		0.061 5***		0.040 5**
	(0.016 4)	(0.016 0)		(0.019 8)		(0.020 6)
2006 年上网人数			2.118 4***		1.888 3***	
			(0.176 6)		(0.154 0)	
个体特征						
受教育程度	0.056 5***	0.055 0***	2.458 4	0.053 8***	5.158 8*	0.057 4***
	(0.014 5)	(0.014 5)	(2.817 1)	(0.015 8)	(3.070 4)	(0.016 0)
工作经历	0.052 5***	0.053 7***	−3.883 7*	0.054 6***	−3.323 8	0.052 8***
	(0.012 5)	(0.012 5)	(2.335 9)	(0.012 5)	(2.351 1)	(0.012 5)
工作经历的平方	−0.001 4***	−0.001 4***	0.105 2	−0.001 4***	0.094 2	−0.001 4***
	(0.000 4)	(0.000 4)	(0.072 5)	(0.000 4)	(0.069 8)	(0.000 4)
户口	−0.143 5	−0.150 34	65.279 4***	−0.178 3	47.546 2**	−0.166 8
	(0.108 6)	(0.109 04)	(23.008 8)	(0.115 5)	(24.188 0)	(0.116 0)
省份特征						
总人口数	−0.000 1*	−0.000 14**	0.164 7***	−0.000 2***	0.175 6***	−0.000 1*
	(0.000 1)	(0.000 1)	(0.008 1)	(0.000 1)	(0.005 4)	(0.000 1)
人均 GDP 的对数	0.588 0*	0.523 8	−117.561 9	0.536 2*	−1.731 6	0.614 2**
	(0.328 2)	(0.321 4)	(71.237 6)	(0.281 1)	(56.823 9)	(0.266 3)
外商投资企业投资额的对数	−0.100 8	−0.112 0**	9.085 4***	−0.122 0***	23.423 2***	−0.100 9**
	(0.055 8)	(0.052 6)	(5.987 4)	(0.041 2)	(4.750 6)	(0.041 3)

续表

	OLS 回归结果		IV 回归结果			
	模型(1)	模型(2)	模型(3) 第一阶段	模型(4) 第二阶段	模型(5) 第一阶段	模型(6) 第二阶段
固定资产投资额的对数	−0.031 4 (0.075 7)	−0.083 6 (0.076 7)	45.262 3*** (13.193 0)	−0.085 7 (0.061 6)	84.070 5*** (7.517 0)	−0.009 8 (0.056 2)
地方财政支出的对数	0.132 5 (0.245 8)	0.129 9 (0.239 3)	−95.781 0 (31.863 9)	0.187 1 (0.199 1)	−188.651 4*** (37.014 4)	0.135 5 (0.198 0)
第一产业占 GDP 的比重	−0.046 2** (0.022 4)	−0.059 4*** (0.022 1)	−9.319 4 (5.738 5)	−0.062 8*** (0.018 9)	−1.183 9 (3.904 7)	−0.045 7*** (0.017 5)
第三产业增加值	−0.000 0 (0.000 0)	−0.000 0 (0.000 0)	0.012 8*** (0.004 5)	−0.000 0 (0.000 0)	0.025 1*** (0.004 0)	−0.000 0 (0.000 0)
区域特征						
中部地区		0.363 8* (0.206 0)	−30.959 7 (69.538 7)	0.410 5** (0.179 6)		
西部地区		0.187 8 (0.221 9)	−195.723 4*** (59.647 5)	0.232 5 (0.186 0)		
常数项	2.640 9 (5.018 4)	4.352 3 (4.868 8)	2 265.051 0 (1 117.976 0)	3.419 2 (4.229 8)	1 452.917 0 (949.859 7)	1.920 0 (4.124 8)
第一阶段 F 统计量			5 821.99		4 838.29	
瓦尔德内生性检验				p=0.000 0		p=0.000 0
组内 R^2	0.047 0	0.047 0				
样本量	706	706	706	706	706	706

注：*、**、*** 分别表示 10%、5%、1%的显著性水平下显著，下栏括号内为标准差。

其中，$P()$表示 $y=1$ 的概率。对于所有实数 z，都有 $0<G(z)<1$。对上述模型的估计一般通过一个潜变量模型得到。令 y^* 为一个由下式决定的无法观测的变量或者潜变量：$y^*=\beta_0+x\beta+e$。

其中，y_i^* 为不可观测的潜变量“被调查个体的真实工资”；y_i 为二元变量“被调查个体是否有工作”；β 表示该区域的互联网普及率；X_i 则是其他个体、地区的特征变量；e_i 是扰动项。

我们能够观测到的是：

$y_i=0$ 表示“无工作”，如果 $y_i^*\leqslant 0$。

$y_i=1$ 表示“有工作”，如果 $y_i^*>0$。

(二)实证结果

1. Probit 结果

从模型(7)的 Probit 模型可以看出，互联网普及率对就业率的影响是负向的。上述模型给出了潜变量模型的估计结果，从中可以得到各变量的影响方向和显著性，但对于实际就业概率影响没有办法得到。这是因为，潜变量模型估计出的结果反映的是 x 对 y^* 的影响。我们关心的则是 x 对 y 的影响，即我们想得到 x 对 $P(y=1\mid x)$的影响，这需要我们进行边际效应估计。

模型(11)给出了边际效应结果，可以看出互联网普及率每增加 1%，个体就业的概率降低了 0.698%。这与我们预期的结果相一致，即互联网是一种技术偏向型的技术进步，对于就业有强烈的替代作用。然而，Probit 回归的结果无法剔除可能存在的互联网普及率与就业率之间互为因果的联立性问题，我们有必要对可能存在的内生性进行进一步处理。

2. IV-Probit 结果

本节将使用 IV-Probit 方法来剔除由于联立性导致的偏误问题。从图 7-3 可以看出，我国互联网普及率增速在 2007 年达到顶峰，从 2008 年开始，互联网普及率增速迅速下降，下滑趋势显著且不可逆。由于互联网作为一种设施投入具有一定的连续性和收敛性，我们借鉴其他学者(陆铭等，2012；李实等，2011)的做法，选择滞后解释变量来构建工具变量，以 2010 年互联网普及率作为工具变量来解释 2013 年的互联网普及率。原因包括：第一，2010 年中国的互联网普及率已经接近国际水平，增速趋于平稳，并与 2013 年的互联网普及率有较强的关联度；第二，2012 年易观国际咨询公司的于扬首次提出“互联网＋”的概念，并迅速被学界和政府认可。因此，2012 年是互联网官方政策介入的重要节点。因此，选择的工具变量应当在此年份之前不受政策影响，并能够有效解释 2013 年政策提出后的互联网普及率现状。故此，本节选取 2010 年互联网普及率作为解释

2013 年互联网普及率的工具变量。

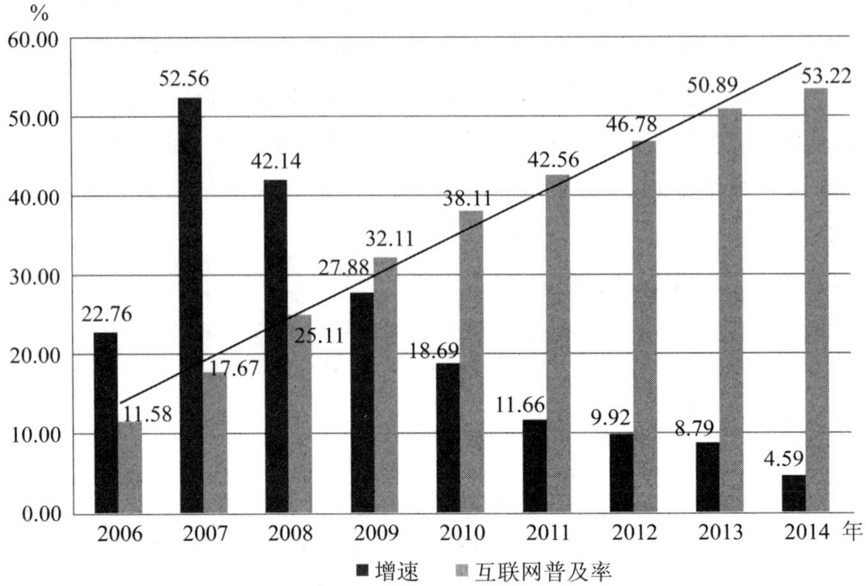

图 7-3　2006—2014 年全国互联网普及率发展趋势

资料来源：《中国信息社会发展报告 2016》。

对含正态误差的线性潜变量模型的估计有两阶段估计法和 ML 估计法两种方法，两者都假设估计量具有多元正态性和同方差性，但在具体算法上略有不同，本节在模型(9)和模型(10)分别给出两种估计量。通过对比发现，极大似然估计量的标准误略大于最小卡方估计量的标准误，两者在计算精度上相差无几，结果系数也基本相同。因此，我们在模型(12)仅报告 ML 估计法的均值边际效应。Probit 和 IV-Probit 模型有一致的估计方向，即随着互联网普及率的提高，就业率显著下降。然而，Probit 和 IV-Probit 模型的估计结果存在较大差异，证明互联网普及率与就业率之间存在一定的因果关系。因此，从模型(8)可以得到，互联网普及率每提高一个百分点，就业的概率下降 2.32%。但应当指出，由于我们的分析数据来自统计年鉴和调查数据，在统计口径中并不包括网络平台就业等大量非正规就业人员，因而带来的就业率下降也仅限于传统就业类型，统计结果在一定程度上高估了互联网规模对劳动力市场造成的就业冲击效应。

表 7-4　Probit 及 IV-Probit 回归结果及均值边际效应(MEM)结果

	回归结果			均值边际效应(MEM)结果		
	Probit 回归结果	IV-Probit 回归 两阶段估计法	IV-Probit 回归 ML 估计	Probit 回归	IV-Probit 回归 ML 估计	
	模型(7)	模型(8) 第一阶段	模型(9) 第二阶段	模型(10)	模型(11)	模型(12)
解释变量						
2013 年互联网普及率	−0.017 7**		−0.023 2***	−0.023 2**	−0.007 0**	−0.023 2**
	(0.008 8)		(0.008 8)	(0.009 2)	(0.003 5)	(0.009 2)
2010 年互联网普及率		0.928 6***				
		(0.008 9)				
个体特征						
受教育程度	−0.006 3	0.001 0	−0.006 4	−0.006 4	−0.002 5	−0.006 4
	(0.014 4)	(0.015 4)	(0.014 0)	(0.014 4)	(0.005 7)	(0.014 4)
工作经历	−0.020 4	−0.008 8	−0.020 4	−0.020 3	−0.008 1	−0.020 3
	(0.012 8)	(0.013 7)	(0.012 4)	(0.012 8)	(0.005 1)	(0.012 8)
工作经历的平方	0.000 3	−0.000 0	0.000 3	0.000 3	0.000 1	0.000 3
	(0.000 4)	(0.000 4)	(0.000 4)	(0.000 4)	(0.000 1)	(0.000 4)
户口	0.976 3***	0.083 7	0.973 3***	0.971 2***	0.367 1***	0.971 2***
	(0.091 4)	(0.102 2)	(0.090 4)	(0.091 4)	(0.031 4)	(0.091 4)
省份特征						
总人口数	0.000 0	0.000 1	0.000 0	0.000 0	0.000 0	0.000 0
	(0.000 0)	(0.000 0)	(0.000 0)	(0.000 0)	(0.000 0)	(0.000 0)
人均 GDP 的对数	0.351 4	−2.389 2***	0.434 1	0.433 1	0.138 8	0.433 1
	(0.278 0)	(0.322 6)	(0.286 9)	(0.283 4)	(0.109 8)	(0.283 4)

续表

	回归结果			均值边际效应(MEM)结果		
	Probit 回归结果	IV-Probit 回归 两阶段估计法	IV-Probit 回归 ML 估计	Probit 回归	IV-Probit 回归 ML 估计	
	模型(7)	模型(8) 第一阶段	模型(9) 第二阶段	模型(10)	模型(11)	模型(12)
外商投资企业投资额的对数	−0.133 0***	0.734 6***	−0.129 3**	−0.129 0***	−0.052 6***	−0.129 0***
	(0.046 2)	(0.052 9)	(0.050 6)	(0.045 6)	(0.018 3)	(0.045 6)
固定资产投资额的对数	−0.296 4***	0.084 0	−0.310 0***	−0.309 3***	−0.117 1***	−0.309 3***
	(0.059 1)	(0.066 5)	(0.065 6)	(0.059 8)	(0.023 3)	(0.059 8)
地方财政支出的对数	0.378 1**	−4.020 0***	0.392 9**	0.392 1**	0.149 4**	0.392 1**
	(0.188 3)	(0.212 5)	(0.191 5)	(0.189 3)	(0.074 4)	(0.189 3)
第一产业占 GDP 的比重	−0.007 8	−0.022 8	−0.011 1	−0.011 0	−0.003 1	−0.011 0
	(0.016 3)	(0.018 2)	(0.016 7)	(0.016 4)	(0.006 5)	(0.016 4)
第三产业增加值	−0.000 0	0.000 0*	−0.000 0	−0.000 0	−0.000 0	−0.000 0
	(0.000 0)	(0.000 0)	(0.000 0)	(0.000 0)	(0.000 0)	(0.000 0)
常数项	−2.384 2	95.250 7***	−3.024 4	−3.018 0		
	(4.109 3)	(4.871 5)	(4.143 6)	(4.151 5)		
$PseudoR^2$	0.198 3					
第一阶段 F 统计量		8 455.78				
瓦尔德内生性检验			p=0.077 8	p=0.078 9		
样本量	1 541	1 541	1 541	1 541		

注：*、**、*** 分别表示 10%、5%、1%的显著性水平下显著，下栏括号内为稳健标准差。

(三)互联网规模对不同技能就业者的影响

模型(11)到模型(16)给出了互联网规模对不同技能水平就业者的影响分析。其中，模型(11)和模型(12)给出以“2006年上网人数”作为工具变量的IV回归结果。稳健DWH检验的结果为p=0.000 0，否定了互联网上网人数是外生变量的原假设。因此，我们认为互联网上网人数是内生的。从两阶段模型的回归结果来看，互联网人数每增加100万人，中高级技能就业者的个体工资会提高6.8%，略高于总样本回归的结果。同时，互联网上网人数对低技能就业者的影响是不显著的。原因如下：第一，互联网是技能偏向型技术进步。宋冬林、王林辉、董直庆(2010)研究发现，我国的确存在技能偏向型技术进步，技术进步改变了对就业市场不同技能人才的需求结构，并导致技能溢价的出现。第二，这可能与低技能劳动者的互联网使用情况有关，我们将在下一章进一步研究。

模型(15)和模型(16)给出互联网普及率对不同技能水平就业者的Probit回归结果，可以看出，互联网普及率显著降低了低技能劳动者的就业可能性，互联网普及率每提高1个百分点，就业的概率下降1.05%。然而，互联网普及率并不会显著影响高技能劳动者的就业可能性。原因可能是互联网的发展扩展了“创新可能性边界”(Kennedy，1964)，并形成诱导性创新活动。随着互联网规模的提高，互联网会显著偏向中高技能者，高技能工人能够更好地适应新环境并利用新技术来提高自身生产率。技术与技能形成互补效应，这与Acemoglu(1998，2012)所提出的“导向型技术进步”(Directed Technological Change)相一致。

因此，我们从就业者的工资和就业概率的角度把不同技能劳动者进行分组研究后得出一致结果：互联网规模会提高中高技能劳动者的收入水平，同时减少低技能劳动者的就业机会，对低技能劳动者造成显著的就业挤压。在中国的劳动力市场上，随着互联网的发展，我们并没有出现其他发展中国家的两极分化现象。然而，我国非正规就业的比重呈现倒“U”型发展趋势(陆铭、欧海军，2011)，一部分非正规就业部门人员正在被正规就业部门所吸纳。随着互联网的进一步普及和增速减缓，这种影响趋势是否会有所转变，还有待进一步研究。

表 7-5 不同技能就业者的回归结果

	IV 回归		Probit 回归		边际效应(MEM)结果	
	模型(11)	模型(12)	模型(13)	模型(14)	模型(15)	模型(16)
	低技能者	中高技能者	低技能者	中高技能者	低技能者	中高技能者
解释变量						
上网人数	0.031 5	0.067 5***				
	(0.044 7)	(0.022 1)				
互联网普及率			−0.026 3**	0.001 6	−0.010 5**	0.000 6
			(0.011 5)	(0.014 2)	(0.004 6)	(0.004 9)
个体特征						
工作经历	0.056 9***	0.035 5	−0.004 4	−0.057 8***	−0.001 8	−0.020 0***
	(0.015 9)	(0.026 6)	(0.016 1)	(0.021 9)	(0.006 4)	(0.007 6)
工作经历的平方	−0.001 5***	−0.001 1	−0.000	0.001 1**	−0.000 0	0.000 4
	(0.000 5)	(0.000 7)	(0.000 5)	(0.000 6)	(0.000 2)	(0.000 2)
户口	0.034 7	−0.444 2**	1.146 2***	0.650 4***	0.426 7***	0.235 9***
	(0.157 3)	(0.185 9)	(0.120 1)	(0.150 2)	(0.038 3)	(0.055 7)
省份特征						
总人口数	−0.000 1	−0.000 3***	0.000 1	−0.000 0	0.000 0*	−0.000 0
	(0.000 1)	(0.000 1)	(0.000 0)	(0.000 7)	(0.000 0)	(0.000 0)
人均 GDP 的对数	0.678 2*	0.361 1	0.840 4	−0.731 9	0.335 0**	−0.253 3
	(0.354 5)	(0.508 2)	(0.372 6)	(0.450 8)	(0.148 6)	(0.156 1)

续表

	IV 回归		Probit 回归		边际效应(MEM)结果	
	模型(11)	模型(12)	模型(13)	模型(14)	模型(15)	模型(16)
	低技能者	中高技能者	低技能者	中高技能者	低技能者	中高技能者
外商投资企业投资额的对数	−0.083 2*	−0.031 9	−0.201 2***	0.057 3	−0.080 2***	0.019 8
	(0.045 0)	(0.129 9)	(0.051 8)	(0.100 3)	(0.020 7)	(0.034 8)
固定资产投资额的对数	−0.006 9	0.178 2	−0.314 5***	−0.167 2*	−0.125 4***	−0.057 9*
	(0.069 7)	(0.127 1)	(0.075 7)	(0.096 9)	(0.030 2)	(0.033 5)
地方财政支出的对数	−0.141 2	0.866 0*	0.382 5	0.190 9	0.152 5	0.066 1
	(0.215 4)	(0.504 1)	(0.243 1)	(0.347 7)	(0.096 9)	(0.120 4)
第一产业占 GDP 的比重	−0.017 0	−0.051 9	−0.004 1	0.006 9	−0.001 7	0.002 4
	(0.021 9)	(0.041 5)	(0.020 4)	(0.028 4)	(0.008 2)	(0.009 9)
第三产业增加值	−0.000 0	−0.000 1	−0.000 0*	0.000 0	−0.000 0*	0.000 0
	(0.000 0)	(0.000 0)	(0.000 0)	(0.000 0)	(0.000 0)	(0.000 0)
常数项	0.000 3	−10.894 5	−6.223 4	6.351 6		
	(0.000 5)	(10.548 1)	(5.342 4)	(7.280 2)		
第一阶段 F 统计量	7 924.61	771.06				
瓦尔德内生性检验	p=0.000 0	p=0.000 0				
PseudoR^2			0.214 2	0.131 8		
样本量	550	156	1 052	489		

注：*、**、***分别表示 10%、5%、1%的显著性水平下显著，下栏括号内为稳健标准差。低技能就业者指的是受教育年限小于等于 9 年，中高技能就业者指的是受教育年限大于等于 12 年。

第三节　互联网对劳动力市场的创造效应

全球各国都在加快互联网基础设施建设，云计算、大数据、物联网等产业规模高速扩张。互联网给人类社会带来了机会和挑战，互联网作为人类历史上最强大的信息平台，正在重塑着各个行业、产业、部门的经济形态和就业需求。

网络就业是指以虚拟平台为基础，以网络技术为手段，整合产生资源和价值所产生的就业机会。随着互联网的发展，劳动力市场上出现了各种新型就业类型，大量人员成为自由职业者。统计数据显示，欧洲拥有近 1 000 万名自由职业者，美国有超过 4 000 万名自由职业者。在美国有 Elance、Freelancer、Guru、oDesk 等为自由职业者提供工作的平台，在中国有猪八戒网、智城网、有鱼网等平台。从基本的趋势上看，随着互联网的普及，平台经济和灵活就业的趋势将进一步蔓延，对于劳动力市场的分化趋势也愈加明显。互联网的发展形成了大量的新型就业模式，拓展了“非正规就业”的领域。在传统研究中，“非正规就业”指的是除了国有企业、集体企业、股份合作企业、联营企业、有限责任公司、股份有限公司、私营企业、港澳台商投资企业、外商投资企业外的就业(陆铭、欧海军，2011)，或者定义为自营、非正式部门企业的员工、家庭员工、正式部门企业的员工、雇主/无薪家庭员工五类人员(WB 调查/劳动部，2005)。2010—2014 年，中国非正规就业人员总数从 4 467 万人增长到 7 009 万人，增幅达 56.9%，灵活就业者的绝对数量显著增长。随着互联网技术的深入挖掘，各种依托网络平台的平台就业和灵活就业形式层出不穷。随着电子商务从 B2C 的垂直模式到 C2B 的网络状发展，未来的个体就业者将享有更大的自主权，在实现充分就业的同时显著改善就业质量。根据阿里研究院的调研数据，近三年来，淘宝平台解决的就业人员数量分别为 1 200 万人、1 800 万人和 3 083 万人。淘宝平台不仅为大量卖家提供了交易的“集市”，还塑造了大量新型职业角色，如淘女郎、代运营、淘宝客、云客服等。平台经济模式不仅带来了直接的就业岗位，也带动了传统行业的发展。以物流业为例，随着互联网经济的发展，2016 年的电商物流人员已经达到 260 万人左右，送餐平台的送餐人员超过 200 万人。根据 WB 调查部(2005)的统计，非正式就业中正式部门企业的员工和自营人员是主要形式，分别占比 30%和 26%。以农民工为例，由于农民工长期生活在城市，对家乡已经相对陌生，受政策法规保障有限、资源获取渠道匮乏、劳动力市场障碍等因素的影响，农民工仍有一大部分会选择在城市创业或者在城市非正规部门就业。

以淘宝网为例，从 2013—2014 年与 2014—2015 年的对比可以看出，在淘宝网店主中，低技能劳动者、中等技能劳动者、高技能劳动者的增幅分别为 0.6%、4.3%、−4.6%。淘宝平台为大量在传统市场上无法获得就业机会的劳动力提供了相对稳定的就业机会。以残疾人为例，淘宝平台为超过10万名残疾人提供就业岗位，创造了“云客服”、网络接单等他们力所能及的工作。同时，网络就业市场上出现了部分主动从传统劳动力市场退出的中等技能劳动者，他们掌握一定的互联网使用技巧，并善于发现新的商机，也逐渐占据更多的网络就业岗位。

然而，由于我国非正规就业的比重呈现倒“U”型发展趋势(陆铭、欧海军，2011)，一部门分正规就业部门人员正在被非正规就业部门所吸纳。随着互联网的普及和增速减缓，这种影响趋势是否会有所转变，还有待进一步研究。还要注意的是，我们的分析是静态的，无法确定这种机制的演进过程。举个例子，2016年北京市出台了“网约车”的管制规定。因此，符合北京市网约车规定的人员由“努力工作的外籍人员”变成了“年龄偏大的京爷”，外地人员占比降到5.48%左

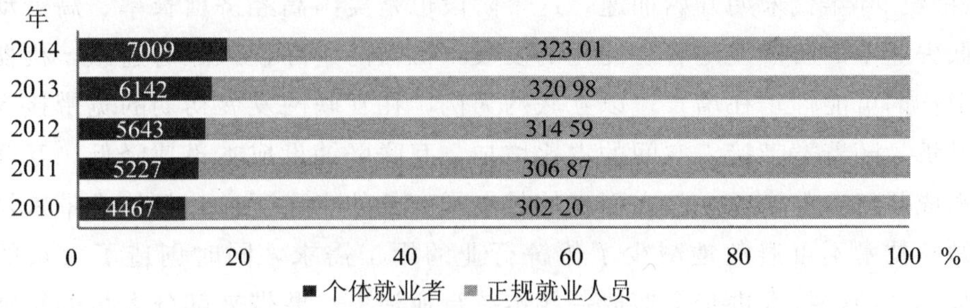

图 7-4　2010—2014 年城镇就业总数和城镇个体就业人数(万人)

资料来源：根据《中国统计年鉴》整理得到。

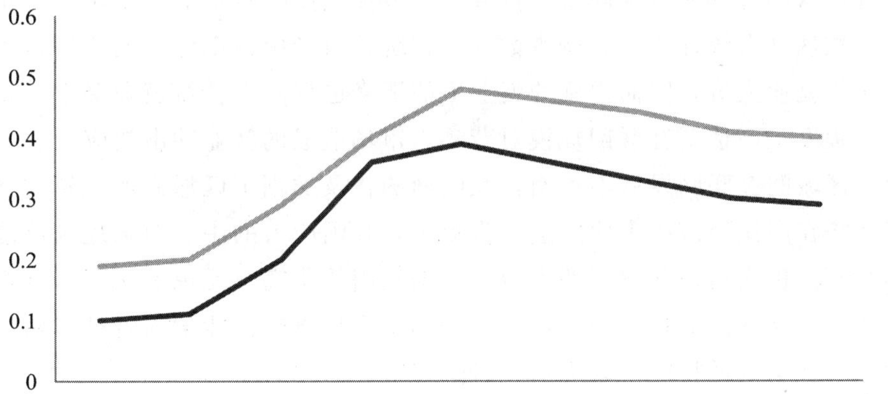

图 7-5　1994—2010 年中国城镇非正规就业的比重

资料来源：陆铭、欧海军：《高增长与低就业：政府干预与就业弹性的经验研究》，载《世界经济》，2011(12)。

右。[①] 但是随着就业人群的调整，这种变化是否会导致网约车平台出现“劣币驱逐良币”的人员结构变化还有待观察。从这项调研中，我们还发现，技术依赖性从业者有一定的“技能粘性”，即从事与现有技术相关的行业。根据中国人民大学劳动人事学院的调研，仅有 1/4 的不符合政策条件的网约车司机会选择“开私家车载客”，重新出现“黑车”猖獗的社会现象。

第四节　结论及政策建议

从现有文献来看，我们可以预测中国的新经济发展会有一个长期的提速期，短期之内并不会因为经济增速减缓而受到重创。以美国为例，美国的信息化建设在 20 世纪 90 年代末期开始加速，这个阶段也是美国高经济增长率、高劳动生产率和低失业率的阶段。随着智能化的发展，机器的边际投入显著递减，机器替代普通工作的可能性正在增长。以互联网为例，在互联网发展初期的宽带接入成本非常昂贵，随着宽带接入空间的占比增加，互联网铺设成本迅速降低，互联网的普及率成几何级数增长，随之而来的是电子商务的突飞猛进。新技术带来短期失业问题，技术不可避免地减少了传统行业的用工需求，同时创造了大量的新行业。毫无疑问，技术进步会造成一些传统行业消失，并带来部分人员的短期失业问题，当下国有企业改革也受到互联网等技术进步发展的冲击。互联网作为技能偏向型技术进步，对劳动力市场产生直接的就业替代作用。通过 IV-Probit 模型研究发现互联网普及率每提高 1 个百分点，传统就业的概率下降 2.32%。由于我们的分析数据来自统计年鉴和调查数据，在统计口径中并不包括网络平台就业等大量非正规就业人员，因而得到的就业率的下降也仅限于传统就业类型，统计结果在一定程度上高估了互联网规模对劳动力市场造成的就业冲击效应。

由于区域间互联网发展不均衡，互联网的普及加剧了区域间的工资差异。随着数字经济在国民经济中占比的进一步提升，我国广大的中、西部地区可能会因“数字鸿沟”而扩大与东部地区的差距。根据我们的研究，无论是从互联网规模还是从个体使用互联网的情况来看，互联网都呈现显著的技能偏向特征，对那些并不熟悉数字技术的低技能劳动力产生“逆向歧视”。

虽然我国拥有全世界最多的互联网用户，但是我国的非互联网用户基数众多，政府应当警惕我国在收入分配差距较大的同时，形成新的“数字鸿沟”，降低人群的阶层流动性。国际数字鸿沟最终的经济产出取决于 ICT 投资与经济增长的累积关系和技术落后国家的知识吸收能力。因此，政府应当增加互联网的普及

① 根据中国人民大学与滴滴合作发放的问卷调查，同时符合北京市“京籍、京牌、车辆类型”三项要求的滴滴专车人员仅有 5.48%，年龄集中在 45～54 岁。

率，并进一步改善互联网的普及质量。但应当注意，我国不同区域的互联网密度不同，互联网对于企业和个人工资影响不同。对于不同地区的互联网基础设施和互联网推广应当采取差别化措施。对于广大中、西部地区，政府应当慎重考虑推行“互联网＋”战略的时机和范围，在保证就业的前提下，平稳地提高互联网规模。在东部地区，政府则应当加快“互联网＋”战略步伐，进一步加快电子商务、共享经济等有利于互联网普及的经济措施。

随着平台经济、共享经济等新的经济形态渐成规模，大量非正规就业人员（尤其是网络就业人员）应当被纳入就业统计中，否则将会严重低估我国实际的就业人数，不利于就业政策的有效推行。我们应当看到大数据在劳动力市场研究中的应用潜力。政府应当加强与商业公司的合作，建立良好的动态就业监测体系。政府可以通过大数据的使用建立动态的就业指数，如中国就业研究所的“劳动力市场景气指数”①、中国劳动力市场研究中心的“就业价格指数”②等，以降低就业者和雇用方的搜寻成本和匹配成本，并发布实时的失业监测数据。

① 由中国人民大学中国就业研究所和智联招聘共同发布，基于智联招聘上注册的求职人数、发布的岗位空缺数量，以求职申请人数与招聘需求人数的比值作为衡量标准来评估就业供求匹配程度。

② 由北京师范大学中国劳动力市场研究中心构建，以求职者期望工资与招聘方的期望工资的比值评估就业市场运行状况，匹配程度越高，说明市场运行状况越好，市场透明度越高。

第八章
“刘易斯拐点”对地区创新的影响研究

第一节　问题的提出及文献综述

>>一、问题的提出<<

在“后金融危机”时期，全球经济增速出现明显放缓的迹象，缺乏能够进一步推动经济发展的动力，中国经济发展也进入“新常态”，此时劳动力市场供求结构的变化将进一步拖慢经济复苏的速度，人们对未来产出增长低迷和生产力水平低下存在着切实的关切。在这种情况下，创新作为经济长期增长的动力受到世界各国政府的重视。

由世界知识产权组织、美国康奈尔大学、英士国际商学院共同发布的《2016年全球创新指数》显示，中国排名较上年上升 4 位，成为“全球创新指数报告”发布以来首个进入前 25 强的中等收入经济体国家。然而中国企业的创新能力仍然严重滞后于经济发展的现实需求，企业的自主创新能力提升在很大程度上存在着“理论上重要、实践中滞后”的不对称情形，① 中国本土制造业企业（包含国有和民营）的创新研发投入不仅远远低于外资企业，也远远低于发达国家的制造业企业。②

与此同时，工业化和城镇化进程的持续推进使得大量农村剩余劳动力向城市转移，过剩的劳动力供给及较高的劳动年龄人口比重提供了大量的廉价劳动力，成为推动经济高速发展的重要动力，“人口红利”得到释放，中国也成为“世界工

---

① 高帆：《什么粘住了中国企业自主创新能力提升的翅膀》，载《当代经济科学》，2008(2)。

② 安同良、施浩、Ludovico Alcorta：《中国制造业企业 R&D 行为模式的观测与实证——基于江苏省制造业企业问卷调查的实证分析》，载《经济研究》，2006(2)。

厂”。但进入 21 世纪以来，我国劳动力市场出现了一些新的变化，随着剩余劳动力转移速度的减慢，劳动力供给增速开始下滑，2004 年出现的“用工荒”现象就是佐证，另外根据第六次人口普查数据，中国开始进入“老龄化”与“少子化”社会，适龄劳动人口未来将会加速减少，劳动力供给将会出现短缺，我国劳动力成本的上涨已不可避免，基于这一考虑，很多专家和学者认为中国已经进入了“刘易斯拐点”。

目前受到“刘易斯拐点”影响最大的就是制造业，以往单独依靠低成本劳动力推动的模式将不再适用，需要寻求新的发展路径。[①] 国务院日前推出的《中国制造 2025》提出制造业是国民经济的主体，是科技创新的主战场，坚持把创新摆在制造业发展全局的核心位置，走创新驱动的发展道路，明确了提高国家制造业创新能力的战略重点任务，在制造业指标中也列出了研发经费占比及有效发明数两项指标。由此可见，创新是推动经济发展以及实现中国制造强国的重要力量。

国内外对“刘易斯拐点”的研究非常丰富，也取得了丰硕的成果，主要研究方向可以分为两类：第一类是从各种角度探索中国是否进入了“刘易斯拐点”，正反观点都进行了较为深入的研究。[②③] 第二类是分析“刘易斯观点”对劳动力市场供求情况、劳动关系、中国制造业竞争力和劳动力区域转移等方面的影响，该类学者认为“刘易斯拐点”的到来将会促使工资增长，缩小收入分配差距，并对劳动关系提出新的要求。[④] 然而，探讨“刘易斯拐点”对于中国技术进步与创新影响的研究并不多，从实证角度研究这一问题的就更为少见，本章将从理论和实证角度分析“刘易斯拐点”对区域创新能力的影响，希望能为中国产业结构升级、增强创新能力提供理论依据和政策建议。

>>二、文献综述<<

(一)“刘易斯拐点”

1954 年，著名诺贝尔经济学奖获得者刘易斯在其著作《劳动无限供给条件下的经济发展》中构建了二元经济的基本框架，他认为劳动力市场并不是一体的，存在着传统部门和现代部门的分割，传统部门一般被称为农业生产部门，生产率

① 蔡昉、王美艳：《当中国制造业遇到刘易斯拐点》，载《管理@人》，2010(11)。

② 蔡昉：《中国就业增长与结构变化》，载《社会科学管理与评论》，2007(2)。

③ 姜华东：《“民工荒”并不能说明我国经济到了“刘易斯转折点”》，载《开放导报》，2007(3)。

④ 蔡昉：《中国经济面临的转折及其对发展和改革的挑战》，载《中国社会科学》，2007(3)。

较低，工资水平维持在生存线，且有很多剩余劳动力；现代部门一般被认为是城市工业部门，劳动生产率较高，工资水平也较高，因此存在着剩余劳动力从传统部门向现代部门流动的趋势和动力。在经济发展初期，大量的剩余劳动力进行转移，对城市而言，劳动力近乎无限供给，其支付的工资水平也基本维持在生存水平上。随着经济发展，劳动力转移基本完成之后，两部门生产率和工资开始趋于同步，此时经济就由二元经济转变为新古典经济体系下的一元经济，这一转折点被称为“刘易斯拐点”。①

拉尼斯、费景汉(1964)在《劳动剩余经济的发展》中对刘易斯的模型进行了继承和发展，重新将剩余劳动力定义为边际产出低于生存工资的劳动力，而不是刘易斯模型中边际产出为零的那部分劳动力，并细化了经济发展阶段：第一阶段为刘易斯定义的二元经济结构，农业的劳动边际生产率为零，因此劳动力的流出不会影响工资水平，劳动力无限供给，工业加速扩张；第二阶段农业的劳动边际生产率大于零但小于生存工资，此时劳动力流出将减少农业产出，工业部门不提高工资将无法招收到足够的劳动力，工业扩张速度开始减缓，第一阶段与第二阶段的转折点被称为“短缺点”，也被称为“刘易斯第一拐点”；第三阶段劳动边际生产率大于生存工资，工资将由劳动的边际产出决定，农业部门完全被“商业化”，二元经济结构向一元经济结构转变，第二阶段与第三阶段的交点被称为“商业化点”，也被称为“刘易斯第二拐点”。②

在确认“刘易斯拐点”的准确定义之后，找寻衡量是否进入“刘易斯拐点”的准则并探讨各发展中国家是否以及何时进入“刘易斯拐点”成为研究的重点。Minami(1973)继续扩展了刘易斯模型，提出了判断“刘易斯拐点”的五项准则：(1)农业工资等于其边际生产力；(2)农业工资由其边际生产力决定；(3)实际工资由长期不变转变为迅速提高；(4)熟练劳动力与非熟练劳动力工资趋同；(5)劳动力供给弹性从无限大到开始下降。③ 目前学术界主要是从第三个和第四个准则，也就是从实际工资上升速度以及熟练工与非熟练工工资之比来判别是否进入“刘易斯拐点”。

中国作为世界最大的发展中国家，农村存在着大量的剩余劳动力，但是由于

---

① William Arthur Lewis, “Economic Development with Unlimited Supplies of Labor,” *The Manchester School*, 1954(22).

② J. C. H. Fei&G. Ranis, “A Model of Growth and Employment in the Open Dualistic Economy: The Cases of Korea and Taiwan,” *Journal of Development Studies*, 1975(11), pp. 32—63.

③ Ryoshin Minami, “The Turning Point in Economic Development: Japan's Experience,” *Kinokuniya Bookstore Co*. 1973(1).

劳动力市场存在严重的制度性分割[1]，在改革开放之前劳动力流动处于停滞状态，在改革开放之后，劳动力转移壁垒被大幅度削弱，农村剩余劳动力开始大量涌入城市，是典型的刘易斯二元经济结构。随着2004年“民工荒”问题的出现，中国是否进入了“刘易斯拐点”成为学术焦点，研究结论大致可以分为三类：已经进入“刘易斯拐点”、还没有进入“刘易斯拐点”和目前处于转折区。蔡昉、都阳(2011)发现2003年以来中国普通工人工资大幅提高，农业工资增速超过制造业、建筑业等，另外农民工与城市员工工资差距开始缩小，中国已经进入“刘易斯拐点”。[2] 吴要武(2007)采用2003年以后全国多个城市的企业用工需求调查数据进行研究，发现2006年企业用工工资已经显著高于2002年、2003年的水平，并且地区间工资差距也开始缩小，证明了我国劳动力市场出现转折点。[3] 何如海、叶依广(2005)从农村剩余劳动力估计方法出发，发现1998—2005年，我国农村剩余劳动力存量呈逐步上升趋势，2003年农村剩余劳动力存量约为1.93亿人，整体规模较大，中国“刘易斯拐点”尚未到来。[4] 简新华、张建伟(2005)对“民工荒”现象的成因进行了详细研究，认为“民工荒”是由我国劳动力市场不规范等原因导致的，不能说明我国劳动力出现了短缺，而是反映了各种制度障碍，因而中国还没有通过“刘易斯拐点”。[5] 高铁梅、范晓非(2011)研究了我国农业总产出曲线、劳动密集型行业的劳动供给，得出中国农业劳动边际产出在2005年之前均为负值，而在2005年之后开始由负转正，且增长较快，劳动密集型行业劳动力供给曲线斜率明显增加，由此判断我国“刘易斯第一拐点”出现于2005年。[6] 综上所述，由于概念不清、缺乏统一的研究框架等问题，尽管研究结论各有不同，但不可否认的是中国目前正在受到“刘易斯拐点”所带来的劳动力短缺等问题的影响，“人口红利”正在逐渐消失。

“刘易斯拐点”的到来对中国劳动力市场与整个社会都将产生深远影响，从企业和微观角度来看，“刘易斯拐点”的到来一定会伴随劳动力成本的上升，一方面能够有效推动消费内需，促进经济增长，与此同时缩小收入差距，优化收入分配情况；另一方面也会提高企业用工成本，压缩企业利润，小微企业生存将更为困

---

① 赖德胜：《论劳动力市场的制度性分割》，载《经济科学》，1996(6)。

② 蔡昉、都阳：《工资增长、工资趋同与刘易斯转折点》，载《经济学动态》，2011(9)。

③ 吴要武：《“刘易斯拐点”来临：我国劳动力市场调整的机遇》，载《开放导报》，2007(3)。

④ 何如海、叶依广：《我国农村富余劳动力的存量和增量分析——基于城乡发展的综合视角》，载《农业经济问题》，2005(9)。

⑤ 简新华、张建伟：《从“民工潮”到“民工荒”——农村剩余劳动力有效转移的制度分析》，载《人口研究》，2005(2)。

⑥ 高铁梅、范晓非：《中国劳动力市场的结构转型与供求拐点》，载《财经问题研究》，2011(1)。

难，有可能出现企业破产的趋势。从产业层面来看，用工成本的增加以及增长方式的转变将会倒逼产业升级，低端制造业、服务业将会向高端制造业和服务业转型升级。从国家宏观层面来看，刘易斯拐点的到来意味着劳动生产要素的稀缺，无法再单独依靠低成本劳动力推动经济增长，需要找到新的增长点度过经济转型期。综上所述，“刘易斯拐点”的到来将为中国的劳动力市场与整个社会同时带来机遇和挑战。

(二)“刘易斯拐点”与创新能力

目前国内外研究较少有直接探讨“刘易斯拐点”、劳动力供求结构与创新能力的，主要是从企业用工成本对创新的影响进行研究，刘先雨(2010)指出，在“刘易斯拐点”逼近情形下，企业依靠劳动力的密集使用来形成竞争优势的模式越来越难以为继，企业必须改变要素组合才能增强核心竞争力，技术、管理等层面的创新必将成为企业的自发选择。①

“刘易斯拐点”的到来必定会引起劳动力成本的上升，从这个角度探索“刘易斯拐点”对创新的影响也很有意义。Hicks(1963)指出，提高实际工资将促进企业创新和产业升级，长期来看可以扩大生产可能性边界。内生增长模型认为，随着劳动力成本的上升，企业将会使用更多资本代替劳动，此时单位劳动的有效资本存量就会上升，进一步促进了企业的创新投入和技术进步。Vergeer 和 Kleinknecht(2007)指出当劳动力成本上升时，企业将以资本来替代劳动，更多的资本投入将促进创新的发展。② Romer(1986)认为工资提升会激励企业进行创新，工资越低企业就会越依赖于低水平劳动力的推动，并产生知识溢出量减少的负外部性。③ 张庆昌、李平(2011)参考了欧洲各发达国家，尤其是荷兰的经济发展过程，提出了创新工资门槛假说，认为工资的提高会激发劳动者的工作积极性，提升整体的劳动生产率，同时这种效应的出现有一个阈值，当超过阈值时这种效应减弱直至出现反效果，这被称为门槛效应。④ 林炜(2013)分别使用内生增长模型和知识生产函数具体探讨了劳动报酬的上涨对企业创新的影响，结果显示最主要的影响途径是要素替代理论，即劳动力成本上升时，资本的相对价格较低，企业

---

① 刘先雨：《“刘易斯拐点”的迫近对中国经济的影响及对策》，载《黑龙江对外经贸》，2010(11)。

② Vergeer R. &Kleinknecht A.，“Jobs Versus Productivity? The Causal Link from Wages to Labour Productivity Growth,”*TU Delft Innovation Systems Discussion Papers*，2007.

③ Romer P. M.，“Increasing Returns and Long-run Growth”，*The Journal of Political Economy*，1986，pp. 1002-1037.

④ 张庆昌、李平：《生产率与创新工资门槛假说：基于中国经验数据分析》，载《数量经济技术经济研究》，2011(11)。

自然会使用更多的资本替代劳动，更多的资本就会促进企业进行创新。[①] 除了要素替代效应以外，还有一部分研究是从人力资本角度探讨其对创新的影响。首先更高的工资能吸引更高素质的劳动者，形成更为稳固的雇用关系，企业更倾向于在他们身上进行人力资本投入。[②] Romer(1993)指出随着人力资本水平的上升，企业接受与应用高新技术的能力会随之上升，促进了人力资本与物质资本的结合，创新能力也会随之上升。程雁、李平(2007)分区域分析了人力资本与创新能力的影响，结果显示东、中、西部之间都出现了正相关性，人力资本每增加1%，该地区的创新能力就会随之上升0.1%。[③] 欧晓万(2007)通过实证分析，得出异质性人力资本、市场需求对中国创新能力有着积极的促进作用。[④] 董新兴、刘坤(2016)通过分析2007—2013年516家制造业上市公司的面板数据，发现劳动力成本的上升有利于促进企业的创新投入，而且实际工资上升带来的人力资本质量提升效应对要素替代效应有更强的创新激励作用。[⑤]

通过对已有研究成果的总结与分析，我们可以发现目前关于“刘易斯拐点”的研究涉及诸多领域，有很多喜人的成果，但对于创新的影响研究却不是很充分，更多的是从企业层面探讨劳动力成本对企业创新的影响，缺乏宏观层面的实证分析。本章尝试以2000—2014年中国省际面板数据为基础，定量分析劳动力成本上升对于区域创新的影响，进而推导“刘易斯拐点”对于创新的影响，为进一步提高中国企业的创新能力以及新的改革阶段提供理论依据和政策建议。

第二节 基本模型设定

>>一、影响机制<<

通过前文对文献的梳理我们发现，研究“刘易斯拐点”对创新的影响往往从劳动力成本上升入手，具体来说有两种作用机制：一是根据要素替代效应，“刘易斯拐点”的到来势必会带来劳动力成本的上升，表现为工人工资的增加，企业为

① 林炜：《企业创新激励：来自中国劳动力成本上升的解释》，载《管理世界》，2013(10)。

② 姚先国、翁杰：《企业对员工的人力资本投资研究》，载《中国工业经济》，2005(2)。

③ 程雁、李平：《创新基础设施对中国区域技术创新能力影响的实证分析》，载《经济问题探索》，2007(9)。

④ 欧晓万：《异质型人力资本、市场需求对技术创新的影响——基于跨省的面板数据(Panel Data)实证检验》，载《上海经济研究》，2007(4)。

⑤ 董新兴、刘坤：《劳动力成本上升对企业创新行为的影响——来自中国制造业上市公司的经验证据》，载《山东大学学报(哲学社会科学版)》，2016(4)。

最小化成本将考虑以更多的资本替代劳动，表现为加大研发投入，采用有利于节省劳动力的新技术，促进企业的技术进步与创新。二是创新活动的顺利开展不仅需要必要的资金投入，更重要的是还需要高质量的人力资本投入。根据人力资本理论，更高的工资将会吸引更高素质的员工，并增加企业的培训机会，积累的人力资本存量与质量都将获得提高，进而促进创新。

企业在日常生产中将秉持成本最小化原则，考虑一个 C－D 总生产函数：$Y=AK^{\alpha}L^{1-\alpha}$，其中 K 和 L 分别代表资本和劳动的投入，Y 表示产出，α 和 $1-\alpha$ 分别表示资本和劳动的产出弹性，那么企业面临以下约束条件：

$$\begin{cases}\min: wL+rK \\ \text{s. t.}: F(K, L)=A(t)K^{\alpha}L^{1-\alpha}\leqslant Q_0\end{cases}$$

其中 w 表示劳动力成本，r 表示资本成本，计算得出企业最终的均衡解为：

$$\begin{cases}K=\left(\dfrac{\alpha w}{(1-\alpha)r}\right)^{1-\alpha}\left(\dfrac{Q_0}{A(t)}\right) \\ L=\left(\dfrac{(1-\alpha)r}{\alpha w}\right)^{\alpha}\left(\dfrac{Q_0}{A(t)}\right)\end{cases}$$

从结果可以看出，当“刘易斯拐点”到来的时候，w 相对于 r 将会上升，那么均衡的 K 将会上升，L 将会下降，即企业将会用更多的资本要素替代劳动，反映在生产过程中企业将加大对创新的投入，提高创新产出，从而促进了企业创新能力的提高和技术进步。另外随着劳动力成本的上升，企业对高素质劳动力的吸引力会增加，也更愿意通过职业培训等手段为这些工作者投入人力资本，从而增加一个企业的人力资本存量，进而影响技术创新率和技术吸收能力，最终对创新能力产生作用。

因此本章提出的待检验假设为“刘易斯拐点”所带来的劳动力成本上升将会促进地区的创新能力增长。

>>二、模型设定<<

我们将创新行为看作一种知识的生产行为，根据 C－D 函数 $Y=AK^{\alpha}L^{1-\alpha}$，$K$、$L$、$\alpha$、$1-\alpha$ 分别表示创新活动的资本投入和劳动投入及其对应的产出弹性。由此可以看出，影响创新的因素分为三类：一是研发资本投入 K；二是研发人员投入 L；三是技术进步 A。前两类变量都可以较好地衡量，技术进步的分解是比较难处理的，参考前人的做法并根据本章的实际情况，我们将影响技术进步的因素分解为劳动力成本、有效需求规模以及人力资本存量。根据以上分析，本章设定的基础模型如下：

$$\ln\text{Innov}_{it}=\alpha_1 L_{it}+\alpha_2 K_{it}+\alpha_3 Lc_{it}+\alpha_4 Ed_{it}+\alpha_5 Hc_{it}+\varepsilon_{it}$$

其中 Innov 代表一个地区的创新能力，K 表示一个地区创新活动的资本投入，L 表示一个地区创新活动的人员投入，Lc 表示一个地区的劳动力成本，Ed 表示一个地区的有效需求规模，Hc 表示一个地区的人力资本存量，ε 表示随机误差项，下标的 i 和 t 分别表示年份和省份。

>>三、变量选择与描述性统计<<

根据前文给出的基础模型和前人研究的结果，本章将使用 2000—2014 年中国大陆 30 个省、直辖市和自治区(不包括港澳台地区和西藏自治区[①])的面板数据，下面将给出具体的指标选取、数据来源及简单的描述性统计。

创新能力(Innov)：是本章重要的被解释变量，根据前人的研究分析，专利数是国内外学者常用的指标，具体的数据有各省每年的专利申请数和专利授权数，考虑到专利申请的质量参差不齐，不能很好地反映当地的创新能力，而专利授权数更能在一个比较公平的背景下对各省份创新能力进行横向比较，因此采用各省、市每年的专利授权数量(Inno)作为其创新能力的代理变量。

劳动力成本(L)：“刘易斯拐点”对劳动力市场最大的影响来自于劳动力成本的上升，因此劳动力成本是本章重要的解释变量。劳动力成本表示当地企业雇用员工的全部支出，包括工资、税收和培训等，目前没有各省、市具体的劳动力成本数据，但工资水平可以在很大程度上决定劳动力成本，因此本章采用各省、市城镇单位就业人员平均工资(Wage)作为其代理变量。

创新活动的资本投入(K)：资本投入是影响创新的最主要变量之一，前人研究中一般采用 R&D 经费作为其衡量指标，本章将在此基础上使用 R&D 经费投入占 GDP 比重，即研发经费投入强度(RDin)作为其代理变量。

创新活动的人员投入(L)：人员投入包括了人力资本的投入和劳动的投入，R&D 人员全时当量(RDL)可以很好地衡量这一变量。

有效需求规模(Ed)：有效需求规模的增加可以增加创新活动的预期收益，也可以改善一个地区的创新环境，范红忠(2007)提出有效规模假说，认为市场有效需求规模的增加对技术创新有供给推动效应。[②] 本章用人均 GDP(RGDP)水平作为其代理变量。

人力资本存量(Hc)：人力资本存量对于创新有着重要影响，衡量人力资本水平的变量比较多，主要有劳动力平均受教育程度、受高等教育人数、劳动力受

---

① 西藏自治区有关创新的数据缺失严重，故未纳入样本范围。

② 范红忠：《有效需求规模假说、研发投入与国家自主创新能力》，载《经济研究》，2007(3)。

高等教育比例等，考虑到本章研究的内容为创新，可能需要较高的教育水平才能实现，本章采用各省、区、市每万人中大专及以上教育水平人口数量(Hc)来衡量人力资本开发水平。

以上所有数据均来自2001—2015年《中国统计年鉴》《中国劳动统计年鉴》与《中国科技统计年鉴》，由于本章样本时间跨度较长，为使不同年份的数据具有可比性，Wage与RGDP涉及价格度量的变量均采用GDP平减指数剔除物价因素的影响，并考虑到科研资源在省份间分布的显著差异，为减轻异方差带来的负面影响，我们将Inno、Wage、RGDP、Hc等变量采用对数处理，得到以下计量模型：

$$\ln Inno_{it}=\alpha_1 \ln Wage_{it}+\alpha_2 RDin_{it}+\alpha_3 \ln RDL_{it}+\alpha_4 \ln RGDP_{it}+\alpha_5 \ln Hc_{it}+\varepsilon_{it}$$

主要变量的描述性统计及相关系数矩阵显示如表8-1、表8-2。

表8-1　主要变量描述性统计

变量	观测值	均值	方差	最小值	最大值
lnInno	450	8.44	1.59	4.25	12.51
lnWage	450	9.88	0.51	8.84	11.27
RDin	450	1.24	1.09	0.15	7.41
lnRDL	450	10.50	1.21	6.74	13.14
lnRGDP	450	10.49	0.71	7.92	11.25
lnHc	450	6.62	0.56	5.21	8.23

注：为使用stata13对样本进行处理得到的结果。

表8-2　主要变量的皮尔逊相关系数矩阵

变量	lnInno	lnWage	RDin	lnRDL	lnRGDP	lnHc
lnInno	1.000 0					
lnWage	0.643 8***	1.000 0				
RDin	0.501 2***	0.501 8***	1.000 0			
lnRDL	0.926 1***	0.498 3***	0.584 1***	1.000 0		
lnRGDP	0.722 8***	0.902 1***	0.558 9***	0.609 2***	1.000 0	
lnHc	0.419 0***	0.650 6***	0.626 8***	0.360 4***	0.720 5***	1.000 0

注：*、**、*** 分别表示在1%、5%和10%水平显著。

为了更加直观地判断劳动力成本对创新的影响，我们将面板数据整合成混合截面数据并绘制了散点图：

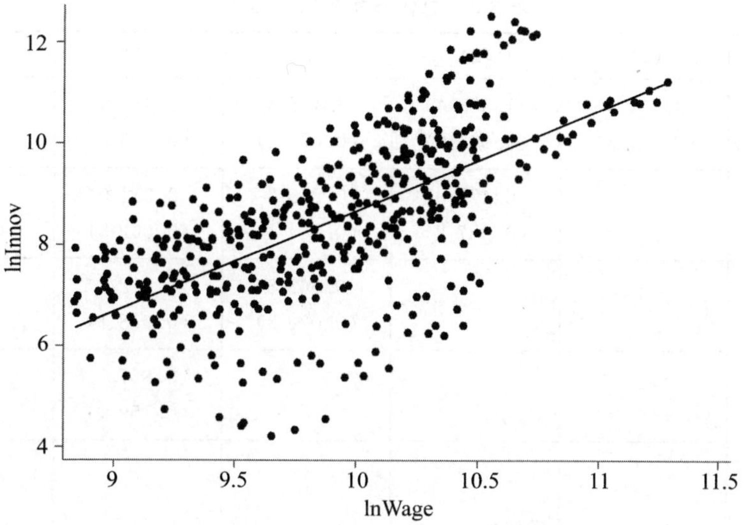

图 8-1 各省、市平均工资水平与专利授权数量关系散点图

从截面图像可以看出，平均工资水平与专利授权数呈现较为明显的正相关关系，工资水平较高的地区其专利授权数量也较高。下面我们将就中国的情况进行实证检验，验证劳动力成本与区域创新能力之间的关系。

第三节 实证分析

>>一、总体回归结果与分析<<

为了保证结果的有效性，我们对模型变量采用 LLC 和 IPS 的方法进行面板单位根检验，检验结果表示，除了人均 GDP(lnRGDP)之外的变量均为零阶单整的，大部分变量是平稳的，其中 lnRGDP 是一阶单整的，为了避免非平稳经济变量建立回归模型带来的伪回归，我们进行了 Pedroni 协整检验得出变量之间存在长期均衡稳定，可以进行面板数据回归模型的估计。豪斯曼检验(Hausmantest)结果显示 chi2 值为 67.86，P 值为 0.000 0，否定了原假设，所以本章采用固定效应模型进行回归分析。多重共线性检验(VIF 检验)显示，MeanVIF 为 4.15＜10，且所有变量的 VIF 值均小于 10，不存在多重共线性问题。具体的回归结果显示在表 8-3 中。

表 8-3　总体样本的回归结果

变量	(1)	(2)	(3)	(4)	(5)
lnWage	1.790 4*** (0.035 8)	1.583 4*** (0.041 6)	1.198 3*** (0.072 2)	0.310 8** (0.128 8)	0.294 9** (0.143 5)
RDin		0.473 3*** (0.057 2)	0.259 6*** (0.064 1)	0.311 0*** (0.062 8)	0.294 5*** (0.061 0)
lnRDL			0.503 8*** (0.078 8)	0.412 4*** (0.078 1)	0.396 6*** (0.075 9)
lnRGDP				0.857 7*** (0.159 1)	0.782 3*** (0.155 1)
lnHc					0.233 5*** (0.045 1)
Con	−9.255 5*** (0.354 4)	−7.795 1*** (0.373 5)	−9.013 3*** (0.404 6)	−7.667 6*** (0.464 5)	−8.137 5*** (0.459 8)
Adj-R^2	0.846 0	0.867 3	0.878 9	0.886 5	0.893 1
N	450	450	450	450	450

注：括号内为标准误，*、**、*** 分别表示在 1%、5%和 10%水平显著。

从上表的实证结果可以看出，劳动力成本对于创新能力的影响验证了上文给出的假设，即“刘易斯拐点”引起的劳动力成本上升会促进一个地区的创新能力，从(5)列的结果来看，劳动力成本每提高 1%，地区创新能力将会上升 0.3%左右，且该结果在 5%的水平下显著。(1)列显示了不加入任何其他控制变量的情况下劳动力成本对地区创新能力的影响，结果显示良好，劳动力成本每上升 1%，地区创新能力将上升 1.8%左右，且在 1%水平下显著。但创新能力显然会受到其他控制变量的影响，当(2)(3)列分别加入创新能力需要的资本(RDin)和劳动(lnRDL)时，劳动力成本的系数逐渐变小，但还是维持在 1 以上，同时资本和劳动投入的系数也符合预期，即资本和劳动投入的增加会显著提升创新能力，从结果来看，一个地区的研发经费投入强度每提高 1%，地区创新能力将提高 0.3%左右，R&D 人员全时当量每提高 1%，地区创新能力将提高 0.4%左右。当(4)列加入人均 GDP(lnRGDP)作为控制变量之后，结果出现了较大的变化，劳动力成本的系数下降到 0.3，且明显下降，人均 GDP 的系数显著为正，这说明一个地区的经济发展水平、有效需求规模会显著影响其创新能力。(5)列在(4)列的基础上加入了人力资本存量(lnHc)作为控制变量，其他结果的系数均出现了一定程度的下降，人力资本存量本身的系数为正，表示一个地区人力资本存量越高，其创新能力越强，符合经济学预期。

>>二、分地区回归结果与分析<<

考虑到中国幅员辽阔，各地区之间发展不均衡，东、中、西部情况存在着巨大差异，有必要考虑地区间的差异，而且“民工荒”等问题主要出现在东部沿海地区，本章认为不同地区“刘易斯拐点”到来的时间和影响均会不同，接下来将分别以东部、中部和西部作为样本进行分地区回归，看看结果与总体回归结果是否会有不同。回归的结果显示如表 8-4。

表 8-4　总体样本的回归结果

变量	东部	中部	西部
lnWage	0.492 0** (0.232 2)	0.275 0* (0.161 7)	−0.088 2 (0.379 0)
RDin	0.265 4*** (0.067 9)	0.743 8*** (0.179 7)	0.124 1** (0.064 7)
lnRDL	0.536 1*** (0.098 2)	0.791 9*** (0.208 0)	0.147 1** (0.077 7)
lnRGDP	0.426 1* (0.251 5)	0.326 6 (0.429 1)	1.449 7*** (0.314 1)
lnHc	0.276 0*** (0.086 6)	0.215 6*** (0.081 7)	0.189 1*** (0.064 7)
Con	−8.247 6*** (0.595 9)	−7.918 5*** (1.294 0)	−5.088 6*** (1.166 2)
Adj-R^2	0.913 0	0.917 5	0.874 7
N	165	120	165

注：括号内为标准误，*、**、*** 分别表示在 1%、5%和 10%水平显著。

实证结果显示，劳动力成本对于创新影响的地区差异十分明显，对东部地区的影响最为显著，其劳动力成本每提高 1%，创新能力就会提高 0.5%，高于总体 0.3%的平均水平，另外创新人员投入的影响也显著高于总体的平均水平，但人均 GDP 的影响相比减弱了很多且显著性下降十分明显。中部地区劳动力成本系数基本与总体水平持平，但是创新活动资金投入与人员投入的影响均达到了 0.8%左右，远远超过总体 0.3%、0.4%的水平，人均 GDP 的系数进一步缩小且变得不显著了。西部地区劳动力成本系数变为负数且不显著，创新活动资金投入与人员投入的影响较总体有所减弱，且显著性也下滑了，但人均 GDP 的系数与东部、中部的情况正好相反，系数达到了 1.5 左右，且在 1%水平下显著。

结果显示，“刘易斯拐点”到来对于东、中、西部的影响差异十分巨大，东部地区的“刘易斯拐点”已经到来，劳动力成本的上升开始促使企业进行技术创新，中部地区创新活动的资本和劳动投入影响更为显著，说明“刘易斯拐点”对中部地区的影响还不显著，当地资本和人员的缺失才是影响创新的最重要因素。西部地区劳动力成本系数为负，说明可能由于中小企业的占比较高，对劳动力成本上升的抗逆性较弱，还处于发展阶段，“刘易斯拐点”尚未发生在西部地区，GDP 发展水平不足是其创新能力发展的最大障碍。

>>三、稳健性检验<<

为了验证以上结论的稳健性，我们将分别以专利申请数作为创新的代理变量，以最低工资水平①作为劳动力成本的代理变量，做固定效应回归，另外还做了包含所有控制变量的混合 OLS 回归，具体的回归结果如表 8-5。

表 8-5 稳健性检验结果

变量	专利申请	最低工资	专利申请 & 最低工资	混合 OLS
lnWage	0.441 0*** (0.164 0)	0.261 6*** (0.098 2)	0.373 7** (0.118 1)	0.579 9*** (0.098 8)
RDin	0.262 5*** (0.061 2)	0.399 7*** (0.089 7)	0.265 7** (0.097 9)	0.231 7*** (0.029 3)
lnRDL	0.204 5*** (0.076 1)	0.289 0*** (0.088 9)	0.090 1 (0.097 1)	0.116 6*** (0.026 1)
lnRGDP	0.897 0*** (0.155 5)	1.103 5*** (0.139 9)	0.975 1*** (0.152 8)	0.277 2*** (0.086 3)
lnHc	0.199 3*** (0.045 2)	0.321 6*** (0.087 5)	0.488 0*** (0.095 6)	0.003 3 (0.064 4)
Con	−7.800 9*** (0.461 0)	−9.715 6*** (0.597 8)	−7.342 7*** (0.652 7)	−11.436 8*** (0.541 6)
Adj-R^2	0.897 0	0.917 6	0.889 9	0.917 0
N	450	300	300	450

注：括号内为标准误，*、**、*** 分别表示在 1%、5%和 10%水平显著。

从以上结果可以看出各系数的大小和正负均未出现较大变化，将专利申请作为创新的代理变量时，劳动力成本系数为 0.44 且在 1%水平下显著，以最低工资作为劳动力成本的代理变量时，其系数为 0.26 且在 1%水平下显著，两者同时替换时劳动力成本系数为 0.37 且在 5%水平下显著，结果验证了固定效应估计的有效性，同时混合 OLS 结果也基本符合预期，表明我们前文得到的结论是稳健的。

① 最低工资水平为 2005—2014 年的省际面板数据，故样本量减少为 300 元。

第四节 结论及政策建议

改革开放之后的“中国奇迹”引得世界瞩目，在这飞速的经济发展过程中，几乎无限的剩余劳动力供给起了至关重要的作用，也是中国一直以来的比较优势所在，但随着农村剩余劳动力的转移逐渐完成，“刘易斯拐点”的到来是不可避免的，并会对劳动力市场产生巨大而深远的影响。另外随着世界经济的低迷，各国都在找寻新的经济增长动力，创新就成为焦点，无论是总理提出的“大众创业、万众创新”理念，还是《中国制造 2025》中明确指出的创新驱动制造业向高端制造业迈进的路线，都显示出中国政府对于创新的重视程度。本章从“刘易斯拐点”入手，探讨其对中国地区创新能力的影响，认为“刘易斯拐点”的到来势必会引起劳动力成本的上升，那么企业一方面将以更多的资本替代劳动，进行替代劳动的技术创新，比如 AI、机器人等，另一方面工资的增加会吸引更高人力资本的劳动力加入，进一步促进创新，笔者利用 2000 年到 2014 年的中国省际面板数据进行实证分析，得出以下结论：第一，劳动力成本的上升会促进地区创新能力。从实证结果可以看出，劳动力成本每上升 1%，地区创新能力将会提升 0.3%。第二，这一影响存在较大的地区差异。东部地区这一数值为 0.5%，中部地区为 0.3%，西部地区系数为负数且不显著，可以看出随着不同地区发展阶段不同，具体情况不同，“刘易斯拐点”的影响也会不同。第三，创新活动的资本和劳动投入都会对创新能力产生积极影响，与此同时，人均 GDP 水平和人力资本存量也会对创新能力产生促进作用。

从以上结论可以看出，“刘易斯拐点”的到来带来的不仅仅是经济增速下滑、“人口红利”消失与制造业企业竞争力减弱等不利影响，也会有促进产业升级、推动技术进步的作用，所以政府在面对“刘易斯拐点”时不仅仅要处理其带来的不利影响，也要进一步挖掘其带来的有利作用。对此，我们提出以下政策建议：首先，“刘易斯拐点”的到来表示农村剩余劳动力供给开始出现不足，但城乡之间的差距依旧是存在的，政府应当进一步打破劳动力自由流动的政策壁垒，这样才能完成资源的有效配置，利于经济发展和创新。其次，结论已经显示劳动力成本上升会有效促进创新，那么政府应当合理提高劳动力报酬，进一步促进人力资本的积累和开发。另外，企业是创新的主体，政府应积极鼓励创业和企业创新行为，加大知识产权保护力度，加强企业进行创新的动力。最后，创新的推动还应归结到人力资本的提升上，政府应加大教育力度，不仅仅是加强通识教育，还要关注职业教育的作用，要以创新驱动发展战略来加快完善社会主义市场经济体制和转变经济发展方式。

第九章
培养大国工匠的教育培训体制变革

在教育系统中，研究培养大国工匠与发展新经济的关系是新历史条件下的新任务。《庄子·渔父》曰："工技不巧，贡职不美……诸侯之忧也。"在中国古代，"老字号"企业以师徒制的方式传承技能并发展壮大。在现代，经济和社会形态发生着翻天覆地的变化，机器换人浪潮涌来，多产业融合推进，商业模式与劳工分工模式变革，工匠技术少有简单复制，多有改良发展，与此同时，工匠精神依然需要标准复制和基因传递。2017年年初，国务院印发的《关于做好当前和今后一段时期就业创业工作的意见》强调，"加快培育大批具有专业技能和工匠精神的高素质劳动者和技术技能人才。"因此，从多层面对培养大国工匠与发展新经济关系作深入解读具有理论和实践价值。然而，以往研究多是单维度的介绍，没有对其复杂关系进行挖掘。本章将从培养大国工匠与发展新经济的逻辑关系入手，探求培养大国工匠的教育体系变革模式与路径构建。

第一节　培养大国工匠与发展新经济的逻辑关系解构

这里所言工匠，是指那些对职业技能追求极致、能主动适应新经济发展态势、有较高职业道德修养、在不同层次岗位承担工作的劳动者。培养大国工匠与发展新经济的逻辑关系复杂交错，呈现"纺锤"状特征，"纺锤"的一端是教育培训，另一端是新经济，中间部分是劳动力市场。该逻辑关系存在的基础是教育领域知识分类与产业经济领域新经济产业特质的相关性。因此，要呈现其具体关系需要把教育体系和经济体系关联起来，以劳动力市场为连接点，逐层解构。

>>一、知识分类与新经济特质的相关性<<

在新经济体系下，隐性知识是创新思维产生的源泉，而显性知识是将创新思维转化成生产力的保障，知识分类与新经济的特质是存在内在相关性的。从教育理论体系框架内的知识分类来看，根据迈克尔·波兰尼(1985)的理论[①]，人类的知识有两种：一是显性知识；二是隐性知识。显性知识包括以文字、图表、公式等方式呈现出来的、可以完整表述的知识，如操作化知识。而隐性知识是能够激发人类思维但难以言述的知识，如社会化体验。彼得·德鲁克认为，隐性知识学习的唯一方法是领悟和练习。借助知识分类探究经济学理论体系框架内的新兴产业特质，可以发现以下四个方面的逻辑。

第一，新经济以信息技术的应用为特征，而新技术是显性知识的净增与外在表达。按照技术经济范式转变，美国经济学家佩蕾丝(2007)认为自1771年第一次技术革命以来，[②] 人类经历了机械时代、蒸汽机与铁路时代、钢铁与电力时代、石油与汽车时代、信息与通信时代的五次产业革命。而第五次产业革命以信息技术为核心，涉及互联网、大数据、云计算、人工智能等新知识领域，所有这些新知识都是显性的，即可传播、可学习、可操作。

第二，新经济以产业链扩展和产业融合为特征，而其背后的技术融合则体现为显性知识的再复制与外在表达。基于信息技术的产业链扩展和产业融合案例比比皆是，如生态智慧农业、智能制造、现代化服务等。不同产业的边界开始扩大并变得模糊，如共享汽车延伸了制造业链条，汽车生产属于制造业，基于共享汽车的美容服务、APP广告植入则属于服务业。显然，该过程涉及机械制造技术、整车保养技术、广告设计技术、互联网技术，虽然没有显性知识的净增，但是旧的显性知识的重新组合与拼接生成了新的市场价值。

第三，新经济以商业模式的创新为特征，而新商业模式的出现需要开发隐性知识。新经济导致了商业模式的新变化，消费者的个性化需求与共性化需求被分开发掘，经济效率更高。如共享经济开发了消费者的共性化需求，共享单车解决了大多数人“最后一公里”的出行困难；而大数据经济满足了“私人定制”的个性化需求。教科书上只能总结营销、运营与管理经验，却很难研判未来经济发展趋势与新商业模式的可能性，而隐性知识在这方面发挥了重要作用。

第四，新经济以社会分工和协作方式的转变为特征，而新的转变需要利用隐性知识。在新的社会分工和协作方式下，交易成本、信息获取的成本迅速降低，资源对接比资源占有更具有市场潜力。原有的从属关系或雇用关系等纵向组织方式不再占据绝对主导地位，协作创新关系、合伙人关系等横向组织方式开始出现并逐渐成为主流。众包模式、共享模式使得隐性知识的重要性得以体现，命令他

---

① Polanyi M., *Brühmann H. Implizites Wissen*. Frankfurt : Suhrkamp Verlag GmbH und Co. KG, 1985. p. 5.

② 卡萝塔·佩雷丝：《技术革命与金融资本：泡沫与黄金时代的动力学》，田方萌等译，第7～8页，北京，中国人民大学出版社，2007。

人或者服从他人的机械式工作状态被灵活性、协作性的工作模式代替，新的社会化体验出现，相应地，原有的隐性知识需要更新。

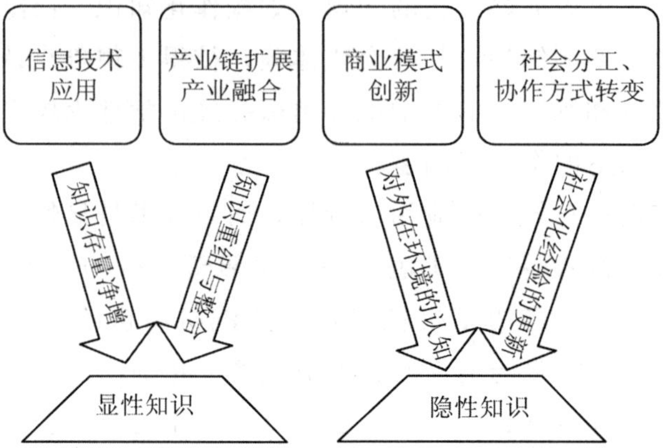

图 9-1　显性知识和隐性知识与新经济的逻辑关系

>>二、发展新经济与应对劳动力市场变化的动态关联逻辑<<

发展新经济与应对劳动力市场变化是协调统一的。第一，在新经济背景下，新技术的发展提高了劳动力市场的效率，市场对不同技能人才的需求量进行调节。重复性、可程序化的工种被取代，技术极化将成为趋势，高技能劳动者和低技能劳动者的需求量会超过一般技能劳动者的需求量。[①] 新技术挤出就业，同时也增加新就业，这种挤出与增加往往超越一般预期。十年前可能很多人没有想到金融、会计等热门专业人才如银行柜员、企业出纳，会被机器人或一个简单的APP 软件取代，也没有人会想到快递和自行车制造业如此兴盛。

第二，在新经济背景下，产业链扩展和产业融合拓宽了劳动力市场的半径，市场对具备交叉领域专业知识的复合型劳动者青睐有加。“互联网＋”可拓展的范围非常广，各个产业均可涉及，如淘宝村筛选入网组长一般倾向于具有计算机基础知识和农业生产技能的劳动者。复合型的劳动者既包括从大学走出来的具备双学位、持有双证文凭的大学生，又涵盖在不同行业或不同地区从事过不同工种甚至接触过不同文化的劳动者。

第三，在新经济背景下，商业模式的新变化增加了劳动力市场的灵活度，市场对劳动者的技能调整和技能转换能力提出了新要求。例如，数学专业毕业的大学生在过去可能借助计算机和数学软件从事成本核算、产品统计或薪酬管理工

① World Bank：*World Development Report 2016*，Washington，DC：The World Bank，2016. p. 35.

作，而大数据时代到来，他们很多人转型做大数据分析；也有相关领域的劳动者重新回到教育培训机构学习新知识，应对劳动力市场新变化，提升再就业能力。

第四，在新经济背景下，社会分工和协作方式的转变强化了劳动力市场的透明度，市场对劳动者创新能力、诚信度等软性指标的要求更高。信息化社会的到来，劳动力市场信号不充分的问题会弱化，所有劳动力市场参与者的信息可以通过数据平台进行分析，资本追逐利益的本质更加凸显。一个有创意、无物质资本和社会资本的年轻人可能被风险投资家封为经理人，一个客户满意度高的网络平台兼职司机可能更容易接到更多预约订单。

>>三、培养工匠精神与应对劳动力市场变化的动态关联逻辑<<

劳动力市场对劳动力需求的变化与教育体系人力资本积累任务是协调统一的。第一，市场对中等技能劳动者需求量减少，教育培训系统的人才培养定位有待进一步调整。一方面，产生原始创新的大学与科研机构需要培养精通专业技能、有创新精神、能紧跟科技前沿的"匠人"；另一方面，职业技术院校与培训机构则需要培养有一定文化基础、具备基本职业素养、能把简单工作做到极致的"工人"。

第二，劳动力市场对具备交叉领域专业知识的复合型劳动者需求量增加，教育培训系统的专业设置有待进一步整合。双学位、跨专业选修等在很多院校都非常普遍，这为学习者扩展知识、成为"工匠"提供了有效保障。不过这只是针对学生个人学习兴趣的一种满足，事实上，很多学生并没有了解所选学习内容的关联性与交互性，甚至可能只是为了丰富简历而多选一门课程。复合型劳动者是多知识储备者，而多知识储备者未必是复合型劳动者。通晓学科间关联关系并能了解其在经济社会发展的地位与作用，同时具备交叉学科知识的劳动者才是真正的复合型劳动者，才能成为适应新经济的"工匠"。

第三，市场对劳动者的技能调整和技能转换能力提出了新要求，教育培训系统的人才培养模式有待进一步优化。专科教育培养人才需要3～5年，甚至更长时间，而社会经济领域的变革往往短于专科教育的时限，所以劳动者技能调整和技能转换能力需要紧跟时代变化的速度，已经进入劳动力市场并被市场认可的"工匠"也要做好随时回教育系统充电的准备。过去某个时刻的工匠可能成为未来某个时刻的失业者，所以"工匠"技能是有折旧性质的，而且在新经济背景下，折旧速度更快，传统的"一技在身，几辈通吃"的观念需要转变。

第四，市场对劳动者创新能力、诚信度等软性指标的要求更高，教育培训过程中的道德伦理教育有待进一步加强。信息化社会把劳动力市场中的所有参与者摆放到了大数据可观测的互联网体系中，同时人工智能等新技术直接打破了某些人情关系网，在很多领域进入人机交互的工作模式，习惯了从属关系高于协作关系、人情关系高于合同关系的人在接受教育的过程中，往往少有就科学问题的民主讨论、就集体协作的强化训练。

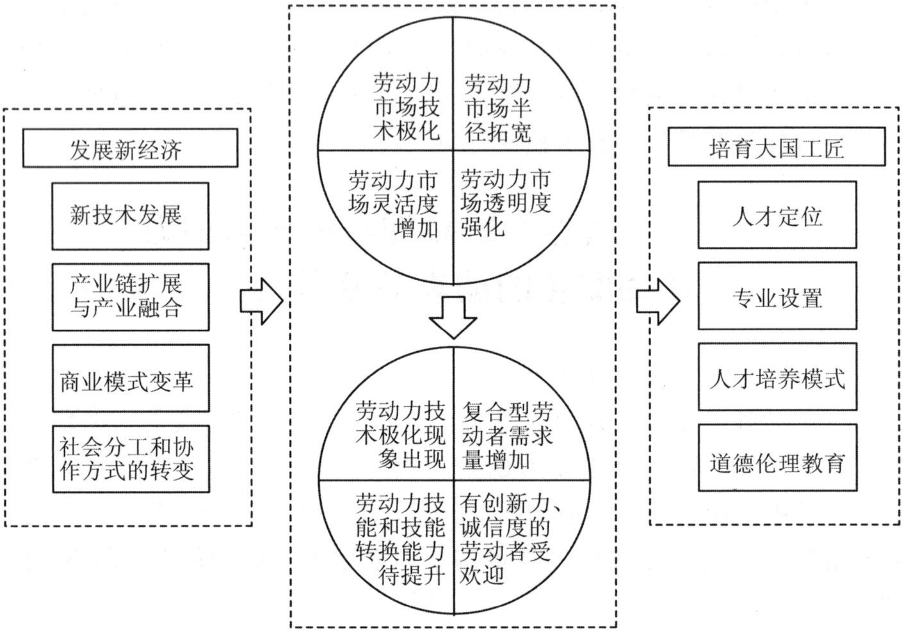

图 9-2　发展新经济与培育大国工匠的逻辑关系

第二节　中国教育培训体系孕育大国工匠的问题表征

>>一、专业课程改革层次设计与新经济不匹配<<

大学的专业课程改革难以超越新经济发展步伐，而职业院校和培训机构的前瞻性不够，对新经济劳动力市场发展趋势认识的敏感度不强，根本问题在于专业课程改革层次设计与新经济不匹配，孕育大国工匠缺乏层次设计。

一方面，大学是基础研究和培养人才的专门场所，能让工业不断地从中吸取知识，[①] 是经济领域提取创新养分的储备仓，大学很难且没有必要时刻紧盯劳动岗位，大学培养的是研发型“工匠”。尽管国务院不断出台政策，取消或者下放专

① R. 阿特肯森、W. 博兰皮得、余慧萍、赵炬明：《科学研究与美国研究型大学》，载《复旦教育论坛》，2009(3)。

业设置审批权，[①] 节约了新专业设置在行政层面的时间成本，但是专业课程改革的步伐还是没有超越新经济发展速度。事实上，教育系统的人力资本效能外溢具有较长的滞后效应，即便政府层面不再对新专业设置进行审批，高校也很难跟进甚至超越新经济的步伐。学校设置新专业需要专家考证、专业教师调配、相关财力物力资源配套等，这都需要时间成本，再加上学生培养周期，借助高校打造适应新经济中某一新岗位的“工匠”，至少需要 4～7 年时间。然而，在新经济领域，一个被消费者认可的新产品或服务在这期间已经翻新或升级了 5～10 次，所以单纯依赖高校很难完全对接劳动力市场需求。

以清华大学为例，2014 年 9 月，该校第一批大数据硕士研究生入学，这意味着不存在继续深造、延迟毕业的情况下，2017 年，国内培养的、质量较高的大数据专业高学历人才正式进入劳动力市场。而现实情况是，大数据分析岗位在 10 年之前已经形成供大于求的局面。最近 10 年，填补该岗位的是大学专业为数学或统计学的劳动者。因此，有配置能力和转换能力的劳动者更具市场适应性。当然，新增大数据专业是必要的，但其必要性更多源自科学研究的需要，而非单纯市场导向，市场端的收益只是“附属效益”。在新经济背景下，技术极化趋势明显，大学的专业设置与高端技术人才需求是对应的，这是大学人才培养与劳动力市场的关联点，而非对接点，这是基于一国长期创新驱动力视角的考虑。

另一方面，职业院校和培训机构是技能学习与培养应用人才的专门场所，与劳动力市场直接对接更便利也更有效，但目前中国的职业教育和培训机构的专业设置改革相对滞后。

第一，本科院校专业设置的重复率过高，特色不鲜明。以各省、市、自治区 2016 年招生专业为例，会计、物流管理、酒店管理等专业同时在本科和其独立的高职学院招生，重复率超过 50%。[②] 而现实情况是，财务 APP 系统、智能仓储和机器人酒店服务已经开始侵蚀劳动就业岗位，这些几年前的社会热点专业虽然具有投入成本少、考生欢迎度高等优势，但在未来很难适应劳动力市场的需求。第二，部分专业布点空白。数据分析、机器人制造与养护、新媒体设计等专业课程大多在企业内部员工培训上可以看到，而在职业院校和培训机构都非常少见。第三，部分专业改名不换内涵。有些专业带头人熟悉前沿产业，为了迎合社会热点，把原有专业更改名字，去“制造”“机械”“化工”等字眼，增“智能”“自动”“生化”等字眼，看似紧跟时代要求，其实师资、设备、实验室配置都没有变化。

---

① 2015 年、2016 年，《国务院关于第一批取消 62 项中央指定地方实施行政审批事项的决定》和《国务院关于第二批取消 152 项中央指定地方实施行政审批事项的决定》中取消了 7 项中央指定地方实施的教育行政审批，包括专业设置权。

② 详见各省、市、自治区统计年鉴高等学校分科招生数指标。

>>二、高校联动模式与产业融合态势不协调<<

高校跨专业、跨学科、跨学校的联动较少，以致产出成果与产业融合态势不协调，难以应对产业融合的“工匠”不足问题。高校联动模式与产业融合态势不协调的表现包括以下几个方面。

第一，学生跨专业选课、修第二学位随意性较强，对学科关联性并不了解，校方指导不够。很多学校允许学生跨专业选课、修第二学位，但学生大多根据个人兴趣或个人判断做出决策，他们对专业之间的关联性认知较少。学习者也希望所选修专业或第二学位能与主修课程或第一专业一脉相承，但他们获得相关方面的信息主要来自新闻媒体、社交网络等。在有导师制的学校中，导师能为学生提供一些建议，学校教务部门、学位办公室、就业指导中心则少有相关指导和咨询服务。总之，专业化、系统化的指导不够，信息来源渠道少，信息不充分。

第二，中国的大学扩招更集中在文、法、经类学科，理工类学生占比下降，大学的科类人才培养结构与中国的创新特征不匹配。本科学科门类结构在扩招前后的变化非常明显。1998 年、1999 年，自然科学类(包括理、工、农、医类)在校本科生占比分别为 66.5%和 65.3%，2016 年下降至 49.1%，下降约 15 个百分点，社会科学类(包括文、法、哲、史、经、管、教类)在校生占比已经超过自然科学类。2013 年以来，中国几个高端技术产业的求人倍率一度达到 2.0 左右。真正实现“大众创业、万众创新”，不可能走“去农业化”“去工业化”道路，现代农业、高端制造业也是重要的创新领域。不仅如此，高端服务业中的很多服务类产品都是前两个产业的衍生产品，例如高端医疗保健器械的创新带动第三产业中医护服务的变革。因此，文科类大学和理科类大学的协同发展也是影响产业融合的重要环节。产业融合发展需要不同类型的“工匠”，某一科类“工匠”的缺乏程度决定了“短板效应”的产生。

第三，中国高等教育资源在地理空间上分布不均衡，跨校合作存在地理障碍，影响复合型人才培养，不利于产业融合发展。改革开放后，国家为了尽快提升部分高校综合实力，采取倾斜性投资的方式建设大学，顺应了当时中国高等教育发展的现状，也取得了丰硕的成果。但这也造成了高等教育资源在空间上分布不均衡。最近几年，国家不再增设“985”“211”高校，但是非均衡发展影响了学校的跨区合作。以“985”院校为例，39 所院校仅分布在 18 个省、市，其中东部地区有 22 所，北京有 8 所，上海有 4 所。跨校合作的地理障碍导致部分产学研合作项目不能多校联动、多区联动，影响了依托科研项目培养人才的效果。

>>三、培训专业化没有满足劳动者技能充电需求<<

中国培训市场还不够发达，且培训市场提供的技能培训项目时效性较强，能满足劳动者短期技能提升需求，也适用于低技能劳动者的临时性“充电”，但不够专业化、系统化；正规教育提供的专业化学位较为系统、全面，能满足劳动者长期需求，但是很难适应瞬息万变的新经济形态。

第一，中国职业培训市场规模尚待扩大，格局有待拓宽。据 2016—2021 年中国教育培训行业市场需求与投资咨询报告统计，[①] 2016 年，在市场化的教育培训机构中，职业培训所占市场规模为 1 120.5 亿元，仅占整个培训市场的 6.8%。从企业规模上来看，中小型职业培训机构数占比达到 90%以上，该市场呈现出极度分散的格局。2008 年经济危机之后，很多劳动者面临被解雇或转岗，对培训需求增加，目前的职业培训市场处于供小于求的状态，基于新技术的线上和线下市场都有待扩张。

第二，市场提供的培训期短，培训科目单一，需要劳动者具备一定基础知识的服务项目只对部分“工匠”临时充电有效，长期性、专业化服务项目缺乏。在小规模、碎片化的职业技能培训市场中，软件应用、报表设计、新媒体使用等短期、单一科目的培训服务有所增加，这些项目主要是为需要维持原岗位又有必要提升职业技能的劳动者设计的。以财务软件应用为例，在过去，做会计核算的劳动者只需会使用算盘或者计算器就能胜任工作，但电子化办公的需要使得他们不得不学习财务软件操作知识，而这些劳动者大多接受过正规学历教育，具有一定计算机基础，只需要进行短期培训就能实现岗位技能升级。但是，财务管理、财务审计这些更具专业化的服务项目很难依托短期培训进行，加之高校缺乏毕业生返校回流进行人力资本再积累的机制，劳动者面临再就业瓶颈。

第三，市场提供的简单易学、技巧性不高的服务项目针对低技能“工匠”上岗训练有效，这些培训对劳动者岗位技能升级作用不大。在劳动力市场中，一部分培训是针对就业能力一般、面临转岗的劳动者设置的，如推拿按摩、育婴，参与这类培训的人群可能包括残疾人或者文化水平不高的中年女性从业者。另外，这些培训往往与技能资格证考核挂钩，岗位对应的市场需求量较大，所以具有一定的市场地位。这些培训项目结束后，劳动者需要在实践中积累经验才能成为娴熟工人。但是，如果劳动者希望成为技能超群的“工匠”，在劳动力市场中占据不可替代的地位，则需要配合更专业化的学习。

---

① http://www.chinabgao.com.

>>四、软性伦理教育未跟进硬性新技术发展<<

伦理教育与职业道德教育是培育大国工匠的重要内容，技术层面的工匠技艺越高超，越需要扎实的人文修养做铺垫，在新经济形态下，这一问题显得尤为突出。

第一，教育与个人行为习惯的养成是应对硬性诚信体系网络的基础。随着互联网技术在各个领域的广泛应用，个人的大部分特征或行为，包括基本信息、学习经历、信贷资质、技术技能资格、工作对象评价等内容都可以通过信息系统查询，硬性诚信体系建设即将完成，软性伦理教育的步伐有待跟进。例如美国联邦贸易委员会联合了澳大利亚、奥地利、比利时、加拿大、智利和挪威等28个国家的政府部门和消费者协会对全世界的网站进行了有史以来规模最大的一次检查活动，发现带有故意欺诈消费者行为的网站至少有1 600家。① 传统的欺诈营销行为与现代化技术结合之后，其扩散速度与扩张范围都将成几何级数增长。

第二，除了基本的思想政治课程之外，渗透于其他课堂的科技伦理教育应该被提上日程，让科学知识和如何合理借用科学知识都印入学生的大脑。生命科学、新材料、新能源、人工智能等领域内的科学技术革命，将更加深刻地影响甚至改变人类的生产生活方式。相应地，对人的价值的认识、对生存环境的认识、对人伦关系的认识等都属于隐性知识，需要在正规教育阶段进行渗透。科技本身不具有危害性，应用科技的人是危害的造就者，因此，培育大国工匠不等于“生产”一批通晓前沿知识的劳动力，而是培养具有科学知识和人文情怀的劳动者。

第三，信用价值体系构建已经开始从学历教育构建，但是基于市场的培训机构还没有形成值得信赖的价值链。学生信息电子档案的建立使得假学历、假文凭很容易被发现，但是培训机构与用人单位、高校合作的“虚假培训”“套利培训”“邀功培训”依然存在。

第三节　培养大国工匠的途径设计

培养大国工匠，在学历教育和培训两方面双管齐下，从短期和长期出发才能真正使“工匠”储备、“工匠”使用、“工匠”充电、“工匠”转型等多重效应在不同经济环境下发挥作用。学历教育发挥其系统性、专业性特征，完成打造“工匠”核心竞争力的使命；培训发挥其时效性、市场敏感性特征，满足“工匠”临时充电的需求。新经济导致劳动力市场的延展性增强，教育领域知识范围在扩展。培养大国

① 赵强：《新科技时代的伦理道德》，载《光明日报》，2000-04-05。

“工匠”有两个大的方向定位：一是如何培养高端科技研发人才，二是如何培养能紧跟时代发展的、有迅速流动能力、诚信耐劳的一般劳动者。具体可从以下几个方面入手。

第一，专业调整。一方面，适当压缩金融、会计等正在或即将被人工智能等新科技大量替代的专业招生名额，适当增加基础理论学科以及新型应用型学科，如新材料、生物工程、计算机、大数据等相关方面的专业招生，夯实人才库。另一方面，积极鼓励被压缩专业的学生结合个人发展方向找到学习定位，或是朝科研方向努力，继续深造，成为相关领域的高端人才，或是学习其他相关专业课程，成为复合型人才以适应劳动力市场需求。

第二，选课指导。建立导师组、学位办公室、教务处、就业指导中心搭建的专业选修和第二学位申请指导平台，让学生了解不同课程、不同学科间的交叉性与关联性，学生在选择过程中不仅灵活自由，而且有的放矢。对于定位研究方向的学生，就业指导中心可以暂时不介入，主要由导师、学位办公室、教务处进行学情指导与分析；对于定位应用方向的学生，就业指导中心可以全程介入，帮助其了解新经济形态下的产业和岗位特征。

第三，创新训练。除了开展产学研合作、增加创新课程这些颇有成效的措施之外，把创新思维的训练渗透到日常教学各层面，以无形之法造就有形之才。尽量让学生通过自行搜寻整理资料在课前了解新知识产生的背景、发展历程，提升主动发现问题的能力；在授课过程中增加学生与教师就科学问题的民主讨论、开放式研讨，训练发散思维。学生的课下任务可以采取团队协作、研究报告、讲述演绎等多种方式完成，提高研究能力，加强综合素养训练。

第四，教育资源重组。教育资源分配不均衡的问题除了可以通过停止倾斜性投资来解决，还可以通过教育资源重组的方式进行。大学联盟是实现教育资源重组的有效途径，产业层面的跨区合作为大学联盟提供了机遇，基于产学研合作平台进行跨校合作，借力企业资金等支持或便捷条件形成跨校合作，优质院校把部分科研任务“转包”给其他地区的一般院校，或者在企业设立实验基地，在整合资源的过程中实现人才培养的溢出效益。

第五，标的培训设计。首先，适应新经济的培训项目大多需具备目的单一、时效性强的特征，能适应暂时性需求。例如，英语培训机构专门针对境外交流人员进行的口语培训精短有效。其次，培训项目的设计可以学练结合。新经济形态到来后，有些低技能劳动者面临转岗，虽然新技术的学习并不困难，但是需要反复实践训练才能提高效率，因此基于学徒制的带班服务模式可以借助共享平台实现自由组合，同时能满足失业人员短期有岗。最后，培训项目可以针对特殊人群专业订制，如针对传统人力资源管理者的人事软件使用的培训，针对残疾人的网络销售培训等。

第六，基于“互联网+”的自适应网络学习平台搭建。很多接受过较好的学历教育的劳动者具有很强的自主学习能力，部分实操性不强的新技术只需要借助网络学习平台就可以获取。自适应网络学习平台由大数据、人工智能、机器学习等前沿科技与在线教育有机结合，能节约学习者资金成本和时间成本。

第七，机构联合模式的人力资本“充电桩”建设。培训机构能满足劳动者的短期充电，但是有些劳动者需要的是更专业化的教育培训服务，有两个方法可以解决这一问题。一是培训机构与高校联合，把应用性较强的前沿课程通过现代化媒体传播，以 MOOC 等形式发布到学习平台。二是高校联合设计毕业生回流学习机制，大学生毕业后有返校进行人力资本充电的需求时，可以根据工作地需求在任何联合院校申请再教育，简化终身教育流程。

第八，道德修养教育。道德修养教育贯穿整个教育培训系统变革。一方面，学校可在学术委员会中设置道德伦理委员岗位或者直接设立道德伦理委员会，监督学生学术道德，建立诚信监督机制，让道德规范成为习惯，而不是等到网络系统或者电子系统把违规违纪单据打印出来才发现问题的严重性。另一方面，政府对培训机构的监督也是必不可少的，新经济的诱惑力与价值在于用户与数据、新型法律关系和雇用关系、信息的共享，这些新的伦理关系需要培训机构在服务的过程中给予提示和解释。

总之，一个兼有显性知识和隐性知识的“工匠”与共享经济的特质更加匹配。无论是哪种层次的教育，灌输显性知识和隐性知识是同等重要、缺一不可的。

第三篇

制造强国应对劳动力市场变革的国际比较

第十章

新技术对美国劳动力市场的影响及应对政策

以机器人自动化、人工智能等为代表的新技术正在改变美国经济的各个方面。研究数据表明，1993—2007年，美国的机器人数量翻了4倍，其中机器人与工人数量的比已经达到了1比1 000。IFR预测，到2025年，机器人的数量将从目前的150万～175万台增加到400万～600万台。[①] 其中，自动化部门使用的机器人可以到39%，其次是电子产业(19%)、金属制造业(9%)、塑料和化工产业(9%)。

这些变革将在未来持续推动美国劳动力市场向着技术型发展。一些原本需要人力的任务变成了自动化任务，如传统制造业、公共政策等行政支持行业的大量工作将会被替代；与此同时新技术也会创造一些新的工作岗位，如自动化产业、健康医疗等行业将会产生大量工作需求。此外，未来会有更多需要具备社交能力、技术分析等技能的工作，从事日常事务型工作的中等技能人员、蓝领工人以及没有大学以上学历的人员将会受到较大冲击。为此，美国相关部门正在制定和调整相应的应对政策，包括增加研发投入、增加教育培训、为劳动者转型提供帮助等，以应对新技术带来的劳动力市场影响。

第一节　新技术对美国劳动力市场的影响

尽管很难准确预测未来机器自动化、人工智能等新技术对就业的影响，但我们仍可以根据目前的研究就以下几个方面进行简单总结。

① Sirkin, H., Zinser, M. and Rose, J. R., "The Robotic Revolution," *The Boston Consulting Group Report*, 2015.

>>一、整体就业的影响<<

新技术变革无疑会对美国就业造成一定影响。一方面，很多现有的工作将会被成本更低、效率更高的技术所取代，从而造成大量工人失业。凯恩斯早在1930年便预见性地提出了因技术变革而导致失业的“技术失业”概念，并且预言在未来的90年内随着科技的飞速发展，将会发生大量“技术失业”。同样，20多年后，卫斯理·列昂替夫也表达了对未来越来越多的工人会被新技术取代这一担忧。近期的实证数据表明，机器人技术的引入会造成相关工作岗位的丢失。比如Acemoglu和Restrepo(2016)根据1993—2007年美国各地区企业增加机器人对当地就业率和工资水平的影响进行了估算，他们发现与没有引入机器人的地区相比，每引入1个机器人，将会造成当地平均6.2个工人失业，同时降低平均工资0.73个百分点。[①] Frey和Osborne(2013)则根据被机器自动化取代的可能性划分了702种职业，并且预测未来20年，美国将有47%的职业面临被机器取代的风险。[②]

另一方面，尽管一些工作被取代，机器自动化也在创造新的就业机会。经济合作与发展组织(OECD)的研究人员指出，机器自动化的目标是提高工作效率而不是代替现有职业，它在本质上会形成新的工作岗位。[③] 因此很多职业不会消失，只是工作内容发生改变，其中一些相关任务变得更加可自动化。据此推断，未来只有9%的职业有完全消失的风险。而美国过去的经验也表明，技术进步通过创造新的工作机会补偿了因技术进步被替代的工作。比如，在1900年，美国有41%的劳动力在农业部门就业，到了2000年，由于农业机械化，这一比例下降到了2%，从农业部门流失的劳动力先是去了工业，后来又转移到了服务业。

从整体来看，新技术一方面会对部分工作产生替代效应，另一方面又创造了新的工作岗位。而劳动力从旧的被替换掉的工作岗位转移到新工作岗位，虽然会造成个体短期性的失业，但对美国整体长期失业率和就业率并没有明显影响。图10-1和图10-2展示了美国1947—2016年就业率和失业率的变化情况。从图中可以看出，从1947年第二次世界大战后到2008年经济危机，尽管长达60年，美国经历了以信息技术革命为主的一系列重大技术进步，其整体的就业人数和就业

① Acemoglu D. and Restrepo P. “Robots and Jobs: Evidence from US Labor Markets,” *Working Paper*, 2017.

② Frey C. and Michael Osborne M. “The Future of Employment: How Susceptible are Jobs to Computerization,” *Oxford University Working Paper*, 2013.

③ Arntz M., Gregory T. and Zierahn U. “The Risk of Automation for Jobs in OECD Countries: A Comparative Analysis,” OECD Social, *Employment and Migration Working Papers* No. 189, 2016.

率仍然稳步上升。2008年以来就业率出现了大幅下降，但其主要原因并不是新技术和机器人的采用，而是经济危机造成的。从1947年到2016年，在长达近70年的时间内，美国的失业率一直维持在10%以下。70年代以来出现的几次失业率大幅上升也主要是由于出现了几次较大的经济危机。

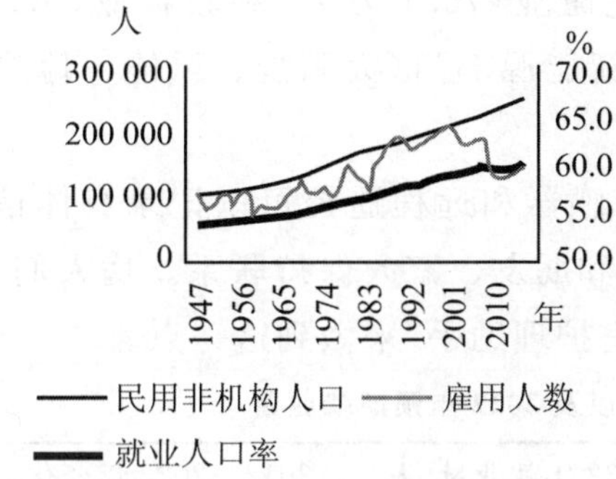

图 10-1　1947—2010 年美国就业率

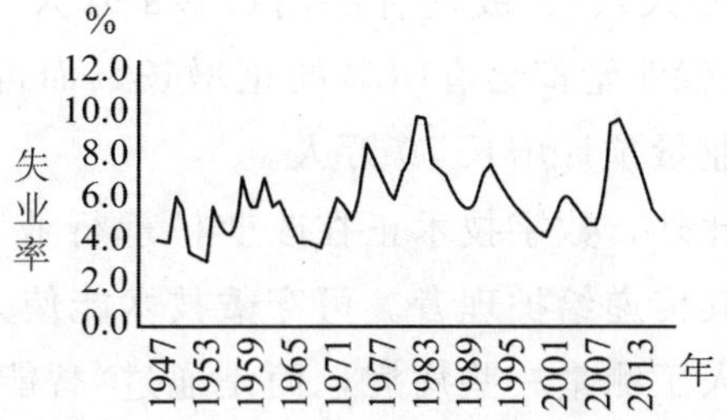

图 10-2　1947—2013 年美国失业率

资料来源：美国劳动统计局。

>>二、具体就业的影响不同<<

新技术除了对总体就业影响之外，对美国各行业和职业、不同技能和受教育水平的人群都会产生不同程度的影响。

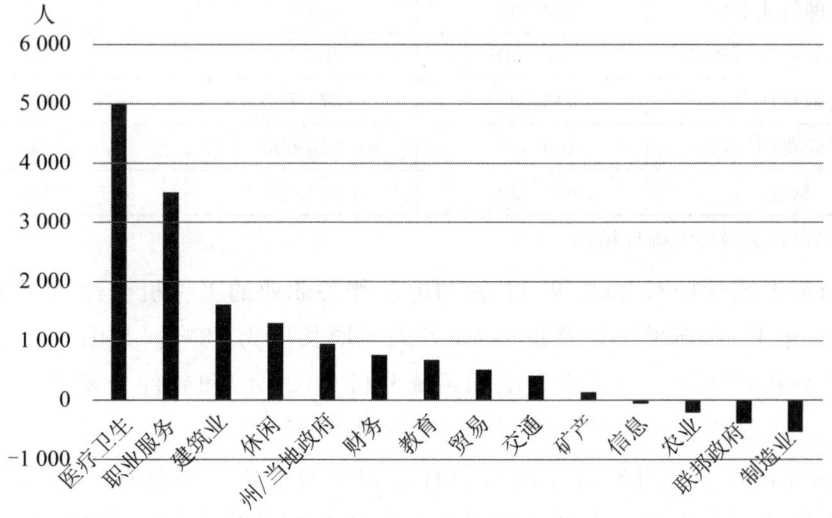

图 10-3　2012—2022 年美国未来各行业就业量预测

资料来源：美国劳工统计局。

图 10-3 展示了美国劳工统计局(BLS)对各产业部门 2012—2022 年就业量变化的预测结果。从图中可以看出，医疗部门的就业量增长最多，年增长 2.6%，

未来10年该部门预计增加400万个新工作岗位，并且将成为美国经济增长最快的产业之一。医疗保健工作就业量从2014年9月至2015年9月增加了23%，达到惊人的85.22万人。预计到2025年，美国至少将需要12.4万名医生和50万名护士。其他领域，包括职业服务(350万人)、建筑业(160万人)、娱乐和家政(130万人)、各级政府部门(92.9万人)、金融业(75.1万人)和教育业(67.5万人)的就业量都会有明显的正增长，而可更新能源部门(太阳能、风能、地热能)的就业量预计增长70万人。

此外，数字技术正在改变护理行业。传感器和远程遥控可以记录身体信息，并将其传递给护理者。可穿戴技术能使人们和朋友、家人保持联系。病人们不再需要人工测量一些病症，而是通过“智能家庭护理助手”来做到这一点。

表10-1　IT行业2012年就业量以及2022年预期就业量

	2012年就业量(人)	2022年就业量(人)	2012—2022年变化(%)
信息安全分析师	75 100	102 000	37
电脑系统分析师	520 600	648 400	25
软件开发员	1 018 000	1 240 600	22
网页开发员	141 400	169 900	20
电脑支持专家	722 400	845 300	17
数据库管理员	118 700	136 600	15
电脑和网络研究员	26 700	30 800	15
电脑网络建造师	143 400	164 300	15
网络电脑系统管理员	366 400	409 400	12
电脑程序员	343 700	372 100	8
电脑职业(其他)	205 800	213 600	4
总量	3 682 200	4 333 000	18

资料来源：美国劳工统计局。

美国劳工统计局对2022年IT和与电脑相关职业的工作机会进行了预测，预计到2022年IT业新增工作总量为65万人，增长率为18%。其中增长最大的是信息安全分析师(37%)，其次是电脑系统分析师(25%)和软件开发员(22%)。网页开发员、电脑支持专家等工作机会也会大幅增加。

图10-4展示了与机器行业的增长直接相关的工作，如电脑控制机器操作员和机械工程技师，还有一些可能被机器业的扩张创造出来的非直接相关的工作，如软件编程师和数据分析师的就业增长量预测，可以看出，2012—2022年，与研发、设计、发展和测试机器等相关的机器人工程师的数量预计会大幅增长，其中增长最快的是机控机械操作员和机器人工程师。

数字经济和网络可以让更多人实现在家办公的可能性。因此，美国预计未来将会

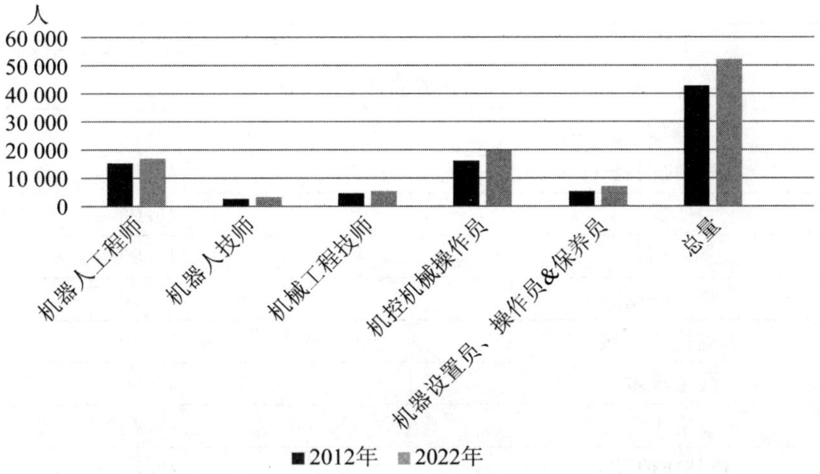

图 10-4　2012—2022 年美国与机器直接相关工作就业增量预测

资料来源：O＊NET，CitiResearch。

有更多工作为灵活工作模式，或者更多人从事自由职业。事实上有 5 300 万美国人是自由职业者，相当于美国劳动力总量的 34%。这些自由职业者中四成是独立合同者，27%是兼职(有传统的工作但同时也兼职)，18%是有多种收入渠道的人。

与此相反，制造业被广泛认为是流失工作岗位的领域。图 10-3 显示 2012—2022 年制造业的就业量将减少最多。此外，联邦政府及行政支持等行业、农业以及信息产业也会受到较大冲击。根据 BLS 的预测，未来美国将会减少 55 万份工作，联邦政府会减少 40.7 万个职位，农、林、渔、猎业将减少 22.3 万份工作。

表 10-2　美国各主要城市未来面临被机器替代的工作比例

城市	工作面临被机器替代的风险(%)
风险最低	
波士顿	38.40
华盛顿	38.40
罗利	39.70
巴尔的摩	40.40
纽约	40.70
布里奇波特	41.10
汤姆斯里弗	41.20
里士满	41.40
明尼阿波利斯	41.40
丹佛	41.50
旧金山	41.70

续表

城市	工作面临被机器替代的风险(%)
风险最高	
休斯敦	45.80
萨克拉门托	45.90
代顿	46.00
洛杉矶	47.00
哈里斯堡	47.10
俄克拉荷马城	47.10
大急流城	47.90
雷丁	48.40
格林斯伯勒	48.50
拉斯维加斯	49.10
弗雷斯诺	53.80

资料来源：Berger，Frey and Osborne(2015)。

美国不同城市面临工作被机器自动化替代的风险也不尽相同(见表 10-2)。其中，波士顿和华盛顿因其良好的教育水平和丰富的高端人才成为风险最低的两个城市。尽管如此，这两个城市仍然有高达 38.40%的工作未来会被机器人替代。拉斯维加斯和弗雷斯诺是风险最高的两个城市，其中弗雷斯诺未来预期会有 53.80%的工作被机器替代。

尽管美国制造业就业将受到严重冲击，但其自动化产业将会创造更多新的就业岗位。比如 2010—2015 年，美国自动化产业安装了超过 6 000 台工业机器人，然而该部门的雇用者同时也增加了 23 万人。麦肯锡全球研究院预测，未来九成以上的工作不会完全自动化。相反，机器人和人类可以共同工作。美国劳工统计局预测，自动化部门的工作增长量将达到 26 万个。数字技术产业虽然直接创造的就业数量比较有限，但间接支持的就业可能非常可观。比如，世界银行在 2016 年的报告中指出，美国一个高科技职位能在其他部门带动产生 4.9 个工作岗位。①

根据普华永道(PwC)对美国劳工统计局的数据分析，机器人精细化程度最高的制造部门，如汽车、电子、金属等作为劳动力总量的一部分，雇用的机械师和工业工程师的数量超过精细化程度较低的产业部门 20%，安装保养和维修工人的数量是后者的两倍，并且工资也比别的产业部门要高。这些部门一般拥有更多的生产线工人，并且这些工人的工资比机器人精细化程度较低的部门要高。

青年人在未来的职业开始阶段面临的风险较大。他们的工作经历往往将与机

① 世界银行：《 2016 年世界发展报告：数字红利概述》，2016。

器人、机器识别、人工智能相关。据美国教育部门统计，2010—2020 年 STEM 类型的工作将增长 14%，然而只有 16%的美国高中生精通数学并且对 STEM 职业感兴趣。由于女性通常从事护理工作和医疗保健工作，未来随着人口老龄化和医疗保健行业工作需求的增加，这些行业的人不会受到技术变革的影响。而少数族裔即使在最好的时代也面临惨淡的就业前景，他们没经过高技能培训，要适应先进机器的新型工作会很困难。另外，他们获得数字技术培训的能力也由于较难接触网络而受到限制。分析显示，他们中的很多人无法使用高速网络，这阻碍了他们的学习和就业。他们很少使用自己的手机，也很少在家里上网或者在计算机和软件方面得到详细指导，这限制了他们适应 21 世纪劳动力市场的能力。

>>三、就业呈现两极化趋势<<

和许多其他 OECD 国家一样，美国近年来也呈现出以“中等技能被挤压”为代价而高技能和低技能的就业率增加的就业两极化现象。

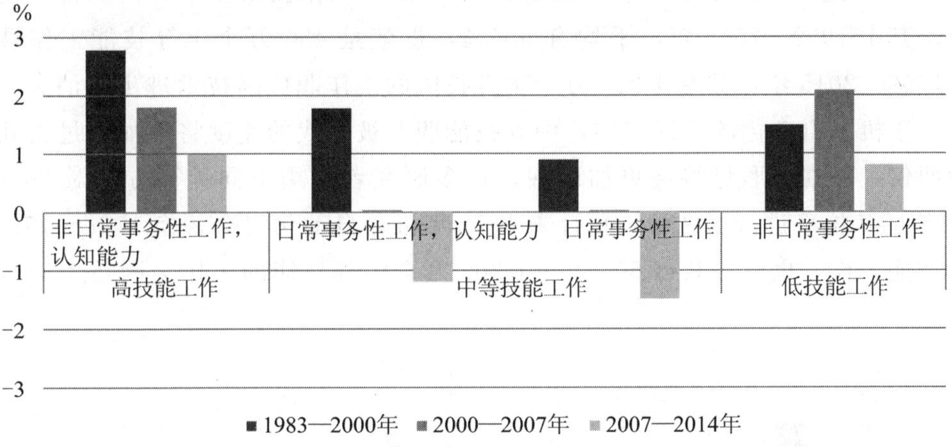

图 10-5　1983—2014 年美国不同技能水平工作就业增长率

资料来源：BLS 和 CitiResearch 根据 Valletta(2015)家庭调查数据整理计算。

图 10-5 展示了 1983—2000 年、2000—2007 年以及 2007—2014 年低技能工作、中等技能工作和高技能工作就业的变化情况。其中高技能工作指非日常事务性、需要一定认知水平完成的工作，中等技能工作指日常事务性工作，根据工作中是否需要一定认知能力又分为两个档次，低技能工作不需要日常事务性的工作，但也不需要用到认知水平就能完成的工作。

从图 10-5 可以看出，1983—2014 年的三个时间阶段，高技能工作和低技能工作就业率都出现了不同幅度的上升。其中 1983—2000 年，高技能工作就业出现明显增长，低技能工作也增长显著；2000—2007 年，低技能工作高于高技能工作就业增长率；而 2007—2014 年，高技能工作则高于低技能工作增长率。中等技能工作则经历了 1983—2014 年的正的增长率到 2000—2007 年的无增长。而到了 2007—2014 年，无论工作是否需要认知能力，以日常事务性工作为主的中等技能工作则出现了明显的负增长。

表 10-3　美国经济体中等技能工作被替代的份额和数量

年份	1959—1969	1969—1979	1979—1989	1989—1999	1999—2007	2007—2015	2015—2025
份额(%)	5	4	7	6	9	8	最低估计 10 中等估计 13 最高估计 15
工作数量（百万）	2	3	5	5	6	6	8～12

资料来源：BLS，O＊NET，KatzandMargo，2013，Acemoglu and Author，2010；Brancheau and Wetherbe，1990，MGI。

表 10-3 进一步展示了 1959—2025 年中等技能工作被新技术替代的百分比和数量。其中 1959—2015 年，平均有 6.5%，也就是 450 万个中等技能工作被替代。1999—2015 年，共有 1 200 万个中等技能的工作职位因技术进步而消失。而未来由于机器自动化的广泛使用，中等技能职业被替代的速度将增加到过去几十年的两倍，面临的形势将会更加严峻。很多研究者运用不同计算方法对 2015—2025 年的替换率进行了估计，预计未来 10 年机器自动化将会替换 10%～15%的中等技能工作，也就是共有 800 万～1 200 万个中等技能的工作会因技术进步而消失。

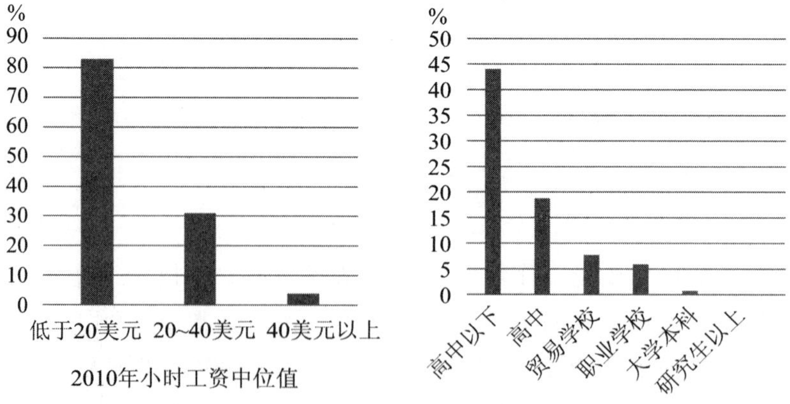

图 10-6　美国不同工资水平和教育水平工人被机器自动化替代的比例

资料来源：CEA 根据美国劳动统计局和 Frey and Osborne(2013)计算得出，Arntz，Gregory，and Zierahn(2016)。

美国经济咨询局(CEA)根据 Frey 和 Osbourne 的分析按照小时工资水平对工作进行分类，发现每小时工资在 40 美元以上的工作只有 4%会受到机器自动化的影响；20～40 美元的工作只有 31%受到影响；然而每小时工资低于 20 美元的工作却有高达 83%将受到自动化的影响。此外，OECD 研究发现，被机器自动化替代的可能性随着教育水平的增加而降低。44%低于高中学历的美国工作者所从事的工作很可能会被自动化取代，而大学本科和研究生以上学历的工作者几乎不会受到影响。由于受教育水平和工资水平都与技能正相关，这进一步表明未来机器自动化对低技能劳动者将会产生较大冲击，而对高技能劳动者影响较小。

表 10-4　1980—2015 年美国所需技能职业就业增长率

所有职业	50%
需要较高社交技能的职业	83%
需要较高分析技能的职业	77%
需要较高体能的职业	18%

资料来源：PWC，O * NET，IPUMS。

表 10-4 显示了 1980—2015 年以来，美国需要具体技能的职业就业增长率。1980 年以来，具有较强社交技能，也就是具有交际、交流或者管理技能的工作从 4 900 万个增加到 9 000 万个，增长率高达 83%。而具有较高水平的分析技能，包括具有批判性思维和电脑使用的工作从 4 900 万个增加到 8 600 万个，增长率为 77%。相比之下，需要较高水平的操作或者生理技能的工作，如机器操作和体力操作工作的变化则相对较小。

>>四、工作模式发生改变<<

技术进步带来的显著变化是生产效率的显著提高，周工作小时的大幅减少和实际工资大幅上涨。相比 1950 年，2014 年美国人均工作时间减少了 10%，[①] 实际工资相比则有所增长。在与技术相关的“新产业”中，工人的工作水平显著高于其他传统产业的工作水平。由于新技术使得生产率在短期内得到极大提高，人们将有更多闲暇时间和精力从事教育、志愿工作与交流发展。

尽管新技术会使生产效率显著提高，但这种效率提高所带来的财富增加会造成收入差距的进一步拉大。20 世纪 70 年代以来，信息技术革命导致美国的生产率显著提升。与此同时，美国国内的收入差距也在逐渐拉大，90%的家庭占全美收入的份额从 2/3 下降到 1/2，生产效率提高带来的实际工资增长并没有转移给

① Lin, “Futurework-Trends and Challenges for Work in the 21st Century,” *Technology*, 2009.

低收入甚至中等收入的工人。目前全职工作者的平均收入是每周 1 200 美元，而低端的只有 275 美元。未来机器自动化和人工智能等技术将会替代大部分中低技能劳动者，并加剧这部分人群的失业现象，因此未来收入差距极有可能进一步扩大。

第二节　美国的应对政策

为了帮助美国更好地应对机器人、人工智能等新技术给未来经济和劳动力市场带来的影响，白宫于 2016 年 10 月和 12 月分别发布了 *Preparing for the Future of Artificial Intelligence* 和 *Artificial Intelligence，Automation and the Economy* 两份报告。报告指出，尽管在已有的证据下新技术对未来的影响还没有明确的预测，但确定的是新技术的使用会加速就业市场的改变。总结过去经验，政策制定者需要为未来可能的结果做好充分的准备。为此，报告提出了三大应对策略。

>>一、增加研发投入<<

研发(R&D)被认为是美国技术领先于世界的重要原因。美国有推动科技发展的较全面的配套政策，首先集中体现在多渠道的投入和科研资金的分配，以及科研组织的多轨并举方面。比如美国曼哈顿计划的实施、阿波罗计划的成功、新一代航天飞机的升空等都说明研发投入对发展科技的重要性。因此，通过对研发的投资，政府可以进一步促进机器人、人工智能等新技术领域的发展。为继续保持这些领域的领先地位，美国近年来持续加大对相关方面的研发投入。2015 年，美国政府在有关人工智能技术方面的研发投资达到近 11 亿美元，而到了 2016 年该项投资增长到 12 亿美元。

美国在信息通信产业研发的投资超过世界相关方面投资的一半以上，从 2014 年的 1 030 亿美元增加到 2016 年的 1 186 亿美元。

美国另一个研发投入的主要领域是自动化部门。自动化部门预计在未来几年呈现出强劲的增长趋势，能源(电能)、自动驾驶系统(人工智能)等领域将是促进增长的主要驱动力。因此，美国在自动化方面的研发投入也是逐年增加。

>>二、增加教育培训<<

机器自动化将造成传统制造业工人、中等技能的日常事务性工作人员、低技能蓝领工人以及学历较低工人的大量失业。因此，需要增加相应的教育培训以帮助被淘汰的工人尽快掌握新技能以便重回就业市场。未来劳动力市场所需的技能要求和工作性质将会发生改变，更多的工作需要社交以及数据分析等技能。比如工作从制造业转换为零售业，需要更多交际、顾客服务和销售技能，而成为一位数据研究员需要数学、统计学、计算机科学或者工程学的学位。劳动者要掌握这些高级技能不是简单的事情，需要在教育和培训上进行很多投资。

首先，美国最近几年注重为儿童提供高质量的早期教育，尤其为低收入家庭提供数学、社交技能方面的培训，以保证所有家庭的孩子为后续的教育做好准备。政府通过“总统计算机科学项目”为所有 12 年级的学生提供计算机相关技能的培训，并制定评判标准、进行课程设计以及对相关教师进行培训等。此外，美国还在各个学校和图书馆配置数字化设备以方便学生学习相关知识。2013—2015 年，超过 2 000 万名学生可以在学校使用无线网，未来将有 99％的学生可以实现在校联网。未来的大学和职业培训主要放在对数学、阅读、计算机科学以及批判性思维的训练上。

其次，由于美国历来主张劳动力市场自由化，因此相比于其他 OECD 国家，美国在积极的劳动力市场政策方面，尤其是培训方面落后于其他 OECD 国家。如 2014 年 OECD 国家在积极劳动力市场政策方面的投入占 GDP 的 0.6％，而美国只占 0.1％。为了应对未来工作的快速转变，美国正在加大对劳动者的培训和再培训。过去 8 年，美国政府已经在半数社区大学开展了以工作为导向的培训项目(job-driven training program)，包括健康护理、信息技术、电力和其他工作需求紧俏的行业，截至目前已经培训了近 30 万人。

最后，终身学习将成为一个必然。一方面，终身学习可以适应技术创新所带来的社会变革；另一方面，终身学习可以开发新的技能，比如创作艺术、音乐和戏剧等，以丰富自身经历。

此外，美国还专门制订美国联邦技术培训计划(FTTI)，旨在联合培训师、教育者和信息技术专家建立学习交流会，为那些寻求提高技能或者学习新技能的人提供有关培训的信息。一旦用户在职业信息网找到并确定了某一个职位，他就可以使用学习交流会来满足培训需求和利用附近的培训资源。

>>三、为劳动者工作转型提供帮助<<

第一，为帮助求职者找到合适的工作，美国劳工部创立了虚拟劳动市场——美国职业网，以帮助求职者获取本地劳动市场和职业发展的相关信息，这些信息包括哪些工作岗位未来需求量会增加，它们需要什么技能。此外，劳工部还引入美国工作银行和美国人才银行为美国职业网提供技术支持。其中，美国工作银行是需求方网站，雇用者列出了超过百万个职位供求职者每日浏览。注册的雇主每天可以上传新的工作岗位，保持需求更新。美国人才银行则是供应方网站，可以为求职者贴简历的网站，目前人才银行拥有 40 万份简历。劳工部正在建立 O*NET 职业信息网，以便使用更快捷的方式来链接上述美国职业网站。

第二，为了帮助因国际贸易而失业的工人们再就业，美国劳工部专门设立了"贸易调整协助项目"和"北美自由贸易协定转型调整协助项目"。这些项目为失业工人提供了一系列综合服务，如收入支持、再培训、再就业等。失业工人可以获得在通勤区外工作的找工作津贴，异地找到工作的工人可获得搬家津贴等更多帮助。

第三，联邦政府为雇用和留住残疾工作者提供必要的投资。例如，1990 年由美国国防部建立的 CAP 旨在为国防部和其他联邦机构的受雇者和管理者提供残疾人协助技术设备，包括大屏显示器、声音识别软件、独立键盘、盲文显示器和打印机等工具，使得电脑和通信系统可以为残疾人所用。这一措施为残疾人拓展了就业机会。该项目也为需要参加长期培训的残疾人赞助手语解读器、阅读器以及个人助手，提供精确及时的需求评估，建立 CAP 技术测量中心或提供 CAPTEC 等各种协助技术和设备。

第四，为失业者提供更多社会保障。1975 年，美国采用逆经济所得税、收入所得税减免为贫困工人提供收入补贴。这个项目持续了 40 年，如今每年为没有孩子且收入少于 14 820 美元的个人补贴 500 美元，有 3 个或以上孩子且收入少于 53 267.5 美元的家庭补贴 6 242 美元。未来，美国政府将会进一步实现社会保障的现代化，包括探索对失业等情况的关键支持。

第三节　对中国的启示

总体来说，机器自动化将重塑美国劳动力市场。比如，传统制造业、以日常事务为主的中等技能工作将受到较大冲击，相关领域将会出现大规模失业和产业转移；劳动技能较弱的人越来越难找到工作，贫困人口会增加，贫富差距可能进一步拉大；健康医疗产业、教育以及与社交技能和专业技能，尤其是计算机相关的领域将会产生新的就业机会。美国的经验告诉我们，为了更好地应对新技术对劳动力市场的冲击，需要政府、相关行业、技术和政策专家以及公众密切合作与持续参与，尤其是政府部门应该未雨绸缪，积极应对未来各种可能的影响。具体来讲，中国政府可以从以下几个方面采取相应措施。

第一，由于新技术可能会造成高、低技能工作增加而中等技能工作被挤压的就业"两极化"情况，尤其是机器人自动化可能会替代大量日常事务性工作。因此如何帮助中等技能和低技能工人顺利进行工作转换尤为重要。这其中的关键是提供针对性强、专业对口的培训。我们可以借鉴美国的经验开办社区培训班，或者依托学校资源向这些再就业人员提供计算机技能等专门培训；可以依托目前的网络、微信等平台为这些再就业人员提供相关培训课程、就业信息等综合性求职招聘网站，也可以为这些求职者提供简历制作、职位咨询等服务。

第二，由于未来的工作需要更多交际技能、计算分析等能力，学校教育应该进行相应课程改革，在各中小学开设更多数学、计算机编程、社会交往技能等必修课程。政府财政也应该提供专门的经费用于培训相关老师、课程设计与开发以及为各中小学提供相应的硬件设施。此外，学校还需要培养学生终身学习的习惯，以便更好地适应未来快速变革的工作模式。

第三，调整劳动关系与社会保障以帮助人们适应未来的工作。首先，未来的工作会出现更多灵活就业、兼职以及自由职业者。与此相对应，劳动关系和劳动合同都会发生一定改变。因此，政府应该尽快制定相应的法律政策以保障这些新型就业人员的劳动权益，同时帮助他们缴纳相应的医疗保险、养老保险等。其次，美国的经验告诉我们新技术将对中低技能的人群造成较大冲击，而对高技能劳动者的影响较小，技术进步导致的生产率增加和工资上涨并没有惠及低收入人群。因此，我们应警惕未来技术进步可能会造成收入分配的差距拉大，并应该制定相应的再分配政策以保障低收入人群的利益。

第十一章

德国"工业4.0"背景下的劳动力市场变革

相较于19世纪中期的恶劣名声，20世纪中后期以来，"德国制造"已经成为全球制造业的新标杆。德国制造业不仅门类齐全，而且在汽车制造、机械制造、化工医药、电子电气和环保能源方面具有绝对优势。德国作为全球制造业的领头羊，正在与瑞典、奥地利等国家携手引领全球制造业的全面升级转型。本章将探讨德国制造业与劳动力市场的变革趋势，分析德国经济、"工业4.0"战略及劳动力市场的变革，并指出中国可以借鉴的有益经验。

第一节　德国的基本经济状况

>>一、德国经济总量在欧洲位列榜首<<

近年来，依托于良好的出口贸易形势和庞大的制造业工业体系，德国的经济体量在欧盟一直排名第一。2016年，德国GDP总量达到3.36万亿美元，占世界GDP总量的4.54%。虽然最近德国的经济增幅放缓，但仍然是整个欧盟地区的领头羊。2016年，德国人均国内生产总值高达48 834美元，远高于OECD国家平均水平。德国企业的竞争力主要来源于其产品的创新性和在全球市场中的地位，当前占GDP8.5%的经常账户顺差主要来源于此。①

① 参见德国央行行长2017年3月1日在斯洛文尼亚的演讲，https://wallstreetcn.com/articles/294273，2017-03-09。

>>二、德国经济年增长率强势反弹<<

德国经济曾在 2008 年经济危机后陷入低谷，但是伴随着德国实体经济，尤其是制造业的复苏升级，德国经济增长率强劲反弹。从图 11-1 来看，2012 年以来德国的实际 GDP 处于稳中有涨的趋势，在欧盟国家纷纷陷入欧债危机和难民困境的局面下保持稳定增长。根据德国经济部的统计，由于受到欧盟国家总体经济增长乏力、企业利润不足等环境的影响，德国的制造业面临着诸多考验，德国近 6 年来的工厂订单同比变动非常大，2011 年全年的订单量保持着高位增长，2012 年则遭遇严重滑坡，2013—2016 年，订单总体趋势明显增长，但是波幅较大。可见，德国制造业在战略转型升级期间存在一定波动，并受到欧盟总体经济形势冲击较大。然而，随着德国“工业 4.0”计划的推行，德国的经济发展有了长期有效的指导方针。

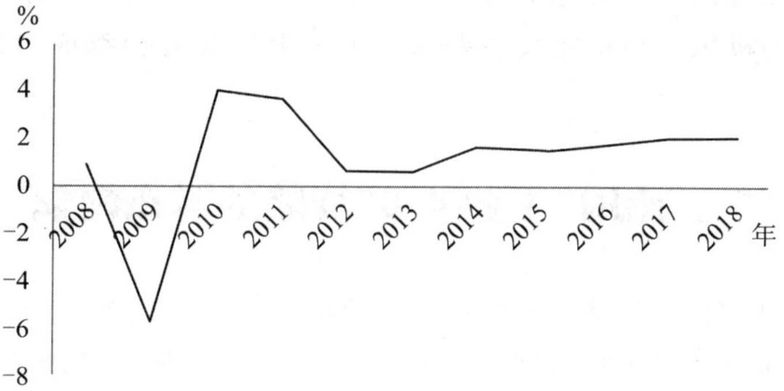

图 11-1　德国实际 GDP 增长率

资料来源：OECD 数据库。

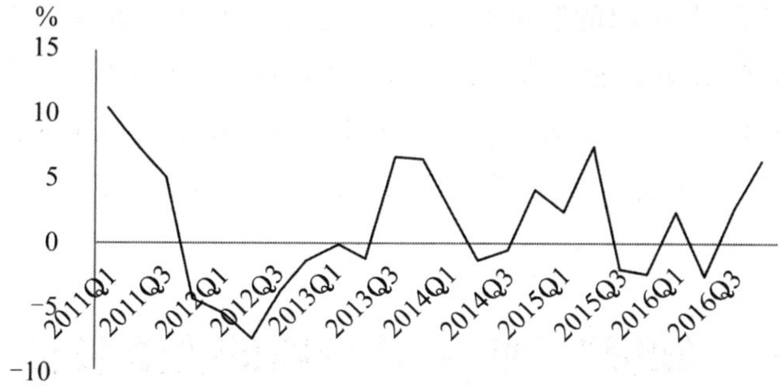

图 11-2　德国近 6 年工厂订单同比变化

资料来源：德国经济部，2016。

第二节　德国制造业的发展概述

>>一、德国制造业的历史变革<<

德国制造业的发展起步于 1871 年以前的交通运输业，逐渐形成以钢铁、煤炭等能源制造为主的出口加工体系。随着德国统一大业的完成和以电力为主的第二次工业革命的发展，德国制造业逐渐形成了包括轻型工业、重型工业和电力工业在内的完整工业体系。但是，由于德国的制造设备在原创性和知识产权方面相对落后，产品一度被认为是“仿制品”的代名词。随着制造工艺的不断改进，德国在 1893 年的芝加哥世界博览会上向世人展现了高性能和高精度的制造业产品，彻底扭转了“德国制造”的声誉。在第一次世界大战和第二次世界大战的间隙，德国已经形成了完善的工业体系，并成为欧洲制造业第一强国。第二次世界大战后，德国在大型机床、高精密设备制造、电力电器等方面都成为制造业的行业标杆。

>>二、德国“工业 4.0”战略的基本概念<<

2011 年，在德国汉诺威工业博览会上德国首次提出“工业 4.0”战略。2010 年的《德国高技术战略 2020》报告则标志着德国正式把“工业 4.0”战略作为国家级战略，德国制造业的发展有了统一的国家指导方针。德国“工业 4.0”战略即“第四次工业革命”，其总体目标是实现“绿色的”智能化生产，这不仅是对德国制造业的一种指导，也是德国制造业面对全球制造业格局变化的竞争策略。德国“工业 4.0”战略是对以 ICT 为基础的智能化工业制造的一种升级改造，在产品生产、供应链管理、市场推销等方面借助信息物理融合系统(CPS)的深入推广，建立一套完善的智能化工业体系。可以说，德国“工业 4.0”战略不仅在创新性、市场性、前瞻性等方面有诸多建树，而且为全球制造业建立有效的行业技术标准助推加力。

>>三、德国“工业 4.0”战略的主要特征<<

(一)以实体经济为主导，嵌入“镜像化”的虚拟经济

根据世界银行(2016)的报告，2014 年，德国 ICT 部门占 GDP 的比重仅为

5.5%，难以对国家经济产生结构性影响。德国是一个“制造大国”，制造业的发展水平从 2010 年以来保持高位稳定发展趋势。2016 年，德国的制造业占 GDP 比重为 22.618%，远高于法国、英国等欧盟国家。从德国制造业采购经理指数①(PMI)来看，自 2015 年 1 月以来，德国的制造业都保持扩张姿态，德国制造业的 PMI 略低于澳大利亚和荷兰，略高于意大利、爱尔兰、法国等，在欧洲处于领先水平。一方面，德国的制造业向服务性制造业转型，制造设备与服务之间的关系发生逆转，制造服务占制造业总收入的比重超过制造设备。另一方面，德国的制造业与服务业密切相关，制造业的繁荣推动服务业的发展。

同时，德国在实体经济中嵌入“镜像化”的虚拟经济。从资本占比的角度看，发达国家和发展中国家的 ICT 资本的占比远低于其他要素占比。1995—2014 年，ICT 资本对经济增长的平均贡献率不足 1%，但是发展中国家的 ICT 资本贡献率远高于发达国家。未来，ICT 部门对于经济的贡献将进一步增长，甚至会占到经济总量的半数左右。德国制造业的升级是以信息化和数字化为重要动力的，在整个制造业发展中，德国力求在产品设计、规划、生产、销售、终身服务等环节打通实体与信息化的壁垒，通过建立完善的数字化系统，实现企业“镜像化”的监管和服务过程，减少企业的库存压力，提高企业的生产效率，增强企业的创新能力。比如，西门子指出企业的数字化生产过程为“数字化双胞胎”，即把虚拟世界和现实世界比作一对双胞胎，无论在哪个环节都有虚拟的世界与现实相对应。

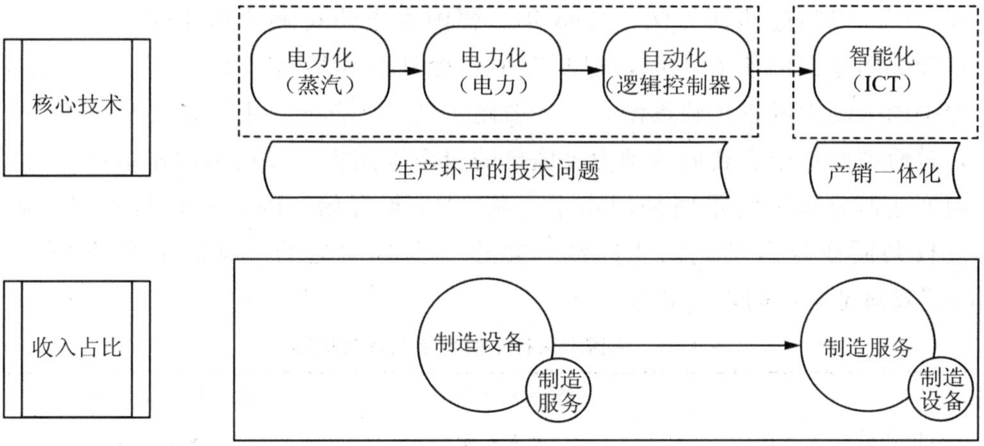

图 11-3　德国“工业 4.0”战略的核心技术和收入占比

① 制造业采购经理指数(PMI)是衡量制造业中采购经理活动水平的指标，由五个扩散指数即新订单指数、生产指数、从业人员指数、供应商配送时间指数、主要原材料库存指数加权而成。一般而言，PMI 在 50%以上意味着制造业保持扩张和健康发展趋势。

(二)以数字化技术革新改善产品成本结构

根据 Stewart、DebapratimDe、Alex Cole(2016)的研究①，德国在过去 150 年内的就业岗位增长了近两倍，虽然一些工作随着技能的转移在逐渐消失，但有更多新的岗位产生。Stewart、DebapratimDe、Alex Cole(2016)近期的分析清晰地表明，由于技术可以轻易取代劳动力，体力劳动者将受到很大程度损害，就业结构占比从 1871 年的 23.7%下降到 2011 年的 8.3%，而护理工作则从 1.1%上升到 12.2%。例如，阿迪达斯以前的半自动生产线中 60%的环节需要人工参与，但是在全新的“速度工厂”(Speed Factory)，160 名工人的年产量可以达到 100 万双鞋。不仅如此，阿迪达斯通过成熟的 3D 打印技术，可以把运动鞋的生产周期压缩至 1～7 天，极大地提高了企业的生产效率。

各国在解决制造类产品问题上的方式是截然不同的，相对于日本等国家对制造业人力资源和审查机制的投入，德国在流程设计和装备制造上更有心得。德国把先进的信息技术嵌入生产流程中，在制造业的设计和生产环节尽可能减少人力资源的投入和干预。根据波士顿咨询公司(2015)的报告，德国在汽车制造、物流运输等行业的数字化成熟度和未来影响力都是全球领先的。德国制造业在发展过程中也曾经有因为劳动成本过高导致国内企业外流的阶段，随着智能化工厂的发展，德国制造业不仅重新赢得企业“芳心”，更在个性化、定制化等方面远超亚洲的代理工厂。以阿迪达斯为例，1993 年，德国本土公司阿迪达斯因为高昂的劳动成本而关闭德国的所有工厂，把制造中心搬到亚洲地区。2012 年，阿迪达斯又因为中国劳动力成本优势逐渐丧失而关闭了其位于苏州工业园的最后一家中国工厂，转而把制造中心转向劳动力更廉价的越南等国家。经过多次制造中心的转移，阿迪达斯公司决定重回德国本土。从 2015 年开始，阿迪达斯与德国企业、高等院校共同研发自动化的生产线，并建立全自动化的、灵活生产的“Speed Factory”来满足客户的定制需求。

表 11-1　德国七大行业的数字化程度比较

	数字化成熟度	数字化未来影响力
零售和消费品行业	★★★★	★★★★
汽车制造业	★★★★★	★★★
医疗保健和药品行业	★★★	★★★★
金融服务行业	★★★	★★★★

① Stewart, Debapratim De and Alex Cole, “Technology and People: The Great Job Creating Machine,”*Deloitte*, 2015.

续表

	数字化成熟度	数字化未来影响力
物流运输行业	★★★★★	★★
工业品及设计行业	★★★★	★★★
电信、信息、媒体、娱乐行业	★★★	★★★★★

资料来源：波士顿咨询公司：《数字德国》，2015。

(三)坚持核心技术和品牌价值，提高企业的盈利能力

虽然德国的工业产品对于国际市场的依赖程度较高，近年来又受到以中国为代表的“金砖国家”的冲击，表现出增长乏力的态势。但是由于德国在横跨制造业的各个领域都具备较强的整合能力，制造业形成了网状的交叉互补工业体系，着力于在尖端品牌上提供更优质的服务，在核心技术上追求完美品质，成就了德国企业不败的知名度和品牌盈利能力。从表11-2可以看出，德国的十大品牌公司主要集中在汽车制造、工程和科技领域。这些领域既是德国传统优势行业，也是德国一代代匠人追求更高品质创造的神话。在德国，以车辆制造业为代表的制造业是德国研发投入的重地，也是德国申请专利数量最多的领域，西门子、博世等公司是国际专利申请最多的公司。

表11-2　2017年德国十大品牌及增长率

品牌	品牌价值(亿美元)	增长率(%)
宝马(BMW)	330.30	3
德国电信(Deutsche Telekom)	324.15	6
梅赛德斯-奔驰(Mercedes-Benz)	316.23	7
大众(Volkswagen)	222.55	28
西门子(Siemens)	205.41	17
博世(Bosch)	160.06	11
安联(Allianz)	135.21	−11
思爱普(SAP)	134.86	61
奥迪(Audi)	111.62	23
保时捷(Porsche)	110.29	169

资料来源：英国品牌评估机构Band Finance，2017。

第三节　德国劳动力市场的变革

随着 2008 年经济危机的全面爆发，德国经济发展，尤其是制造业的发展被迫寻找新出路，德国的就业形势和劳动力市场发生较大变化，既能适应“工业 4.0”战略格局下的用工需求，又能灵活应对劳动力市场的不利局面。

>>一、失业率显著降低，制造业的就业吸纳能力增强<<

随着德国劳动力市场对劳动成本、人群结构的全面调整，德国的就业人数从 2000 年的 3 607 万人增长到 2016 年的 4 013 万人，平均增幅为 0.7%。失业率则从 2005 年最高值的 11%降到目前的 4.81%左右，使得德国劳动力保持相对稳定的供给。同时，德国制造业的就业需求进一步旺盛，根据德国官方统计，截至 2017 年 6 月，德国制造业容纳近 550 万人，比 2016 年增长 1.8%，制造业对于就业的拉动作用显著。“工业 4.0”的发展在未来 10 年将对德国 GDP 贡献 1 个百分点，并创造近 39 万个工作岗位，① 提升了一些核心工业领域的国际竞争力。

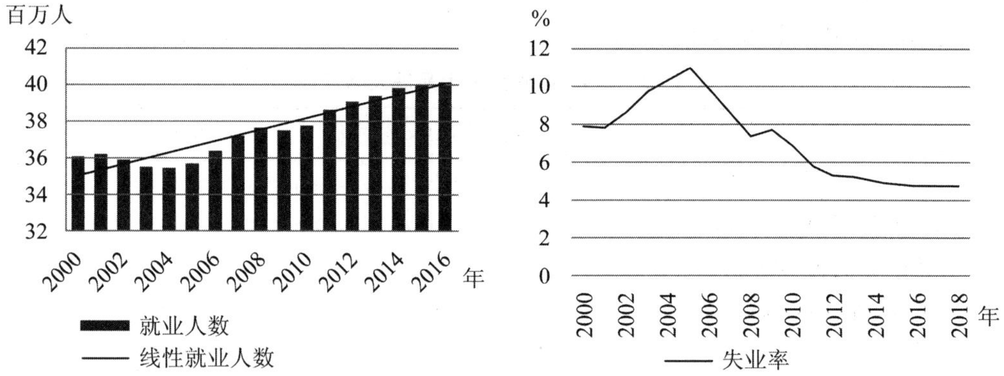

图 11-4　德国就业总体形势与失业率变化趋势

资料来源：世界宏观经济数据库。

>>二、劳动力成本增幅缓慢<<

德国作为欧洲最富裕的国家之一，劳动力成本相对较高一直是困扰德国制造业发展的重要因素。劳动力成本指数是指反映劳动力成本变动情况的指标，从图 11-5 可以看出，2000 年以来，德国的劳动力总成本指数和总收入指数有较大幅度的波动，这种波动来自非工资成本的增长，主要是社会保险、度假等福利体系的昂贵成

① 《波士顿咨询报告：这个就是可怕的工业 4.0》，http://www.sohu.com/a/112496351_475865，2016-08-26。

本，因此，巨大的社会福利性支出也给德国制造业的发展蒙上一层乌云。

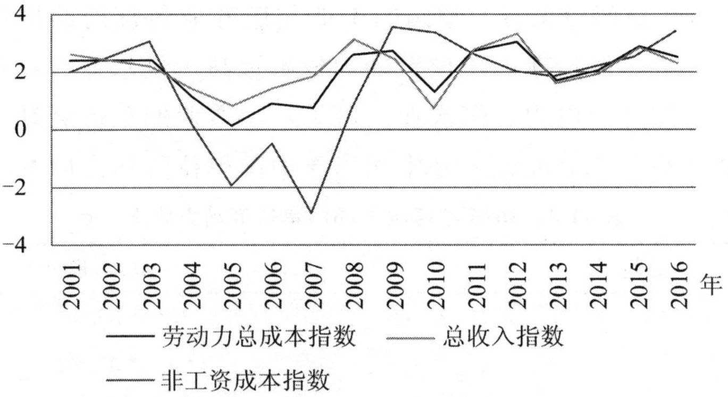

图 11-5　德国劳动力成本、总收入及非工资成本指数

资料来源：GENESIS 数据库。

从区域来看，欧洲地区的工资增幅相对平缓。以 2015 年为例，欧洲的实际工资增幅略高于阿拉伯国家和非洲地区，但是远低于亚洲、中亚和西亚地区，考虑到经济发展状况，欧洲的总体工资增幅不大。从图 11-7 可以看出，2007—2016 年，德国的实际工资变动略低于欧洲平均水平，工资变动幅度不大，保持平稳增长态势。

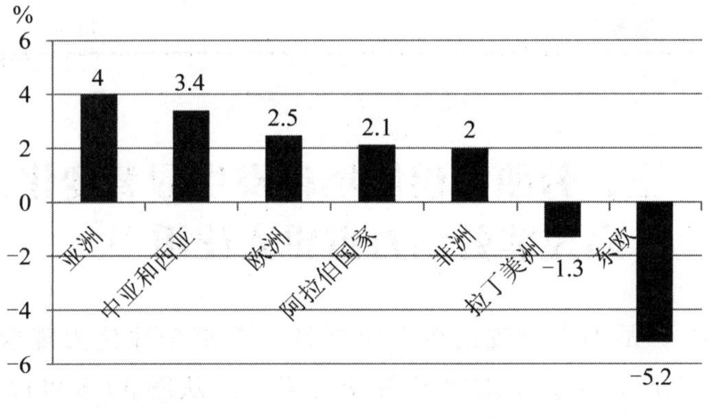

图 11-6　2015 年各地区实际工资的变动比例

资料来源：《全球工资报告》2016。

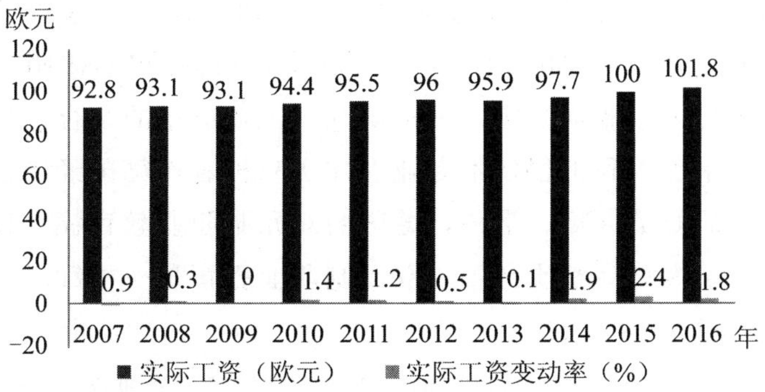

图 11-7　2007—2016 年德国实际工资

资料来源：GENESIS 数据库。

魏浩、郭也(2013)指出，在2001—2010年德国的单位劳动力成本一直是发达国家中最高的。[①] 分部门来看，德国的工业与服务业各部门的单位劳动力成本也有较大差距。其中，制造业的单位劳动力成本远高于供水业、建筑业等工业部门，低于采矿和挖掘业、电力、煤炭业。可见，制造业的单位劳动力成本比工业和服务业平均成本高出5.3欧元，基本相当于中国单位劳动力成本的8倍。

表11-3 2016年德国各部门单位劳动力成本

部门	成本(欧元)
工业和服务业平均	33.40
(一)工业	37.20
采矿和挖掘业	44.20
制造业	38.70
电力、煤炭业	48.90
供水业	30.10
建筑业	27.10
(二)服务业	31.70
商业服务	30.50
公共服务与私人服务业	33.40

资料来源：GENESIS数据库。

>>三、劳动力供给结构发生显著变化，高技能劳动力占更大比重<<

德国“工业4.0”战略着力提高企业灵活性，要求个性化大规模制造、多变的市场和高效柔性生产，这就要求提升劳动力素质。从图11-8可以看出，2000年以来，德国的高技能劳动力占比有显著增长。根据世界银行的数据，2012年，OECD国家的平均高等教育毛入学率为77.89%。截至2012年，德国的高技能劳动力占比达到28.1%，中等技能劳动力占比达到57.8%，这得益于德国有效的产学研一体化教育体系。德国人严谨的风格及其独特的“学徒制”高等教育模式，使得德国制造业的风格非常务实，理论研究与工业应用的结合也最紧密。

高素质的技术工人和工程技术专业人才历来被看作德国经济发展的支柱，是“德国制造”产品的质量保障。第一，德国的双元制职业教育模式世界知名，这为制造业发展提供了大量高素质员工。双元制职业教育是一种针对中学毕业生的为

① 魏浩、郭也：《中国制造业单位劳动力成本及其国际比较研究》，载《统计研究》，2013(8)。

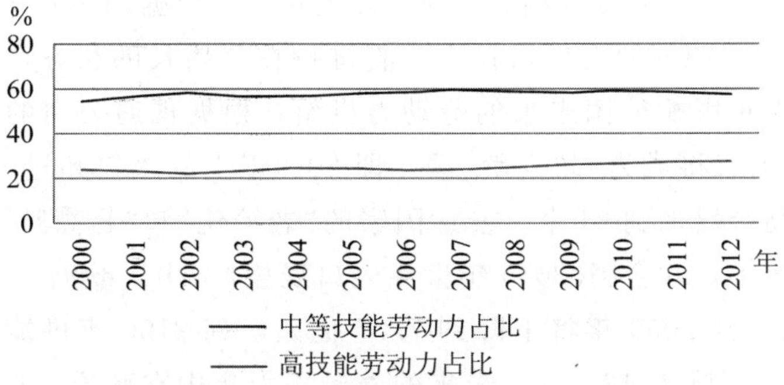

图 11-8　德国不同技能劳动力占比变化

注：不同技能劳动力以受教育程度衡量。

资料来源：世界宏观经济数据库。

期三年的专业技术人才教育模式，由企业和学校合作开展。在德国，每年约有 60 万年轻人开始接受双元制职业教育，约占同龄人数的 2/3。职业教育期满后，同一行业的学生参加由德国工商协会组织的全德统一资格考试。德国有高达 400 多个职业需要执业证书。第二，德国从 20 世纪 60 年代开始，建立了应用技术大学作为高等教育体系中不同于综合大学的一种独特类型。目前德国约有 219 所应用技术大学，学校没有博士学位授予权，但是可以和综合性大学联合培养博士。同时，德国政府为应用技术大学在电子、材料、机械制造等领域的成果转化提供大量的经费支持。

在德国，老龄化和少子化的人口结构特征显著，适龄劳动力人口占比缩减。德国很早就面临劳动力短缺的问题，在 2015 年各国竞争力指数的报告中，劳动力是德国唯一弱于创新驱动型国家平均水平的一项。同时，伴随着德国的城市化发展，德国形成了独特的人口流动特征。第一，德国的大城市集聚人口的能力在缓慢增强。与中国北、上、广、深等一线城市的概念不同，德国很早就完成了城市化发展，大量亿万欧元级企业分布在不同的城市群当中，医疗和教育资源分布相对均衡，德国劳动力并不会大规模迁移到某些一线城市。但是，随着次贷危机和欧债危机的出现，中小企业抗击风险的能力相对较弱，社会保障体系的缩减再次打击民众的信心，因此，部分劳动者转而前往大城市寻找稳定工作。第二，德国的制造业发展面临两极化的格局。在一些老工业城市(鲁尔区等)，政府被迫推行去工业化的政策措施，大量第二产业劳动者转向第三产业。在一些制造业转型升级成功地区，则对高技能劳动力有强烈的市场需求。

>>四、严重的老龄化迫使政府进一步延迟退休年龄<<

受人口自然增长率持续负增长和移民政策放缓的影响，德国的人口扩张规模受到了很大限制，人口长期保持在 8 000 万人左右。根据国际货币基金组织的统计，2000 年以来，德国的人口增长率一直维持在负增长的状态，2012 年曾经达到−1.69%，严重影响德国未来的劳动力供给。根据穆迪公司的报告，到 2020 年，13 个发达国家将成为“超高龄”国，即 20%以上的人口超过 65 岁。到 2030 年，这一数字将会增加到 34 个。发达国家的“老龄化”和“超高龄”负担主要体现在出生人口不足上，联合国《2015 年世界人口展望》指出，欧洲 2015 年的人口基数是 7.38 亿人，到 2050 年将下降到 7.07 亿人，到 2100 年可能进一步下降到 6.46 亿人，人口下降近 12.5%，未来的养老压力集中在政府，迫使国家走向民主社会主义道路，提高用于卫生和长期护理服务的平均支出，或者加强与企业之间的合作，进而带来国家税负压力和企业发展动力问题，影响国家的经济发展。目前德国的生育率仅为 1.38 左右，预计到 2030 年，德国总人口将由 2016 年的 8 250 万人下降到 7 800 万人，65 岁以上老年人占比将从 19.39%增长到 30.77%，成为典型的“超高龄”国家。德国人的平均预期寿命从 2000 年的 77.93 岁增长到 2013 年的 81.04 岁，远高于世界平均水平。

目前，德国的法定退休年龄为 65 岁，根据新修改的法规，德国政府将从 2012—2029 年逐步把退休年龄提高到 67 岁，以减轻养老金压力。德国政府提出一个名为“动议 50+”的计划，就是针对 50 岁及 50 岁以上的群体采取各种措施促进他们的就业。通过保险公司支付的失业保险和政府的专项补贴来解决失业老年人再就业问题。同时，德国联邦政府在社会保障方面也进行大刀阔斧的改革，如扩大企业的灵活经营权、缩短失业金领取期限、增加再就业专项经费等，为满足德国制造业的灵活性需求提供了坚实的劳动力基础，有利于提高德国实体经济的活力和抗击欧债危机的能力。

五、一体化服务要求建立开放的“蓝卡”移民政策

由于德国人口生育率严重不足，20 世纪 80 年代以来德国人口增长的主要推动力在于移民以及移民人口的高出生率，特别是 1988—1996 年因为两德统一放松移民限制，期间累计移民 192 万人。① 截至 2012 年，德国的净移民总数为 177.7 万人，占欧盟国家净移民的 60%和高收入国家净移民总数的 11.18%。可见，德国已经逐渐成为吸纳欧洲人才的重要移民流入地。2015 年，德国已经成为仅次于美国的全球第二大移民存量国。与美国特朗普政府的移民政策相反，德国正在摆脱“非移民国家”的头衔，逐渐放开对高技术人才的移民限制政策，转而

① 任泽平：《德国为什么能长期控住房价?》，http://guba.eastmoney.com/news，cjpl，562452167.html，2016-10-26。

以相对优质的教育资源和社会保障体系吸纳全球人才加入德国的高端技术建设。

随着全球化的深入发展，大量发展中国家和亚洲国家的高学历专业技术人员流向北美和澳洲。为了进一步吸引非欧盟国家高学历专业人才到德国工作，德国联邦内阁于 2012 年通过授权法案，正式向非欧盟国家的专业人才发放“蓝卡”①，并于当年 8 月修改实施了新的《居留法》，为移民提供与本土相同的社会保障和就业政策，使得德国在最大程度上吸引全球专业人才，为制造业的全面升级提供创新能力和研发能力。

>>六、建立完善的科研创新政策体系，鼓励人才的跨国跨区域流动<<

2007 年的《里斯本条约》中规定了欧盟在研发创新领域的政策和法律约束，是欧盟一体化科研创新体系的重要法律支撑。此后，欧盟先后制定了“欧洲 2020”战略、“欧洲研究区”和“地平线 2020”等一系列政策，鼓励欧洲在应对“智慧全球化”过程中进行一系列自我改善机制。具体来说：①欧盟建立增强科研和教育合作的跨国合作，例如“创新联盟”；②完善欧盟内部的科研人才流动环境，降低科研人才的跨国流动成本，建立开放的劳动力市场；③改善科研人员的社会保障水平，建立诸如“欧洲学者伙伴关系”等行动来提高科研人员的就业质量。

表 11-4　欧盟和德国科研创新政策文件或行动方针

政策制定者	时间	文件或行动方针	核心内容
欧盟	2010 年	“欧洲 2020”战略	提出欧盟未来十年“智慧增长”“可持续增长”和“包容性增长”
	2014 年	欧洲研究区	建立完善的知识、研究和创新的内部市场
	2014—2020 年	“地平线 2020”	提出创新的三大优先领域为：卓越科研、产业领导力和社会挑战
	—	欧洲结构与投资基金	扶持欧盟科研基础较差地区的科研创新

① “蓝卡”政策是欧盟 2007 年推行的一项制度，旨在吸引全球范围的技术移民来欧盟工作，目前在欧盟的大部分国家都已经得到有效推广。德国“蓝卡”移民政策明确规定了学历、工作时间等条件，并为符合相应条件的移民提供医疗保险、护理保险、养老保险等全面的社会保障，为其子女入学和生活条件提供相应保障。

续表

政策制定者	时间	文件或行动方针	核心内容
德国联邦政府	2008 年	“国际化战略”文件	确定德国在科研合作中的“议题推动者”地位
德国联邦政府	2014 年	欧洲研究区战略	强调德国在欧洲研究区中“发动机和推动者”的定位，并强调科研欧洲化的重要性
德国联邦教研部	2014 年	联邦教研部国际合作行动计划	一方面，配合欧盟的科研合作计划制订具体措施，另一方面强调德国的科研独立性

资料来源：俞宙明：《德国科研创新新政策的欧洲维度》，载《德国研究》，2016(2)。

第四节　对中国的启示

中国制造业的转型升级，尤其是“中国制造 2025”战略在很大程度上受到德国“工业 4.0”战略的启发和影响，中国不仅强调“智能制造”的重要性，而且努力提升在制造领域的国际地位。

一、大量高素质劳动力是“中国制造 2025”的重要保障

德国教育体系发展充分，在教育体系的多个阶段都实行分流，并形成良好的双向选择机制。在中等教育阶段，德国的职业学校分为两年学制的专科高中、两年学制的职业高中和三年学制的专科、职业技术高中，并在高等教育阶段给予学生更加充分的选择权。

2001 年，我国大学毕业生的就业人数为 115 万人，2014 年增加到 749 万人，增长了 5.5 倍。其中，2001—2009 年，年均增长速度近 40%。同时，待业人数总体也呈上升态势，其中，2007—2009 年的待业毕业生数量增幅明显，显然是受到 2008 年经济危机的影响，之后有一个缓慢的下降过程。据此，有大量研究认为我国大学生就业难的根源是高等教育不当的大规模扩张所致。然而，大学毕业生的总体就业率在 2001—2007 年始终稳定在 75%左右，2007—2009 年受到经济危机影响，就业率显著下降。2010 年后的就业率受到国家政策刺激明显回暖。然而，大学毕业生的就业率与毕业生的数量没有明显关系，说明我国高等教育的扩张政策并没有显著影响毕业生的总体就业情况，就业率更多的是受宏观经济环境的制约。从未来的发展趋势来看，我国高等教育的普及化还有很大空间。2003—2012 年我国受高等教育的劳动力人口比重增长了一倍，但是与西方发达

国家相比，仍不足德国、法国等国家的 1/2，与高收入国家平均水平还有较大差距，我国高等教育人才占未来劳动力比重仍待进一步提高。因此，高等教育的扩张为劳动力市场，尤其是为第二产业的转型提供了大量高技能人才储备。同时，高等教育内部的结构化转型，尤其是高等职业教育的重要性被提高，教育经费、课程体系、产学研结合等将为“中国制造 2025”提供更加匹配的制造业人才。到 2030 年估计约有 27%的劳动人口将拥有大学学历，中国拥有世界规模最大的高技能劳动力。然而，由于我国的职业教育与普通高等教育本科层次之间缺乏充分的衔接机制，导致我国职业教育与普通教育之间的融合度不够。因此，我国应该进一步打通职业教育和普通高等教育本科层次的界限，为我国培养更多具有高素质的匠人，为制造业的创新升级提供高端人才。

>>二、开放的科研创新政策是制造业人才储备的重要方式<<

从中国制造业的定位来看，中国现有的制造业在国际上仍然处于中低端水平，总体的自主创新能力不足，核心技术专利较少，缺乏建立制造业行业标准和核心产品的能力。随着全球化的进一步发展和国际人才流动的增速，中国正在成为经济全球化的领军国家。随着中国介入全球人才流动机制的深入化，中国的用工成本将进一步与国际接轨。随着中国在国际贸易中的角色转型，中国将会进一步发展以高端制造为主的技术性出口模式，导致劳动力成本的进一步上浮。弗里曼和黄维(Freeman & Wei Huang，2015)曾指出，知识全球化是解决全球问题的重要途径，专门强调中国能够在全球科研领域扮演更重要的角色。[①] 目前，我国针对“科研移民”“建立开放的科研战略”等方面的政策相对较少，我国要实现“中国制造 2025”，就必须进一步增加科研合作和科研移民，以稳固科研创新能力的战略，举全球科研人才为中国的制造业振兴提供人才储备和智力保障。

>>三、数字化建设是国家制造业发展的重要推动力<<

德国“工业 4.0”战略核心之一就是通过“互联网＋工业”的方式，降低地理位置对于企业合作连贯性和有效性的限制，加强企业的生产和研发环节的合作，增强企业的空间区域。然而，德国在数字基础设施建设方面并没有领先于欧盟国家。根据欧洲电信网络运营商协会 2014 年度经济报告显示，德国以 4%的光纤到户覆盖率，在欧盟地区排名第 26 位，以 32%的 VDSL(超高速数字消费者环路)

① 李飚、赖德胜:《理查德·弗里曼对劳动经济学的贡献》，载《经济学动态》，2017(3)。

家庭覆盖率在欧盟排名第 12 位。① 德国通过《数字议程 2014—2017》规定国家应该在信息基础设施层面投入更多经费。随着农业占比降低和经济增长减速，经济增长和就业之间的关系在进一步减弱(蔡昉等，2014)。从产业结构调整角度看，中国将会着力发展技能偏向型的第二产业和就业容纳能力较强的第三产业。从短期来看，这种转变有利于解决中国的就业问题，尤其是“结构性失业”问题。总之，我们可以预测中国的新经济发展会有一个长期的提速期，短期之内并不会因为经济增速减缓而受到重创。以美国为例，美国的信息化建设是在 20 世纪 90 年代末期开始加速的，与此同时，这个阶段也是美国高经济增长率、高劳动生产率和低失业率的阶段。随着智能化的发展，机器的边际投入显著递减，机器替代普通工作的可能性正在增长。以互联网为例，在互联网发展初期的宽带接入成本非常昂贵，随着宽带接入空间占比的增加，互联网铺设成本迅速降低，互联网的普及率成几何级数增长，随之而来的是电子商务的突飞猛进。因此，在国家层面进一步加强数字化建设，为深入中国基础设施层面的“互联网＋”政策提供良好的人才保证。政策制定者必须设计数字融入计划，促进媒介所有权的多样性，扩大数字扫盲。② 公民数字人力资本的提升并非简单的“数字扫盲”，而是培养劳动者深入学习和使用互联网来提高个体收入、增进个体技能的重要手段。

>>四、宽松的中小企业发展政策有利于带动制造业的就业增量<<

德国在关键装备与核心零部件等方面的技术优势除了得益于德国的双元教育体系外，更重要的推动力就是德国的创新型中小企业。在德国，大量中小企业在专利研发、技术创新、科研投入等方面都占重要比重。这些中小企业不仅为德国提供大量的制造业产品，而且保证了德国制造业在精益化、效率化、柔性化等方面都具有绝对的领先优势。

双创时代来临，大型企业的增长动力不足。从经济发展的角度讲创业之所以会成为国家战略层面的词汇，主要是因为创业会创造新行业和新就业类型，短期内形成众多的中小企业，这些中小企业并不会快速成长为大企业或者消亡，而大企业对经济的驱动作用正在消亡。根据美国的经验，创业型的中小企业是吸纳社会主要就业人口的驱动力。对 OECD 国家的实证统计分析(Audretseh 和 Thurik，

---

① 波士顿咨询公司：《数字德国》，2015。

② A. Bach, G. Shaffer and T. Wolfson, “Digital Human Capital: Developing a Framework for Understanding the Economic Impact of Digital Exclusion in Low-Income Communities,” *Journal of Information Policy*, 2013(3), pp. 247-266.

2004)也表明，那些小企业数量较多的国家具有较高的经济增长率和较低的失业率，而小企业数量较少的国家则增长率较低、失业率较高。创业型公司对就业的拉动效应主要体现在其“增值性”上，公司往往会面临很多的转机和增长点，当创业型公司的增长点到来时，公司的用人需求会急剧增长。相反，大公司的发展已经到达瓶颈，如果短时期内公司没有进行业务重组或者没有大的部门结构调整，公司的员工总量往往稳定在一定水平上。以淘宝网为例，截至 2010 年 10 月底，基于淘宝网的大中型衍生电子商务服务商数量高速增长，其中仅通过淘宝网高标准严格认证的大中型服务商就达 159 家，同比 2009 年增长了近 8 倍。创业型公司如果想要盈利，往往就要寻找有利可图的新商业模式、新产品、新市场和新创意，通过主动捕捉这些机会和缺口来寻找商机。以互联网企业为例，最初的互联网只是为支持国防和科学交流所设，而当网络技术和浏览器出现后，一批最早接触互联网的年轻创业者(网景、苹果、微软等)把这项技术转化为生产力，并在近二十年里把互联网技术延展到电子商务、网络服务、云技术、“互联网＋”等新形态。在云计算、移动互联网等基础设施的推动下，围绕消费者多元化的需求，信息服务与传统产业结合萌生了无数以消费者为中心、由消费者驱动、创新的商业形态和模式，低成本高效率创造独特的创业环境。不仅如此，由于创新型公司的发展更多依靠技术、创新、效率驱动，其平均发展速度更快，短期内的就业需求高于生存型公司。以京东为例，2011 年京东员工数量为 2.1 万人，到 2015 年员工数量增长到 8 万人，短短 4 年时间增长了 300％，对于拉动就业做出巨大贡献。

我国的制造业发展仍然是以国家级战略为主，以大型重工企业投入为主，因此我国应该进一步鼓励中小型企业发展，尤其是鼓励具有较强科研能力的制造企业发展，以提升中国制造业的科研能力，发挥较强的制造业就业带动作用。

第十二章 日本制造业发展与就业结构调整

制造业尤其是高端制造业是一国国民经济的支柱产业，其发展能力与水平标志着一国的经济实力、科技实力、军事实力和综合竞争力。大量专业技术人才，尤其是高技能人才是制造业发展的必备支撑。日本作为高度发达的资本主义国家和世界领先的工业强国，其电子信息、工业机械、精密加工、复合材料、钢铁化工和汽车制造水平长期处于世界领先地位。日本在迈向制造业强国的过程中，形成了一整套完善的、行之有效的制造业人才发展战略、思路和措施。这些理念和思路对我国推进“中国制造 2025”战略，打造制造业强国具有重要的参考和借鉴意义。

第一节 日本制造业劳动力市场建设的典型做法

>>一、基础教育阶段注重综合素质的培养，保障未来劳动力的均衡发展<<

日本在推行高度集中的教育体制下保障全国各个地区学校教育和教学质量的公平。在基础教育阶段，日本的各个学校都会在文部省制定的学习指导纲要下设置课程内容。同时，在文部省制定的学习指导纲要下开展教育科目、道德教育以及“特别活动”(相当于我国的第二课堂和课外活动)。虽然各个学校开设的课程、教学模式以及方法有所不同，但都在文部省颁布的学习指导纲要之下，这极大地保障了基础教育阶段各地区教育资源的均衡。①

日本在基础教育阶段就十分重视培养学生的综合素质，尤其重视学生德、智、体、美、劳的全面发展。例如，从基础教育阶段开设的课程来看，日本的在

① 马明阳：《日本高等教育改革的特点及启示》，载《日本研究》，2002(1)。

校学生除了要完成基础的文化知识教育之外，还必须参加劳动技能、家庭保健、道德修养以及社会实践课程。具体来说，日本的每所中学从初二开始便设置一系列与未来职业技能相关的选修课程，学生可以在完成文化知识学习的基础上，根据自身兴趣选修课程。与中国、韩国类似，日本中学阶段的升学压力很大，这不可避免地导致应试教育的弊端经常出现，大量小学至高中的在校生也在课外时间参加很多补习班，以至于压缩了其他实践课程学习的时间。日本在基础教育阶段十分重视学生综合素质的培养，受日本传统社会文化的影响，纪律性、服从性、组织性是日本教育理念中非常推崇的三个特性，这样的教育理念在日本工业化的启动和制造业生产效率的提高方面起了极大的促进作用，却是以牺牲个性发挥和创新思维为代价的，这也是在当前互联网时代下，日本制造业劳动力市场面临的主要问题之一。

在高等教育阶段，高效而合理的教育体系为日本制造业的发展奠定了坚实的基础。日本的高等教育以组织方式为标准可以划分为四类：国立、公立、私立和公办民营。日本虽然实现了高等教育的普及化和大众化，但是知名大学的入学竞争仍十分激烈。日本大学对于“高、精、尖”技术和产业人才的培养十分重视。日本的高等院校普遍秉承“严进严出”的教育理念，高中毕业生想要进入知名大学和优势专业必须经过严格的选拔考试。大学毕业生必须取得相应的学分并通过严格的毕业论文答辩才能获得毕业证书和学位证书。与此同时，日本高等教育坚持基础研究和应用研究并重的教育方针。[①] 东京大学、京都大学、东京工业大学等知名理工类学校都十分重视基础科研。日本制造业中材料、电子等领域实力强大的原因就在于注重这些领域的基础科研。日本高等教育也特别重视应用研究的教学和科研。制造业是科技成果转化的重点领域。日本的高等院校十分重视针对制造业发展的需求培养应用型人才，例如在工业设计、复杂工艺、元器件加工技术等领域为日本制造业培养了大批的人才，奠定了日本制造业的雄厚基础。

>>二、政府大力推动职业教育发展，社会对职业教育的认可度较高<<

日本政府和社会都高度重视职业教育，对职业教育高度认可。日本政府为了配合制造业的发展和转型升级，对职业教育进行了大量投入。第一，通过法律对职业教育进行严格规范和监督。日本建立了完善的职业教育法律体系，先后出台了《学校教育法》和《职业训练法》(后更名为《职业能力开发促进法》)等相关法律法

---

① 徐永祥、初礼清：《日本基础教育改革的现状及特征分析》，载《现代教育科学》，2007(4)。

规。日本政府通过这些法律法规对职业教育的目的、目标、内容以及形式进行了详细规定，为全国各类职业学校和企业开展职业教育提供了明确的参考依据。第二，日本政府在对职业教育进行统筹谋划和顶层设计的同时，对各个领域的职业教育进行了详细计划。这些顶层设计和详细计划大大提高了日本职业教育的效率和成效。日本的职业教育学校和一些企业在政府的统一引导下，避免了盲目性和投机性，为日本制造业的发展提供了大量合格的技术人才。① 第三，政府、产业界和学校联动。政府根据制造业发展现状和未来趋势，制定职业教育课程的目标和内容，各个学校在实际教学过程中根据市场变化情况进行调整和修改。第四，建立完善的职业教育考试与评价制度。日本政府通过职业考试制度为制造业职业训练提供了具体要求和量化标准，有效地调动了劳动者参与职业教育的积极性。②

日本社会对职业教育的认可度也较高。高等教育和职业教育被看作同等重要。日本的职业教育被广泛布局于整个国民教育体系之中。在义务教育阶段，无论是小学、初中、普通高中还是职业高中都设置职业教育的课程。高中毕业生如果想继续接受更高层次的职业教育，可以选择去专修学校、短期大学和大学等。③ 日本政府对国内职业教育体系的建立和完善都提供了全力支持，通过政策引导和支持，政府在整个国民教育体系中对错综复杂的职业教育进行了有效的布局和协调，使得不同类型的职业教育可以在国民教育体系中相互补充、相互协调，使得日本的职业教育可以依托国民教育体系得到充分发展。

>>三、高度重视在职培训，培养高精尖的专业技术人员<<

在“技术立国”的战略下，日本的企业尤其是大型企业集团对技术人才的培养极为重视，在职业技术人员的培养上投入巨资。近代以来，随着工业化的启动，在日本各个工业企业内部普遍延续着这种招收学徒、传授技能的传统，为日本现代在职教育奠定了良好的基础。④

日本在职教育的最大特点在于全员培训。企业不仅仅为高级管理人员提供职业培训，也十分重视为生产一线员工提供培训机会。全员培训最大的优势在于可以缩小企业内部劳动力之间技能的差距。日本的在职教育主要分为新员工的入职

① 日本労働政策研究・研修機構，職業能力開発に関する労働市場の基盤整備の在り方に関する研究，2006。

② 日本労働政策研究・研修機構，中小企業における人材育成と能力評価，2007。

③ 手塚公登，井上正：《企業特殊的人的投資とアウトプットの最大化》，载《成城大学経済研究所研究報告》，2001(3)。

④ 吉光瑜：《战后日本的职业教育及其特点》，载《日本研究》，2002(1)。

教育和专业技术人员教育两大类。新员工教育的目的主要是让新入职员工树立“企业人”的意识。在新员工教育的过程中，通过对劳动条件、劳动组织、工资形式、规章制度等基本情况的介绍，新入职员工可以迅速掌握业务流程、生产知识、公司的基本情况和企业文化以及与工作相关的基本知识和技能。专业技术人员教育的目标群体是大学应届毕业生。进入日本工业企业工作的新入职大学生必须通过入厂教育和业务教育等培训环节了解制造业的基本知识。此外，这些大学生还必须到生产一线进行实践活动，并在有经验的技术人员指导下获得知识和实践经验。

>>四、企业员工对个人参与技能培训具有很高的积极性<<

各种严格的考试是日本劳动者获得理想就业机会的必经之路。日本年轻人不仅在基础教育和高等教育阶段要接受严格的考试，在求职就业的过程中也需要通过严格的笔试和面试。日本的企业员工一致认识到只有非常努力地学习才能够顺利升学和就业。在职的企业员工也不会停止学习，而是在工作之余积极参加各种培训和实践活动。此外，为了提高业务能力适应企业对人才技能的需求，制造业的员工还会积极开展自发性的学习活动，当职业技能培训课程不能满足学员学习需要时，日本的产业工人都会定期组织各种学习研讨会，对制造业过程中发现的各种问题进行分析和研究，相互讨论和交流各种技术难题和解决方法。企业也对这种由员工自发组织起来的学习交流活动给予大力支持，企业高层会积极参与各种技术问题的研讨活动。这种企业内部的学习活动促进了企业内良好的学习氛围和团结协作的团队文化的形成，在交流和切磋中不断提高自身业务水平，日本的企业和制造业通过这种学习交流平台不断改进制造工艺和生产效率，极大地促进了日本制造业的技术创新和产业进步，奠定了日本制造业的雄厚基础。

>>五、树立和培养员工的忠诚度，维护制造业企业内部的稳定和传承<<

日本企业极为重视员工的忠诚度，日本六大财团下属各个大型企业都实行了以终身雇用制、年功序列制和企业内公会制为代表的用人制度。日本的知名企业虽然进入门槛很高，但是一旦顺利通过严格的考试得以录用，便不会存在失业的后顾之忧。这些制度是日本企业员工维护自身合法权益的重要保障。这一点对于日本的制造业尤其重要。好的技工需要长时间的实践和培养才可以获得，企业一旦失去这些有经验的技术人员，很难在短期内得以补充。因此，日本的企业尤其是制造业企业对员工普遍采取终身雇用制，通过这一制度构筑人才防火墙，防止优秀人才的流失。

此外，日本政府对制造业劳动力市场的行政干预十分明显，使得日本制造业劳动力市场刚性很强，政府的主导色彩很浓厚。政府、企业和工会之间呈现出紧密的合作关系，劳动组织呈现扁平化的显著特征。日本的很多企业都会通过良好的工作条件、优厚的福利待遇培养员工的主人翁意识，使得员工对企业产生极高的忠诚度，从而增强了企业的凝聚力，提高了企业的市场竞争力。当然，日本制造业劳动力市场的这些特征主要基于日本高度集中的国家主导经济发展模式和特定的企业文化制度。每一位企业员工都能安心在本职工作岗位上专心工作很大程度上得益于这种模式和制度。与企业形成良性互动，有利于职工整体技能水平的提高和维持稳定的雇用关系，实现企业和个人长期的共同发展和进步。

>>六、高度重视专业技术人才，能够为高端技能劳动力提供充足的投资<<

秉承着“技术立国”的日本产业界一直奉行“出产品先出人才”的理念。每个企业都充分意识到高科技人才和技术人员对企业发展的重要性。因此，日本的工业企业在进行大规模科技投入和技术研发的同时，非常重视对高技术人才的挖掘和培养。日本的企业一般不通过劳动力市场获取高技术人才，而是采取内部培养的方式产生高技术人才。在这种制度下，日本劳动力市场上高技术人才的数量始终处于增加趋势，从而增加整个劳动力市场高技术人才的供给，以满足企业对各种劳动技能的需求。实践证明，正是由于这种特定的企业内部培养制度和普及度极高的职业教育培训使得日本拥有大量的工程技术专家和受过高等教育的高端技术人才，而这些企业内部培养出来的高技术人才和经验丰富的技术工人又奠定了日本高端制造业的基础。

第二节　日本制造业劳动力市场面临的主要问题

随着日本经济发展陷入长期停滞，日本的制造业也面临很多困难和挑战，其中最为突出的问题就是制造业劳动力资源的枯竭。造成日本制造业劳动力资源不足的原因主要体现在以下四个方面。

>>一、人口结构老龄化严重<<

当前，日本经济社会发展中的很多问题(包括制造业劳动力市场)都源于日本人口结构的变化和老龄化的加剧。第二次世界大战结束后，日本迅速迎来了一波大规模的“婴儿潮”，人口快速增长，人口结构优势明显。大量新生人口的出现为之后日本制造业的发展和经济腾飞提供了大量的劳动力。然而，随着“婴儿潮”一代逐步步入老龄化，这些骨干力量开始陆陆续续退出日本的制造行业。日本出生人口不断减少，新增的劳动力市场供给也随之下降。这两方面因素造成技能人才的供给远远不能满足制造业发展对劳动力的需求。2013 年万宝盛华(Manpower Group)的一项调查显示，[①] 2009 年，55%的日本制造型企业雇主表示当前填补空缺职位存在一定困难，这一数字截至 2013 年迅速攀升到 85%。与此同时，根据官方的数据，同时期日本的人口出生率也创下历史新低，65 岁以上公民占比高居全球第一。

>>二、制造业技能人才短缺<<

随着制造业工艺要求的不断上升，制造业对高技能人才的需求与日俱增。高水平的技术和技工人才对于经济社会和制造业发展的重要性不断增强。然而，全球制造业都面临着高端技术人才匮乏、供给不足的困境。作为享誉世界的制造业强国，日本制造业也面临着劳动力供给不足的问题。近年来，日本制造业技能人才短缺，尤其是高技能人才短缺现象日益凸显，严重制约着制造业的进一步发展。彭博社的相关研究表明，日本制造业高技能人才的不足已经上升为日本经济社会发展第二位的问题，仅次于文化隔阂。2008 年《纽约时报》的调查显示，日本制造业中高级工程师资源将日益减少，这一趋势将严重影响日本的制造业发展水平和质量。无独有偶，同一时期，日本文部科学省公布的数据显示，自 1999 年以来，日本大学本科生学习理工类专业的学生数量较以往下降了 10%，现阶段只有约 50 万人。2013 年 2 月，日本内务省的劳动力调查结果显示，2012 年 12 月，日本制造业企业从业人数较上年同月减少 35 万～998 万人，创下 1961 年以来的最低水平，并首次跌破 1 000 万人，与日本制造业巅峰时期从业人数相比，下降了 40%。日本一向引以为豪的电子、精密制造、机械制造等行业普遍面临着用工荒、技工荒的问题，而造船、机械加工、建筑等行业成为劳动力匮乏的重灾区。

日本制造业技能人才的短缺是国内和国际双重因素造成的。[②] 在国内，随着产业升级的不断加速，日本工业企业的重心逐渐由传统制造产业向高新技术产业转移。在这一过程中迫切需要从业人员更新知识，提高劳动技能。然而，在当前

① 郑勇：《人口结构变化致使人才短缺》，载《北京晚报》，2014-07-12。

② 李志、蒋雨珈、金莹：《日本制造业技能人才短缺及其治理》，载《科技进步与对策》，2015(4)。

的日本劳动力市场却无法提供可以满足企业需求的高技术人才。在国外，随着全球化的不断深入，新兴国家和发达国家对高技术人才的争夺日益激烈，各国对高技能人才的争夺使得日本制造业技能人才短缺问题雪上加霜。

>>三、年青一代就业者不愿意从事制造业<<

随着日本逐步进入后工业化社会，社会保障体系的不断完善，新一代日本年轻人追求更加理想的职业，如果没有取得合适的职位，他们宁愿不去工作。此外，伴随着日本产业结构的不断升级，日本第三产业的比重不断提升，与制造业相比，日本的第三产业工作环境更好、工资收入更高，这间接提高了第三产业对日本年轻人的就业吸引力，更多的年轻人愿意从事第三产业的工作，而不愿意进入传统的制造业。日本的年轻人越来越不愿意在工作条件艰苦、工作强度大的制造业就业，相反，他们更愿意在大型综合商社、金融机构等既提供高工资、高福利，又有舒适的工作环境的大企业集团中就业。美国《纽约时报》就一针见血地指出，日本的年青一代出生时国家就很富裕，已经没有他们父辈那种艰苦奋斗、任劳任怨的工作精神，好逸恶劳、贪图享乐和拈轻怕重的风气在日本年轻人中开始蔓延。日本的年青一代对于枯燥复杂的理工类学科大都没有兴趣，而对金融、经济、文化和艺术行业更加青睐。日本各大高等院校的经济类、社科类学科成为热门专业，而理工类学科的报考情况日渐趋冷。

>>四、女性劳动力的大量闲置<<

长期以来，日本妇女是不进入劳动力市场的。在传统社会文化观念下，日本妇女和女性就业者很少出现在制造行业，制造型企业中的从业人员以男性居多。日本的一些研究数据表明，在造船、建筑等行业中，从业人员基本都是男性，这些劳动密集型制造业对女性劳动力的吸纳量偏低。如果这些行业可以吸纳女性劳动者进入可以有效缓解劳动力短缺的问题，但是最新的数据表明，超过半数的在职女性仍然倾向于婚后离职，承担起照顾家庭的责任。在这种情况下，日本各大企业也不愿意将更多的资源向女性就业者投入，女性就业者的潜力难以被充分发挥，这又造成了女性劳动力的闲置和大量流失。

第三节　日本应对制造业劳动力市场新问题的措施

>>一、高度重视技术创新，提高劳动生产率<<

日本政府充分认识到技术创新是提高制造业生产率和劳动力不足的重要手段。通过技术革新、设备换代升级以及推行智能制造，可以广泛解决“技工荒”的问题。为此，早在1991年，日本政府便制定和颁布了旨在推动企业改进设施设备、加快技术革新和产业技术创新的《小微型企业雇员保障法》。该法的实施使得日本制造业的生产率进一步提升并且节约了大量的人力成本。有数据显示，① 该法案颁布前，日本制造业的劳动生产率仅为1.8%，颁布之后逐渐上升，几年之后达到4.5%，比同时期的美国高出1.7%。当然，技术革新和产业创新并不能完全解决制造业高级劳动力短缺的问题，尤其在小型建筑企业等特殊领域中，大量的产业升级和技术革新并不能很好地解决“技工荒”的问题。

>>二、重新挖掘退休工人的劳动潜力，延迟高技术工种退休年龄<<

除了技术革新、设备换代升级，很多日本制造业企业大力推行高技术技工返聘和延迟退休制度，一些具有优秀技能的技工的退休年龄都会延迟至65岁。与此同时，日本政府还专门出台了针对60岁以上劳动者的就业保障政策，对于超过60岁仍在工作的劳动者进行额外津贴补助。例如，2006年日本政府就对60岁以上仍在工作的老人出台了进一步的保障措施，以法律的形式明确规定允许雇主将法定退休年龄延长至65岁。同时，要求企业针对60岁以上的员工必须设立重聘60～65岁工人或取消强制退休的雇用制度。这项制度的颁布和实施使得部分具有经验和技术的老人得到再就业机会，进一步挖掘了社会劳动力资源。这些拥有一定技术和工作经验的老人无疑是企业的宝贵财富，他们除了对自身工作非常熟悉外，还能对新员工进行辅导。但是伴随着经济的快速增长，劳动力市场对技能人才的需求不断增长。人口结构老龄化，退休人口逐渐增多，适龄年轻劳动力人口不断减少，这项政策措施并不能长期弥补技能人才的缺口。

---

① Teresko J, “Japan Today-Factory Automation,” *Industry Week*, 1991(240).

>>三、鼓励特定人群进入制造业劳动力市场<<

随着制造业劳动力市场供给的不断下降，日本政府开始逐步引导妇女、残疾人等过去没有进入劳动力市场的群体进入制造业，以缓解劳动力日益短缺的难题。例如，日本政府针对妇女就业专门制定了《平等就业机会法》，通过法律放松了对妇女就业的限制，如禁止企业在招聘时的性别歧视和年龄限制，借此扩大妇女就业机会，增加制造业就业人数。另外，日本政府大力推行日托计划，对晚上10点以后的公共日托中心提供补助和津贴，引导和鼓励企业实施对女性员工的灵活管理模式，以此吸引女性进入制造业劳动力市场。除了鼓励妇女就业之外，日本政府还鼓励残疾人在一些特殊岗位就业，为此日本政府专门制定了《残疾人就业促进法》，对可以从事劳动生产和服务的残疾人提供培训和就业指导，确立补助金制度。

>>四、逐渐放宽移民政策，吸引外来人员进入劳动力市场<<

在日本制造业劳动力数量和高技术人才日益减少的情况下，为了支撑制造业的持续发展，近年来日本政府逐渐放宽了移民政策，加大了高端技术人才的引进力度。日本经济社会发展水平也吸引了大量外籍高技术人才进入日本工作。2000年，日本政府通过法案给予在日本高中、大学、研究生院毕业的外国人永久性居住权。日本官方数据显示，到2006年，在日本工作的外国高级技能人才已经达到15万人以上。到2014年，日本政府又颁布了《出入境管理法》修正案，放宽了对海外高学历、高技术技能人才的居留限制。

>>五、普遍推行“工作卡制度”，借助政府力量推动劳动者职业发展<<

2008年日本厚生劳动省启动“工作卡制度”，日本政府和产业界希望通过建立此项制度，缓解日本国内目前的劳动力短缺和新进入劳动者缺乏职业能力的矛盾。所谓“工作卡”，就是在对就业者职业经历、教育经历、职业资格等个人的职业能力现状进行总结的基础上建立一套完整的职业能力评价机制。这一机制与职业能力的培训机制和就业中介机制等共同构成了当前促进日本劳动力就业的联动机制，实践表明，这一机制的建立有效促进了制造业劳动力就业，提高了劳动力市场的运行效率，部分缓解了当前劳动力短缺的现实问题。①

除了以上措施之外，日本政府和产业界还相继制定了货币奖励政策，积极采取业务外包和重置等措施缓解制造业高技术人才的短缺问题。同时，为了鼓励生育，日本政府建立家庭补助金制度，给予每一个家庭学龄前儿童每月 5 000 日元和第三个孩子每月 10 000 日元的补助金。

第四节　对中国的启示

>>一、劳动力市场建立与产业结构调整相适应<<

在我国经济发展新常态的背景下，制造业发展面临着新的挑战。资源和环境约束不断强化，劳动力等生产要素成本不断上升，投资和出口增速明显放缓，主要依靠资源投入、规模扩张的粗放发展模式难以为继，调整结构、转型升级、提质增效刻不容缓。形成经济增长新动力，塑造国际竞争优势，重点在创新，难点在创新，出路也在创新。

因此，在劳动力市场建设方面要着重注意创新型人才的供给。具体来说，在国民教育体系中要彻底改变以往应试教育的培养理念和模式，建立符合未来产业发展和技术创新需求的教育模式。同时，需要高度重视技工人才的培养，增加全社会对技工人才的认可度，改革工资收入制度，提高技工人才的福利待遇，让更多的就业者愿意投身制造业。

>>二、劳动力知识培养和职业技能培养并重<<

长久以来，我国往往将人力资本投资片面地理解为教育投资。政府、家庭和个人三方均将人力资源投资简单看作为教育投资。实际上劳动者在学校习得的知识仅仅是形成劳动力所需的部分内容，而不是全部。尤其是在实践性很强的制造业，仅仅通过学校教育是不足以满足制造业尤其是高端制造业对劳动力的需求的。因此，在实践中，应该更加注重职前教育。我国可以借鉴和学习日本的职前教育模式，在基础教育阶段就适当增加生产实践技术课程，对我国的国民教育系统进行适当改革。在基础教育中学校不仅要传授知识，还要传授劳动技能，使更多的学生能够较早地接触生产制造活动，培养学生具有工业制造的基本能力。

---

① 崔玉洁：《日本：推行“工作卡制度”应对劳动力短缺》，载《职业技术教育》，2008(8)。

>>三、努力健全企业内部员工培养机制<<

实践表明，仅仅依靠职业教育是无法满足企业和产业界对人才的要求的。职业教育的定位决定其还是一般性的教育，这种教育无法与具体的行业、特定的企业相结合，从这个意义上说，企业员工技能的提高还必须与所在的行业和企业密切结合。因此，企业内部的培训体系对于员工自身的发展具有十分重要的作用。当前，我国企业内部的人力资源投资水平普遍较低，很多企业忽视员工的在职教育。日本的经验表明，必须努力健全企业内部员工的培养机制，加大企业内部人力资本投资，才能顺利实现企业的可持续发展。

>>四、加大外来高水平技工人才和先进技术的引进力度<<

努力降低外来高水平技工人才进入中国劳动力市场的制度门槛，鼓励国外高素质技能人才来华工作。我国虽然是人口大国、劳动力资源丰富，但是我国社会对技工人员的认可度较低，主动愿意从事制造业生产一线的人才数量较少、素质不高。在这种情况下，一方面需要努力提高技工人才的社会地位，另一方面需要积极引进高水平技工人才，带动整个制造业劳动力市场的发展。

附　录

表 1　国内生产总值

[亿元，1980 年以后国民总收入(原称国民生产总值)与国内生产总值的差额为国外净要素收入]

年份	国民总收入	国内生产总值	第一产业	第二产业			第三产业	人均国内生产总值(元)
				总值	工业	建筑业		
1978	3 678.7	3 678.7	1 018.5	1 755.2	1 621.5	138.9	905.1	385
1979	4 100.5	4 100.5	1 259	1 925.4	1 786.5	144.6	916.1	423
1980	4 587.6	4 587.6	1 359.5	2 204.7	2 014.9	196.3	1 023.4	468
1981	4 933.7	4 935.8	1 545.7	2 269.1	2 067.7	208	1 121.1	497
1982	5 380.5	5 373.4	1 761.7	2 397.7	2 183	221.6	1 214	533
1983	6 043.8	6 020.9	1 960.9	2 663	2 399.1	271.7	1 397	588
1984	7 314.2	7 278.5	2 295.6	3 124.8	2 815.9	317.9	1 858.1	702
1985	9 123.6	9 098.9	2 541.7	3 886.5	3 478.3	419.3	2 670.7	866
1986	10 375.4	10 376.2	2 764.1	4 515.2	4 000.8	527.3	3 096.9	973
1987	12 166.6	12 174.6	3 204.5	5 274	4 621.3	667.5	3 696.2	1 123
1988	15 174.4	15 180.4	3 831.2	6 607.4	5 814.1	811.8	4 741.8	1 378
1989	17 188.4	17 179.7	4 228.2	7 300.9	6 525.7	796.1	5 650.6	1 536
1990	18 923.3	18 872.9	5 017.2	7 744.3	6 904.7	861.7	6 111.4	1 663
1991	22 050.3	22 005.6	5 288.8	9 129.8	8 138.2	1 017.7	7 587	1 912
1992	27 208.2	27 194.5	5 800.3	11 725.3	10 340.5	1 417.9	9 668.9	2 334
1993	35 599.2	35 673.2	6 887.6	16 473.1	14 248.8	2 269.9	12 312.6	3 027
1994	48 548.2	48 637.5	9 471.8	22 453.1	19 546.9	2 968.8	16 712.5	4 081
1995	60 356.6	61 339.9	12 020.5	28 677.5	25 023.9	3 733.7	20 641.9	5 091
1996	70 779.6	71 813.6	13 878.3	33 828.1	29 529.8	4 393	24 107.2	5 898
1997	78 802.9	79 715	14 265.2	37 546	33 023.5	4 628.3	27 903.8	6 481
1998	83 817.6	85 195.5	14 618.7	39 018.5	34 134.9	4 993	31 558.3	6 860
1999	89 366.5	90 564.4	14 549	41 080.9	36 015.4	5 180.9	34 934.5	7 229
2000	99 066.1	100 280.1	14 717.4	45 664.8	40 259.7	5 534	39 897.9	7 942

续表

年份	国民总收入	国内生产总值	第一产业	第二产业			第三产业	人均国内生产总值（元）
				总值	工业	建筑业		
2001	109 276.2	110 863.1	15 502.5	49 660.7	43 855.6	5 945.5	45 700	8 717
2002	120 480.4	121 717.4	16 190.2	54 105.5	47 776.3	6 482.1	51 421.7	9 506
2003	136 576.3	137 422	16 970.2	62 697.4	55 363.8	7 510.8	57 754.4	10 666
2004	161 415.4	161 840.2	20 904.3	74 286.9	65 776.8	8 720.5	66 648.9	12 487
2005	185 998.9	187 318.9	21 806.7	88 084.4	77 960.5	10 400.5	77 427.8	14 368
2006	219 028.5	219 438.5	23 317	104 361.8	92 238.4	12 450.1	91 759.7	16 738
2007	270 844	270 232.3	27 788	126 633.6	111 693.9	15 348	115 810.7	20 505
2008	321 500.5	319 515.5	32 753.2	149 956.6	131 727.6	18 807.6	136 805.8	24 121
2009	348 498.5	349 081.4	34 161.8	160 171.7	138 095.5	22 681.5	154 747.9	26 222
2010	411 265.2	413 030.3	39 362.6	191 629.8	165 126.4	27 259.3	182 038	30 876
2011	484 753.2	489 300.6	46 163.1	227 038.8	195 142.8	32 926.5	216 098.6	36 403
2012	539 116.5	540 367.4	50 902.3	244 643.3	208 905.6	36 896.1	244 821.9	40 007
2013	590 422.4	595 244.4	55 329.1	261 956.1	222 337.6	40 896.8	277 959.3	43 852
2014	644 791.1	643 974	58 343.5	277 571.8	233 856.4	44 880.5	308 058.6	47 203
2015	682 635.1	685 505.8	60 870.5	280 560.3	235 183.5	46 546.6	344 075	49 992

表 2　各地区国内生产总值

（亿元）

地区＼年份	2001	2002	2003	2004	2005	2006	2007	2008	2009	2010	2011	2012	2013	2014	2015
北京	3 710.52	4 330.4	5 023.77	6 060.28	6 969.52	8 117.78	9 846.81	11 115	12 153.03	14 113.58	16 251.93	17 879.4	19 800.81	21 330.83	22 968.6
天津	1 919.09	2 150.76	2 578.03	3 110.97	3 905.64	4 462.74	5 252.76	6 719.01	7 521.85	9 224.46	11 307.28	12 893.88	14 442.01	15 726.93	16 538.2
河北	5 516.76	6 018.28	6 921.29	8 477.63	10 012.11	11 467.6	13 607.32	16 011.97	17 235.48	20 394.26	24 515.76	26 575.01	28 442.95	29 421.15	29 806.1
山西	2 029.53	2 324.8	2 855.23	3 571.37	4 230.53	4 878.61	6 024.45	7 315.4	7 358.31	9 200.86	11 237.55	12 112.83	12 665.25	12 761.49	12 802.6
内蒙古	1 713.81	1 940.94	2 388.38	3 041.07	3 905.03	4 944.25	6 423.18	8 496.2	9 740.25	11 672	14 359.88	15 880.58	16 916.5	17 770.2	18 032.8
辽宁	5 033.08	5 458.22	6 002.54	6 672.01	8 047.26	9 304.52	11 164.3	13 668.58	15 212.49	18 457.27	22 226.7	24 846.43	27 213.22	28 626.58	28 743.4
吉林	2 120.35	2 348.54	2 662.08	3 122.01	3 620.27	4 275.12	5 284.69	6 426.1	7 278.75	8 667.58	10 568.83	11 939.24	13 046.4	13 803.14	14 274.1
黑龙江	3 390.13	3 637.2	4 057.4	4 750.6	5 513.7	6 211.8	7 104	8 314.37	8 587	10 368.6	12 582	13 691.58	14 454.91	15 039.38	15 083.7
上海	5 210.12	5 741.03	6 694.23	8 072.83	9 247.66	10 572.24	12 494.01	14 069.86	15 046.45	17 165.98	19 195.69	20 181.72	21 818.15	23 567.7	24 965
江苏	9 456.84	10 606.85	12 442.87	15 003.6	18 598.69	21 742.05	26 018.48	30 981.98	34 457.3	41 425.48	49 110.27	54 058.22	59 753.37	65 088.32	70 116.4
浙江	6 898.34	8 003.67	9 705.02	11 648.7	13 417.68	15 718.47	18 753.73	21 462.69	22 990.35	27 722.31	32 318.85	34 665.33	37 756.58	40 173.03	42 886.5
安徽	3 246.71	3 519.72	3 923.1	4 759.32	5 350.17	6 112.5	7 360.92	8 851.66	10 062.82	12 359.33	15 300.65	17 212.05	19 229.34	20 848.75	22 005.6
福建	4 072.85	4 467.55	4 983.67	5 763.35	6 554.69	7 583.85	9 248.53	10 823.01	12 236.53	14 737.12	17 560.18	19 701.78	21 868.49	24 055.76	25 979.8
江西	2 175.68	2 450.48	2 807.41	3 456.7	4 056.76	4 820.53	5 800.25	6 971.05	7 655.18	9 451.26	11 702.82	12 948.88	14 410.19	15 714.63	16 723.8
山东	9 195.04	10 275.5	12 078.15	15 021.84	18 366.87	21 900.19	25 776.91	30 933.28	33 896.65	39 169.92	45 361.85	50 013.24	55 230.32	59 426.59	63 002.3
河南	5 533.01	6 035.48	6 867.7	8 553.79	10 587.42	12 362.79	15 012.46	18 018.53	19 480.46	23 092.36	26 931.03	29 599.31	32 191.3	34 938.24	37 010.3
湖北	3 880.53	4 212.82	4 757.45	5 633.24	6 590.19	7 617.47	9 333.4	11 328.92	12 961.1	15 967.61	19 632.26	22 250.45	24 791.83	27 379.22	29 550.2
湖南	3 831.9	4 151.54	4 659.99	5 641.94	6 596.1	7 688.67	9 439.6	11 555	13 059.69	16 037.96	19 669.56	22 154.23	24 621.67	27 037.32	29 047.2
广东	12 039.25	13 502.42	15 844.64	18 864.62	22 557.37	26 587.76	31 777.01	36 796.71	39 482.56	46 013.06	53 210.28	57 067.92	62 474.79	67 809.85	72 812.6

续表

年份 地区	2001	2002	2003	2004	2005	2006	2007	2008	2009	2010	2011	2012	2013	2014	2015
广西	2 279.34	2 523.73	2 821.11	3 433.5	3 984.1	4 746.16	5 823.41	7 021	7 759.16	9 569.85	11 720.87	13 035.1	14 449.9	15 672.89	16 803.1
海南	558.41	621.97	693.2	798.9	897.99	1 044.91	1 254.17	1 503.06	1 654.21	2 064.5	2 522.66	2 855.54	3 177.56	3 500.72	3 702.8
重庆	1 765.68	1 990.01	2 272.82	2 692.81	3 467.72	3 907.23	4 676.13	5 793.66	6 530.01	7 925.58	10 011.37	11 409.6	12 783.26	14 262.6	15 719.7
四川	4 293.49	4 725.01	5 333.09	6 379.63	7 385.11	8 690.24	10 562.39	12 601.23	14 151.28	17 185.48	21 026.68	23 872.8	26 392.07	28 536.66	30 103.1
贵州	1 133.27	1 243.43	1 426.34	1 677.8	2 005.42	2 338.98	2 884.11	3 561.56	3 912.68	4 602.16	5 701.84	6 852.2	8 086.86	9 266.39	10 502.6
云南	2 138.31	2 312.82	2 556.02	3 081.91	3 461.73	3 988.14	4 772.52	5 692.12	6 169.75	7 224.18	8 893.12	10 309.47	11 832.31	12 814.59	13 717.9
西藏	146.04	166.56	189.09	220.34	248.8	290.76	341.43	394.85	441.36	507.46	605.83	701.03	815.67	920.83	1 026.4
陕西	2 010.62	2 253.39	2 587.72	3 175.58	3 933.72	4 743.61	5 757.29	7 314.58	8 169.8	10 123.48	12 512.3	14 453.68	16 205.45	17 689.94	18 171.9
甘肃	1 125.37	1 232.03	1 399.83	1 688.49	1 933.98	2 276.7	2 702.4	3 166.82	3 387.56	4 120.75	5 020.37	5 650.2	6 330.69	6 836.82	6 790.3
青海	300.13	340.65	390.21	466.1	543.32	648.5	797.35	1 018.62	1 081.27	1 350.43	1 670.44	1 893.54	2 122.06	2 303.32	2 417.1
宁夏	337.44	377.16	445.36	537.16	612.61	725.9	919.11	1 203.92	1 353.31	1 689.65	2 102.21	2 341.29	2 577.57	2 752.1	2 911.8
新疆	1 491.6	1 612.65	1 886.35	2 209.09	2 604.19	3 045.26	3 523.16	4 183.21	4 277.05	5 437.47	6 610.05	7 505.31	8 443.84	9 273.46	9 324.8

表3 全国人口数及构成

年份	常住人口数（万人）	男性人口占总人口比重（%）	女性人口占总人口比重（%）	城镇人口占总人口比重（%）	流动人口数（亿人）
1978	96 259	51.49	48.51	17.92	
1979	97 542	51.46	48.54	18.96	
1980	98 705	51.45	48.55	19.39	
1981	100 072	51.48	48.52	20.16	
1982	101 654	51.5	48.5	21.13	
1983	103 008	51.6	48.4	21.62	
1984	104 357	51.6	48.4	23.01	
1985	105 851	51.7	48.3	23.71	
1986	107 507	51.7	48.3	24.52	
1987	109 300	51.5	48.5	25.32	
1988	111 026	51.52	48.48	25.81	
1989	112 704	51.55	48.45	26.21	
1990	114 333	51.52	48.48	26.41	
1991	115 823	51.34	48.66	26.94	
1992	117 171	51.05	48.95	27.46	
1993	118 517	51.02	48.98	27.99	
1994	119 850	51.1	48.9	28.51	
1995	121 121	51.03	48.97	29.04	
1996	122 389	50.82	49.18	30.48	
1997	123 626	51.07	48.93	31.91	
1998	124 761	51.25	48.75	33.35	
1999	125 786	51.43	48.57	34.78	
2000	126 743	51.63	48.37	36.22	1.21
2001	127 627	51.46	48.54	37.66	
2002	128 453	51.47	48.53	39.09	
2003	129 227	51.5	48.5	40.53	
2004	129 988	51.52	48.48	41.76	
2005	130 756	51.53	48.47	42.99	1.47
2006	131 447.64	51.52	48.48	44.34	
2007	132 129	51.5	48.5	45.89	
2008	132 802	51.47	48.53	46.99	
2009	133 450	51.44	48.56	48.34	
2010	134 091	51.27	48.73	49.95	2.21
2011	134 735	51.26	48.74	51.27	2.3
2012	135 404	51.25	48.75	52.57	2.36
2013	136 072	51.24	48.76	53.73	2.45
2014	136 782	51.23	48.77	54.77	2.53
2015	137 462	51.22	48.78	56.1	2.46

表 4　各地区人口自然增长率

（‰）

年份 / 地区	2001	2002	2003	2004	2005	2006	2007	2008	2009	2010	2011	2012	2013	2014	2015
北京	0.8	0.87	−0.09	0.74	1.09	1.29	3.4	3.42	3.5	3.07	4.02	4.74	4.41	4.83	3.01
天津	1.64	1.45	1.1	1.34	1.43	1.6	2.05	2.19	2.6	2.6	2.5	2.63	2.28	2.14	0.23
河北	4.98	5.28	5.16	5.79	6.09	6.23	6.55	6.55	6.5	6.81	6.5	6.47	6.17	6.95	5.56
山西	7.16	6.72	6.22	6.25	6.02	5.75	5.33	5.31	4.89	5.3	4.86	4.87	5.24	4.99	4.42
内蒙古	4.98	3.68	3.07	3.55	4.62	3.96	4.48	4.27	3.96	3.76	3.51	3.65	3.36	3.56	2.40
辽宁	1.64	1.34	1.07	0.91	0.97	1.1	1.53	1.1	0.97	0.42	−0.34	−0.39	−0.03	0.26	−0.42
吉林	3.38	3.19	1.61	1.76	2.57	2.67	2.5	1.61	1.95	2.03	1.02	0.36	0.32	0.4	0.34
黑龙江	2.99	2.54	2.03	1.82	2.67	2.39	2.49	2.23	2.06	2.32	1.07	1.27	0.78	0.91	−0.60
上海	−0.95	−0.54	−1.35	0	0.96	1.58	3.04	2.72	2.7	1.98	1.87	4.2	2.94	3.14	2.45
江苏	2.41	2.18	2.01	2.25	2.21	2.28	2.3	2.3	2.56	2.85	2.61	2.45	2.43	2.43	2.02
浙江	3.77	3.79	3.28	4.95	5.02	4.87	4.81	4.58	4.63	4.73	4.07	4.6	4.56	5	5.02
安徽	6.61	6.03	5.95	6.12	6.2	6.3	6.35	6.45	6.47	6.75	6.32	6.86	6.82	6.97	6.98
福建	6.04	5.78	5.85	5.96	5.98	6.25	6.1	6.3	6.2	6.11	6.21	7.01	6.19	7.5	7.80
江西	9.38	8.72	8.09	7.62	7.83	7.79	7.87	7.91	7.89	7.66	7.5	7.32	6.91	6.98	6.96
山东	4.88	4.55	4.78	6.01	5.83	5.5	5	5.09	5.62	5.39	5.1	4.95	5.01	7.39	5.88
河南	6.94	6.03	5.64	5.2	5.25	5.32	4.94	4.97	4.99	4.95	4.94	5.16	5.51	5.78	5.65
湖北	2.44	2.21	2.32	2.4	3.05	3.13	3.23	2.71	3.48	4.34	4.38	4.88	4.93	4.9	4.91
湖南	5.08	4.86	4.95	5.09	5.15	5.19	5.25	5.4	6.11	6.4	6.55	6.57	6.54	6.63	6.72
广东	8.83	8.21	8.35	8.01	7.02	7.29	7.3	7.25	7.26	6.97	6.1	6.95	6.02	6.1	6.80
广西	7.73	7	7.29	7.2	8.16	8.34	8.2	8.7	8.53	8.65	7.67	7.89	7.93	7.86	7.90

续表

地区\年份	2001	2002	2003	2004	2005	2006	2007	2008	2009	2010	2011	2012	2013	2014	2015
海南	9.47	9.48	9.16	8.98	8.93	8.86	8.91	8.99	8.96	8.98	8.97	8.85	8.69	8.61	8.57
重庆	2.8	3.28	2.69	2.85	3	3.4	3.8	3.8	3.7	2.77	3.17	4	3.6	3.62	3.86
四川	4.37	3.89	3.12	2.78	2.9	2.86	2.92	2.39	2.72	2.31	2.98	2.97	3	3.2	3.36
贵州	11.33	10.75	9.04	8.73	7.38	7.26	6.68	6.72	6.96	7.41	6.38	6.31	5.9	5.8	5.80
云南	10.94	10.6	9.8	9	7.97	6.9	6.86	6.32	6.08	6.54	6.35	6.22	6.17	6.2	6.40
西藏	12.1	12.76	11.1	11.2	10.79	11.7	11.3	10.3	10.24	10.25	10.26	10.27	10.38	10.55	10.65
陕西	4.16	4.12	4.29	4.26	4.01	4.04	4.05	4.08	4	3.72	3.69	3.88	3.86	3.87	3.82
甘肃	7.15	6.71	6.12	5.91	6.02	6.24	6.49	6.54	6.61	6.03	6.05	6.06	6.08	6.1	6.21
青海	12.62	11.7	10.85	9.87	9.49	8.97	8.8	8.35	8.32	8.63	8.31	8.24	8.03	8.49	8.55
宁夏	11.71	11.56	10.95	11.18	10.98	10.69	9.76	9.69	9.68	9.04	8.97	8.93	8.62	8.57	8.04
新疆	11.13	10.87	10.78	10.91	11.38	10.76	11.78	11.17	10.56	10.56	10.57	10.84	10.92	11.47	11.08

表 5 各地登记招聘人数

（人）

地区\年份	2000	2001	2002	2003	2004	2005	2006	2007	2008	2009	2010	2011	2012	2013	2014
北京	825 000	659 050	582 000	582 000	582 482	550 000	638 584	851 689	1 172 429	1 222 457	1 811 089	1 783 262	1 621 815	1 688 102	1 177 778
天津	346 121	392 000	431 000	431 000	431 200	550 000	470 000	490 000	503 000	456 000	1 269 704	764 657	825 277	1 025 277	1 022 607
河北	493 272	1 047 553	1 022 000	1 199 000	1 544 538	1 893 000	1 750 338	1 567 429	1 592 295	1 431 692	2 171 966	2 609 930	2 297 523	2 296 106	2 302 926
山西	174 306	173 056	134 000	210 000	209 941	333 000	579 389	684 600	533 715	497 462	1 223 766	1 143 524	1 136 376	910 036	1 168 752
内蒙古	193 785	205 058	303 000	389 000	524 866	642 000	773 610	771 187	699 797	738 945	963 659	956 092	860 058	634 344	625 747
辽宁	750 228	870 972	1 233 000	1 271 000	1 427 065	1 394 000	1 802 345	1 939 966	1 447 828	2 136 523	5 197 901	3 970 703	4 208 548	3 955 686	2 966 926
吉林	151 562	372 584	348 000	396 000	559 689	580 000	739 863	698 556	731 128	916 323	983 245	1 315 551	1 158 514	1 046 530	946 943

续表

年份 地区	2000	2001	2002	2003	2004	2005	2006	2007	2008	2009	2010	2011	2012	2013	2014
黑龙江	243 181	190 735	457 000	773 000	1 166 130	1 377 000	1 142 252	1 142 234	1 265 857	1 305 797	1 295 246	1 528 955	1 515 302	1 161 993	1 090 455
上海	231 425	1 245 226	1 326 000	1 326 000	1 325 771	1 602 000	1 491 300	1 563 100	1 541 303	1 686 661	1 682 496	1 569 117	1 589 998	1 576 779	1 681 991
江苏	726 092	975 258	1 586 000	1 194 000	2 600 293	2 589 000	3 293 349	4 131 597	4 455 757	5 315 832	5 801 115	8 617 899	7 307 003	6 718 952	7 183 282
浙江	2 060 979	2 540 517	2 945 000	3 353 000	5 254 342	5 097 000	6 915 269	7 492 422	7 394 207	7 778 480	5 872 109	6 257 409	4 601 260	5 417 126	5 180 286
安徽	239 267	355 427	498 000	936 000	1 156 913	1 173 000	1 221 495	1 359 801	1 569 731	1 959 489	2 470 030	2 604 445	2 377 935	2 761 974	2 569 934
福建	613 770	722 986	1 113 000	1 113 000	1 112 666	2 807 000	3 015 375	2 889 419	3 315 106	3 121 718	4 074 660	3 969 144	4 061 271	4 419 470	5 183 998
江西	327 477	407 533	601 000	558 000	1 156 024	1 604 000	1 550 376	1 577 634	1 725 782	1 816 231	1 791 722	1 704 337	1 749 294	1 765 890	2 452 668
山东	813 454	1 013 441	1 270 000	2 127 000	2 770 329	2 926 000	3 297 990	3 345 560	3 332 623	3 581 204	3 490 948	4 735 823	4 073 346	3 746 567	3 442 893
河南	569 874	601 255	607 000	1 071 000	1 132 536	1 133 000	1 132 536	1 132 536	1 132 536	1 156 390	1 333 152	1 021 190	2 647 812	2 499 250	1 732 763
湖北	705 375	781 289	993 000	1 087 000	1 239640	1 465 000	1 600 368	1 794 829	1 604 318	1 961 537	2 364 222	2 409 017	2 455 250	2 047 746	1 942 182
湖南	627 267	561 073	643 000	596 000	775 580	913 000	971 165	874 442	846 215	864 365	2 369 319	2 392 793	2 915 336	3 720 977	1 995 741
广东	2 151 196	2 264 219	2 959 000	5 055 000	6 047 186	5 836 000	9 906 496	12 301 819	12 319 538	13 483 865	8 951 958	8 927 992	13 339 559	5 374 076	5 533 418
广西	282 800	397 229	419 000	464 000	822 359	940 000	1 323 986	1 336 730	1 336 037	1 492 024	2 884 074	3 283 531	3 085 920	2 534 803	3 250 224
海南	104 871	56 587	50 000	50 000	49 967	183 000	224 734	209 319	226 033	213 893	549 580	679 545	600 625	637 684	837 055
重庆	224 561	252 631	273 000	304 000	303 734	328 000	459 868	596 275	672 864	834 654	810 778	1 104 566	1 032 762	1 149 679	1 199 355
四川	630 136	736 822	880 000	1 011 000	1 024357	1 251 000	1 540 673	1 630 669	1 662 824	1 830 243	1 894 053	1 813 938	1 879 709	1 670 707	1 856 888
贵州	118 896	142 045	166 000	179 000	243 654	259 000	267 312	349 284	329 444	445 748	645 435	1 332 609	1 361 539	1 510 755	1 127 362
云南	244 913	349 247	303 000	389 000	484 476	702 000	741 318	656 619	609 463	670 308	722 269	869 434	640 958	614 602	647 376
西藏	70	1 203	3 000	6 000	17 683	22 000	35 809	30 455	28 036	25 414	28 259	23 925	25 981	41 477	37 629
陕西	404 956	446 089	447 000	533 000	646 296	891 000	1 117 760	1 091 139	1 306 397	1 300 523	2 552 466	1 561 307	1 344 263	1 176 452	1 006 090
甘肃	232 334	309 316	241 000	149 000	198 796	313 000	335 026	390 911	383 116	392 248	498 785	494 192	514 034	437 221	382 227
青海	243 067	352 189	268 000	355 000	377 939	428 000	448 727	490 016	482 595	557 072	595 252	509 246	566 013	648 549	592 380
宁夏	53 674	67 254	106 000	179 000	190 409	239 000	248 567	401 661	386 245	512 180	534 626	364 696	337 009	212 974	205 359
新疆	310 280	277 804	294 000	287 000	275 288	370 000	476 219	614 193	463 955	751 803	578 940	747 868	828 277	468 011	393 274

表 6　各地登记求职人数

（人）

地区＼年份	2000	2001	2002	2003	2004	2005	2006	2007	2008	2009	2010	2011	2012	2013	2014
北京	800 000	860 000	878 000	878 000	877 890	520 000	522 259	466 856	408 197	402 830	335 296	274 230	568 511	521 514	442 670
天津	1 415 442	1 140 000	1 254 000	1 254 000	1 254 000	765 000	648 000	660 000	705 000	633 000	1 530 230	947 840	988 013	988 364	988 364
河北	666 295	1 325 455	1 092 000	1 267 000	1 604 100	1 943 000	1 899 799	1 672 612	1 557 509	1 404 796	1 618 187	1 907 907	1 814 001	1 813 667	2 149 443
山西	212 838	186 962	168 000	294 000	294 303	352 000	608 888	716 534	530 960	482 879	1 466 054	1 085 112	1 304 816	831 502	1 052 230
内蒙古	257 706	299 356	312 000	563 000	588 074	608 000	829 738	806 759	741 530	735 274	906 762	927 652	756 806	570 338	603 925
辽宁	1 173 113	1 409 413	1 625 000	1 534 000	1 773 663	1 712 000	1 871 184	1 956 966	1 332 797	2 192 477	4 406 652	2 644 242	2 189 781	2 874 604	2 766 509
吉林	206 498	439 414	396 000	469 000	652 942	637 000	885 336	882 973	918 345	964 331	981 360	1 030 700	888 454	868 608	735 666
黑龙江	466 460	328 242	914 000	935 000	1 370 046	1 478 000	1 317 076	1 184 384	1 335 422	1 380 614	1 459 037	1 583 301	1 635 787	1 368 924	1 314 197
上海	202 386	905 955	1 106 000	1 106 000	1 106 059	1 357 000	1 683 600	1 618 700	5 226 762	5 478 401	1 810 600	1 628 770	1 459 451	918 301	754 103
江苏	851 301	1 043 624	1 644 000	1 792 000	2 553 715	2 644 000	3 197 075	4 164 451	4 962 727	5 525 029	5 027 504	7 290 663	6 792 138	6 303 320	6 547 588
浙江	2 366 130	2 929 949	3 438 000	3 056 000	3 910 356	3 770 000	4 969 587	4 596 962	5 876 872	4 910 104	2 991 497	2 755 162	2 694 236	2 722 510	2 677 587
安徽	551 212	467 923	582 000	1 162 000	1 269 819	1 324 000	1 274 679	1 305 304	1 379 555	1 519 926	1 667 088	1 621 128	1 737 780	1 850 125	2 028 274
福建	767 551	904 672	1 194 000	1 194 000	1 193 964	2 157 000	2 112 122	2 222 630	2 510 676	2 695 673	3 075 004	2 735 453	2 790 036	3 005 392	4 230 988
江西	468 305	589 337	705 000	614 000	1 374 762	1 823 000	1 581 784	1 448 890	1 846 380	1 929 917	1 162 481	1 188 840	1 600 013	1 609 099	1 145 778
山东	1 039 103	1 189 644	1 419 000	2 277 000	2 781 331	2 805 000	3 079 782	3 046 311	2 712 838	2 951 400	2 363 231	3 358 892	3 185 307	2 825 251	2 547 040
河南	1 161 360	1 202 146	813 000	1 322 000	1 368 127	1 368 000	1 368 127	1 368 127	1 368 127	1 404 538	1 176 372	1 324 196	2 027 476	1 881 280	1 239 977
湖北	813 776	901 392	1 180 000	1 162 000	1 218 920	1 331 000	1 638 518	1 617 916	1 542 966	1 822 957	1 905 709	1 772 259	1 871 553	1 604 979	1 479 378
湖南	811 768	870 256	882 000	903 000	1 056 264	1 379 000	1 499 047	1 516 328	1 323 460	1 203 840	1 886 895	1 965 820	2 301 372	3 134 018	1 645 240
广东	2 249 179	3 201 598	3 007 000	4 383 000	4 648 299	7 224 000	8 389 827	9 179 142	10 235 506	11 226 180	7 306 739	6 516 525	11 860 390	3 044 225	3 258 464
广西	410 337	638 998	504 000	687 000	802 479	955 000	1 031 069	1 226 129	1 458 582	1 399 853	1 686 118	1 482 168	1 566 623	1 450 519	1 648 347

续表

年份/地区	2000	2001	2002	2003	2004	2005	2006	2007	2008	2009	2010	2011	2012	2013	2014
海南	212 400	111 953	138 000	138 000	137 646	175 000	355 242	362 630	296 799	319 107	385 974	414 667	390 258	317 330	101 922
重庆	275 267	282 187	305 000	324 000	323 736	343 000	462 582	593 153	629 784	830 534	799 548	897 848	881 938	836 898	856 891
四川	711 456	758 818	909 000	981 000	912 958	1 085 000	1 407 031	1 720 498	1 555 995	1 753 289	1 379 583	1 273 189	1 273 320	1 102 022	1 116 626
贵州	137 762	156 795	197 000	199 000	213 496	195 000	251 588	327 520	310 755	348 800	530 519	621 019	578 324	537 275	558 390
云南	248 416	408 178	362 000	450 000	492 332	830 000	760 768	668 183	671 005	620 418	617 713	490 900	485 829	477 482	560 289
西藏	508	557	9 000	10 000	17 709	21 000	31 212	34 897	31 819	31 501	39 933	32 247	26 814	37 692	36 798
陕西	466 056	699 157	719 000	634 000	848 663	1 053 000	1 304 501	1 312 857	1 542 908	1 313 385	2 807 764	1 457 261	1 344 919	1 274 495	1 328 117
甘肃	281 505	336 128	290 000	178 000	189 672	287 000	421 124	461 293	504 181	472 252	417 784	417 261	421 552	387 274	353 837
青海	256 130	385 602	294 000	368 000	393 996	452 000	515 840	493 966	490 220	513 684	551 486	548 327	645 716	631 884	598 615
宁夏	105 102	143 881	220 000	110 000	211 612	327 000	346 395	502 844	466 290	565 888	954 891	430 263	436 000	302 458	254 954
新疆	331 328	277 310	285 000	357 000	387 060	369 000	1 095 185	1 249 741	8 456 99	1 024 109	510 852	542 686	606 759	414 565	376 021

表7 就业人员分布及基本情况

年份	年末经济活动人口数(万人)	年末第一产业就业人员数(万人)	年末第二产业就业人员数(万人)	年末第三产业就业人员数(万人)	城镇登记失业率(%)
1978	40 682	28 318	6 945	4 890	5.3
1979	41 592	28 634	7 214	5 177	5.4
1980	42 903	29 122	7 707	5 532	4.9
1981	44 165	29 777	8 003	5 945	3.8
1982	45 674	30 859	8 346	6 090	3.2
1983	46 707	31 151	8 679	6 606	2.3
1984	48 433	30 868	9 590	7 739	1.9
1985	50 112	31 130	10 384	8 359	1.8
1986	51 546	31 254	11 216	8 811	2
1987	53 060	31 663	11 726	9 395	2
1988	54 630	32 249	12 152	9 933	2
1989	55 707	33 225	11 976	10 129	2.6
1990	65 323	38 914.15	13 856.29	11 978.57	2.5
1991	66 091	39 098.13	14 015.07	12 377.8	2.3
1992	66 782	38 698.92	14 354.98	13 098.1	2.3
1993	67 468	37 679.71	14 964.99	14 163.3	2.6
1994	68 135	36 628.07	15 312.29	15 514.65	2.8
1995	68 855	35 529.93	15 654.95	16 880.12	2.9
1996	69 765	34 819.75	16 203.25	17 927	3
1997	70 800	34 840.18	16 547.34	18 432.48	3.1
1998	72 087	35 177.23	16 599.7	18 860.08	3.1
1999	72 791	35 768.39	16 420.62	19 204.99	3.1
2000	73 992	36 042.5	16 219.13	19 823.38	3.1
2001	73 884	36 398.5	16 233.73	20 164.77	3.6
2002	74 492	36 640	15 681.92	20 958.08	4
2003	74 911	36 204.38	15 926.98	21 604.65	4.3
2004	75 290	34 829.82	16 709.4	22 724.78	4.2
2005	76 120	33 441.86	17 765.99	23 439.16	4.2
2006	76 315	31 940.63	18 894.46	24 142.92	4.1
2007	76 531	30 730.97	20 186.03	24 404	4
2008	77 046	29 923.34	20 553.41	25 087.25	4.2
2009	77 510	28 890.47	21 080.18	25 857.35	4.3
2010	78 388	27 930.54	21 842.14	26 332.33	4.1
2011	78 579	26 594.16	22 543.9	27 281.94	4.1
2012	78 894	25 773	23 241	27 690	4.1
2013	79 300	24 171	23 170	29 636	4.05
2014	79 690	22 790	23 099	31 364	4.09
2015		21 919	22 693	32 839	4.05

表 8　分地区城镇登记失业人员数(年末数)

（万人）

年份 地区	2000	2001	2002	2003	2004	2005	2006	2007	2008	2009	2010	2011	2012	2013	2014
北京	3.32	5.19	6.02	6.96	6.46	10.56	10.4	10.63	10.33	8.16	7.73	8.13	8.15	7.53	7.43
天津	10.5	11.4	12.9	12.03	11.77	11.71	11.67	14.99	12.99	15	16.1	20.11	20.4	21.69	22.52
河北	17.4	19.54	22.16	25.69	28.01	27.82	28.69	29.3	32.24	34.5	35.14	35.99	36.83	37.22	38.31
山西	9.7	12.23	14.52	13.05	13.7	14.27	15.6	16.1	17.47	21.65	20.39	21.15	21	21.1	24.55
内蒙古	12.6	14.5	16.27	17.6	18.5	17.74	18	18.46	19.92	20.14	20.81	21.83	23.13	23.8	24.77
辽宁	40.8	55.5	75.57	72	70.1	60.4	54.1	44.52	41.68	41.62	38.93	39.43	38.08	39.55	40.96
吉林	22.98	20.16	23.82	28.43	28.24	27.64	26.3	23.94	24.3	23.45	22.65	22.21	22.3	22.61	23.18
黑龙江	25.3	35.5	41.61	35	32.9	31.3	31.2	31.47	32.07	31.41	36.24	35.03	41.26	41.37	39.85
上海	20.08	25.72	28.78	30.11	27.43	27.5	27.82	26.7	26.56	27.87	27.6	27	26.69	25.3	25.63
江苏	27.01	36.1	42.17	41.8	42.9	41.62	40.4	39.26	41.09	40.74	40.65	41.45	40.47	37.61	36.57
浙江	21.82	23.99	27.73	28.27	30.14	28.97	29.1	28.6	30.68	30.68	31.13	31.67	33.41	33.41	33.14
安徽	31.6	19.9	22.63	25.1	26.1	27.77	28.23	27.17	29.31	30.08	26.86	33.14	31.3	32.36	31.45
福建	9.1	13.23	14.96	14.6	14.51	14.86	15.13	14.85	14.96	15.19	14.49	14.64	14.55	14.7	14.35
江西	16.68	17.28	17.76	21.62	22.42	22.83	25.27	24.34	26	27.3	26.26	24.64	25.7	27.42	29.41
山东	37.5	35.4	39.74	41.3	42.3	42.9	43.7	43.47	60.74	45.12	44.5	45.1	43.4	42.15	43.07
河南	21.4	23.1	25.4	26.31	31.17	33.02	35.4	33.07	36.51	38.46	38.16	38.41	38.3	40.24	40.01
湖北	36.64	42.15	44.66	49.34	49.37	52.64	52.56	54.1	55.07	55.25	55.65	55.12	42.26	40.17	37.88
湖南	27.57	30.34	30.39	37.13	43	41.86	43.3	44.38	47.01	47.81	43.22	43.14	44.13	45.65	47.29
广东	30.24	34.5	36.49	35.46	35.94	34.49	36.2	36.22	38.07	39.51	39.3	38.83	39.61	37.98	36.83
广西	11.3	14.2	14.71	14.9	17.8	18.51	20.01	18.47	18.8	19.11	19.07	18.81	18.94	18.05	18.66

续表

年份/地区	2000	2001	2002	2003	2004	2005	2006	2007	2008	2009	2010	2011	2012	2013	2014
海南	0	3.8	4	3.6	4.65	5.08	5.2	5.41	5.64	5.3	4.77	2.85	3.63	3.94	4.25
重庆	10.15	13.72	16.18	16.16	16.76	16.88	15.41	14.13	13.02	13.44	13.02	12.96	12.43	12.07	13.42
四川	30.79	31.9	33.82	33.1	33.3	34.3	36.1	34.53	37.86	36.28	34.56	36.93	40.67	42.87	54.36
贵州	10.23	11.14	11.08	11.18	11.61	12.13	12.12	12.13	12.47	12.34	12.18	12.51	12.56	13.66	14.09
云南	6.77	8	9.8	12.12	11.9	12.97	13.79	14.02	14.77	15.4	15.69	15.99	17.44	18.09	19.19
西藏			1.33		1.2					2.02	2.08	1.04	1.64	1.63	1.69
陕西	11.39	14.01	13.51	13.95	18.46	21.54	21.5	20.95	20.83	21.48	21.42	20.91	19.48	21.06	22.35
甘肃	7.35	7.44	8.66	9.31	9.53	9.25	9.69	9.51	9.43	10.28	10.72	10.78	9.8	9.3	9.71
青海	1.8	2.4	2.85	3.07	3.48	3.63	3.73	3.72	3.87	4.06	4.24	4.35	4.09	4.23	4.22
宁夏	3.8	3.66	3.54	3.75	4.1	4.35	4.2	4.42	4.77	4.8	4.76	5.22	4.61	4.69	5
新疆	11	9.7	9.9	9.9	13.3	11.13	11.6	11.7	11.77	11.86	10.99	11.12	11.85	11.9	11.21

表 9　分地区城镇登记失业率(年末数)

(%)

年份/地区	2000	2001	2002	2003	2004	2005	2006	2007	2008	2009	2010	2011	2012	2013	2014
北京	0.76	1.18	1.35	1.43	1.3	2.11	1.98	1.84	1.82	1.44	1.37	1.39	1.27	1.21	1.31
天津	3.2	3.6	3.91	3.8	3.76	3.7	3.6	3.59	3.6	3.6	3.6	3.6	3.6	3.6	3.5
河北	2.8	3.2	3.6	3.9	4	3.93	3.84	3.83	3.96	3.93	3.86	3.75	3.69	3.68	3.59
山西	2.2	2.6	3.4	3	3.1	3.01	3.2	3.24	3.29	3.86	3.58	3.48	3.33	3.13	3.4
内蒙古	3.3	3.7	4.1	4.5	4.6	4.26	4.1	3.99	4.1	3.97	3.9	3.8	3.73	3.66	3.59

续表

地区＼年份	2000	2001	2002	2003	2004	2005	2006	2007	2008	2009	2010	2011	2012	2013	2014
辽宁	3.7	3.2	6.5	6.5	6.5	5.62	5.1	4.28	3.9	3.87	3.63	3.68	3.55	3.35	3.38
吉林	3.7	3.1	3.6	4.3	4.23	4.2	4.2	3.92	3.98	3.95	3.8	3.7	3.65	3.7	3.4
黑龙江	3.3	4.7	4.9	4.2	4.5	4.42	4.4	4.26	4.23	4.27	4.27	4.1	4.15	4.44	4.47
上海	3.5	4.3	4.8	4.9	4.5	4.4	4.4	4.22	4.2	4.26	4.35	3.54	3.05	3.98	4.06
江苏	3.4	3.6	4.2	4.1	3.8	3.56	3.4	3.17	3.25	3.22	3.16	3.22	3.14	3.03	3.01
浙江	3.4	3.7	4.2	4.2	4.1	3.72	3.51	3.27	3.49	3.26	3.2	3.12	3.01	3.01	2.96
安徽	3.3	3.7	4	4.1	4.2	4.4	4.25	4.06	3.92	3.92	3.66	3.74	3.68	3.41	3.21
福建	2.6	3.8	4.2	4.1	4	3.95	3.93	3.89	3.86	3.9	3.77	3.69	3.63	3.55	3.47
江西	2.9	3.3	3.4	3.6	3.56	3.48	3.64	3.37	3.42	3.44	3.31	2.98	3	3.17	3.27
山东	3.2	3.3	3.6	3.6	3.4	3.33	3.3	3.21	3.7	3.4	3.36	3.35	3.33	3.24	3.3
河南	2.6	2.8	2.9	3.1	3.4	3.45	3.52	3.41	3.4	3.5	3.38	3.35	3.08	3.09	2.97
湖北	3.5	4	4.3	4.3	4.2	4.33	4.22	4.21	4.2	4.21	4.18	4.1	3.83	3.49	3.1
湖南	3.7	4	4	4.5	4.4	4.27	4.3	4.25	4.2	4.14	4.16	4.21	4.23	4.2	4.14
广东	2.5	2.9	3.1	2.9	2.7	2.58	2.6	2.51	2.56	2.6	2.52	2.46	2.48	2.43	2.44
广西	3.2	3.5	3.7	3.6	4.1	4.15	4.15	3.79	3.75	3.74	3.66	3.46	3.41	3.3	3.15
海南	3.3	3.4	3.1	3.4	3.4	3.55	3.6	3.49	3.72	3.48	3	1.73	2.01	2.17	2.26
重庆	3.5	3.9	4.1	4.1	4.12	4.12	4	3.98	3.96	3.96	3.9	3.5	3.3	3.4	3.46
四川	3.97	4.3	4.5	4.4	4.4	4.61	4.5	4.24	4.57	4.34	4.14	4.16	4.02	4.11	4.15
贵州	3.82	4	4.1	4	4.09	4.2	4.11	3.97	3.98	3.81	3.64	3.63	3.29	3.26	3.27
云南	2.6	3.3	4	4.1	4.3	4.17	4.28	4.18	4.21	4.26	4.21	4.05	4.03	3.98	3.98

续表

年份 地区	2000	2001	2002	2003	2004	2005	2006	2007	2008	2009	2010	2011	2012	2013	2014
西藏			4.9		4					3.8	3.99	3.2	2.58	2.47	2.47
陕西	2.7	3.2	3.3	3.5	3.8	4.18	4	4.02	3.91	3.94	3.85	3.59	3.22	3.32	3.34
甘肃	2.7	2.8	3.2	3.4	3.4	3.26	3.63	3.34	3.23	3.25	3.21	3.11	2.68	2.3	2.19
青海	2.4	3.5	3.6	3.8	3.92	3.93	3.9	3.75	3.8	3.8	3.8	3.76	3.37	3.31	3.15
宁夏	4.6	4.4	4.4	4.4	4.5	4.52	4.3	4.28	4.35	4.4	4.35	4.4	4.18	4.06	4.02
新疆	3.8	3.7	3.7	3.5	3.5	3.92	3.9	3.88	3.7	3.84	3.23	3.22	3.39	3.36	3.17

表 10 各地区历年大专以上从业人员占就业总人数比例

(%)

年份 地区	1997	1998	1999	2001	2002	2003	2004	2005	2006	2007	2008	2009	2010	2011	2012	2013	2014
北京	18	19.4	23	18.6	23.1	26.2	28.57	30.87	35.70	34.31	32.80	35.98	38.98	50.26	53.6	51.4	55.87
天津	10.3	7.5	11.1	10.8	13.7	13.5	18.17	14.84	17.26	17.37	16.94	17.99	21.52	26.74	27.8	31.8	34.15
河北	2.8	3.7	3.9	3.4	6.2	8.6	7.26	5.51	4.32	4.4	5.04	5.7	7.68	11.13	11.9	11.1	13.43
山西	4.6	3.4	5.1	6.7	6.8	7.6	6.98	7.98	8.09	7.94	7.18	7.88	10.81	12.92	15.4	15.3	16.79
内蒙古	4.8	5.3	5.1	6.9	7.4	7.3	8.69	10.27	7.42	7.85	7.82	8.15	12.41	16.55	17.0	17.3	18.52
辽宁	7.6	5.8	7	6.2	6.6	10.9	9.14	9.84	9.64	9.7	11.72	12.23	13.57	13.56	13.2	15.5	16.7
吉林	6.1	6.1	5.9	6.9	8	7.7	7.92	8.20	6.46	7.46	7.63	8.55	10.64	12.36	13.5	13.9	14.85
黑龙江	6.6	5.3	4.9	6.4	6.4	6.3	5.69	8.57	7.31	7.49	6.47	7.11	10.26	9.49	9.4	11.0	11.63
上海	11.6	12.9	15.1	17.1	16.2	20.3	24.36	21.90	28.39	27.68	29.20	31.32	28.31	32.13	33.7	35.0	42.85
江苏	2.6	3.9	5	5.6	4.6	6.2	5.81	7.70	8.15	6.66	6.63	7.27	11.95	13.68	15.4	16.9	18.29
浙江	3.2	3.6	3	3.8	7.9	8.2	10.45	6.47	8.74	8.03	8.90	10.38	11.56	15.92	17.6	19.2	21.52

续表

年份 地区	1997	1998	1999	2001	2002	2003	2004	2005	2006	2007	2008	2009	2010	2011	2012	2013	2014
安徽	2.3	2.3	2	4.4	3	5.3	5.78	4.89	3.69	3.42	4.06	3.89	7.53	8.65	9.7	10.1	11.6
福建	3.8	2.9	3.2	6.4	6.1	6.2	7.15	6.83	6.36	7.26	7.41	12.03	9.97	15.69	16.3	17.1	18.01
江西	2.4	2.2	3.3	6.2	3.9	9.3	6.15	5.45	5.86	8.84	6.91	7.43	7.17	8.02	9.0	10.8	10.94
山东	2.1	2	2.2	6.2	7.4	7.2	7.08	5.04	5.23	5.17	5.61	5.94	8.86	13.94	14.6	16.0	17.29
河南	1.9	2.6	2.3	5.3	5.6	3.9	5.85	5.06	4.35	4.05	4.47	4.96	6.82	8.59	9.0	10.2	11.97
湖北	4.6	3.8	4	5.8	4.9	5.5	5.88	5.97	7.57	6.82	7.05	7.87	9.20	14.09	13.8	13.5	15.97
湖南	2.4	2.4	3.4	4.9	5.4	5.9	6.65	5.53	5.51	5.55	5.61	5.68	7.89	14.76	14.3	14.8	15.63
广东	5.1	5.1	5	5.4	7.1	7.5	7.35	7.55	7.28	8.02	8.75	7.72	10.73	12.52	12.2	14.2	15.38
广西	1.2	1.2	0.9	3.6	3.8	5.6	6.53	5.10	5.25	4.24	3.72	4.45	7.36	7.96	9.0	8.3	10.46
海南	3.2	4.1	5.1	5.4	5.2	8.2	7.13	6.99	5.98	5.27	6.07	6.14	9.04	11.42	13.3	14.3	15.24
重庆	2.3	1.4	2.7	3.8	3.8	3.7	4.37	5.52	5.08	4.12	3.93	5.46	10.38	11.36	12.3	12.5	14.17
四川	2.5	2.6	2.2	5.5	4.7	4.6	4.25	4.21	3.72	4.07	3.31	5.46	7.01	8.84	9.6	10.7	10.98
贵州	2.8	2.2	2.7	4.6	4.5	7.2	5.95	4.55	3.37	4.12	4.50	3.62	7.08	8.39	8.2	9.3	10.19
云南	1.6	1.2	1.4	2.5	2.7	2	4.64	3.88	3.64	3.53	3.01	3.24	6.49	8.75	8.4	10.0	10.22
西藏	0.5	0.2		0.2	0.4	0.6	0.7	0.87	0.49	0.3	0.34	0.3	7.10	18.51	6.6	5.9	5.9
陕西	3.8	3.2	4.2	5.9	5.1	8.1	10.04	7.64	7.49	8.13	8.91	8.42	10.49	16.04	17.0	18.7	21.01
甘肃	2.1	2.4	3.2	4.6	3.8	5.9	7.38	5.76	3.58	3.97	5.17	5.04	8.12	11.49	12.1	13.8	14.36
青海	2.7	4.2	5.3	3.7	4.2	7.1	6.11	10.05	7.98	9.17	9.26	10.2	11.51	16.69	16.5	17.5	16.4
宁夏	4.4	2.9	4.4	7.2	7.8	7.7	10.27	9.86	8.84	9.26	9.32	9.3	12.74	14.96	14.3	14.1	15.37
新疆	7.8	8.2	10.5	10.8	14	13.6	13.55	12.29	11.18	10.6	11.26	11.29	13.86	15.95	18.0	18.1	17.67

表 11 按年龄分全国就业人员大专及以上受教育程度者占比 (%)

年龄(岁) 年份	16～19	20～24	25～29	30～34	35～39	40～44	45～49	50～54	55～59	60～64	65＋	总计
2002	0.5	6.2	9.5	8.2	7.1	5.9	4.8	3.6	3.2	1.4	0.8	6
2003	6.8	0.4	7.3	11.1	9.5	8.0	7.4	5.5	3.9	3.1	1.1	0.7
2004	0.5	8.13	12.38	10.16	7.91	7.92	5.49	4.15	3.34	1.02	0.61	7.23
2005	0.5	8.4	12.9	10.2	7.6	7.2	5.1	3.7	2.5	0.8	0.6	6.8
2006	0.6	8.8	13.3	10.5	7.9	6.8	5.0	3.7	2.2	1.0	0.7	6.6
2007	0.7	8.4	13.8	11.0	8.1	6.6	5.3	3.7	2.1	0.7	0.4	6.6
2008	1.0	9.7	14.8	11.6	8.1	6.2	5.6	3.8	2.1	0.6	0.4	6.9
2009	1.1	9.2	15.2	12.3	9.2	7.0	6.5	4.6	2.9	0.7	0.6	7.3
2010	1.3	12.5	20.6	16.4	11.6	8.5	7.9	5.4	3.2	0.7	0.5	10.1
2011	2.6	18.8	25.9	21.0	14.8	10.4	8.8	6.6	3.7	0.9	0.5	12.9
2012	3.2	19.7	26.6	22.9	16.2	11.4	9.1	7.2	4.1	1.1	0.5	13.7
2013	2.8	21.3	28.8	25.1	17.8	12.1	9.0	8.4	4.3	1.0	0.5	14.6
2014	4.3	25.8	30.9	27.7	19.7	13.6	9.7	8.5	4.5	1.1	0.4	16

表 12 全国就业训练中心结业与就业人数

年份	结业人数(人)	就业人数(人)	就业率 (就业人数/ 结业人数)(%)
2001	4 633 170	2 809 620	60.6
2002	5 034 090	3 181 555	63.2
2003	5 796 603	3 768 636	65.0
2004	7 155 655	4 662 924	65.2
2005	7 971 643	5 577 680	70.0
2006	8 896 578	6 488 160	72.9
2007	9 184 327	7 166 297	78.0
2008	8 632 205	7 044 980	81.6
2009	7 710 226	6 607 821	85.7
2010	7 257 643	5 995 558	82.6
2011	7 441 632	5 942 559	79.9
2012	7 558 849	6 925 624	91.6
2013	5 840 449	4 534 446	77.6
2014	5 023 349	3 710 579	73.9

表 13 全国职业技能鉴定劳动者数量

（人）

年份	获得证书人数	初级	中级	高级	技师	高级技师
1996	2 146 895	727 215	1 094 809	271 346	51 262	2 263
1997	2 786 360	949 828	1 439 046	364 024	30 506	2 956
1998	2 858 782	1 071 270	1 491 968	244 529	44 995	6 020
1999	2 924 206	1 280 322	1 356 103	249 480	35 165	3 136
2000	3 726 619	1 553 035	1 743 885	393 201	34 175	2 323
2001	4 570 081	1 756 881	2 236 967	523 010	49 689	3 534
2002	5 562 607	2 036 748	2 712 382	761 195	48 852	3 430
2003	5 839 222	2 124 504	2 870 097	768 890	69 501	6 230
2004	7 360 975	2 691 946	3 516 786	975 155	140 816	36 272
2005	7 857 292	2 732 405	3 756 905	1 133 278	195 577	39 127
2006	9 252 416	3 124 130	4 390 924	1 440 591	260 830	35 384
2007	9 956 079	3 687 419	4 518 674	1 429 235	274 176	46 575
2008	11 372 105	4 492 273	4 891 989	1 606 473	318 047	63 323
2009	12 320 051	5 251 357	5 134 383	1 516 357	336 623	81 331
2010	13 929 377	5 899 097	5 544 598	2 097 432	316 663	71 587
2011	14 820 504	6 533 022	5 464 700	2 464 290	286 769	71 723
2012	15 487 834	6 655 352	5 604 790	2 760 639	336 187	130 866
2013	15 366 664	6 766 044	5 372 332	2 728 517	376 144	123 627
2014	15 542 766	6 094 580	5 707 155	3 117 737	429 024	194 270

表 14 男性各年龄段就业人员受教育程度

（%）

2006 年								
年龄（岁）	就业人员	未上过学	小学	初中	高中	大学专科	大学本科	研究生及以上
合计	100.0	3.8	26.7	48.6	13.8	4.5	2.4	0.3
16～19	100.0	0.8	14.4	74.2	10.1	0.5	0.1	
20～24	100.0	0.9	10.7	64.2	16.4	5.1	2.6	0.1
25～29	100.0	1.0	12.3	56.5	17.3	7.7	4.6	0.5
30～34	100.0	1.1	16.7	55.9	14.9	7.0	3.7	0.5
35～39	100.0	1.4	20.6	56.1	13.0	5.1	3.3	0.4
40～44	100.0	1.4	18.6	54.3	17.3	5.1	2.9	0.5
45～49	100.0	2.7	24.6	44.1	22.5	4.2	1.7	0.2
50～54	100.0	4.5	39.2	38.9	12.6	3.5	1.2	0.1
55～59	100.0	7.1	53.7	29.4	6.3	2.6	0.8	0.1
60～64	100.0	11.7	59.2	24.6	3.1	0.7	0.6	0.1
65+	100.0	24.5	60.4	12.2	2.0	0.4	0.4	

续表

2007年								
年龄(岁)	就业人员	未上过学	小学	初中	高中	大学专科	大学本科	研究生及以上
合计	100.0	3.4	25.0	50.2	14.3	4.6	2.3	0.2
16～19	100.0	0.9	11.2	74.5	12.6	0.7	0.1	
20～24	100.0	0.6	8.7	64.8	18.5	5.0	2.3	0.1
25～29	100.0	0.8	9.9	57.7	18.5	7.9	4.8	0.5
30～34	100.0	1.0	14.2	57.6	15.8	7.4	3.7	0.5
35～39	100.0	1.0	17.3	58.5	14.0	5.6	3.2	0.4
40～44	100.0	1.1	18.6	57.0	15.3	4.8	2.8	0.3
45～49	100.0	1.9	21.3	47.7	22.5	4.6	1.8	0.2
50～54	100.0	3.7	35.4	41.8	14.3	3.4	1.2	0.1
55～59	100.0	6.4	51.3	32.0	7.0	2.4	0.8	0.1
60～64	100.0	10.4	59.9	25.2	3.2	0.7	0.4	
65+	100.0	23.1	60.9	13.3	2.2	0.3	0.2	

2008年								
年龄(岁)	就业人员	未上过学	小学	初中	高中	大学专科	大学本科	研究生及以上
合计	100.0	3.0	24.0	50.9	14.7	4.6	2.5	0.2
16～19	100.0	0.7	10.7	72.5	15.3	0.7	0.1	
20～24	100.0	0.5	8.1	61.8	20.5	6.2	2.8	0.1
25～29	100.0	0.6	9.0	57.2	18.8	8.4	5.4	0.6
30～34	100.0	0.9	12.9	57.3	16.7	7.6	4.1	0.5
35～39	100.0	0.9	16.4	59.0	14.6	5.5	3.2	0.3
40～44	100.0	1.2	18.9	58.6	13.8	4.4	2.8	0.2
45～49	100.0	1.5	18.8	50.9	21.9	4.4	2.3	0.3
50～54	100.0	3.0	33.2	43.5	15.6	3.5	1.2	0.1
55～59	100.0	5.5	48.3	35.4	7.6	2.3	0.9	0.1
60～64	100.0	9.4	60.6	25.6	3.3	0.6	0.3	
65+	100.0	20.7	60.9	15.5	2.3	0.4	0.2	

2009年								
年龄(岁)	就业人员	未上过学	小学	初中	高中	大学专科	大学本科	研究生及以上
合计	100.0	2.8	23.0	51.6	14.7	4.9	2.7	0.3
16～19	100.0	0.7	9.9	75.0	13.5	0.8	0.0	
20～24	100.0	0.6	7.3	63.4	20.5	5.7	2.4	0.0
25～29	100.0	0.7	8.0	57.8	18.8	8.5	5.8	0.5

续表

2009 年

年龄(岁)	就业人员	未上过学	小学	初中	高中	大学专科	大学本科	研究生及以上
30～34	100.0	0.8	11.7	57.6	17.6	7.5	4.3	0.5
35～39	100.0	1.0	15.6	58.7	14.6	6.2	3.6	0.3
40～44	100.0	1.2	19.2	58.4	13.1	4.8	2.9	0.3
45～49	100.0	1.3	18.2	52.3	20.1	4.9	2.8	0.3
50～54	100.0	2.8	30.3	44.1	16.9	4.1	1.6	0.2
55～59	100.0	5.0	45.1	37.0	8.6	3.0	1.2	0.1
60～64	100.0	8.5	60.0	27.0	3.4	0.6	0.3	0.1
65+	100.0	18.8	61.7	16.5	2.3	0.4	0.3	0.0

2010 年

年龄(岁)	就业人员	未上过学	小学	初中	高中	大学专科	大学本科	研究生及以上
合计	100.0	1.9	20.9	51.2	15.6	6.1	3.8	0.4
16～19	100.0	0.4	9.3	72.8	16.4	1	0.1	0
20～24	100.0	0.3	6.6	59.7	22	8	3.3	0.1
25～29	100.0	0.4	7.1	54.3	18.4	10.6	8.4	0.8
30～34	100.0	0.6	10.6	54.7	17.7	9	6.5	0.9
35～39	100.0	0.7	14.9	57	15.1	7.1	4.7	0.6
40～44	100.0	0.9	19.3	57	13.3	5.3	3.7	0.4
45～49	100.0	1.1	18.4	52.7	18.5	5.5	3.4	0.5
50～54	100.0	2.2	27.9	43.8	19.5	4.4	1.9	0.2
55～59	100.0	4	43.7	37.7	10	3.2	1.3	0.1
60～64	100.0	7.2	60.9	27.1	3.7	0.7	0.3	0
65+	100.0	15.7	62.7	18.3	2.5	0.4	0.3	0

2011 年

年龄(岁)	就业人员	未上过学	小学	初中	高中	大学专科	大学本科	研究生及以上
合计	100.0	1.0	16.9	50.3	18.6	7.7	5.1	0.5
16～19	100.0	0.3	7.7	68.1	21.9	1.9	0.1	
20～24	100.0	0.3	4.4	52.6	26.7	10.9	5.0	0.0
25～29	100.0	0.2	4.9	48.1	21.8	13.7	10.6	0.8
30～34	100.0	0.2	7.0	49.7	21.8	11.2	8.9	1.2
35～39	100.0	0.4	10.1	55.5	18.5	8.8	6.1	0.6
40～44	100.0	0.5	13.8	57.3	16.9	6.4	4.6	0.5
45～49	100.0	0.4	14.2	55.1	19.6	6.2	4.0	0.5

续表

2011年								
年龄(岁)	就业人员	未上过学	小学	初中	高中	大学专科	大学本科	研究生及以上
50～54	100.0	0.8	21.3	46.1	23.4	5.7	2.5	0.2
55～59	100.0	1.7	37.2	44.3	11.4	3.8	1.5	0.1
60～64	100.0	3.5	55.6	34.3	5.3	0.9	0.4	0.0
65+	100.0	9.4	66.4	21.2	2.3	0.4	0.2	0.0
2012年								
年龄(岁)	就业人员	未上过学	小学	初中	高中	大学专科	大学本科	研究生及以上
合计	100.0	1.0	16.1	49.9	19.2	8.0	5.3	0.5
16～19	100.0	0.3	5.8	68.6	23.2	2.0	0.2	
20～24	100.0	0.1	3.7	51.5	28.5	11.4	4.7	0.1
25～29	100.0	0.1	4.6	47.2	23.2	13.7	10.5	0.7
30～34	100.0	0.3	5.7	48.4	22.4	11.6	10.2	1.4
35～39	100.0	0.3	8.7	54.2	19.9	9.4	6.8	0.7
40～44	100.0	0.5	12.7	57.0	17.1	7.3	4.9	0.5
45～49	100.0	0.6	15.1	55.3	18.3	6.3	4.0	0.4
50～54	100.0	0.8	18.4	47.7	24.2	5.7	3.0	0.3
55～59	100.0	1.9	33.2	45.6	13.3	4.3	1.6	0.1
60～64	100.0	3.3	52.9	36.3	5.9	1.1	0.5	0.0
65+	100.0	8.8	64.8	22.5	3.1	0.5	0.3	
2013年								
年龄(岁)	就业人员	未上过学	小学	初中	高中	大学专科	大学本科	研究生及以上
合计	100.0	1.0	15.6	49.5	19.0	8.7	5.7	0.5
16～19	100.0	0.5	5.4	67.3	24.5	2.1	0.3	
20～24	100.0	0.3	3.4	49.2	28.8	12.5	5.6	0.1
25～29	100.0	0.2	4.1	45.3	23.5	15.0	11.1	0.8
30～34	100.0	0.3	5.3	47.3	21.6	13.2	10.8	1.4
35～39	100.0	0.3	8.4	52.3	20.0	10.7	7.3	0.9
40～44	100.0	0.4	11.5	57.1	17.4	7.8	5.3	0.5
45～49	100.0	0.6	14.9	57.2	16.8	6.2	4.0	0.4
50～54	100.0	0.7	16.1	49.7	23.1	6.6	3.5	0.3
55～59	100.0	1.6	31.8	45.6	14.5	4.6	1.8	0.1
60～64	100.0	3.8	53.0	36.6	5.2	1.0	0.4	0.0
65+	100.0	8.0	61.8	25.6	3.9	0.5	0.3	0.0

续表

2014 年								
年龄(岁)	就业人员	未上过学	小学	初中	高中	大学专科	大学本科	研究生及以上
合计	100.0	100.0	100.0	100.0	100.0	100.0	100.0	100.0
16～19	1.8	0.4	0.6	2.6	2.1	0.6	0.2	
20～24	8.8	1.5	1.9	8.5	12.7	13.7	10.4	1.5
25～29	12.2	2.0	3.0	10.8	15.3	21.8	23.1	18.9
30～34	11.6	2.3	3.6	11.0	13.4	17.0	22.6	30.1
35～39	10.8	2.3	6.0	11.2	11.5	13.0	14.1	18.6
40～44	14.0	7.2	10.9	15.9	13.1	13.2	12.4	14.4
45～49	12.8	5.6	12.8	15.2	10.8	8.8	8.9	7.8
50～54	10.0	7.4	9.8	10.8	11.5	7.1	5.7	6.1
55～59	7.7	12.2	14.4	7.2	7.1	3.9	2.1	2.2
60～64	5.5	18.5	18.3	4.3	1.7	0.6	0.5	0.3
65+	4.7	40.7	18.7	2.5	0.7	0.2	0.1	0.2

表 15　女性各年龄段就业人员受教育程度　(%)

2006 年								
年龄(岁)	就业人员	未上过学	小学	初中	高中	大学专科	大学本科	研究生及以上
合计	100.0	10.2	33.7	40.6	9.6	4.0	1.8	0.2
16～19	100.0	1.6	15.4	71.4	10.9	0.5	0.1	
20～24	100.0	1.6	13.0	60.9	14.6	7.0	2.8	0.1
25～29	100.0	2.3	16.9	52.8	14.3	8.7	4.6	0.4
30～34	100.0	3.1	25.2	51.0	11.1	6.3	3.0	0.3
35～39	100.0	4.2	32.4	47.8	8.8	4.5	2.2	0.2
40～44	100.0	5.6	33.4	44.6	11.3	3.5	1.5	0.1
45～49	100.0	10.7	42.1	30.5	13.1	2.6	0.9	0.1
50～54	100.0	18.6	55.4	19.1	4.6	1.6	0.6	0.1
55～59	100.0	26.3	61.3	10.5	1.3	0.4	0.2	
60～64	100.0	36.8	54.2	7.8	0.6	0.2	0.2	
65+	100.0	58.4	37.6	3.2	0.3	0.2	0.2	
2007 年								
年龄(岁)	就业人员	未上过学	小学	初中	高中	大学专科	大学本科	研究生及以上
合计	100.0	9.0	32.2	42.9	9.8	4.0	1.9	0.1
16～19	100.0	1.4	13.4	73.2	11.4	0.4	0.3	

续表

2007 年

年龄(岁)	就业人员	未上过学	小学	初中	高中	大学专科	大学本科	研究生及以上
20～24	100.0	1.2	10.8	63.3	15.1	6.5	2.9	0.1
25～29	100.0	1.6	13.8	55.2	14.9	9.1	5.0	0.4
30～34	100.0	2.5	21.5	53.6	11.9	6.7	3.4	0.3
35～39	100.0	3.1	28.5	51.7	9.8	4.7	2.1	0.2
40～44	100.0	4.3	32.5	48.1	10.0	3.5	1.5	0.1
45～49	100.0	8.1	38.6	35.6	14.0	2.8	1.0	0.1
50～54	100.0	15.5	54.8	22.3	5.1	1.7	0.6	
55～59	100.0	23.4	62.0	12.7	1.3	0.4	0.1	
60～64	100.0	33.1	56.9	9.0	0.8	0.1	0.1	
65+	100.0	55.4	40.2	3.8	0.4	0.1	0.1	

2008 年

年龄(岁)	就业人员	未上过学	小学	初中	高中	大学专科	大学本科	研究生及以上
合计	100.0	7.9	31.3	44.1	10.4	4.1	2.0	0.2
16～19	100.0	0.9	12.2	71.3	14.5	0.9	0.2	
20～24	100.0	1.0	10.1	61.1	17.4	7.2	3.1	0.1
25～29	100.0	1.3	12.3	55.2	16.0	9.2	5.5	0.7
30～34	100.0	2.0	19.4	54.6	13.0	7.0	3.7	0.4
35～39	100.0	2.6	26.3	53.5	10.6	4.6	2.2	0.2
40～44	100.0	3.8	31.5	50.5	9.3	3.2	1.4	0.1
45～49	100.0	5.8	35.1	41.2	13.7	2.9	1.2	0.1
50～54	100.0	13.0	52.7	25.9	6.1	1.7	0.7	
55～59	100.0	20.2	62.6	15.0	1.6	0.4	0.2	
60～64	100.0	30.7	59.0	9.4	0.7	0.1	0.1	
65+	100.0	49.2	45.8	4.5	0.5	0.1		

2009 年

年龄(岁)	就业人员	未上过学	小学	初中	高中	大学专科	大学本科	研究生及以上
合计	100.0	7.1	30.2	45.3	10.5	4.5	2.3	0.2
16～19	100.0	1.0	10.3	72.7	14.7	1.2	0.1	
20～24	100.0	0.9	8.8	62.3	17.7	7.2	3.0	0.1
25～29	100.0	1.3	11.0	56.4	15.6	9.2	6.1	0.6
30～34	100.0	1.8	17.7	55.1	13.0	7.5	4.3	0.5
35～39	100.0	2.3	24.8	53.8	10.8	5.3	2.8	0.2

续表

年龄(岁)	就业人员	未上过学	小学	初中	高中	大学专科	大学本科	研究生及以上
2009年								
40～44	100.0	3.3	31.3	50.5	9.0	3.8	1.9	0.1
45～49	100.0	5.0	33.7	43.2	13.2	3.3	1.4	0.2
50～54	100.0	11.6	50.4	28.2	6.7	2.2	0.8	0.1
55～59	100.0	18.5	60.8	17.7	2.1	0.6	0.2	0.0
60～64	100.0	27.0	61.2	11.0	0.6	0.1	0.1	0.0
65＋	100.0	45.6	47.5	6.1	0.5	0.1	0.1	0.0
2010年								
年龄(岁)	就业人员	未上过学	小学	初中	高中	大学专科	大学本科	研究生及以上
合计	100.0	5.2	27.6	45.8	11.7	5.8	3.6	0.3
16～19	100.0	0.6	10.2	70.8	16.8	1.5	0.1	0
20～24	100.0	0.5	8.3	58.3	19.2	9.7	3.9	0.1
25～29	100.0	0.8	10.1	52.4	15	11.4	9.3	1
30～34	100.0	1.3	16	51.9	14.3	9.2	6.4	0.9
35～39	100.0	1.9	23.2	52.7	11.5	6.4	3.9	0.4
40～44	100.0	2.8	30.1	50.1	9.6	4.4	2.6	0.2
45～49	100.0	4	32.6	44.7	12.6	4	2	0.2
50～54	100.0	9.2	48.3	30.1	8.8	2.5	1.1	0.1
55～59	100.0	15.1	61.2	19.5	2.6	0.6	0.3	0
60～64	100.0	230.4	63.6	11.7	1	0.2	0.1	0
65＋	100.0	39.6	52.4	7	0.7	0.1	0.1	0
2011年								
年龄(岁)	就业人员	未上过学	小学	初中	高中	大学专科	大学本科	研究生及以上
合计	100.0	3.2	23.1	46.7	14.3	7.6	4.7	0.4
16～19	100.0	0.3	8.1	66.7	21.5	2.9	0.4	
20～24	100.0	0.2	5.0	48.5	24.5	15.3	6.4	0.1
25～29	100.0	0.2	5.9	48.5	18.5	14.1	11.8	1.1
30～34	100.0	0.6	10.2	50.8	17.4	11.1	8.8	1.1
35～39	100.0	0.8	15.4	55.3	14.8	8.3	4.9	0.5
40～44	100.0	1.2	22.8	54.5	12.6	5.5	3.2	0.2
45～49	100.0	2.0	26.5	50.9	13.9	4.3	2.2	0.2
50～54	100.0	4.5	41.3	39.1	11.0	2.7	1.4	0.0
55～59	100.0	9.2	59.5	26.4	3.7	0.8	0.3	0.0
60～64	100.0	15.5	66.7	16.6	0.7	0.3	0.1	0.0
65＋	100.0	29.0	61.0	9.0	0.7	0.1	0.1	0.0

续表

2012 年

年龄（岁）	就业人员	未上过学	小学	初中	高中	大学专科	大学本科	研究生及以上
合计	100.0	3.1	22.5	46.4	14.4	8.1	5.0	0.5
16～19	100.0	0.5	5.8	66.1	23.1	4.1	0.4	
20～24	100.0	0.3	4.2	48.0	23.4	16.3	7.6	0.1
25～29	100.0	0.2	5.5	47.0	18.8	15.4	12.0	1.1
30～34	100.0	0.5	8.8	49.2	18.8	11.9	9.3	1.4
35～39	100.0	0.8	13.3	54.0	16.4	9.7	5.2	0.6
40～44	100.0	1.2	19.8	56.0	13.0	6.1	3.6	0.3
45～49	100.0	1.7	25.3	52.4	13.4	4.8	2.3	0.1
50～54	100.0	3.8	37.0	42.3	12.2	3.2	1.4	0.1
55～59	100.0	9.2	57.4	28.0	4.1	0.9	0.4	0.0
60～64	100.0	12.4	67.2	18.9	1.2	0.2	0.2	0.0
65＋	100.0	26.6	62.9	9.6	0.8	0.1	0.0	0.0

2013 年

年龄（岁）	就业人员	未上过学	小学	初中	高中	大学专科	大学本科	研究生及以上
合计	100.0	3.0	22.0	46.1	14.7	8.4	5.4	0.5
16～19	100.0	0.1	4.7	68.0	23.8	3.1	0.2	
20～24	100.0	0.2	3.1	47.0	24.8	17.3	7.4	0.2
25～29	100.0	0.3	4.8	44.4	19.6	16.7	13.1	1.1
30～34	100.0	0.4	7.8	48.2	18.9	12.8	10.5	1.4
35～39	100.0	0.6	12.8	53.0	17.2	9.6	6.2	0.7
40～44	100.0	1.0	18.2	56.3	14.2	6.3	3.7	0.3
45～49	100.0	1.6	26.1	53.1	12.0	4.6	2.4	0.1
50～54	100.0	3.4	33.8	45.0	12.2	3.9	1.7	0.1
55～59	100.0	8.4	56.1	30.0	4.3	0.7	0.3	0.0
60～64	100.0	13.1	65.1	19.8	1.5	0.3	0.1	
65＋	100.0	24.5	63.5	11.0	0.8	0.1	0.0	

2014 年

年龄（岁）	就业人员	未上过学	小学	初中	高中	大学专科	大学本科	研究生及以上
合计	100.0	100.0	100.0	100.0	100.0	100.0	100.0	100.0
16～19	1.7	0.1	0.6	2.2	3.3	0.8	0.2	
20～24	8.5	0.3	1.4	7.8	14.3	19.1	13.4	2.3
25～29	12.8	0.8	2.9	12.2	17.0	24.4	28.5	24.6

续表

2014 年								
年龄(岁)	就业人员	未上过学	小学	初中	高中	大学专科	大学本科	研究生及以上
30～34	12.5	1.4	3.7	12.9	16.0	19.0	24.6	39.5
35～39	11.4	2.3	5.8	13.3	13.6	13.2	13.7	17.8
40～44	14.9	5.4	12.8	18.0	14.3	11.8	10.4	8.8
45～49	13.5	7.8	15.9	16.0	10.8	7.3	5.9	4.7
50～54	8.8	8.9	12.5	9.5	7.4	3.5	2.7	1.8
55～59	6.4	15.5	16.4	4.5	2.4	0.6	0.5	0.4
60～64	5.5	24.3	16.3	2.6	0.6	0.2	0.1	0.0
65+	4.0	33.2	11.9	1.0	0.2	0.0	0.0	0.1

表 16　各行业就业人员受教育程度(2014 年)　(%)

受教育程度	总计	未上过学	小学	初中	高中	大学专科	大学本科	研究生及以上
就业人员(按行业)	100.0	1.8	18.1	46.7	17.2	9.3	6.2	0.5
农、林、牧、渔业	100.0	4.4	35.8	52.2	6.6	0.7	0.18	0.01
采矿业	100.0	0.3	12.2	42.5	27.7	10.9	6.3	0.3
制造业	100.0	0.5	10.3	51.8	22.8	9.7	4.6	0.3
电力、燃气及水的生产和供应业	100.0	0.2	3.4	25.9	29.9	24.6	15.2	0.8
建筑业	100.0	0.7	16.5	59.7	14.6	5.6	2.7	0.1
交通运输、仓储和邮政业	100.0	0.6	8.5	45.5	28.1	12.3	4.8	0.2
信息传输、计算机服务和软件业	100.0	0.3	6.7	51.4	25.9	10.8	4.7	0.2
批发和零售业	100.0	0.6	10.6	55.9	23	7.3	2.4	0.1
住宿和餐饮业	100.0	0.5	5.1	35	23.1	18.6	16.2	1.7
金融业	100.0	0.1	2.6	16.6	20.6	28.3	29.3	2.7
房地产业	100.0	0.5	7.9	29.9	27.4	22.6	11.2	0.5
租赁和商务服务业	100.0	0.3	5.1	28.6	24.7	21.8	17.8	1.6
科学研究、技术服务和地质勘查业	100.0	0	1.8	16.8	17.3	23.8	31.6	8.6
水利、环境和公共设施管理业	100.0	1	13.7	33.7	21.6	17.3	11.8	1
居民服务和其他服务业	100.0	1	10.9	52.9	24.2	8.2	2.8	0.1

续表

受教育程度	总计	未上过学	小学	初中	高中	大学专科	大学本科	研究生及以上
教育	100.0	0.1	2.1	12.8	15.4	27.6	36.7	5.3
卫生、社会保障和社会福利业	100.0	0.2	2.2	13.9	20.3	34.2	26.2	3
文化、体育和娱乐业	100.0	0.2	4.8	27	22.2	22.6	21.3	1.8
公共管理和社会组织	100.0	0.3	2.7	11.8	20.6	32.3	30.3	2.1
国际组织	100.0			59.7	21.2	6	13.1	

表 17 按职业分就业人员受教育程度(2014 年) (%)

受教育程度	总计	未上过学	小学	初中	高中	大学专科	大学本科	研究生及以上
就业人员(按职业)	100.0	1.8	18.1	46.7	17.2	9.3	6.2	0.5
单位负责人	100.0	0.2	4.6	30.5	26.3	21.9	15.1	1.5
专业技术人员	100.0	0.2	4	18.3	19.4	27.7	27.1	3.3
办事人员和有关人员	100.0	0.2	3.9	19	23.9	27.9	23.4	1.7
商业、服务业人员	100.0	0.7	9.6	48.5	26.1	10.7	4.3	0.1
农林牧渔水利业生产人员	100.0	4.4	35.6	52.2	6.8	0.7	0.2	0
生产运输设备操作人员及有关人员	100.0	0.6	12.8	58.5	20.1	5.9	2	0.1
其他	100.0	0.9	11.3	51.3	23.1	9.5	3.7	0.2

表 18 家庭就业人口及负担人数 (人)

年份	城镇居民家庭平均每户就业人口	城镇居民家庭平均每一就业者负担人数	农村居民家庭平均每户整半劳动力	农村居民家庭平均每一劳动力负担人数
1985	2.15	1.81	2.95	1.74
1989	2	1.78	2.94	1.65
1990	1.98	1.77	2.92	1.64
1995	1.87	1.73	2.88	1.56
1997	1.83	1.74	2.79	1.56
1998	1.8	1.75	2.78	1.55
1999	1.77	1.77	2.77	1.53
2000	1.68	1.86	2.76	1.52
2001	1.65	1.88	2.73	1.52
2002	1.58	1.92	2.76	1.5

续表

年份	城镇居民家庭平均每户就业人口	城镇居民家庭平均每一就业者负担人数	农村居民家庭平均每户整半劳动力	农村居民家庭平均每一劳动力负担人数
2003	1.58	1.91	2.8	1.47
2004	1.56	1.91	2.82	1.45
2005	1.51	1.96	2.82	1.44
2006	1.53	1.93	2.83	1.43
2007	1.54	1.89	2.84	1.42
2008	1.48	1.97	2.85	1.41
2009	1.49	1.94	2.85	1.4
2010	1.49	1.93	2.85	1.39
2011	1.48	1.94	2.78	1.4
2012	1.49	1.92	2.76	1.4

表 19　农村居民家庭人均工资性收入

（元）

地区＼年份	2000	2001	2002	2003	2004	2005	2006	2007	2008	2009	2010	2011	2012	2013	2014
全国	702.3	771.9	840.22	918.38	998.46	1 174.53	1 374.80	1 596.22	1 853.73	2 061.25	2 431.05	2 963.43	3 447.46	4 025.37	4 152.2
北京	2 819.06	3 312.84	3 429.68	3 480.30	3 698.74	4 524.25	5 047.39	5 605.65	6 389.31	7 326.19	8 229.19	9 578.85	10 843.48	12 034.89	14 260.21
天津	1 638.28	1 797.67	2 060.23	2 152.55	2 358.69	2 720.85	3 247.92	3 582.67	4 064.95	4 408.33	5 261.97	6 829.24	7 922.26	9 091.51	9 941.12
河北	949.25	978.38	1 043.67	1 072.33	1 110.92	1 293.50	1 514.68	1 754.33	1 979.52	2 251.01	2 653.42	3 423.95	4 005.28	5 236.74	5 133.34
山西	726.05	789.84	866.47	897.50	987.52	1 177.94	1 374.34	1 520.95	1 713.55	1 789.93	2 108.60	2 684.87	3 175.50	4 041.06	4 569.57
内蒙古	287.63	300.11	320.03	344.60	394.79	504.46	590.70	716.86	806.48	900.42	1 036.78	1 310.86	1 459.05	1 694.61	2 070.78
辽宁	882.96	914.6	1 020.62	1 056.59	1 075.86	1 212.20	1 499.47	1 719.74	2 035.53	2 239.75	2 649.97	3 179.75	3 630.24	4 209.39	4 362.29
吉林	343.86	328.53	388.99	425.51	457.80	510.96	605.11	711.25	810.17	869.02	1 072.14	1 469.19	1 792.02	1 813.23	1 937.65
黑龙江	337.97	333.35	376.55	394.24	413.14	464.31	654.86	773.90	916.76	1 019.61	1 241.59	1 496.51	1 816.84	1 991.35	2 188.54
上海	4 309.89	4 491.12	4 920.43	5 251.58	5 468.54	6 159.70	6 685.98	7 353.42	8 108.32	8 671.00	9 605.73	10 493.03	11 477.71	12 239.37	16 177.05
江苏	1 663.11	1 819.79	1 993.74	2 189.06	2 443.35	2 786.11	3 104.77	3 443.03	3 895.50	4 238.54	4 896.39	5 969.02	6 775.89	7 608.55	7 170.32
浙江	2 000.51	2 225.87	2 437.42	2 574.85	2 855.82	3 238.77	3 575.14	4 009.72	4 587.44	5 090.15	5 822.48	6 721.32	7 678.22	9 204.28	11 772.53
安徽	547.83	610.65	707.68	818.92	884.62	1 010.05	1 184.11	1 470.05	1 737.84	1 882.42	2 203.94	2 723.17	3 243.47	3 733.52	3 554.87
福建	1 069.01	1 163.2	1 246.01	1 353.79	1 488.47	1 650.65	1 855.53	2 099.92	2 421.46	2 678.35	3 094.60	3 889.54	4 474.49	5 193.92	5 655.21
江西	744.47	805.09	927.35	1 022.14	1 017.51	1 227.94	1 441.34	1 611.45	1 842.36	2 018.98	2 394.62	2 994.49	3 532.72	4 422.08	3 937.44
山东	850.56	965.67	1 056.7	1 095.45	1 178.32	1 437.57	1 671.54	1 950.78	2 263.46	2 496.57	2 958.06	3 715.25	4 383.22	5 127.17	4 713.15
河南	473.68	517.63	567.07	635.59	753.99	853.95	1 022.74	1 267.70	1 499.93	1 621.75	1 943.86	2 523.77	2 989.36	3 581.56	3 260.22
湖北	547.69	582.6	662.19	706.79	755.23	941.64	1 199.16	1 454.50	1 742.33	1 900.54	2 186.11	2 703.05	3 189.84	3 868.21	3 298.61
湖南	789.74	840.11	914.31	988.35	1 081.23	1 228.79	1 449.65	1 712.31	1 990.52	2 234.01	2 655.59	3 240.81	3 847.59	4 595.58	4 088.13

续表

地区＼年份	2000	2001	2002	2003	2004	2005	2006	2007	2008	2009	2010	2011	2012	2013	2014
广东	1 362.16	1 527.17	1 714.11	1 965.78	2 173.21	2 562.39	2 906.15	3 202.13	3 684.47	4 089.69	4 799.52	5 854.68	6 804.43	7 072.37	6 220.34
广西	483.75	543.82	686.57	784.60	857.63	907.36	974.32	1 128.75	1 283.39	1 465.22	1 707.18	1 820.37	2 245.95	2 712.27	2 335.37
海南	151.38	199.99	304.81	329.87	397.32	473.06	555.72	665.16	808.63	972.68	1 261.86	2 004.63	2 475.57	3 001.54	3 596.03
重庆	623.32	696.5	783.12	858.50	931.69	1 088.80	1 309.91	1 559.30	1 764.64	1 919.68	2 335.23	2 894.53	3 400.77	4 089.15	3 196.46
四川	606.93	651.79	711.38	765.76	829.17	954.89	1 219.51	1 438.68	1 620.40	1 821.37	2 248.18	2 652.46	3 088.86	3 542.78	3 156.55
贵州	274.9	317.54	386.86	458.84	505.24	583.28	715.49	846.85	1 002.68	1 074.32	1 303.85	1 713.52	1 977.73	2 572.61	2 521.48
云南	263.58	283.36	286.17	318.22	325.86	348.31	441.81	521.63	617.47	684.95	930.00	1 138.55	1 435.87	1 729.19	1 975.82
西藏	227.63	133.52	205.61		530.33	565.18	568.39	635.11	759.72	914.08	1 108.84	1 008.03	1 201.93	1 475.32	1 571.08
陕西	445.97	498.02	550.51	615.92	690.38	756.71	848.26	1 036.18	1 243.57	1 428.46	1 734.48	2 395.45	2 727.85	3 151.23	3 216.83
甘肃	355.03	405.99	447.41	488.73	527.58	586.71	637.37	716.43	867.98	994.94	1 199.45	1 561.97	1 787.72	2 203.41	1 755.76
青海	312.3	351.34	401.51	454.06	460.90	560.52	653.30	790.88	983.16	1 081.59	1 269.81	1 775.39	1 989.69	2 347.46	2 041.42
宁夏	484.02	527.63	526.68	592.30	618.37	702.10	823.09	1 021.37	1 260.04	1 518.94	1 788.28	2 164.24	2 510.53	2 878.36	3 391.04
新疆	104.58	131.87	142.1	140.27	138.23	195.51	254.07	330.75	422.82	461.49	556.26	804.73	1 008.02	1 311.84	1 847.98

表 20 城镇居民家庭人均工资性收入

(元)

年份 地区	2000	2001	2002	2003	2004	2005	2006	2007	2008	2009	2010	2011	2012	2013	2014
全国	3 500.63	3 745.98	5 739.96	6 410.22	7 152.76	7 797.54	87 66.96	10 234.76	11 298.96	12 382.11	13 707.68	15 411.91	17 335.62	18 929.79	17 936.82
北京	5 678.55	6 239.26	8 999.40	10 152.14	11 590.45	13 666.34	16 284.17	17 318.72	18 738.96	21 105.61	23 099.09	25 161.22	27 961.78	30 273.01	29 652.94
天津	3 920.84	4 152.18	6 050.76	6 663.54	7 508.72	8 174.64	9 259.72	10 882.24	12 849.73	14 389.10	16 780.41	18 794.08	21 523.81	23 231.85	18 796.86
河北	3 378.50	3 456.85	4 497.24	4 924.32	5 589.89	6 346.53	7 065.29	8 325.67	8 891.50	9 830.57	10 566.30	11 686.60	13 154.52	14 588.36	15 275.87
山西	2 728.86	3 140.95	4 704.72	5 527.89	6 338.80	7 103.45	7 877.30	9 057.81	9 019.35	9 741.38	10 784.74	13 146.47	14 973.64	16 216.40	15 623.72
内蒙古	2 989.50	3 392.55	4 552.32	5 235.96	5 893.79	6 669.48	7 552.68	9 300.62	10 284.43	11 267.40	12 614.46	14 779.08	16 872.58	18 377.94	17 406.18
辽宁	2 541.51	2 809.88	4 692.60	5 204.18	5 806.05	6 103.41	6 611.44	8 213.06	9 494.59	10 420.60	11 712.68	13 093.86	14 846.05	15 882.02	16 239.6
吉林	2 755.48	3 084.12	4 294.68	4 828.31	5 447.36	5 905.86	6 576.52	7 641.21	8 677.27	9 482.13	10 621.43	12 217.09	13 535.33	14 388.26	13 658.22
黑龙江	2 540.50	2 664.09	3 954.12	4 489.37	5 031.88	5 478.03	6 028.06	6 945.95	7 393.39	8 356.66	9 087.59	10 235.04	11 700.50	12 525.77	13 741.32
上海	5 119.50	5 171.35	8 974.80	11 525.99	13 156.67	14 280.65	16 016.40	18 996.58	21 791.11	23 172.36	25 439.97	28 550.76	31 109.30	33 235.39	30 212.11
江苏	3 307.85	3 472.64	5 494.32	6 091.04	6 869.00	8 397.15	9 501.35	10 791.22	12 319.86	13 480.72	14 816.87	17 761.58	20 102.05	21 890.00	20 720.13
浙江	4 010.90	4 394.40	8 533.80	9 692.52	10 752.74	11 941.09	13 015.77	14 509.69	15 538.83	16 701.04	18 313.60	20 334.25	22 385.09	24 453.00	23 317.29
安徽	2 672.86	2 859.25	4 438.56	4 878.30	5 583.71	6 425.54	7 430.86	8 683.96	9 302.38	10 362.39	11 442.43	12 915.97	14 812.54	15 535.34	15 515
福建	4 225.45	4 622.20	6 869.28	7 499.01	7 996.08	8 791.56	10 164.49	11 175.25	12 668.82	14 211.49	15 682.48	17 438.81	19 976.01	21 443.39	19 197.23
江西	3 362.29	3 685.09	4 598.64	5 108.21	5 541.74	6 222.55	6 897.94	8 411.73	9 105.96	9 789.79	10 613.83	11 654.36	13 348.06	14 767.52	15 623.11
山东	4 631.85	4 982.71	6 702.72	7 418.42	8 327.11	9 026.55	10 442.06	11 814.19	12 940.62	13 985.83	15 731.23	17 629.40	19 856.05	21 562.13	18 866.18
河南	2 641.47	2 791.00	4 288.80	4 757.86	5 322.07	6 095.49	6 861.49	8 058.81	9 043.52	9 910.46	10 804.88	12 039.24	13 666.49	14 704.24	14 510.79
湖北	3 620.05	3 821.45	5 278.20	5 847.66	6 390.81	6 576.92	7 573.56	8 809.80	9 474.81	10 331.51	11 460.49	12 622.44	14 191.04	15 571.83	14 215.35
湖南	4 379.49	4 387.30	5 408.16	5 984.74	6 807.36	6 805.30	7 401.73	8 612.48	9 070.97	9 854.09	10 782.04	11 550.09	13 237.06	13 951.38	14 661.73
广东	5 045.97	5 132.82	9 284.16	10 413.47	11 646.42	12 265.04	13 031.33	14 659.44	15 188.39	16 898.88	18 902.43	21 092.14	23 632.20	25 286.45	24 315.6
广西	3 813.90	4 370.15	5 835.84	6 149.78	6 737.70	6 975.39	7 419.40	9 075.18	10 321.20	11 193.64	12 061.82	13 550.16	14 693.47	15 647.77	13 892.69
海南	3 314.25	3 726.38	4 930.68	5 020.58	5 599.27	6 071.20	6 954.45	8 113.01	8 999.75	9 678.65	10 957.92	12 876.92	14 672.28	15 773.04	15 654.23
重庆	3 897.32	4 130.22	5 190.96	6 288.55	7 162.69	7 848.52	9 266.42	9 717.48	10 957.62	11 824.00	12 738.20	13 827.72	15 415.44	16 654.66	15 020.2

续表

地区＼年份	2000	2001	2002	2003	2004	2005	2006	2007	2008	2009	2010	2011	2012	2013	2014
四川	3 298.69	3 321.47	4 552.32	4 910.82	5 461.35	5 838.27	6 675.99	8 147.31	9 117.00	10 132.43	11 310.70	12 687.29	14 249.32	14 976.04	14 262.37
贵州	3 243.42	3 508.89	4 007.40	4 668.50	5 135.14	5 516.18	6 507.12	7 750.15	7 811.16	9 005.57	9 627.99	10 754.45	12 309.17	13 627.56	13 147.52
云南	4 181.53	4 192.21	5 446.68	5 854.39	6 138.33	6 170.93	6 881.39	8 019.69	8 596.88	9 641.68	10 845.21	12 416.17	14 408.29	15 140.70	13 530.87
西藏	6 667.54	6 958.30	8 300.04	9 466.39	10 204.52	10 401.71	7 512.25	10 370.42	12 314.69	13 326.40	14 707.14	15 854.97	17 672.12	19 604.00	17 404.64
陕西	2 944.74	3 347.05	4 684.56	5 170.32	5 725.33	6 347.81	6 958.23	8 292.38	9 794.82	10 775.37	12 078.35	14 051.28	15 547.32	16 440.99	14 925.92
甘肃	3 427.04	3 645.29	4 866.00	5 269.23	6 087.37	6 486.84	7 008.40	8 140.72	8 354.63	9 182.24	9 882.50	11 195.26	12 514.92	13 329.73	13 999.88
青海	3 099.13	3 641.91	4 073.88	4 493.36	5 022.57	5 613.79	6 316.64	7 849.44	8 595.48	9 341.26	10 061.58	11 403.97	12 614.39	14 015.57	15 283.47
宁夏	2 925.15	3 242.54	4 366.80	4 670.76	5 166.44	5 771.58	6 450.79	7 667.77	8 793.54	9 597.11	10 821.22	12 396.71	13 965.62	15 363.92	15 735.55
新疆	3 846.07	4 614.02	5 665.44	6 219.72	6 394.50	6 553.47	7 490.69	9 012.19	9 422.22	10 232.91	11 327.91	12 653.43	14 432.12	15 585.27	15 404.32

表 21　按行业分城镇单位就业人员平均工资

（元）

行业名称＼年份	2003	2004	2005	2006	2007	2008	2009	2010	2011	2012	2013	2014
合计	13 969.00	15 920.00	18 200.00	20 856.00	24 721.00	28 898.00	32 244.00	36 539.00	41 799	46 769	51 483	56 360
农、林、牧、渔业	6 884.00	7 497.00	8 207.00	9 269.00	10 847.00	12 560.00	14 356.00	16 717.00	19 469	22 687	25 820	28 356
采矿业	13 627.00	16 774.00	20 449.00	24 125.00	28 185.00	34 233.00	38 038.00	44 196.00	52 230	56 946	60 138	61 677
制造业	12 671.00	14 251.00	15 934.00	18 225.00	21 144.00	24 404.00	26 810.00	30 916.00	36 665	41 650	46 431	51 369
电力、燃气及水的生产和供应业	18 574.00	21 543.00	24 750.00	28 424.00	33 470.00	38 515.00	41 869.00	47 309.00	52 723	58 202	67 085	73 339
建筑业	11 328.00	12 578.00	14 112.00	16 164.00	18 482.00	21 223.00	24 161.00	27 529.00	32 103	36 483	42 072	45 804
交通运输、仓储和邮政业	15 753.00	18 071.00	20 911.00	24 111.00	27 903.00	32 041.00	35 315.00	40 466.00	47 078	46 340	50 308	55 838

续表

行业名称 \ 年份	2003	2004	2005	2006	2007	2008	2009	2010	2011	2012	2013	2014
信息传输、计算机服务和软件业	30 897.00	33 449.00	38 799.00	43 435.00	47 700.00	54 906.00	58 154.00	64 436.00	70 918	53 391	57 993	63 416
批发和零售业	10 894.00	13 012.00	15 256.00	17 796.00	21 074.00	25 818.00	29 139.00	33 635.00	40 654	31 267	34 044	37 264
住宿和餐饮业	11 198.00	12 618.00	13 876.00	15 236.00	17 046.00	19 321.00	20 860.00	23 382.00	27 486	80 510	90 915	100 845
金融业	20 780.00	24 299.00	29 229.00	35 495.00	44 011.00	53 897.00	60 398.00	70 146.00	81 109	89 743	99 653	108 273
房地产业	17 085.00	18 467.00	20 253.00	22 238.00	26 085.00	30 118.00	32 242.00	35 870.00	42 837	46 764	51 048	55 568
租赁和商务服务业	17 020.00	18 723.00	21 233.00	24 510.00	27 807.00	32 915.00	35 494.00	39 566.00	46 976	53 162	62 538	67 131
科学研究、技术服务和地质勘查业	20 442.00	23 351.00	27 155.00	31 644.00	38 432.00	45 512.00	50 143.00	56 376.00	64 252	69 254	76 602	82 259
水利、环境和公共设施管理业	11 774.00	12 884.00	14 322.00	15 630.00	18 383.00	21 103.00	23 159.00	25 544.00	28 868	32 343	36 123	39 198
居民服务和其他服务业	12 665.00	13 680.00	15 747.00	18 030.00	20 370.00	22 858.00	25 172.00	28 206.00	33 169	35 135	38 429	41 882
教育	14 189.00	16 085.00	18 259.00	20 918.00	25 908.00	29 831.00	34 543.00	38 968.00	43 194	47 734	51 950	56 580
卫生、社会保障和社会福利业	16 185.00	18 386.00	20 808.00	23 590.00	27 892.00	32 185.00	35 662.00	40 232.00	46 206	52 564	57 979	63 267
文化、体育和娱乐业	17 098.00	20 522.00	22 670.00	25 847.00	30 430.00	34 158.00	37 755.00	41 428.00	47 878	53 558	59 336	64 375
公共管理和社会组织	15 355.00	17 372.00	20 234.00	22 546.00	27 731.00	32 296.00	35 326.00	38 242.00	42 062	46 074	49 259	53 110

表 22 按行业分城镇单位就业人员工资总额

（亿元）

行业名称 \ 年份	2003	2004	2005	2006	2007	2008	2009	2010	2011	2012	2013	2014
合计	15 329.64	17 615.00	20 627.07	24 262.32	29 471.51	35 289.50	40 288.16	47 269.89	59 954.66	70 914.2	93 064.29	102 817.2
农、林、牧、渔业	335.80	351.16	368.65	403.34	464.63	516.42	537.41	627.06	697.65	760.8	757.96	808.9
采矿业	662.86	831.84	1 031.25	1 259.57	1 500.48	1 847.29	2 089.12	2 458.84	3 174.24	3 600.7	3 833.18	3 728.2
制造业	3 772.66	4 316.44	5 056.63	6 035.77	7 241.15	8 498.91	9 302.20	11 140.79	15 031.37	17 668.1	24 566.64	27 011.4
电力、燃气及水的生产和供应业	551.99	646.78	741.82	858.00	1 012.73	1 180.36	1 283.45	1 468.28	1 755.73	1 999.6	2 715.30	2 965.8
建筑业	965.89	1 081.27	1 324.68	1 612.06	1 946.21	2 313.62	2 837.89	3 471.55	5 596.36	7 392.7	12 315.09	13 389.4
交通运输、仓储和邮政业	1 008.02	1 144.72	1 279.50	1 471.54	1 727.85	2 006.30	2 234.90	2 541.95	3 074.06	3 271.3	4 451.92	4 931.4
信息传输、计算机服务和软件业	355.97	404.32	491.83	587.41	699.08	862.83	996.23	1 171.65	1 475.59	3 531.5	4 834.56	5 435.4
批发和零售业	696.34	770.52	831.96	920.00	1 061.80	1 323.94	1 509.21	1 782.97	2 594.75	824.4	1 038.33	1 079.1
住宿和餐饮业	190.91	221.23	249.81	280.05	314.59	371.23	418.87	484.65	655.22	1 769.4	2 957.72	3 375.8
金融业	734.42	866.75	1 047.66	1 292.92	1 670.34	2 202.90	2 658.79	3 219.03	4 007.02	4 669.0	5 269.04	6 017.4
房地产业	202.72	243.25	293.01	338.37	426.18	520.84	607.78	745.58	1 052.54	1 271.3	1 882.30	2 220.5
租赁和商务服务业	305.23	351.38	449.79	565.56	668.90	893.68	1 021.39	1 198.45	1 325.28	1 531.2	2 629.38	2 985.9
科学研究、技术服务和地质勘查业	454.43	514.62	613.95	736.91	923.92	1 154.61	1 350.61	1 619.29	1 879.58	2 259.4	2 940.32	3 339.7
水利、环境和公共设施管理业	202.62	226.13	257.35	289.83	352.19	413.81	474.32	555.89	659.79	784.6	933.66	1 049.9

续表

年份 行业名称	2003	2004	2005	2006	2007	2008	2009	2010	2011	2012	2013	2014
居民服务和其他服务业	66.40	71.84	85.13	102.50	115.82	132.11	146.78	168.44	197.89	217.1	277.16	312.9
教育	2 035.87	2 346.19	2 690.81	3 127.82	3 917.21	4 556.10	5 338.61	6 136.54	6 938.82	7 851.0	8 721.14	9 722.5
卫生、社会保障和社会福利业	782.08	902.27	1 047.81	1 226.09	1 496.57	1 789.26	2 095.30	2 506.41	3 078.65	3 718.5	4 397.77	5 057.8
文化、体育和娱乐业	217.88	251.55	275.81	314.85	378.12	429.31	488.51	543.74	642.07	735.4	867.81	936.8
公共管理和社会组织	1 787.56	2 072.73	2 489.63	2 839.73	3 553.75	4 275.97	4 896.80	5 428.79	6 118.07	7 058.3	7 675.02	8 448.6

表 23　分登记注册类型城镇单位就业人员平均工资及指数

年　份	平均工资（元）				指数（以上年为 100）			
	合　计	国有单位	城镇集体单位	其他单位	合　计	国有单位	城镇集体单位	其他单位
1985	1 148	1 213	967	1 436	117.9	117.3	119.2	137
1986	1 329	1 414	1 092	1 629	115.8	116.6	112.9	113.4
1987	1 459	1 546	1 207	1 879	109.8	109.3	110.5	115.3
1988	1 747	1 853	1 426	2 382	119.7	119.9	118.1	126.8
1989	1 935	2 055	1 557	2 707	110.8	110.9	109.2	113.6
1990	2 140	2 284	1 681	2 987	110.6	111.1	108	110.3
1991	2 340	2 477	1 866	3 468	109.3	108.5	111	116.1
1992	2 711	2 878	2 109	3 966	115.9	116.2	113	114.4
1993	3 371	3 532	2 592	4 966	124.3	122.7	122.9	125.2
1994	4 538	4 797	3 245	6 302	134.6	135.8	125.2	126.9
1995	5 348	5 553	3 934	7 728	118.9	117.3	121.1	119.9
1996	5 980	6 207	4 312	8 521	111.8	111.8	109.6	110.3
1997	6 444	6 679	4 516	9 092	107.8	107.6	104.7	106.7
1998	7 446	7 579	5 314	9 241	115.5	113.5	117.7	101.6
1999	8 319	8 443	5 758	10 142	111.7	111.4	108.4	109.8
2000	9 333	9 441	6 241	11 238	112.2	111.8	108.4	110.8
2001	10 834	11 045	6 851	12 437	116.1	117	109.8	110.7
2002	12 373	12 701	7 636	13 486	114.2	115	111.5	108.4
2003	13 969	14 358	8 627	14 843	112.9	113	113	110.1
2004	15 920	16 445	9 723	16 519	114	114.5	112.7	111.3
2005	18 200	18 978	11 176	18 362	114.3	115.4	114.9	111.2
2006	20 856	21 706	12 866	21 004	114.6	114.4	115.1	114.4
2007	24 721	26 100	15 444	24 271	118.5	120.2	120	115.6
2008	28 898	30 287	18 103	28 552	116.9	116	117.2	117.6
2009	32 244	34 130	20 607	31 350	111.6	112.7	113.8	109.8
2010	36 539	38 359	24 010	35 801	113.3	112.4	116.5	114.2
2011	41 799	43 483	28 791	41 323	114.4	113.4	119.9	115.4
2012	46 769	48 357	33 784	46 360	111.9	111.2	117.3	112.2
2013	51 483	52 657	38 905	51 453	110.1	108.9	115.2	111
2014	56 360	57 296	42 742	56 485	109.5	108.8	109.9	109.8

表 24　2003—2014 年按行业分城镇单位就业人员平均工资增长

行业	增长幅度(元)	增长比例(倍数)
合计	42 391	4.0
农、林、牧、渔业	21 472	4.1
采矿业	48 050	4.5
制造业	38 698	4.1
电力、燃气及水的生产和供应业	54 765	3.9
建筑业	34 476	4.0
交通运输、仓储和邮政业	40 085	3.5
信息传输、计算机服务和软件业	32 519	2.1
批发和零售业	26 370	3.4
住宿和餐饮业	89 647	9.0
金融业	87 493	5.2
房地产业	38 483	3.3
租赁和商务服务业	50 111	3.9
科学研究、技术服务和地质勘查业	61 817	4.0
水利、环境和公共设施管理业	27 424	3.3
居民服务和其他服务业	29 217	3.3
教育	42 391	4.0
卫生、社会保障和社会福利业	47 082	3.9
文化、体育和娱乐业	47 277	3.8
公共管理和社会组织	37 755	3.5

表 25　2003—2014 年按行业分城镇单位就业人员工资总额增长

行业	增长幅度(元)	增长比例(%)
合计	87 487.56	6.7
农、林、牧、渔业	473.1	2.4
采矿业	3 065.34	5.6
制造业	23 238.74	7.2
电力、燃气及水的生产和供应业	2 413.81	5.4
建筑业	12 423.51	13.9
交通运输、仓储和邮政业	3 923.38	4.9
信息传输、计算机服务和软件业	5 079.43	15.3
批发和零售业	382.76	1.5
住宿和餐饮业	3 184.89	17.7

续表

行业	增长幅度	增长比例
金融业	5 282.98	8.2
房地产业	2 017.78	11.0
租赁和商务服务业	2 680.67	9.8
科学研究、技术服务和地质勘查业	2 885.27	7.3
水利、环境和公共设施管理业	847.28	5.2
居民服务和其他服务业	246.5	4.7
教育	7 686.63	4.8
卫生、社会保障和社会福利业	4 275.72	6.5
文化、体育和娱乐业	718.92	4.3
公共管理和社会组织	6 661.04	4.7

表 26　城镇地区按收入等级分家庭人均可支配收入　　（元）

年份	低收入户	中等偏下户	中等收入户	中等偏上户	高收入户	高收入户与低收入户比值
2000	3 132	4 623.54	5 897.92	7 487.37	11 299	3.6
2001	3 319.7	4 946.6	6 366.24	8 164.22	12 662.6	3.8
2002	3 032.11	4 931.96	6 656.81	8 869.51	15 459.49	5.1
2003	3 295.38	5 377.25	7 278.75	9 763.37	17 471.79	5.3
2004	3 642.24	6 024.1	8 166.54	11 050.89	20 101.55	5.5
2005	4 017.28	6 710.58	9 190.05	12 603.37	22 902.32	5.7
2006	4 567.05	7 554.16	10 269.7	14 049.17	25 410.8	5.6
2007	5 364.25	8 900.51	12 042.23	16 385.8	29 478.87	5.5
2008	6 074.87	10 195.56	13 984.23	19 254.07	34 667.75	5.7
2009	6 725.23	11 243.55	15 399.92	21 017.95	37 433.87	5.6
2010	7 605.21	12 702.08	17 224.01	23 188.9	41 158.01	5.4
2011	8 788.85	14 498.26	19 544.94	26 419.99	47 020.95	5.4
2012	10 353.83	16 761.43	22 419.1	29 813.74	51 456.4	5.0
2013	9 895.93	17 628.14	24 172.89	32 613.81	57 762.11	5.8
2014	11 219.28	19 650.51	26 650.59	35 631.24	61 615.03	5.5
2015	12 230.9	21 446.2	29 105.2	38 572.4	65 082.2	5.3

表 27　农村地区按收入等级分家庭人均纯收入　(元)

年份	低收入户	中等偏下户	中等收入户	中等偏上户	高收入户	高收入户与低收入户比值
2000	802	1 440	2 004	2 767	5 190	6.5
2001	818	1 491	2 081	2 891	5 534	6.8
2002	857.13	1 547.53	2 164.11	3 031	5 903	6.9
2003	865.9	1 606.53	2 273.13	3 206.79	6 346.86	7.3
2004	1 006.97	1 842.16	2 578.65	3 607.98	6 930.65	6.9
2005	1 067.22	2 018.31	2 850.95	4 003.33	7 747.35	7.3
2006	1 182.46	2 222.03	3 148.5	4 446.59	8 474.79	7.2
2007	1 346.89	2 581.75	3 658.83	5 129.78	9 790.68	7.3
2008	1 499.81	2 934.99	4 203.12	5 928.6	11 290.2	7.5
2009	1 549.3	3 110.1	4 502.08	6 467.56	12 319.05	8.0
2010	1 869.8	3 621.23	5 221.66	7 440.56	14 049.69	7.5
2011	2 000.51	4 255.75	6 207.68	8 893.59	16 783.06	8.4
2012	2 316.21	4 807.47	7 041.03	10 142.08	19 008.89	8.2
2013	2 583.23	5 516.4	7 942.14	11 373.03	21 272.7	8.2

表 28　全国女性就业人员受教育程度构成(2014 年)　(%)

地区	女性就业人员受教育程度						
	未上过学	小学	初中	高中	大学专科	大学本科	研究生及以上
全国	2.8	21.4	45.2	14.7	9.3	6.1	0.51
北京	0.4	3.6	18.5	18.1	20.6	31.4	7.38
天津	0.2	5.5	35.0	19.7	19.8	18.1	1.69
河北	2.3	17.9	51.9	13.4	8.4	5.9	0.24
山西	1.4	13.1	49.3	17.6	11.8	6.4	0.39
内蒙古	2.8	23.6	39.0	14.7	12.6	7.0	0.37
辽宁	0.3	13.1	54.5	14.1	9.8	7.6	0.54
吉林	1.0	19.2	50.6	13.0	8.4	7.4	0.45
黑龙江	0.8	23.1	52.6	11.5	7.1	4.6	0.26
上海	0.4	5.3	28.1	19.7	20.6	23.5	2.45
江苏	3.2	19.9	43.8	15.4	10.7	6.3	0.55
浙江	3.1	21.5	38.1	14.0	12.8	10.0	0.45
安徽	7.6	26.2	47.2	8.7	6.0	3.9	0.34

续表

地区	女性就业人员受教育程度						
	未上过学	小学	初中	高中	大学专科	大学本科	研究生及以上
福建	2.6	23.7	39.3	15.6	10.7	7.6	0.38
江西	2.0	25.4	50.7	12.5	6.0	3.1	0.28
山东	3.0	21.0	44.3	15.6	9.3	6.5	0.45
河南	2.4	18.0	52.6	16.3	6.8	3.7	0.19
湖北	3.4	20.2	44.0	16.8	9.7	5.4	0.47
湖南	1.3	18.1	44.9	19.4	10.7	5.2	0.41
广东	0.7	16.0	49.1	19.9	9.1	4.9	0.41
广西	1.1	20.8	56.9	10.8	7.1	3.1	0.24
海南	3.1	14.3	52.6	17.3	6.7	5.9	0.16
重庆	3.4	30.9	37.1	14.7	8.3	5.0	0.59
四川	3.3	28.9	44.0	13.6	6.9	3.2	0.20
贵州	9.0	33.8	40.8	7.0	5.7	3.6	0.05
云南	4.4	45.2	31.1	8.8	5.7	4.5	0.20
西藏	23.6	45.1	18.4	6.9	2.9	3.0	
陕西	2.2	14.1	44.5	17.8	13.5	6.8	1.04
甘肃	9.4	30.5	36.3	10.7	8.1	4.9	0.22
青海	7.4	30.2	33.5	11.9	9.7	6.9	0.39
宁夏	11.4	26.8	35.6	10.6	8.8	6.7	0.14
新疆	1.2	24.5	42.5	12.8	12.7	6.0	0.31

表 29 按年龄分组的城镇就业人员调查周平均工作时间

（小时）

年份 年龄(岁)	2003	2004	2005	2006	2007	2008	2009	2010	2011	2012	2013	2014
16～19	48.4	48.7	51.8	49.94	48.1	45.8	46.8	49.1	48.0	47.6	49.3	49.3
20～24	46.2	46.4	49.4	48.41	46.9	45.6	46.1	47.8	46.8	47.0	47.6	47.7
25～29	45.7	45.9	48.6	48.14	46.5	45.7	45.9	47.1	46.6	46.7	47.0	47.2
30～34	45.7	45.9	48.6	48.42	46.9	46.0	46.1	47.5	47.0	46.8	47.2	47
35～39	45.7	46.0	48.4	48.32	46.7	45.9	46.1	47.8	47.2	47.2	47.6	47.5
40～44	45.1	45.3	47.7	47.68	46.1	45.4	45.4	47.6	46.9	47.0	47.6	47.5
45～49	44.9	44.7	46.9	46.54	45.2	44.5	44.5	46.8	46.0	46.0	46.8	46.7
50～54	44.5	44.5	45.9	45.22	43.9	43.3	42.9	45.8	44.8	44.7	45.5	45.6
55～59	44.2	44.0	44.8	43.89	41.8	41.0	41.1	44.7	43.4	42.6	43.8	44.1
60～64	42.7	43.0	42.9	41.75	38.4	37.3	37.8	42.6	40.1	40.6	41.2	41.2
65＋	40.7	40.7		36.82	33.4	32.7	33.4	38.5	35.0	34.9	35.7	35.6

表 30 按职业分组的城镇就业人员调查周平均工作时间

（小时）

年份 职业	2003	2004	2005	2006	2007	2008	2009	2010	2011	2012	2013	2014
单位负责人	44.3	44.0	47.2	47.26	47.7	47.5	47.5	47.1	47.7	48.2	48.4	48.4
专业技术人员	42.8	43.4	43.2	44.13	43.4	43.0	42.8	43.1	43.7	43.7	43.9	43.9
办事人员和有关人员	41.8	42.4	44.4	44.38	43.8	43.5	43.3	44.0	43.9	44.0	44	43.8
商业、服务业人员	49.4	49.3	52.0	51.97	50.3	49.1	49.0	49.8	49.5	49.6	49.9	49.9
农林牧渔水利业生产人员	44.2	42.9	43.0	41.93	38.2	37.7	37.7	41.5	38.2	38.3	38.2	37.6
生产、运输设备操作人员及有关人员	47.5	48.1	51.4	50.81	49.8	48.2	48.9	49.7	48.7	48.8	49.5	49.5
其　他	46.7	46.8	48.9	48.42	46.7	46.8	46.3	47.8	47.7	49.8	49.2	44

表 31　按教育程度分组的城镇就业人员调查周平均工作时间

（小时）

年份 教育程度	2003	2004	2005	2006	2007	2008	2009	2010	2011	2012	2013	2014
未上过学	44.9	44.8	44.4	41.48	37.3	36.4	36.9	43.5	40.1	39.8	39.6	40.1
小　学	47.2	46.1	47.8	46.42	43.4	41.7	42.3	47.2	45.0	44.5	44.8	44.6
初　中	47.4	47.4	50.0	49.25	47.3	46.1	46.1	48.9	48.1	48.2	48.8	48.7
高　中	44.4	44.9	47.8	47.72	46.8	46.0	46.1	47.2	47.1	47.4	47.6	47.8
大学专科	41.6	42.0	43.2	43.75	42.9	43.0	42.9	43.7	43.8	44	44.3	44.5
大学本科	41.1	41.2	41.9	42.12	41.7	41.7	41.5	42.1	42.4	42.4	42.5	42.6
研究生及以上	40.9	40.9	41.3	42.21	41.4	41.1	41.1	41.1	41.7	41.6	41.8	41.4

表 32　按性别分组的城镇就业人员调查周平均工作时间

（小时）

年份 分组	2003	2004	2005	2006	2007	2008	2009	2010	2011	2012	2013	2014
男性	45.8	46.0	48.7	48.3	46.8	45.7	45.9	47.7	47.0	47.0	47.5	47.5
女性	44.9	44.9	46.7	45.9	44.0	43.1	43.2	46.1	45.2	45.2	45.5	45.5
男女周工时差距	0.9	1.1	2.0	2.4	2.8	2.6	2.7	1.6	1.8	1.8	2.0	2.0

表 33　按就业身份、性别分的城镇就业人员周工作时间构成（2014 年）

就业身份	城镇就业人员	1～8 小时	9～19 小时	20～39 小时	40 小时	41～48 小时	48 小时以上
总　计	100	0.6	1.4	8	36.1	20.2	33.7
雇　员	100	0.7	1.4	8	41.5	21.7	26.7
雇　主	100	0.2	0.7	3.6	22.3	15.8	57.4

续表

就业身份	城镇就业人员	1～8 小时	9～19 小时	20～39 小时	40 小时	41～48 小时	48 小时以上
自营劳动者	100	0.4	1.1	9.2	15.1	14.5	59.7
家庭帮工	100	0.4	1.7	12	16.2	15.2	54.5
男	100	0.5	1	6.5	35.7	20	36.2
雇　员	100	0.5	1.1	6.4	41.3	21.5	29.2
雇　主	100	0.2	0.6	3.5	22.5	16.2	56.9
自营劳动者	100	0.4	1	8.2	15.2	14.8	60.3
家庭帮工	100	0.4	1.6	9.7	17.6	15.1	55.5
女	100	0.8	1.8	10	36.6	20.4	30.4
雇　员	100	0.9	1.9	10	41.6	21.9	23.6
雇　主	100	0.1	0.8	3.9	21.8	14.9	58.4
自营劳动者	100	0.4	1.3	11.1	14.8	13.9	58.4
家庭帮工	100	0.4	1.7	12.8	15.8	15.2	54.2

表 34　按户口性质分的城镇就业人员周工作时间构成

年份	户口性质	城镇就业人员	1～8 小时	9～19 小时	20～39 小时	40 小时	41～48 小时	48 小时以上
2007	总计	100	0.4	1.7	11.1	31.2	16.1	39.6
	农业	100	0.7	2.8	16.5	15.8	16.8	47.4
	非农业	100	0.2	0.5	5.1	48.2	15.2	30.9
2008	总　计	100	0.6	2.2	12.8	33.0	17.1	34.4
	农　业	100	1.0	3.5	19.4	17.6	18.1	40.3
	非农业	100	0.3	0.6	5.3	50.2	15.9	27.7

续表

年份	户口性质	城镇就业人员	1～8 小时	9～19 小时	20～39 小时	40 小时	41～48 小时	48 小时以上
2009	总计	100	0.6	2.3	14.8	33.3	18.3	30.8
	农业	100	0.9	3.7	22.2	19.2	19.2	34.7
	非农业	100	0.2	0.6	6.2	49.5	17.2	26.3
2010	总计	100	0.6	2.1	14.2	34.2	18.5	30.5
	农业	100	0.9	3.4	20.3	20.6	18.7	36.1
	非农业	100	0.3	0.5	6.6	50.8	18.1	23.6
2011	总计	100	0.4	1.0	7.6	37.9	15.3	37.7
	农业	100	0.5	1.6	10.6	23.4	16.9	47.0
	非农业	100	0.2	0.3	4.2	54.6	13.6	27.1
2012	总计	100	0.7	1.4	8.5	37.8	18.7	32.9
	农业	100	1.0	2.4	13.4	21.1	20.2	42.0
	非农业	100	0.4	0.5	4.3	52.0	17.5	25.3
2013	总计	100	0.5	1.3	8.4	36.0	19.9	33.9
	农业	100	0.8	2.3	13.1	20.6	20.4	42.8
	非农业	100	0.3	0.4	4.3	49.5	19.4	26.0
2014	总计	100	0.6	1.4	8	36.1	20.2	33.7
	农业	100	1	2.5	12.2	20.3	21.2	42.9
	非农业	100	0.2	0.4	4.4	49.9	19.3	25.8

表 35 城镇女性就业人员调查周平均工作时间

（小时）

分 组	2010 年 11 月	2011 年 11 月	2012 年 11 月	2013 年 9 月	2014 年 9 月
全 部	46.1	45.2	45.2	45.5	45.5
一、按年龄分组(岁)					
16～19	48.8	48.1	47.4	49.2	48.5
20～24	47.0	46.1	46.3	46.7	46.7
25～29	46.1	45.8	45.7	46.0	46.1
30～34	46.6	46.1	46.0	46.3	46.2
35～39	46.9	46.2	46.4	46.6	46.6
40～44	46.7	45.8	46.2	46.6	46.6
45～49	45.8	45.0	45.0	45.6	45.5
50～54	44.2	43.1	43.5	43.7	44.0
55～59	42.2	40.1	40.1	40.2	40.8
60～64	39.3	36.6	37.2	36.9	37.0
65+	35.3	31.2	31.8	31.4	31.9
二、按职业分组					
单位负责人	47.2	47.8	48.2	48.1	48.2
专业技术人员	42.7	43.2	43.2	43.3	43.4
办事人员和有关人员	42.8	43.0	43.1	43.0	42.8
商业、服务业人员	49.5	49.0	49.1	49.4	49.5
农林牧渔水利业生产人员	39.6	35.7	35.8	35.6	34.9
生产、运输设备操作人员	49.5	48.4	48.6	49.0	49.1
及有关人员					
其 他	47.1	44.9	49.2	49.6	42.0
三、按受教育程度分组					
未上过学	42.6	38.9	37.7	38.0	38.4
小 学	45.9	43.1	42.6	42.9	42.9
初 中	47.9	47.1	46.9	47.5	47.3
高 中	46.5	46.5	46.7	46.8	47.3
大 专	43.2	43.0	43.6	43.8	44.0
大学本科	41.7	42.0	42.0	42.1	42.0
研究生	40.7	41.4	41.1	41.0	41.2

表 36　按行业、性别分的城镇就业人员周工作时间　（小时）

行　业	2014 年 9 月	性别	
		男	女
总　计	46.6	47.5	45.5
农、林、牧、渔业	37.4	40.1	34.8
采矿业	46	46.8	42.9
制造业	48.7	48.9	48.4
电力、热力、燃气及水生产和供应业	43.7	44.1	42.9
建筑业	49.6	50.1	46.8
批发和零售业	50.5	51.1	50
交通运输、仓储和邮政业	48.2	49	44.9
住宿和餐饮业	51.6	52.6	50.7
信息传输、软件和信息技术服务业	47.6	47.5	47.7
金融业	42.9	42.9	42.8
房地产业	46	46.6	45
租赁和商务服务业	45.1	46	43.9
科学研究和技术服务业	42.4	42.5	42.3
水利、环境和公共设施管理业	44.8	44.9	44.5
居民服务、修理和其他服务业	50	50.8	49.1
教育	42.4	43	42.1
卫生和社会工作	44.1	44.9	43.7
文化体育和娱乐业	46	46.3	45.7
公共管理、社会保障和社会组织	41.9	42.2	41.3
国际组织	45.2	50	39.2

表 37 分登记注册类型的工业企业科技活动(2004—2015 年)

类别	登记注册类型	国有及国有控股企业							内资企业							外商投资企业						
	时间/指标	企业数(个)	年末从业人员(人)	利润总额(万元)	R&D人员合计(人)	R&D项目数(项)	企业办研发/科技机构数(个)	新产品开发项目数(个)	企业数(个)	年末从业人员(人)	利润总额(万元)	R&D人员合计(人)	R&D项目数(项)	企业办研发/科技机构数(个)	新产品开发项目数(个)	企业数(个)	年末从业人员(人)	利润总额(万元)	R&D人员合计(人)	R&D项目数(项)	企业办研发/科技机构数(个)	新产品开发项目数(个)
工业企业合计	2004 年															4 700	4 992 852	20 521 157	74 370	6 338	857	7 558
	2005 年	7 307	15 522 679	61 679 785	465 171	45 587	3 922	44 119	19 283	26 594 774	80 098 008	625 444	60 343	7 622	65 403	5 031	5 655 282	25 362 003	85 837	5 923	946	10 251
	2006 年	7 267	17 299 051	78 466 910	485 040	51 101	3 889	51 209	21 061	29 535 378	103 984 457	717 113	69 890	8 241	76 542	6 128	7 061 439	26 900 704	110 263	11 515	1 228	16 295
	2007 年	7 316	15 140 871	100 114 550	542 840	51 560	3 807	52 633	23 005	28 841 161	141 760 426	840 144	74 337	8 944	84 230	7 158	8 424 871	38 525 533	153 645	11 951	1 648	17 631
	2008 年	7 592	16 463 823	86 563 785	593 535	51 568	3 993	53 932	25 758	31 870 758	140 795 419	949 389	81 535	9 852	90 163	8 020	9 168 237	38 896 667	187 547	13 592	1 953	19 393
	2009 年	7 476	16 173 598	87 359 860	666 164	59 917	4 016	65 295	26 528	31 759 463	145 164 753	1 118 529	103 285	11 160	115 524	7 766	8 780 022	50 088 714	237 118	17 717	2 291	22 325
	2010 年	7 730	16 419 753	134 507 019	737 758	63 301	4 063	64 091	29 949	34 605 600	228 330 720	1 275 783	110 044	12 242	115 674	8 395	10 024 826	74 963 092	296 827	21 896	2 484	27 425
	2011 年	17 118	17 914 373	164 237 254	874 404	75 904	4 486	78 201	268 518	65 331 499	459 678 258	1 929 280	180 487	24 476	205 080	31 256	13 404 059	99 291 360	347 479	29 275	3 534	35 634
	2012 年	17 874		151 951 508	971 022	82 370	5 240	83 841	286 861		479 441 170	2 279 310	223 459	35 791	247 015	30 973		90 189 543	438 267	37 648	5 698	45 486
	2013 年	18 613		159 273 767	1 043 443	86 756	5 483	86 050	312 378		525 186 546	2 564 162	250 823	41 257	274 397	30 912		103 461 014	459 052	42 885	5 741	49 643
	2014 年	18 801		147 521 580	1 059 350	84 242	5 345	81 515	322 698		521 742 887	2 793 393	272 155	46 210	295 229	29 726		106 899 310	466 689	40 934	6 202	47 453
	2015 年	19 283		114 180 237	1 002 584	66 016	5 618	61 008	330 396		502 794 624	2 838 171	248 443	51 499	257 633	28 269		99 571 999	432 978	33 474	6 252	3 8237

续表

类别	登记注册类型	国有及国有控股企业							内资企业							外商投资企业						
	时间/指标	企业数（个）	年末从业人员（人）	利润总额（万元）	R&D人员合计（人）	R&D项目数（项）	企业办研发/科技机构数（个）	新产品开发项目数（个）	企业数（个）	年末从业人员（人）	利润总额（万元）	R&D人员合计（人）	R&D项目数（项）	企业办研发/科技机构数（个）	新产品开发项目数（个）	企业数（个）	年末从业人员（人）	利润总额（万元）	R&D人员合计（人）	R&D项目数（项）	企业办研发/科技机构数（个）	新产品开发项目数（个）
大型工业企业	2004年																					
	2005年	1 266	9 988 226	48 699 142	348 110	29 033	1 866	23 651	1 845	12 563 963	54 898 313	402 197	33 430	2 409	29 446	418	1 886 156	14 306 769	42 069	1 763	215	2 877
	2006年	1 281	10 231 896	61 038 610	373 081	33 202	1 912	28 314	1 906	13 026 412	69 088 706	463 835	37 778	2 510	34 764	505	2 503 190	11 699 212	59 909	3 392	307	4 201
	2007年	1 261	10 006 303	75 706 379	418 428	35 497	1 845	31 955	1 986	13 208 021	90 402 593	543 216	40 386	2 572	39 450	597	3 144 045	17 018 928	81 309	4 500	403	6 063
	2008年	1 355	11 362 858	63 549 587	447 944	33 411	1 875	30 320	2 157	14 879 081	81 416 683	591 765	43 188	2 680	41 768	656	3 423 252	17 713 199	99 344	5 638	481	6 789
	2009年	1 353	11 192 132	60 512 897	507 897	38 364	1 839	39 048	2 202	14 831 436	77 093 962	659 964	52 724	2 732	55 767	647	3 388 764	21 433 787	120 453	5 791	489	7 008
	2010年	1 375	11 424 917	95 810 139	558 686	41 757	1 876	39 330	2 426	15 834 530	119 982 415	751 698	57 443	2 983	53 080	785	4 291 490	36 552 132	172 187	10 087	582	12 457
	2011年	2 435	12 747 770	127 494 977	681 107	52 202	2 266	49 967	5 745	21 127 185	179 223 053	1 049 198	77 076	4 632	76 505	1 847	5 969 035	53 616 715	197 655	11 253	828	13 325
	2012年	2 577		119 785 852	782 278	58 743	2 632	54 951	6 213		178 718 160	1 216 290	90 030	5 450	88 297	1 895		48 254 549	253 769	14 022	1 135	16 468
	2013年	2 559		122 747 177	839 303	60 942	2 733	56 474	6 412		184 581 032	1 315 731	94 476	5 854	92 932	1 917		55 518 949	252 612	13 656	1 118	15 466
	2014年	2 466		108 606 835	838 454	58 410	2 515	52 809	6 514		175 960 879	1 349 858	94 558	5 728	91 742	1 902		59 289 895	256 219	13 675	1 094	15 736
	2015年	2 361		74 548 226	788 141	42 421	2 539	36 459	6 454		152 396 712	1 315 490	68 878	6 088	63 115	1 764		54 051 691	229 918	10 183	1 057	11 302

表 38 分规模的工业企业科技活动(2004—2015 年)

规模	指标	2004 年	2005 年	2006 年	2007 年	2008 年	2009 年	2010 年	2011 年	2012 年	2013 年	2014 年	2015 年
大型工业企业	企业数(个)	2 135	2 489	2 682	2 901	3 179	3 231	3 680	8 916	9 448	9 740	9 857	9 649
	R&D 人员合计(人)	381 167	466 129	550 163	662 306	738 250	853 691	1 010 851	1 388 920	1 635 476	1 749 056	1 802 9541	747 619
	R&D 项目数(项)	32 644	36 772	43 029	46 926	51 712	63 102	72 468	95 857	112 102	116 916	117 096	87 282
	企业办研发/科技机构数(个)	2 401	2 760	2 961	3 184	3 436	3 522	3 929	6 273	7 417	7 843	7 678	8 160
	新产品开发项目数(个)	30 050	33 971	41 737	48 164	52 498	67 438	71 152	98 363	113 838	118 122	116 995	82 855
中型工业企业	企业数(个)	25 557	26 078	29 965	33 351	37 125	37 561	41 856	51 475	53 866	55 656	55 267	54 065
	R&D 人员合计(人)	272 876	293 915	338 898	420 469	502 997	665 300	747 692	662 855	799 370	884 860	950 686	953 317
	R&D 项目数(项)	34 615	33 808	44 178	45 987	51 522	70 750	73 121	65 369	80 653	88 230	93 901	86 016
	企业办研发/科技机构数(个)	6 682	6 592	7 503	8 663	9 805	11 695	12 788	10 178	14 909	15 504	15 992	17 286
	新产品开发项目数(个)	44 526	47 062	59 023	64 205	68 860	85 332	88 485	77 681	96 892	104 386	108 211	93 592

续表

规模	指标	2004 年	2005 年	2006 年	2007 年	2008 年	2009 年	2010 年	2011 年	2012 年	2013 年	2014 年	2015 年
工业企业合计	企业数(个)	27 692	28 567	32 647	36 252	40 304	40 792	45 536	325 753	343 769	369 741	377 868	383 153
	R&D 人员合计(人)	654 043	760 044	889 061	1082 775	1241 247	1 518 991	1 758 543	2 546 782	3 051 455	3 375 912	3 632 627	3 645 948
	R&D 项目数(项)	67 259	70 580	87 207	92 913	103 234	133 852	145 589	232 158	287 524	322 567	342 507	309 895
	企业办研发/科技机构数(个)	9 083	9 352	10 464	11 847	13 241	15 217	16 717	31 320	45 937	51 625	57 199	62 954
	新产品开发项目数(个)	74 576	81 033	100 760	112 369	121 358	152 770	159 637	266 232	323 448	358 287	375 863	326 286

表 39　研究与试验发展(R&D)项目情况(2015 年)

项目	课题数(项)	人员折合全时当量(人年)	经费内部支出(万元)
全国	1 304 534	3 388 926.2	122 025 466.8
按执行部门分			
企业	338 629	2 603 551.9	98 446 773.3
规上工业企业	309 895	2 366 856.3	91 467 142.9
研究与开发机构	99 559	348 698.6	15 137 869.9
高等学校	841 520	354 474.5	7 656 447.1
其他	24 826	82 201.2	784 376.5
按地区分			
东部地区	751 599	2 251 518.1	84 281 105.5
中部地区	211 102	522 003	17 295 936.4
西部地区	240 623	414 295.7	14 086 758.8
东北地区	87 499	162 705.1	5 375 735.9
北京	136 969	223 636.6	10 497 955.3
天津	37 267	113 560.1	4 404 182.1
河北	30 693	95 187.7	2 909 567.7
山西	13 711	38 407.9	1 032 095.6
内蒙古	9 990	32 745.6	1 223 167.3
辽宁	38 098	73 239.3	2 950 895.9
吉林	25 060	41 169.4	1 108 585.4
黑龙江	24 341	48 296.4	1 316 254.6
上海	75 575	155 816.7	8 055 452.2
江苏	122 629	478 787.8	16 407 475.7
浙江	112 206	345 469.7	9 440 337.5
安徽	46 455	121 290.5	3 910 545.2
福建	43 264	113 736.4	3 425 025.5
江西	25 100	39 636.4	1 563 864.3
山东	75 572	266 570.1	12 397 697
河南	39 956	144 023.1	3 898 616.5
湖北	56 218	115 759.1	4 504 527.3
湖南	43 373	101 293.9	3 418 383.1
广东	112 680	452 244.1	16 605 314.8
广西	24 771	34 078.9	875 993.7
海南	4 744	6 508.9	138 097.7

续表

项目	课题数(项)	人员折合全时当量(人年)	经费内部支出(万元)
重庆	30 181	55 963.8	2 121 676
四川	56 338	101 507.3	3 808 571.6
贵州	16 912	21 360.6	497 299.4
云南	23 446	36 114.6	912 330.6
西藏	1 137	811.7	20 604.9
陕西	45 017	82 918.3	3 284 708.5
甘肃	14 036	22 188.5	631 666.4
青海	2 028	3 454.9	91 295.2
宁夏	5 306	8 281.2	220 477.6
新疆	11 461	14 870.3	398 967.6

表 40 各地区研究与试验发展(R&D)人员全时当量(2015 年) (人年)

地区	全时当量	具体分类			
		研究人员	基础研究	应用研究	试验发展
全国	3 758 847.6	1 619 027.7	253 155.1	430 449.4	3 075 290.8
东部地区	2 467 661.5	995 134.9	134 482.6	239 286	2 093 922
中部地区	632 186	275 619.8	37 203.6	68 977.7	526 016.7
西部地区	467 760.8	243 746.8	52 539.5	84 812.4	330 415.1
东北地区	191 239	104 526.2	28 929.6	37 373.3	124 936.9
北京	245 728	154 905.2	41 323.7	61 644	142 763.3
天津	124 321	50 871.2	5 885.8	14 301.4	104 134.2
河北	106 975.3	48 588.7	5 278.5	14 249.5	87 448.4
山西	42 872.5	21 628.8	4 062.7	6 348.5	32 464.3
内蒙古	38 247.7	16 840.2	1 711.6	3 885	32 652.2
辽宁	85 365.6	46 690.8	10 350.6	15 151.8	59 864.2
吉林	49 275.8	25 084.5	8 287	13 244.5	27 744.2
黑龙江	56 597.6	32 750.9	10 292	8 977	37 328.5
上海	171 797.7	81 790.5	19 555.5	25 242.8	127 006.4
江苏	520 302.5	189 328	14 935.8	26 261.9	479 108.8
浙江	364 710.4	110 306.4	8 125.1	13 930.4	342 667.2
安徽	133 558.4	54 210.2	10 092.5	15 297	108 166.9
福建	126 571.9	44 800.5	5 568.3	11 810.7	109 193
江西	46 547.7	22 063.3	3 150	5 989.4	37 408.3

续表

地区	全时当量	具体分类			
		研究人员	基础研究	应用研究	试验发展
山东	297 845.3	124 064.3	14 627	25 227.8	257 990.6
河南	158 857.6	61 964.3	4 280.4	9 659.2	144 922
湖北	135 480.6	65 529.6	7 982	17 173.8	110 324.8
湖南	114 869.2	50 223.6	7 636	14 509.8	92 730.4
广东	501 696.4	187 146.1	18 466.5	45 463	437 767.9
广西	38 269.1	19 638	6 909.6	9 467.7	21 891.8
海南	7 713	3 334	716.4	1 154.5	5 842.2
重庆	61 520.2	27 606.5	4 111	7 882.5	49 526.7
四川	116 842.1	67 515.5	11 515	21 479.8	83 850.3
贵州	23 536.7	11 542.3	3 454.2	4 178.9	15 902.6
云南	39 535.2	20 107.9	6 729.3	7 410.6	25 395.1
西藏	1 129.7	597.7	451.2	577.6	100.9
陕西	92 617.9	50 174.8	8 360.3	17 328.2	66 931.5
甘肃	25 858.8	13 255.5	4 309.4	5 569.6	15 979.8
青海	4 007.7	2 505.4	764.9	970.1	2 273.7
宁夏	9 246.6	4 159.2	1 189.1	1 476.7	6 582.9
新疆	16 949.1	9 803.8	3 033.9	4 585.7	9 327.6

表 41 研究与试验发展(R&D)人员构成(2015 年) (人)

项目	R&D 人员	具体分类				
		女性	全时人员	博士毕业	硕士毕业	本科毕业
全国	5 482 528	1 456 276	3 511 277	357 146	804 867	1 605 228
按执行部门分						
企业	4 017 913	891 201	2 792 354	42 950	303 520	1 185 992
规模以上工业企业	3 645 948	822 710	2 532 755	34 419	249 329	1 073 315
研究与开发机构	436 284	142 578	346 545	73 416	146 329	148 892
高等学校	838 786	347 313	310 685	230 928	324 311	239 966
其他	189 545	75 184	61 693	9 852	30 707	30 378
按地区分						
东部地区	3 447 546	897 545	2 303 373	215 216	470 985	1 026 864
中部地区	985 246	240 757	597 393	51 546	131 237	279 537
西部地区	749 132	220 380	427 507	55 715	140 569	221 734

续表

项目	R&D 人员	具体分类				
		女性	全时人员	博士毕业	硕士毕业	本科毕业
东北地区	300 604	97 594	183 004	34 669	62 076	77 093
北京	350 721	109 723	244 595	70 448	87 502	88 791
天津	177 725	48 131	110 717	10 218	23 329	45 684
河北	164 006	47 560	94 970	6 004	23 509	53 353
山西	66 063	19 289	36 210	4 455	11 324	17 519
内蒙古	50 695	15 543	27 572	1 921	7 354	15 077
辽宁	138 762	41 795	81 035	13 935	26 101	37 137
吉林	80 935	30 338	49 348	12 663	19 039	17 448
黑龙江	80 907	25 461	52 621	8 071	16 936	22 508
上海	242 740	66 899	166 212	26 236	42 598	56 800
江苏	699 614	173 107	460 875	30 897	77 694	258 803
浙江	489 591	123 749	324 898	17 860	39 949	148 427
安徽	204 750	42 272	128 075	10 644	26 251	66 929
福建	182 811	47 919	116 006	8 514	20 311	47 891
江西	78 771	20 414	49 318	3 681	10 023	22 739
山东	447 191	121 049	297 758	17 489	52 632	131 904
河南	241 171	58 657	136 824	7 759	28 202	72 659
湖北	220 977	54 300	137 451	14 061	29 883	50 320
湖南	173 514	45 825	109 515	10 946	25 554	49 371
广东	680 237	155 186	479 883	26 546	101 328	192 838
广西	64 843	20 198	31 265	4 993	15 262	19 671
海南	12 910	4 222	7 459	1 004	2 133	2 373
重庆	97 774	25 292	61 006	6 711	14 494	28 585
四川	198 708	56 952	113 722	16 339	35 724	57 662
贵州	40 516	12 290	21 153	2 825	7 669	13 415
云南	67 540	22 089	34 980	5 936	13 365	20 585
西藏	2 112	642	953	187	769	680
陕西	132 545	38 038	88 422	9 069	26 574	36 989
甘肃	40 787	11 575	23 074	3 809	7 797	13 533
青海	6 675	1 900	3 518	444	1 141	1 909
宁夏	16 133	4 462	7 947	703	2 063	5 009
新疆	30 804	11 399	13 895	2 778	8 357	8 619

表 42 研究与试验发展(R&D)项目情况(2014 年)

项目	R&D 项目(课题)数(项)	R&D 项目(课题)参加人员折合全时当量(人年)	R&D 项目(课题)经费内部支出(万元)
全国	1242 429	3326 423	106 669 716
按执行部门分			
企业	360 646	2 572 552	86 240 241
规模以上工业企业	333 756	2 339 301	79 573 256
研究与开发机构	91 465	339 874	12 726 914
高等学校	766 731	334 868	7 018 323
其他	23 587	79 129	684 238
按地区分			
东部地区	711 010	2 210 334	74 417 560
中部地区	220 202	557 258	15 836 762
西部地区	224 045	377 334	11 116 072
东北地区	87 172	181 496	5 299 323
北京	127 017	228 260	9 530 733
天津	39 007	103 600	3 755 434
河北	29 130	89 240	2 647 914
山西	13 584	43 933	1 212 589
内蒙古	10 213	26 985	964 346
辽宁	38 779	84 331	3 205 380
吉林	23 503	43 484	1 035 626
黑龙江	24 890	53 682	1 058 317
上海	75 627	152 964	7 022 882
江苏	118 332	464 850	14 346 936
浙江	97 478	320 718	8 314 485
安徽	45 535	121 055	3 150 487
福建	36 401	122 487	3 086 932
江西	24 022	36 120	1 197 841
山东	74 979	262 276	11 118 323
河南	35 926	142 074	3 484 470
湖北	55 777	120 099	3 768 678
湖南	45 358	93 976	3 022 698
广东	108 109	459 189	14 468 756
广西	23 147	37 152	917 016

续表

项目	R&D 项目(课题)数(项)	R&D 项目(课题)参加人员折合全时当量(人年)	R&D 项目(课题)经费内部支出(万元)
海南	4 930	6 751	125 165
重庆	27 709	48 188	1 588 189
四川	54 867	101 792	3 077 869
贵州	15 649	16 855	370 353
云南	17 835	27 703	659 019
西藏	918	1 041	17 233
陕西	42 558	66 978	2 304 148
甘肃	13 626	23 594	559 116
青海	2 052	4 277	113 610
宁夏	5 280	8 598	189 308
新疆	10 191	14 171	355 864

表 43　科技进步贡献率　(%)

项目＼年份	1998—2003	1999—2004	2000—2005	2001—2006	2002—2007	2003—2008	2004—2009	2005—2010	2006—2011	2007—2012
GDP 年均增速	8.7	9.2	9.6	10.0	10.4	10.8	10.6	10.3	11.1	9.3
科技进步贡献率	39.7	42.2	43.2	44.3	46.0	48.8	48.4	50.9	51.7	52.2

表 44　国家财政科技支出　(亿元)

年份	国家公共财政支出	国家财政科技拨款	中央	地方	科学技术支出	其他功能支出中用于科学技术的支出	科技拨款占公共财政支出的比重(%)
1985	2 004.25	102.59					5.118622926
1986	2 204.91	112.57					5.105423804
1987	2 262.18	113.79					5.030103705
1988	2 491.21	121.12					4.861894421
1989	2 823.78	127.87					4.528327278
1990	3 083.59	139.12	97.55	41.57			4.511624438
1991	3 386.62	160.69	115.44	45.25			4.744848846
1992	3 742.2	189.26	133.6	55.66			5.057452835
1993	4 642.3	225.61	167.64	57.97			4.859875493
1994	5 792.62	268.25	198.97	69.28			4.630892411

续表

年份	国家公共财政支出	国家财政科技拨款	中央	地方	科学技术支出	其他功能支出中用于科学技术的支出	科技拨款占公共财政支出的比重(%)
1995	6 823.72	302.36	215.58	86.78			4.431014168
1996	7 937.55	348.63	242.83	105.81			4.392161309
1997	9 233.56	408.86	273.88	133.98			4.427977941
1998	10 798.2	438.6	289.73	148.87			4.061788076
1999	13 187.7	543.9	355.6	188.3			4.124297641
2000	15 886.5	575.6	349.6	226.04			3.62320209
2001	18 902.6	703.3	444.34	258.9			3.720652185
2002	22 053.15	816.22	511.2	305.02			3.701149269
2003	24 649.95	944.6	609.9	335.6			3.832056454
2004	28 486.9	1 095.3	692.4	402.9			3.844925211
2005	33 930.3	1 334.91	807.82	527.09			3.934271138
2006	40 422.7	1 688.5	1 009.74	678.76			4.177108407
2007	49 781.35	2 135.675466	1 044.105676	1 091.5698	1 783	352.6	4.290111589
2008	62 592.7	2 610.994972	1 287.209872	1 323.7851	2 129.2	481.8	4.171404927
2009	76 299.9	3 276.788014	1 653.282214	1 623.5058	2 744.5	532.3	4.294616394
2010	89 874.16	4 196.656747	2 052.517339	2 144.159407	3 250.2	946.5	4.669480913
2011	109 247.8	4 796.982106	2 343.279676	2 453.70243	3 828	969	4.390918724
2012	125 953	5 600.099484	2 613.613534	2 986.48596	4 452.6	1 147.5	4.446181896
2013	140 212.1	6 184.9	2 728.5	3 456.4	5 084.3	1 100.6	4.41
2014	151 785.6	6 454.5	2 899.2	3 555.4	5 314.5	1 140	4.25
2015	175 877.8	7 005.8	3 012.1	3 993.7	5 862.6	1 143.2	3.98

表 45 研究与试验发展(R&D)经费外部支出(2015 年) (万元)

项目	外部支出	对境内研究机构支出	对境内高等学校支出	对境内企业支出	对境外机构支出
全国	7 193 701.8	3 182 469.9	1 091 297.3	1 856 523.9	899 859.3
按执行部门分					
企业	5 793 538.8	2 580 043.2	810 903.1	1 493 799.6	873 134.2
规模以上工业企业	5 204 629.8	2 375 360.8	723 861	1 261 393.4	844 014.6
研究与开发机构	681 651.3	358 240.7	68 464.4	132 357.2	578.9
高等学校	672 624.3	223 018.6	199 311.5	220 101.2	26 018.3

续表

项目	外部支出	对境内研究机构支出	对境内高等学校支出	对境内企业支出	对境外机构支出
其他	45 887.4	21 167.4	12 618.3	10 265.9	127.9
按地区分					
东部地区	5 035 837.9	2 221 442.6	643 315.6	1 320 429.4	721 821.9
中部地区	868 980.7	424 700	192 129.7	174 984.2	58 555.6
西部地区	903 244.9	398 972.4	182 052.8	253 080	59 336.2
东北地区	385 638.3	137 354.9	73 799.2	108 030.3	60 145.5
北京	943 215.9	425 706.1	111 618.6	281 506	26 347.4
天津	225 699.6	138 349.2	28 193	35 427.5	21 853.3
河北	111 071	45 298.4	32 721.6	27 186.6	5 758
山西	69 271.7	33 760.4	17 244.2	14 895.2	1 369.7
内蒙古	61 533.7	22 073.9	8 994.6	3 558.5	26 904.7
辽宁	193 705.7	58 533.4	44 681.8	51 038.9	35 158
吉林	91 555.5	32 628.8	13 181.5	31 128.6	14 602.3
黑龙江	100 377.1	46 192.7	15 935.9	25 862.8	10 385.2
上海	720 503	71 182.2	37 937.4	329 610.9	278 205.2
江苏	708 262.6	305 985.5	137 218.5	148 634.7	105 666.7
浙江	481 139.4	205 909.3	62 714.3	166 647.7	44 656.8
安徽	190 757.4	87 548.1	38 391.1	30 068.5	33 284.1
福建	183 656.2	58 862.3	25 271.9	53 944.1	45 524.9
江西	80 195.5	30 397.1	12 383	31 790.6	4 252.7
山东	594 238.8	225 252.8	150 702.8	153 473.3	64 367.7
河南	92 040.2	44 836.1	32 577.2	12 193.2	2 432.9
湖北	306 360	156 619.3	58 722.2	63 543.7	13 796.3
湖南	130 355.9	71 539	32 812	22 493	3 419.9
广东	1 042 773.4	721 959.1	56 145.7	122 760.2	129 131.7
广西	43 139.4	23 040.2	5 869.3	9 796.5	4 325.1
海南	25 278	22 937.7	791.8	1 238.4	310.2
重庆	91 392.5	29 060.7	17 325.7	37 183.6	7 581.5
四川	283 067.7	144 503.1	60 214.4	69 664.6	6 647.1
贵州	32 797.1	16 427.2	7 460.5	8 884.7	18.6
云南	48 175.8	22 337.6	10 386.8	14 967.4	459
西藏	1 394.7	815.1	579.6		
陕西	173 020.4	57 419.1	30 860.3	73 008.9	4 457.7
甘肃	132 107.2	66 761.6	29 546.4	27 093.7	8 677.5
青海	4 705.9	1 944	2 090.5	671.4	
宁夏	12 030.8	4 267.5	3 347.4	4 186.1	176.6
新疆	19 879.7	10 322.4	5 377.3	4 064.6	88.4

表 46 各地区按资金来源分研究与试验发展(R&D)经费内部支出(2015 年) (万元)

地区	内部总支出	具体分类			
		政府资金	企业资金	国外资金	其他资金
全国	141 698 846.1	30 131 958.4	105 885 842.6	1 051 706.1	4 629 462
东部地区	96 288 831	18 156 800.3	73 935 453.5	966 108.4	3 230 591.9
中部地区	21 469 133.7	3 383 142.2	17 436 425	25 166.3	624 401.1
西部地区	17 316 145.2	6 374 740.4	10 269 007.5	32 218.1	640 178.8
东北地区	6 624 736.7	2 217 276.3	4 244 956.6	28 213.7	134 290.1
北京	13 840 231.1	7 916 391.2	4 722 359	403 247	798 233.9
天津	5 101 839.2	1 047 561.1	3 755 761.2	150 189.7	148 327.3
河北	3 508 707.5	536 100.8	2 851 156.8	1 774.5	119 675.4
山西	1 325 267.8	242 920.5	1 042 795.7	1 766.2	37 785.3
内蒙古	1 360 616.5	161 014	1 158 048	999.1	40 555.4
辽宁	3 633 971.4	1 039 804.4	2 518 154.3	17 268.3	58 744.4
吉林	1 414 088.8	511 990.8	880 937.8	1 600.6	19 559.5
黑龙江	1 576 676.5	665 481.1	845 864.5	9 344.8	55 986.2
上海	9 361 438.6	3 408 040.3	5 408 845	151 243.3	393 310
江苏	18 012 271	1 533 388.6	15 573 405.4	91 622.1	813 854.9
浙江	10 111 792	752 916.2	9 113 000.1	19 963.6	226 035.1
安徽	4 317 510.7	864 244.6	3 310 671.1	7 691	134 905
福建	3 929 297.9	339 874.2	3 465 145.2	6 844.8	117 433.6
江西	1 731 819.5	259 870	1 432 209.5	2 741.2	36 998.8
山东	14 271 890.2	1 110 157.9	12 872 230.5	56 731.2	232 770.6
河南	4 350 429.7	483 253.6	3 719 667.9	2 123.8	145 384.4
湖北	5 617 414.5	1 023 922.3	4 405 184.3	7 866.5	180 441.4
湖南	4 126 691.5	508 931.2	3 525 896.5	2 977.6	88 886.2
广东	17 981 678.5	1 458 467	16 062 125.1	84 459.6	376 626.9
广西	1 059 124.3	249 686.3	759 182	334.6	49 921.4
海南	169 685	53 903	111 425.2	32.6	4 324.2
重庆	2 470 011.6	364 513.9	2 043 907.9	8 680	52 909.8
四川	5 028 760.8	2 302 222.8	2 439 994	12 914.9	273 629
贵州	623 196.1	160 345.4	418 890.6	128	43 832
云南	1 093 569.6	378 252.7	678 056.1	3 641.9	33 618.9
西藏	31 241.9	26 657.5	4 211.4		373
陕西	3 931 727.2	2 202 210.8	1 629 506.4	2 140.3	97 869.6

续表

地区	内部总支出	具体分类			
		政府资金	企业资金	国外资金	其他资金
甘肃	827 203.3	297 574.1	500 065.3	2 780.1	26 783.8
青海	115 842.7	39 325.1	74 116.2		2 401.4
宁夏	254 841.5	54 704.2	196 531.8		3 605.5
新疆	520 009.7	138 233.6	366 497.8	599.2	14 679

表 47　科技人才分布统计(2002—2015 年)　（人）

项目＼年份	2002	2003	2004	2005	2006	2007	2008	2009	2010	2011	2012	2013	2014	2015
中国科学院院士合计	639	685	672	706	692	709	692	714	694	727	710	750	730	777
数学物理学部	122	128	126	130	130	135	134	137	133	139	136	143	139	148
化学部	110	119	119	125	121	124	120	125	121	126	123	128	125	131
生命科学和医学学部	112	122	117	126	123	129	124	126	120	128	124	132	131	143
地学部	110	117	113	119	117	117	113	116	112	119	116	124	122	127
信息技术科学部			76	81	79	80	79	83	82	83	82	88	85	90
技术科学部	185	199	121	125	122	124	122	127	126	132	129	135	128	138
中国工程院院士合计	609	660	655	701	694	718	711	749	736	766	763	802	786	836
机械与运载工程学部	88	96	96	104	102	105	103	106	105	110	110	117	115	121
信息与电子工程学部	100	105	104	107	106	105	105	108	106	110	109	114	113	120
化工、冶金与材料工程学部	81	88	88	93	92	94	92	95	93	98	98	101	98	104
能源与矿业工程学部	81	88	88	95	94	95	95	100	98	102	102	107	105	113
土木、水利与建筑工程学部	80	87	86	93	93	97	96	100	98	101	101	105	103	108
环境与轻纺工程学部	85	92	91	97	95	37	36	42	41	43	43	47	46	51
农业学部						64	64	70	70	71	71	74	72	75
医药与卫生学部	89	96	94	101	101	107	107	112	109	112	110	115	112	116
工程管理学部	33	36	36	39	39	41	41	44	44	46	46	48	49	55

表 48　高技术产品、工业制成品、初级产品的进出口贸易额(2001—2015 年)

(亿美元,%)

项目＼年份	2001	2002	2003	2004	2005	2006	2007	2008	2009	2010	2011	2012	2013	2014	2015
商品出进口贸易总额	5 097.00	6 207.68	8 510.00	11 546.00	14 219.00	17 604.00	21 738.33	25 632.60	22 075.35	29 727.61	36 419.00	38 668.00	41 603.00	43 030.00	39 569.01
工业制成品	4 376.42	5 430.16	7 437.00	9 969.00	12 253.69	15 203.50	18 693.00	21 229.10	18 546.19	24 584.87	29 371.30	31 316.00	33 954.00	35 429.00	33 799.11
占总额比重	85.90	87.47	87.37	86.33	86.16	86.36	86.00	82.80	84.00	82.70	80.65	80.99	81.61	82.30	85.42
高技术产品	1 105.59	1 506.94	2 296.20	3 267.00	4 159.56	5 287.50	6 348.00	7 574.25	6 867.84	9 050.34	10 120.00	11 080.30	12 185.00	12 119.00	12 045.88
占总额比重	21.70	24.28	26.98	28.29	29.25	30.04	29.20	29.50	31.10	30.44	27.79	28.65	29.29	28.20	30.44
占工业制成品比重	25.30	27.75	30.88	32.77	33.95	34.78	34.00	35.70	37.00	36.81	34.46	35.38	35.89	34.20	35.64
初级产品	721.27	777.52	1 073.00	1 577.00	1 965.00	2 400.50	3 045.00	4 403.50	3 529.16	5 142.72	7 048.52	7 352.00	7 649.00	7 601.00	5 770.00
占总额比重	14.20	12.53	12.64	13.67	13.83	13.64	14.00	17.20	16.00	17.30	19.35	19.01	18.39	17.70	14.58
商品出口贸易总额	2 661.55	3 255.65	4 384.00	5 933.69	7 620.00	9 689.40	12 180.15	14 306.93	12 016.12	15 779.32	18 985.95	20 490.00	22 100.00	23 427.00	22 749.50
工业制成品	2 398.02	2 970.85	4 036.00	5 528.00	7 129.60	9 160.20	11 565.00	13 527.40	11 385.00	14 962.15	17 980.48	19 484.00	21 027.00	22 300.00	21 709.72
占总额比重	90.10	91.25	92.06	93.16	93.56	94.54	95.00	94.60	94.70	94.82	94.70	95.09	95.14	95.20	95.43
高技术产品	464.52	678.55	1 103.20	1 654.00	2 182.48	2 814.50	3 478.00	4 156.06	3 769.30	4 923.79	5 488.00	6 011.70	6 603.00	6 605.00	6 552.97
占总额比重	17.50	20.84	25.16	27.87	28.64	29.05	28.60	29.00	31.40	31.20	28.91	29.34	29.88	28.20	28.80
占工业制成品比重	19.40	22.84	27.33	29.92	30.61	30.73	30.10	30.70	33.10	32.91	30.52	30.85	31.40	29.60	30.18
初级产品	263.53	284.80	348.00	405.50	490.39	529.20	615.00	779.60	631.12	817.16	1 005.52	1 006.00	1 073.00	1 127.00	1 039.77

续表

项目＼年份	2001	2002	2003	2004	2005	2006	2007	2008	2009	2010	2011	2012	2013	2014	2015
占总额比重	9.90	8.75	7.94	6.83	6.44	5.46	5.00	5.40	5.30	5.18	5.30	4.91	4.86	4.80	4.57
商品进口贸易总额	2 436.13	2 952.03	4 128.00	5 614.23	6 601.22	7 914.60	9 558.18	11 325.67	10 059.23	13 948.29	17 433.00	18 178.00	19 503.00	19 603.00	16 819.51
工业制成品	1 978.40	2 459.31	3 401.00	4 441.00	5 124.09	6 043.30	7 128.00	7 701.70	7 161.19	9 622.72	11 390.82	11 832.00	12 927.00	28.10	12 089.39
占总额比重	81.20	83.31	82.39	79.10	77.62	76.36	74.60	68.00	71.20	68.99	65.34	65.09	66.28	67.00	71.88
高技术产品	641.07	828.39	1 193.00	1 613.00	1 977.08	2 473.00	2 870.00	3 418.20	3 098.53	4 126.55	4 632.00	5 068.60	5 582.00	5 514.00	5 492.91
占总额比重	26.30	28.06	28.90	28.73	29.95	31.25	30.00	30.20	30.80	29.58	26.57	27.88	28.62	28.10	32.66
占工业制成品比重	32.40	33.68	35.08	36.32	38.58	40.92	40.30	44.30	43.30	42.88	40.66	42.84	43.18	42.00	45.44
初级产品	457.74	492.72	728.00	1 173.00	1 477.10	1 871.30	2 430.00	3 623.90	2 898.04	4 325.56	6 044.00	6 346.00	6 576.00	6 474.00	4 730.12
占总额比重	18.80	16.69	17.64	20.89	22.38	23.64	25.40	32.00	28.80	31.01	34.66	34.91	33.72	33.00	28.12
商品出进口贸易差额	225.42	303.62	256.00	319.46	1 018.78	1 774.80	2 621.96	2 981.26	1 956.89	1 831.03	1 552.53	2 312.00	2 597.00	3 824.00	5 929.99
工业制成品	419.62	511.54	635.00	1 087.00	2 005.52	3 116.90	4 437.00	5 825.70	4 223.81	5 339.43	6 589.66	7 652.00	8 100.00	9 171.00	9 620.34
高技术产品	−176.55	−149.84	−89.80	41.00	205.40	341.50	608.00	737.86	670.77	797.24	856.00	943.10	1 021.00	1 091.00	1 060.05
初级产品	−194.21	−207.91	−380.00	−767.50	−986.71	−1 342.10	−1 815.00	−2 844.30	−2 266.92	−3 508.40	−5 038.00	−5 340.00	−5 503.00	−5 347.00	−3 690.35

表 49 高技术产业新产品开发情况(2015 年) （万元）

行业	新产品开发项目数(项)	新产品开发经费支出	新产品销售收入	出口
合计	77 167	30 305 841.1	414 134 904.6	167 575 462.2
医药制造业	22 106	4 279 485.1	47 362 674.5	3 725 503.2
化学药品制造	11 243	2 162 845.8	25 336 072.2	2 477 844.4
中成药生产	4 695	805 148	11 442 585.2	146 355.6
生物药品制造	3 364	761 543.6	4 925 665.3	642 499.8
航空、航天器及设备制造业	1980	1 772 021.1	13 801 343.1	722 034.4
飞机制造	1 157	1 347 070.3	11 731 541.2	447 722.3
航天器制造	184	233 457.9	584 639	1 850
电子及通信设备制造业	33 649	19 138 166.7	267 002 579.6	123 270 151.4
通信设备制造	5 076	8 873 007.5	134 605 575.2	75 459 402.3
通信系统设备制造	2 930	7 483 808.4	48 447 217.1	23 037 280.1
通信终端设备制造	2 146	1 389 199.1	86 158 358.1	52 422 122.2
广播电视设备制造	1 655	479 787.9	3 777 384.6	740 630.2
雷达及配套设备制造	273	154 165.1	1 433 379.6	43 453.1
视听设备制造	2 899	1 405 384.9	29 872 301.1	9 642 054.3
电子器件制造	8 224	3 748 212.7	42 130 095.3	18 325 892.3
电子真空器件制造	215	43 672.2	287 639.1	46 862.8
半导体分立器件制造	790	177 362.6	1 327 602.2	224 442.4
集成电路制造	1 889	1 173 217.3	7 386 772.7	3 669 659
电子元件制造	9 114	2 388 936	31 254 616.3	13 378 023.2
其他电子设备制造	2 744	980 953.1	10 467 375.9	3 629 674.9
计算机及办公设备制造业	4 057	1 944 642.7	54 940 527.9	35 815 657
计算机整机制造	888	919 957.3	41 954 183.7	28 634 046.7
计算机零部件制造	781	256 422	2 765 796.6	1 553 886.9
计算机外围设备制造	990	322 276.5	5 896 191.8	3 729 765.7
办公设备制造	632	152 407	1 903 978.2	899 958.3
医疗仪器设备及仪器仪表制造业	14 430	2 767 238	21 792 582.6	2 557 796.3
1. 医疗仪器设备及器械制造	3 437	816 195.6	3 799 665.8	615 557
2. 仪器仪表制造	10 993	1 951 042.4	17 992 916.8	1 942 239.3
信息化学品制造业	945	404 287.5	9 235 196.9	1 484 319.9

表 50　按类别分高等学校科技人员统计(2004—2015 年)

(人)

类别	指标/时间	2004 年	2005 年	2006 年	2007 年	2008 年	2009 年	2010 年	2011 年	2012 年	2013 年	2014 年	2015 年
教委直属院校	教学与科研人员	175 405	186 236	190 982	197 055	199 262	201 493	209 622	217 111	216 924	223 364	231 296	226 150
	教学与科研人员	163 882	174 855	179 575	185 885	188 660	190 797	198 094	205 192	204 561	211 313	219 050	214 553
	研究与发展人员	85 341	92 983	92 636	94 502	100 717	108 073	109 123	111 263	105 976	110 360	116 138	118 463
	R&D 成果应用及科技服务人员	17 093	17 125	16 694	19 641	21 399	16 837	17 280	15 778	16 954	18 490	16 231	14 884
综合大学	教学与科研人员	161 250	173 324	195 679	226 544	231 967	240 434	248 197	257 310	263 446	274 294	287 920	302 982
	教学与科研人员	152 458	163 456	185 200	215 445	220 623	228 174	235 405	244 750	249 781	260 528	273 501	287 997
	研究与发展人员	68 627	72 467	85 358	95 042	102 637	105 772	109 783	112 992	111 317	115 718	120 208	125 507
	R&D 成果应用及科技服务人员	8 420	9 217	11 661	17 493	19 288	18 163	15 559	13 099	15 101	16 839	14 608	14 013

续表

类别	指标/时间	2004 年	2005 年	2006 年	2007 年	2008 年	2009 年	2010 年	2011 年	2012 年	2013 年	2014 年	2015 年
工科院校	教学与科研人员	218 424	241 541	231 967	229 368	236 525	260 455	260 933	263 356	272 076	279 218	289 727	316 807
	教学与科研人员	205 482	229 182	221 228	219 505	227 712	251 447	252 808	255 627	265 065	272 380	283 214	309 609
	研究与发展人员	87 337	100 519	93 731	96 638	101 077	108 563	113 488	114 507	117 617	120 224	123 165	127 639
	R&D 成果应用及科技服务人员	28 967	26 728	23 647	21 243	23 758	19 963	21 420	19 979	20 878	20 437	22 519	21 303
农林院校	教学与科研人员	35 406	39 145	40 581	42 086	42 905	45 988	46 576	46 405	47 865	49 293	49 571	49 822
	教学与科研人员	32 026	35 732	37 309	38 962	40 108	43 449	44 172	44 185	45 629	47 127	47 619	48 085
	研究与发展人员	17 948	17 665	17 885	17 762	17 756	18 914	19 412	20 148	21 472	22 146	22 341	21 478
	R&D 成果应用及科技服务人员	3 142	2 828	2 518	3 350	3 344	3 361	3 627	3 161	3 560	3 071	3 563	3 846

续表

类别	指标/时间	2004 年	2005 年	2006 年	2007 年	2008 年	2009 年	2010 年	2011 年	2012 年	2013 年	2014 年	2015 年
医药院校	教学与科研人员	153 894	165 569	164 260	166 237	175 000	181 145	187 400	197 387	204 509	212 212	215 391	225 769
	教学与科研人员	143 306	155 795	155 214	157 114	166 565	172 053	176 422	188 651	194 507	201 651	204 540	214 611
	研究与发展人员	43 696	45 325	50 676	50 201	54 735	55 533	59 741	61 966	66 798	69 819	71 427	72 077
	R&D 成果应用及科技服务人员	1 566	1 715	1 758	1 678	1 639	1 582	1 250	1 145	1 145	1 278	9 36	1 339
师范院校	教学与科研人员	54 303	58 934	57 971	53 787	54 811	55 152	56 308	57 575	58 177	59 542	60 492	62 882
	教学与科研人员	51 542	56 123	55 598	51 674	52 925	53 517	54 955	56 121	56 819	58 093	58 935	61 492
	研究与发展人员	19 191	21 733	21 744	20 973	21 839	22 521	23 476	23 828	25 337	25 797	26 135	27 546
	R&D 成果应用及科技服务人员	1 410	1 713	1 422	1 781	2 024	2 029	1 738	1 785	1 912	2 143	2 272	2 076

表 51 按地区和行业分高技术产业新产品开发和生产情况(2015 年)

地区	医药制造业		航空、航天器及设备制造业		电子及通信设备制造业		计算机及办公设备制造业		医疗仪器设备及仪器仪表制造业		信息化学品制造业	
	新产品开发项目数(项)	出口(万元)	新产品开发项目数(项)	出口(万元)	新产品开发项目数(项)	出口(万元)	新产品开发项目数(项)	出口(万元)	新产品开发项目数(项)	出口(万元)	新产品开发项目数(项)	出口(万元)
全国	22 106	3 725 503.2	1 980	722 034.4	33 649	123 270 151	4 057	35 815 657	14 430	2 557 796.3	945	1 484 319.9
东部地区	14 396	2 939 430.8	621	542 584.2	26 861	91 230 055	3 543	25 962 739	11 531	2 331 900.4	732	1 021 365.8
中部地区	3 451	525 216.2	222	11 043.7	3 825	30 513 554	259	976 402.9	1 474	142 678.7	149	208 912.2
西部地区	2 988	181 552.2	694	159 729.6	2 501	1 363 741.2	201	8 870 219.1	1 076	67 378.5	58	242 249.9
东北地区	1 271	79 304	443	8 676.9	462	162 801.6	54	6 295.9	349	15 838.7	6	11 792
北京	1 222	16 685	175	3 954.8	1 497	669 088.9	249	416 364.9	1 327	259 948.8	20	3 4781.9
天津	569	130 157.7	41	698	860	7 327 636.9	69	1 086 733.6	389	26 626	18	15 355.6
河北	755	213 783.5	14	115.2	329	183 169.9	21	29.4	251	14 102.6	31	18 260
山西	198	9 695.3			71	10 147.6	2		53		1	
内蒙古	92				1		10		5	2	8	220 837
辽宁	302	34 652.6	104	8 676.9	305	104 934.3	23	6 295.9	232	14 031.5	6	11 792
吉林	536	43 054.7			112	30 106.2	1		38			
黑龙江	433	1 596.7	339		45	27 761.1	30		79	1 807.2		
上海	978	87 852.5	87		1 495	4 330 645.4	154	293 360.9	798	96 745.3	16	71 480.8
江苏	2 694	515 495.2	170	274 790.8	5 884	14 802 694	533	18 876 893	3 434	585 172.4	305	738 329.6
浙江	2 456	1 200 572.3	22	7 040.3	3 970	4 034 579.9	334	78 257.1	2 520	576 403.2	89	11 271.9
安徽	756	96 189	7	5.9	1 313	576 527.9	96	968 696.9	297	29 370.9	18	534
福建	444	31 367.7	1		1 131	5 630 514	274	1 564 536.6	285	69 898.5	12	1 803.8

续表

地区	医药制造业		航空、航天器及设备制造业		电子及通信设备制造业		计算机及办公设备制造业		医疗仪器设备及仪器仪表制造业		信息化学品制造业	
	新产品开发项目数(项)	出口(万元)	新产品开发项目数(项)	出口(万元)	新产品开发项目数(项)	出口(万元)	新产品开发项目数(项)	出口(万元)	新产品开发项目数(项)	出口(万元)	新产品开发项目数(项)	出口(万元)
江西	520	85 016.5	28	4 248.8	623	497 790.2	25	3 085.6	153	11 082.9	28	26 383
山东	2 722	659 869.6	35	1 784.8	1 712	2 910 269	607	912 729.8	1 075	101 105.7	131	118 060.4
河南	548	78 885.7	49		420	26 154 120	33	295.8	464	83 651.9	26	70 279.8
湖北	886	174 655.7	105	6 789	799	237 699.1	22		293	13 982.2	62	61 268.4
湖南	543	80 774	33		599	3 037 268.5	81	4 324.6	214	4 590.8	14	50 447
广东	2 246	83 497.3	76	254 200.3	9 952	51 341 458	1 302	2 733 833.6	1 441	601 897.9	110	12 021.8
广西	224	41 695.5			102	881.7	15	74 457.3	95	6 672.3	1	
海南	310	150			31							
重庆	690	80 657.4			396	137 122.5	106	8 791 377.8	395	16 419.4	2	
四川	697	9 560.7	188	135 701.4	1 083	340 870.1	46		245	2 848.4	11	15 876.8
贵州	209	0.5	242	580.5	414	3 119.4			15	18		
云南	397	780	1		25	8 185.6	19	4 384	53	7 220.3	5	
西藏	9											
陕西	311	1 788.9	263	23 447.7	418	720 701.3	5		192	7 809	9	5 536.1
甘肃	108	21.2			56	151 273.4			15	26 360.8		
青海	14				3				1		6	
宁夏	175	47 048							53	28.3	7	
新疆	62				3	1 587.2			7		9	

表 52 外资企业各地区高技术产业从业人员年平均人数(2000—2015 年) (人)

地区 \ 年份	2000	2005	2012	2013	2014	2015
全国	611 611	2 175 564	4 075 094	3 971 712	3 772 463	3 339 477
东部地区	543 836	2 028 159	3 736 275	3 630 243	3 417 230	2 968 708
中部地区	13 049	44 108	146 195	128 583	127 167	136 491
西部地区	21 749	27 900	99 091	128 650	149 285	160 372
东北地区	32 977	75 397	93 533	84 236	78 781	73 906
北京	36 311	76 859	108 508	103 103	89 100	77 718
天津	62 598	106 625	161 909	165 945	151 579	129 667
河北	3 007	11 598	48 329	56 375	52 659	56 778
山西	491	4 418	44 624	33 653	29 120	22 474
内蒙古	715	1 678	1 040	609	596	627
辽宁	26 163	48 094	59 936	51 106	48 865	44 291
吉林	2 427	3 864	5 189	5 628	5 624	4 783
黑龙江	4 387	23 439	28 408	27 502	24 292	24 832
上海	92 193	220 807	328 620	345 459	315 943	296 083
江苏	78 241	523 743	1 173 414	1 094 325	1 057 394	1 018 622
浙江	17 798	88 466	158 060	153 522	150 575	143 219
安徽	2 569	3 204	11 626	11 248	14 369	14 433
福建	27 023	94 308	138 657	134 255	123 912	96 731
江西	1 684	10 093	35 275	27 430	29 251	44 926
山东	32 202	138 457	256 570	251 735	260 373	221 104
河南	1 878	9 570	21 460	17 938	19 249	19 415
湖北	4 604	7 332	14 549	18 776	19 161	20 605
湖南	1 108	7 813	18 661	19 538	16 017	14 638
广东	192 910	763 428	1 359 073	1 322 313	1 212 452	925 796
广西	597	3 459	7 790	8 010	8 563	9 050
海南	956	409	3 135	3 211	3 243	2 990
重庆	2 811	1 952	29 496	51 511	60 982	63 218
四川	8 413	9 324	38 841	48 756	56 987	62 000
贵州	2 294	3 559	3 268	3 221	3 454	3 602
云南	841	3 019	3 391	1 707	1 755	1 691
西藏						
陕西	6 090	9 055	14 651	14 229	16 723	17 959

续表

年份 地区	2000	2005	2012	2013	2014	2015
甘肃	1 216	450	33	39	73	102
青海		436	471	452	51	1 049
宁夏						
新疆	84	105	110	116	101	1 074

表 53　港澳台资企业各地区高技术产业从业人员年平均人数(2000—2015 年)　　(人)

年份 地区	2000	2005	2012	2013	2014	2015
全国	595 800	1 518 686	3 188 950	3 170 590	3 090 351	3 370 845
东部地区	559 263	1 453 041	2 408 998	2 344 305	2 251 236	2 471 160
中部地区	22 441	42 932	470 499	541 844	563 906	611 019
西部地区	7 449	13 151	293 507	267 945	260 113	273 226
东北地区	6 647	9 562	15 946	16 496	15 096	15 440
北京	13 440	16 381	24 006	25 166	30 270	31 636
天津	8 039	12 211	37 909	29 337	41 077	38 077
河北	2 752	3 657	32 298	30 429	30 655	35 461
山西	3 127	3 502	61 120	67 799	73 195	69 407
内蒙古	341	5 602	4 495	6 984	6 155	6 759
辽宁	3 356	5 032	9 101	10 423	10 154	11 334
吉林	2 307	2 095	3 488	2 270	1 847	2 373
黑龙江	984	2 435	3 357	3 803	3 095	1 733
上海	26 528	64 122	160 008	151 881	150 424	144 524
江苏	48 728	232 492	635 826	617 116	585 132	625 478
浙江	25 102	54 184	106 982	98 070	90 038	80 606
安徽	5 566	5 330	17 208	20 385	27 288	23 454
福建	63 975	96 057	117 389	124 534	117 126	126 717
江西	1 829	4 491	40 216	37 735	39 182	44 711
山东	8 447	15 543	23 945	28 504	30 107	27 625
河南	6 769	6 101	258 465	303 611	315 611	328 007
湖北	2 788	12 080	57 537	52 870	50 740	46 390
湖南	2 021	5 826	35 953	59 444	57 890	99 050
广东	358 977	954 629	1 268 515	1 237 107	1 174 419	1 359 735

续表

地区＼年份	2000	2005	2012	2013	2014	2015
广西	1 727	2 558	47 727	53 756	59 672	57 160
海南	1 548	1 207	2 120	2 161	1 988	1 301
重庆	1 764	875	62 991	68 162	68 287	73 598
四川	2 724	5 541	169 224	128 143	115 101	120 953
贵州	597	1 271	551	503	617	3 537
云南	1 337	3 156	4 684	5 449	5 846	5 873
西藏						
陕西	982	1 665	2 829	3 876	3 608	4 402
甘肃	45	543	305	283	268	251
青海						237
宁夏			701	789	559	456
新疆		100				

表 54　内资企业各地区高技术产业从业人员年平均人数(2000—2015 年)　　(人)

地区＼年份	2000	2005	2012	2013	2014	2015
全国	2 715 464	2 939 172	5 422 678	5 794 568	6 387 453	6 832 903
东部地区	1 282 759	1 689 891	3 232 150	3 414 204	3 797 388	4 071 725
中部地区	496 948	482 699	1 059 268	1 185 544	1 333 314	1 450 370
西部地区	629 782	547 314	791 866	841 792	906 913	973 757
东北地区	305 975	219 268	339 394	353 028	349 838	337 051
北京	108 682	115 587	150 075	159 012	162 654	160 872
天津	68 555	57 253	95 779	75 856	105 526	108 066
河北	92 951	95 956	101 664	110 628	115 330	120 767
山西	38 095	36 107	41 989	40 609	36 352	42 407
内蒙古	16 149	14 318	25 361	25 058	24 196	31 741
辽宁	149 753	109 492	143 955	156 859	153 455	139 358
吉林	73 705	53 300	146 578	143 621	144 246	145 060
黑龙江	82 517	56 476	48 861	52 548	52 137	52 633
上海	96 515	104 428	107 914	112 094	114 229	130 610
江苏	272 708	244 102	676 908	750 342	803 954	829 876
浙江	175 391	286 839	379 222	418 766	431 973	468 056

续表

地区＼年份	2000	2005	2012	2013	2014	2015
安徽	46 407	55 999	158 492	173 549	210 476	229 107
福建	34 587	39 861	99 595	118 650	131 113	153 309
江西	93 695	95 286	191 772	212 357	242 766	277 145
山东	131 612	202 621	394 428	411 085	435 821	483 055
河南	108 661	123 564	273 101	312 422	362 545	418 585
湖北	122 324	101 982	196 699	221 952	250 360	282 830
湖南	71 617	55 443	197 215	224 655	230 815	200 296
广东	259 821	496 496	1 214 568	1 244 411	1 485 819	1 604 577
广西	38 198	41 438	61 291	63 366	66 054	77 267
海南	3 739	5 310	11 997	13 360	10 969	12 537
重庆	54 131	48 455	86 965	99 601	117 012	137 333
四川	186 634	188 947	307 066	324 640	329 117	331 805
贵州	90 076	62 581	45 496	43 337	68 461	84 092
云南	21 086	17 151	23 700	28 116	31 734	36 032
西藏	1 191	1 085	1 130	1 452	1 676	1 200
陕西	215 644	185 610	198 752	212 455	221 587	219 136
甘肃	44 468	26 163	26 636	28 076	26 353	27 273
青海	3 699	4 092	5 276	5 493	7 033	7 047
宁夏	7 815	8 565	6 460	5 937	6 858	10 814
新疆	5 038	4 665	3 733	4 261	6 832	10 017

表 55　国有及国有控股企业各地区高技术产业从业人员年平均人数(2000—2015 年)　（人）

地区＼年份	2000	2005	2012	2013	2014	2015
全国	2 079 749	1 369 536	1 418 484	1 413 200	1 449 714	1 520 934
东部地区	848 724	616 352	701 013	689 728	710 669	759 513
中部地区	409 912	236 915	247 144	238 728	233 538	261 823
西部地区	561 115	362 194	355 219	363 930	387 417	383 434
东北地区	259 998	154 075	115 108	120 814	118 090	116 164
北京	117 353	85 785	91 415	92 913	94 518	90 112
天津	54 378	51 152	62 156	42 587	66 773	65 238
河北	73 605	58 035	35 982	37 738	33 610	30 909

续表

年份 地区	2000	2005	2012	2013	2014	2015
山西	34 661	23 173	21 168	18 591	11 847	11 706
内蒙古	13 481	5 741	2 734	2 732	2 625	6 588
辽宁	128 616	75 880	59 142	66 470	66 995	66 198
吉林	57 934	21 848	11 359	11 027	10 308	9 085
黑龙江	73 448	56 347	44 607	43 317	40 787	40 881
上海	106 081	82 416	61 116	59 243	59 980	68 669
江苏	151 107	65 176	89 419	88 109	77 174	83 499
浙江	43 114	32 798	28 147	29 097	28 727	35 983
安徽	31 517	22 170	44 229	47 174	52 916	55 155
福建	33 385	30 157	21 568	24 583	25 011	35 060
江西	84 883	54 225	31 446	15 406	12 003	14 705
山东	87 667	44 191	67 925	71 158	76 926	84 659
河南	83 652	52 618	39 000	39 713	36 852	49 621
湖北	97 190	53 570	82 544	86 312	93 653	103 564
湖南	64 528	25 418	28 757	31 532	26 267	27 072
广东	149 702	150 517	238 881	239 193	246 205	263 630
广西	29 102	14 116	5 418	6 032	6 858	8 533
海南	3 230	2 009	4 404	5 107	1 745	1 754
重庆	49 465	31 159	32 797	33 896	33 114	33 971
四川	149 260	102 535	122 204	126 485	124 138	114 211
贵州	81 752	44 315	20 777	12 756	31 739	41 628
云南	15 427	6 514	9 133	9 811	13 790	15 823
西藏	870	828	395	395	408	384
陕西	207 777	152 828	147 821	157 834	162 698	149 333
甘肃	43 667	14 562	10 829	11 487	9 624	9 073
青海	2 362	1 112	1 067	1 076	799	2 252
宁夏	6 598	4 832			189	185
新疆	3 937	3 509	2 044	1 426	1 435	1 453

表 56　部分国家高技术产业出口占制造业出口的比重(2004—2014 年)

(%)

国家＼年份	2004	2005	2006	2007	2008	2009	2010	2011	2012	2013	2014
中国	30.06	30.84	30.51	26.66	25.57	27.53	27.51	25.81	26.27	27.00	25.37
美国	30.28	29.90	30.06	27.22	25.92	21.49	19.93	18.09	17.83	17.80	18.23
日本	24.10	22.98	22.06	18.41	17.31	18.76	17.96	17.46	17.41	16.80	16.69
英国	24.49	28.31	33.88	18.92	18.50	21.79	21.02	21.43	21.74	21.86	20.65
法国	19.76	20.27	21.46	18.48	19.97	22.64	24.92	23.75	25.41	25.80	26.09
德国	17.82	17.42	17.14	13.99	13.30	15.26	15.25	14.96	15.80	16.10	16.00
澳大利亚	13.54	12.79	12.34	10.27	10.79	11.93	11.88	13.07	12.73	12.90	13.60
加拿大	12.09	13.08	13.34	12.75	13.60	16.26	14.05	13.43	12.39	14.10	14.85
意大利	8.04	7.98	7.33	6.26	6.40	7.47	7.24	7.37	7.07	7.30	7.24
瑞典	17.41	16.94	16.10	11.53	11.20	12.91	13.70	13.38	13.36	14.00	13.90
瑞士	24.44	24.25	23.98	23.37	24.46	26.12	25.42	24.94	25.78	26.50	26.40
土耳其	1.90	1.47	1.85	1.89	1.62	1.74	1.93	1.84	1.83	1.90	1.94
奥地利	16.16	13.74	13.34	11.31	11.00	11.64	11.91	11.67	12.84	13.70	13.88
比利时	8.56	8.86	8.40	7.44	7.98	10.43	10.48	10.01	11.36	11.49	12.81
捷克	13.19	12.95	14.32	13.24	13.56	14.56	15.30	16.28	16.08	14.70	14.92
丹麦	20.31	23.38	20.18	16.79	15.58	17.91	14.20	13.98	14.24	14.30	14.35
芬兰	20.93	25.06	22.31	17.98	17.21	13.96	10.94	9.27	8.55	7.20	7.86
希腊	11.85	10.58	10.96	7.37	9.31	10.86	10.15	9.66	9.17	7.50	10.32
冰岛	14.04	33.97	46.88	60.66	40.75	31.45	21.00	20.86	14.33	15.50	16.94

续表

国家 \ 年份	2004	2005	2006	2007	2008	2009	2010	2011	2012	2013	2014
爱尔兰	34.04	34.73	34.53	27.26	25.73	24.26	21.23	21.71	22.57	22.40	21.33
墨西哥	21.29	19.64	18.98	17.18	15.73	18.18	16.94	16.51	16.33	15.90	15.99
荷兰	30.47	30.89	28.99	23.31	19.25	20.90	21.29	19.81	20.07	20.40	19.90
新西兰	9.57	10.19	10.32	9.08	8.47	8.94	9.00	9.31	9.74	10.30	9.11
挪威	17.44	16.09	17.22	14.73	14.85	15.80	16.15	18.46	18.80	19.10	20.68
葡萄牙	8.68	8.88	9.28	8.35	8.14	3.77	3.41	3.53	4.06	4.30	4.38
西班牙	7.26	7.26	6.38	5.11	5.31	6.23	6.36	6.47	6.99	7.70	7.00
韩国	32.92	32.48	32.15	30.54	27.60	28.73	29.47	25.72	26.17	27.10	26.88
新加坡	56.88	56.89	58.07	45.21	49.38	48.14	49.91	45.16	45.29	47.00	47.18
匈牙利	29.05	25.83	24.12	23.79	23.30	24.94	24.07	22.73	18.09	16.30	13.71
波兰	3.34	3.79	3.74	3.04	4.32	6.10	6.69	5.87	6.95	7.70	8.70
俄罗斯	12.92	8.44	7.78	6.88	6.47	9.23	9.07	7.97	8.38	10.00	11.45
巴西	11.59	12.84	12.08	11.87	11.65	13.20	11.21	9.72	10.49	9.60	10.61
印度	6.00	5.80	6.07	6.40	6.78	9.09	7.18	6.87	6.63	8.10	8.59

表 57　部分国家高技术产业出口总额(2004—2014 年)

（百万美元）

国家＼年份	2004	2005	2006	2007	2008	2009	2010	2011	2012	2013	2014
中国	163 006.98	215 928.41	273 131.52	302 773.30	340 117.84	309 600.89	406 089.69	457 106.56	505 645.68	560 058.33	558 605.99
美国	176 281.66	190 737.24	219 026.02	218 115.50	220 884.47	132 406.67	145 497.80	145 273.37	148 772.49	147 833.17	155 640.60
日本	126 245.33	125 445.49	129 241.18	117 857.77	119 914.97	951 58.64	122 047.24	126 477.50	123 411.77	105 075.61	100 954.84
英国	65 342.93	83 696.92	116 295.61	61 149.41	59 426.81	55 135.19	59 785.47	69 314.83	67 786.97	69 223.09	70 652.92
法国	66 065.41	70 505.68	81 537.78	78 821.54	91 980.27	82 531.14	99 735.77	105 101.00	108 364.77	112 999.51	114 697.24
德国	135 678.15	146 388.84	163 169.39	153 418.54	159 811.53	139 960.75	158 507.04	183 371.44	183 354.36	193 087.96	199 718.15
澳大利亚	3 101.87	3 289.13	3 374.47	3 259.87	3 793.61	3 246.66	3 826.22	4 859.39	4 760.97	4 565.21	4 691.41
加拿大	21 526.07	25 351.66	26 734.98	26 310.51	26 911.38	23 210.22	23 963.44	25 017.01	24 038.73	29 136.85	31 552.26
意大利	24 517.92	25 300.97	25 884.63	26 448.14	28 813.01	25 027.19	26 419.46	31 191.61	27 525.72	29 752.35	30 744.97
瑞典	17 296.31	17 338.87	18 364.28	15 068.95	15 424.45	12 794.38	16 178.04	18 499.49	16 546.70	17 024.53	16 555.75
瑞士	26 743.35	28 364.18	31 212.99	35 336.04	42 669.96	39 446.97	42 819.82	50 300.68	50 101.57	53 350.36	55 906.71
土耳其	1 010.84	881.85	1 281.26	1 643.91	1 679.72	1 359.24	1 713.84	1 921.40	1 979.03	2 177.05	2 346.68
奥地利	14 708.64	13 019.35	14 330.80	14 554.09	15 326.99	12 254.88	13 721.39	15 705.95	16 175.82	18 412.39	19 269.82
比利时	20 958.53	23 385.20	23 738.81	24 932.33	28 302.04	29 552.84	31 948.75	34 680.65	36 503.92	41 673.75	43 698.59
捷克	7 828.89	8 933.98	12 080.53	14 439.62	17 303.57	14 251.92	17 468.79	23 365.83	22 007.81	20 921.36	23 084.22
丹麦	9 971.74	12 117.59	11 445.90	11 050.92	11 444.55	10 629.52	8 224.07	9 464.41	8 827.41	9 185.07	9 758.84
芬兰	10 615.71	13 752.24	13 986.62	13 025.71	13 505.54	6 746.78	5 853.43	5 357.72	4 447.57	3 724.75	3 961.28
希腊	1 070.61	1 032.32	1 185.00	922.55	1 291.33	1 169.51	1 089.68	1 170.87	1 041.47	854.96	1 209.94
冰岛	67.88	202.60	308.47	774.36	415.73	245.70	141.38	156.24	103.59	93.40	118.38

续表

年份 国家	2004	2005	2006	2007	2008	2009	2010	2011	2012	2013	2014
爱尔兰	30 424.80	32 873.83	31 829.12	28 168.57	27 795.41	24 286.81	21 232.05	23 751.60	22 701.89	21 914.72	21 260.56
墨西哥	31 955.96	32 400.25	35 899.47	33 482.12	33 387.19	31 183.61	37 657.29	40 795.37	44 013.43	45 418.67	49 402.71
荷兰	60 073.01	65 910.38	69 510.36	67 416.48	58 127.85	50 765.25	59 509.79	67 147.87	63 963.12	69 039.55	70 308.35
新西兰	566.38	603.22	590.44	603.31	584.48	472.59	547.78	661.40	705.74	723.22	644.64
挪威	2 689.94	2 798.63	3 338.45	3 584.08	4 264.42	3 807.91	3 834.17	4 510.80	4 514.43	4 826.37	5 208.38
葡萄牙	2 701.05	2 532.38	2 960.14	3 213.32	3 262.75	1 166.26	1 221.34	1 547.41	1 743.72	1 941.80	2 085.36
西班牙	10 241.79	10 718.31	10 367.02	9 814.39	10 850.67	10 156.62	11 290.32	13 369.61	13 378.21	16 346.45	15 400.98
韩国	76 117.49	83 907.32	93 351.82	101 031.98	100 908.57	92 855.65	121 478.14	122 021.44	121 312.61	130 460.43	133 447.40
新加坡	94 225.28	105 656.17	124 739.04	102 853.62	117 067.88	95 398.09	126 981.50	126 434.95	128 239.44	135 601.53	137 369.12
匈牙利	14 225.44	13 695.03	14 995.08	18 271.15	20 254.26	16 918.93	18 815.94	20 649.00	14 878.22	14 470.68	12 889.37
波兰	1 989.23	2 645.32	3 225.08	3 370.64	5 906.53	6 626.95	8 304.81	8 613.65	9 559.86	12 052.19	14 487.25
俄罗斯	5 254.19	3 820.37	3 866.05	4 108.63	5 071.30	4 527.43	5 075.12	5 443.36	7 095.07	8 655.78	9 842.67
巴西	5 953.92	8 031.34	8 418.10	9 076.35	10 285.56	7 896.04	8 121.87	8 414.89	8 820.26	8 391.85	8 228.78
印度	3 355.93	4 139.24	4 876.30	5 997.79	7 738.41	10 728.45	10 086.63	12 870.67	12 434.27	16 693.42	17 315.68

表 58　各地区大中型企业有效发明专利数(2000—2015 年)

(件)

地区\年份	2000	2005	2012	2013	2014	2015
全国	1 443	6 658	97 878	115 884	147 927	199 728
东部地区	941	5 648	87 182	100 969	128 176	173 799
中部地区	125	375	4 686	6 414	8 909	11 393
西部地区	232	462	4 360	6 554	8 684	11 283
东北地区	145	173	1 650	1 947	2 158	3 253
北京	18	500	6 693	6 877	8 085	9 995
天津	6	113	1 420	1 850	2 039	2 873
河北	12	42	679	784	1 018	1 497
山西	1	8	154	146	226	335
内蒙古		13	15	21	16	58
辽宁	62	92	829	1 178	1 324	2 062
吉林	15	30	384	410	399	578
黑龙江	68	51	437	359	435	613
上海	110	264	3 904	3 861	6 133	8 618
江苏	84	489	7 498	9 979	12 792	14 844
浙江	50	333	4 265	4 559	5 900	7 548
安徽	1	34	903	1 568	1 981	2 414
福建	1	434	1 522	2 206	2 907	3 325
江西	12	42	496	845	942	1 065
山东	97	247	2 943	3 591	5 050	7 424
河南	32	47	489	687	870	1 133
湖北	28	160	2 067	2 476	3 136	4 490
湖南	51	71	577	692	1 754	1 956
广东	552	3 197	58 182	67 038	83 902	117 296
广西	9	29	219	241	227	267
海南	2		76	224	350	379
重庆	15	38	435	684	682	873
四川	81	91	1 838	2 848	4 475	5 195
贵州	33	84	374	672	927	1 381
云南	17	73	311	499	323	708
西藏				1		19
陕西	68	154	1 089	1 503	1 847	2 393
甘肃	5	3	64	58	70	225
青海	4	1			4	10
宁夏	9	15	7	25	91	102
新疆		3	8	2	22	52

表 59 按地区和行业分高技术产业专利情况(2015 年)

(件)

地区	医药制造业			航空、航天器及设备制造业			电子及通信设备制造业			计算机及办公设备制造业			医疗仪器设备及仪器仪表制造业			信息化学品制造业		
	专利申请数	发明专利	有效发明专利数	专利申请数	发明专利	有效发明专利数	专利申请数	发明专利	有效发明专利数	专利申请数	发明专利	有效发明专利数	专利申请数	发明专利	有效发明专利数	专利申请数	发明专利	有效发明专利数
全国	16 020	10 019	31 259	6 279	3 572	6 234	97 956	56 951	167 800	12 159	7 663	9 832	24 260	9 135	24 140	1 789	954	2 139
东部地区	8 963	6 027	19 634	1 619	942	1 994	81 587	48 505	153 189	11 065	7 213	8 818	18 078	6 726	18 681	1 245	727	1 521
中部地区	3 348	1 874	4 372	1 442	797	916	9 442	5 335	8 255	689	220	574	3 215	1 212	2 942	257	97	456
西部地区	2 972	1 628	5 843	1 886	1 095	2 079	6 060	2 633	5 219	358	216	364	2 168	735	1 677	278	129	161
东北地区	737	490	1 410	1 332	738	1 245	867	478	1 137	47	14	76	799	462	840	9	1	1
北京	414	288	1 614	368	251	894	2 549	1 711	5 949	3 038	2 336	2 666	1 388	642	1 809	80	77	112
天津	613	459	2 386	705	423	487	1 227	588	1 031	88	56	126	451	151	860	47	28	133
河北	375	305	972	54	22	37	321	138	338	21	5	12	267	84	272	134	98	268
山西	97	69	283				82	37	134	3	3		51	25	168			
内蒙古	49	29	77				2	1	20	9	7	7	11	1	11	54	22	6
辽宁	222	147	438	832	455	983	746	454	931	40	14	74	537	337	592	6		
吉林	252	187	564				74	18	171	5			29	7	34			
黑龙江	263	156	408	500	283	262	47	6	35	2		2	233	118	214	3	1	1
上海	471	314	1 151	220	165	309	5 120	4 262	8 087	266	223	193	1 115	476	1 165	37	24	82
江苏	2 057	1 407	3 258	143	53	139	13 068	5 629	11 017	776	440	1 278	6 580	2 592	6 351	533	282	419
浙江	1 442	777	2 275	36	6	7	8 002	3 080	6 267	286	51	93	3 055	803	1 619	117	58	122
安徽	713	410	1 214	7	2	18	3 897	2 310	2 637	424	148	437	662	295	480	19	8	21
福建	293	159	421				3 094	1 593	2 567	781	382	1 034	452	121	317	53	11	24
江西	369	135	668	491	297	174	1115	467	472	33	3	1	367	109	205	43	19	81

续表

地区	医药制造业			航空、航天器及设备制造业			电子及通信设备制造业			计算机及办公设备制造业			医疗仪器设备及仪器仪表制造业			信息化学品制造业		
	专利申请数	发明专利	有效发明专利数	专利申请数	发明专利	有效发明专利数	专利申请数	发明专利	有效发明专利数	专利申请数	发明专利	有效发明专利数	专利申请数	发明专利	有效发明专利数	专利申请数	发明专利	有效发明专利数
山东	1 716	1 260	4 135	49	13	88	4 694	2 443	3 076	3 403	2 666	783	1 523	486	1 322	142	130	165
河南	460	254	442	364	241	342	471	146	305	54	16	10	695	189	448	130	37	116
湖北	592	344	1 052	340	118	250	2 579	1 778	3 948	26	12	74	664	276	445	31	22	223
湖南	1 117	662	713	240	139	132	1 298	597	759	149	38	52	776	318	1 196	34	11	15
广东	1 372	905	2 853	44	9	33	43 460	29 009	114 790	2 406	1 054	2 633	3 245	1 370	4 966	102	19	196
广西	115	91	275				135	65	183	8	8	14	177	50	56			
海南	210	153	569				52	52	67									
重庆	537	279	629				823	283	151	159	78	11	937	297	494	11	5	20
四川	1 573	782	2 386	395	189	403	3 933	1 749	3 480	167	123	314	650	238	405	21	16	22
贵州	137	82	666	629	371	679	321	166	278				35	9	22			
云南	258	175	950				24	13	32	9		5	36	14	34	10	5	6
西藏	2	2	63															
陕西	125	70	348	862	535	997	728	310	991	6		13	259	105	558	76	27	71
甘肃	88	39	284				79	35	68				35	12	32			
青海	4	3	3												2	12	6	8
宁夏	42	41	87										10	5	58	12	3	10
新疆	42	35	75				15	11	16				18	4	5	82	45	18

表 60 按行业分高技术产业专利情况(2015 年)

(件)

行业	专利申请数	发明专利	有效发明专利数
合计	158 463	88 294	241 404
医药制造业	16 020	10 019	31 259
化学药品制造	6 731	4 500	14 389
中成药生产	3 011	1 869	9 055
生物药品制造	2 638	1 770	4 224
航空、航天器及设备制造业	6 279	3 572	6 234
飞机制造	4 551	2 673	3 820
航天器制造	716	448	1125
电子及通信设备制造业	97 956	56 951	167 800
通信设备制造	31 503	25 051	104 204
通信系统设备制造	21 884	18 268	96 681
通信终端设备制造	9 619	6 783	7 523
广播电视设备制造	3 948	1 595	2 791
雷达及配套设备制造	868	431	1 021
视听设备制造	6 932	3 156	6 223
电子器件制造	26 239	15 229	29 089
电子真空器件制造	232	71	338
半导体分立器件制造	1 794	678	1 696
集成电路制造	5 768	4 384	9 103
电子元件制造	13 830	5 353	12 594
其他电子设备制造	6 458	2 614	5 532
计算机及办公设备制造业	12 159	7 663	9 832
计算机整机制造	6 872	5 405	3 228
计算机零部件制造	1 201	377	1 340
计算机外围设备制造	1 987	760	2 788
办公设备制造	1 152	559	899
医疗仪器设备及仪器仪表制造业	24 260	9 135	24 140
1. 医疗仪器设备及器械制造	7 270	2 811	8 013
2. 仪器仪表制造	16 990	6 324	16 127
信息化学品制造业	1 789	954	2 139

后 记

年年岁岁书相似，岁岁年年题不同。北京师范大学劳动力市场研究中心编写的第七本《中国劳动力市场发展报告》的主题是“迈向制造强国进程中的劳动力市场挑战”。

2017 年 7 月 26 日至 27 日，省部级主要领导干部“学习习近平总书记重要讲话精神，迎接党的十九大”专题研讨班在京举行，中共中央总书记、国家主席、中央军委主席习近平在开班式上发表重要讲话指出，党的十八大以来，在新中国成立特别是改革开放以来我国发展取得的重大成就基础上，党和国家事业发生历史性变革，我国发展站到了新的历史起点上，中国特色社会主义进入了新的发展阶段。中国特色社会主义不断取得的重大成就，意味着近代以来久经磨难的中华民族实现了从站起来、富起来到强起来的历史性飞跃。“强起来”是个系统工程，包括整体进入高收入国家行列，治理体系和治理能力实现现代化，在国际事务中有更大话语权并发挥引领作用等。其中，成为制造业强国是重要组成部分。为此，国务院 2015 年 5 月印发的《中国制造 2025》明确指出，“制造业是国民经济的主体，是立国之本、兴国之器、强国之基”，并提出通过“三步走”实现制造强国的战略目标：第一步，到 2025 年迈入制造强国行列；第二步，到 2035 年中国制造业整体达到世界制造强国阵营中等水平；第三步，到中华人民共和国成立一百年时，综合实力进入世界制造强国前列。

从制造大国迈向制造强国，我国已有很好的基础，但也面临着诸多挑战，其中之一来自劳动力市场。比如，制造强国必须建立在创新之上，创新来自何处？我们的人力资本存量及其配置能否满足这种需要？制造强国意味着产业的转型升级，既要继续发挥传统动能的作用，又要更好地发挥新动能的作用，这会对就业产生什么样的影响？制造强国要求有足够数量的“大国工匠”和足够底蕴的“工匠精神”，我们的教育体系和制度环境如何改革才能生产出足够的“大国工匠”和“工匠精神”？等等。凡此种种问题迫切需要作出回答。回答这些问题，既有助于我国尽早成为制造强国和“强起来”，也有助于深化对新阶段劳动力市场变革的理解，也就是说，既有重要的现实意义，也有重要的理论意义。

本报告马上就要交付出版了，在此，我要特别感谢研究团队的各位成员，他们都有繁忙的工作和学习任务，但对研究和写作本报告却兢兢业业，任劳任怨，表现出了很强的使命感、责任心和合作精神。李长安教授和孟大虎教授作为北京师范大学劳动力市场研究中心副主任和本报告的重要执笔者，承担了大量组织协调工作，王琦、纪雯雯、高春雷、周建亮除参与写作外，还对书稿做了精心校对。各章作者如下：

第一章　陈建伟

第二章　纪雯雯、刘娜、陈建伟、高曼、王琦

第三章　赖德胜、孟大虎

第四章　李长安、刘齐、龚琳

第五章　高曼

第六章　高春雷

第七章　李飚

第八章　周建亮

第九章　王琦

第十章　朱敏

第十一章　李飚

第十二章　常欣扬

附　录　苏丽锋

我要感谢有关领导、专家、学者对本报告的指导和帮助。赵人伟研究员作为报告的总顾问给予了我们高屋建瓴的指导，每次拜访他，我都有茅塞顿开之感。中国体制改革研究会顾问宋晓梧，国际劳工组织中国就业政策高级官员王亚栋，中国社会科学院人口与劳动经济研究所所长张车伟，国家发改委就业和收入分配司副司长哈增友，国家人力资源和社会保障部就业促进司副司长张莹、尹建堃和王文铎，国家统计局人口与就业统计司副司长彭永涛、中华全国总工会政策研究室主任吕国泉，中国就业促进会执行副会长张幼云，中国劳动关系学院院长刘向兵，中国劳动保障科学研究院院长刘燕斌，中国人事科学研究院院长余兴安，中国劳动保障科学研究院国际劳动保障研究所所长莫荣，国家发展和改革委员会社会发展研究所所长杨宜勇，全国妇联妇女研究所副所长杜杰，北京大学王大树教授，中国人民大学劳动人事学院院长杨伟国和曾湘泉教授，首都经济贸易大学劳动经济学院院长冯喜良和杨河清教授，中国社会科学院人口与劳动经济研究所高文书研究员，阿里研究院资深专家郝建彬等，对报告的主题和重点给予了悉心指导，并提供了许多建设性意见和建议。

我要感谢北京师范大学的领导和同事们。陈丽副校长多次参加我们的研讨会，并给予多方面的鼓励和支持。校办主任康震、宣传部部长刘长旭、社会科学处处长范立双、财经处处长杜育红等多年来一直无私地支持报告的研究和写作，并在报告的宣传推广中发挥着不可替代的作用。经济与工商管理学院分党委书记

孙志军虽然没有具体参与报告的写作，但可以说全程参与了报告的研讨和审稿，报告的字里行间凝结着他的真知灼见。经济与工商管理学院学术委员会主任、中国收入分配研究院执行院长李实教授，社会发展与公共政策学院田明教授，经济与工商管理学院张平淡教授、崔学刚教授、曲如晓教授、罗楚亮教授、李宝元教授、魏浩教授、杨娟教授、蔡宏波副教授、万海远副教授等，对本报告的研究给予了多方面的帮助。北京师范大学出版集团总经理吕建生、总编辑李艳辉、分党委副书记江燕等，一直以来都对这个报告系列给予了高度重视，为保证报告按时、高质量出版还采取了多种措施。在经济新常态的环境下，对出版社领导能有如此魄力，我深表敬意。

本报告得到了国家社会科学基金重大项目“经济下行阶段的就业结构调整与防范失业战略研究”、教育部哲学社会科学发展报告培育项目“中国劳动力市场发展报告”、国家发展和改革委员会就业与收入分配司年度项目“推进供给侧结构性改革促进就业对策研究”、人力资源和社会保障部就业司委托项目“就业扶贫研究”、中华全国总工会委托项目“用工成本与劳动力市场灵活性的经济学分析”、北京师范大学“985”建设项目等的资助，在此一并表示感谢。

最后，我还要感谢那些为报告的顺利进行提供各种帮助的朋友。中国人事科学研究院田永坡副研究员、首都师范大学廖娟副教授、北京工商大学王轶副研究员、中国人民大学王强助理研究员、北京师范大学就业指导中心张爱芹副主任、北京师范大学经济与工商管理学院办公室韩丽丽主任、北京师范大学经济与工商管理学院博士生闫琦等多次参加报告的研讨会，并提出了诸多建设性意见。新华社、人民日报、光明日报、中央电视台、经济日报、中国教育报、中国劳动保障报、中国社会科学报等媒体及时报道报告的主要观点，使系列《中国劳动力市场发展报告》具有更加广泛的社会影响，这对报告的可持续发展非常重要。对敏锐和敬业的媒体朋友们，我深表谢意。

赖德胜

2017 年 10 月 10 日